후재집

이 책은 2020년도 정부(교육부)의 재원으로 한국고전번역원의 지원을 받아
수행된 '권역별거점연구소협동번역사업'의 결과물임.

This work was supported by Institute for the Translation of Korean Classics - Grant funded by the Korean Government.

한국고전번역원 한국문집번역총서/단국대학교 동양학연구원

후재집 1

厚齋集

김간 金幹 지음 이승용 옮김

일러두기

1. 이 책의 번역은 한국고전번역원에서 간행한 한국문집총간 155~156집 소재《후재집(厚齋集)》을 대본으로 하였다. 번역 대본의 원문 텍스트와 원문 이미지는 한국고전종합DB(http://db.itkc.or.kr)에서 확인할 수 있다.
2. 내용이 간단한 역주는 간주(間註)로, 긴 역주는 각주(脚註)로 처리하였다.
3. 대본의 본문과 원주의 구분이 명확하지 않은 경우는 역자가 임의로 조정하였다.
4. 한자는 필요한 경우 이해를 돕기 위하여 넣었으며, 운문(韻文)은 원문을 병기하였다.
5. 맞춤법과 띄어쓰기는 한글 맞춤법과 표준어 규정을 따랐다.
6. 이 책에서 사용한 부호는 다음과 같다.

( ) : 번역문과 음이 같은 한자를 묶는다.
〔 〕: 번역문과 뜻은 같으나 음이 다른 한자를 묶는다.
" " : 대화 등의 인용문을 묶는다.
' ' : " " 안의 재인용 또는 강조 문구를 묶는다.
「 」: ' ' 안의 재인용을 묶는다.
『 』: 「 」 안의 재인용을 묶는다.
《 》: 책명 및 각주의 전거(典據)를 묶는다.
〈 〉: 책의 편명 및 운문·산문의 제목을 묶는다.

차례

후재집 제2권

소疏

후재집 제3권

소疏

후재집 제4권

소疏

주차奏箚

서계書啓

수의收議

《후재집(厚齋集)》 해제

강문식 | 숭실대학교 사학과

1. 머리말

17세기 말~18세기 초에 활동했던 학자 김간(金榦, 1646~1732)은 당시 조선의 학계에서 상당히 중요한 위치를 차지했던 인물이라고 생각된다. 박세채(朴世采)의 제자로 그의 학문을 계승하였고 송시열(宋時烈)과도 학문적 교류가 깊었던 김간은 20대 초반 이후 과거를 포기하고 일생을 경학(經學) 및 성리학 연구에 몰두하였다. 그는 자신의 연구 성과들을 수많은 저술로 정리했으며, 또 동시대 여러 학자들과의 학술 논변을 통해 자신의 학문 이론을 개진하였다. 또 김간의 동료나 문인들은 예를 시행하는 과정에서 해결하기 어려운 문제를 만났을 때 김간에게 해법을 문의했으며, 심지어 정부도 국가전례(國家典禮) 시행과 관련하여 김간에게 자문을 구하는 경우가 종종 있었다. 이는 김간이 예학(禮學)에도 상당히 조예가 깊었던 사실을 잘 보여준다.

김간은 재야의 학자이면서도 국정 현실에 대해 깊은 관심을 가지고 민감하게 반응했으며, 기회가 있을 때마다 상소와 주차(奏箚) 등을 통해 자신의 정치적 견해를 피력하였다. 당시 국왕들은 김간의 학문적 능력을 인정하여 그에게 관직을 내리고 물품을 하사하는 등 원로 학자로 예우를 극진히 했다. 김간은 자신에게 제수된 대부분의 관직을 사양했지만 유독 지방관으로 두 차례 출사하여 자신의 정치적 지향을 실천에 옮기기도 했다. 이처럼 김간은 나름의 확고한 학문적 성과를 가지고 있었고, 그를 바탕으로 동료와 문인들에게 영향력을 행사하는 등 당시 학계에서 중요한 위치를 차지했던 것으로 평가할 수 있다. 하지만 이와 같은 김간의 위상에 비해 지금까지 그에 관한 연구는 대단히 소략한 상황이다.[1]

이번에 단국대학교 동양학연구소에서 김간의 『후재집(厚齋集)』과 『후재선생연보세계(厚齋先生年譜世系)』를 완역하였다. 이 국역본의 발간은 당시 학계에서의 위상에 비해 그동안 주목받지 못했던 김간에 대한 연구, 특히 그의 경학과 예학에 관한 연구를 활성화하는 데 중요한 토대를 제공할 것으로 기대된다. 이에 본고는 향후 김간 연구의 기초를 쌓는다는 의미에서 김간의 생애와 『후재집』의 내용을 개관해 보고자 한다.

1 현재까지 김간을 다룬 연구로는 아래의 논문들이 있다.

정경희, 「17세기 후반 '전향노론' 학자의 사상: 박세채와 김간을 중심으로」 『역사와 현실』 13, 1994.

이선열, 「17세기 우암 학단의 허령(虛靈) 개념 논변」 『동양철학연구』 58, 2009.

_____, 「김창협과 김간의 지각 논변」 『동양철학연구』 62, 2010.

최천식, 「김재해의 지각론과 미발론」 『규장각』 53, 2018.

2. 김간(金榦)의 생애와 『후재집(厚齋集)』

1) 생애 개관

김간(金榦)은 1646년(인조 24) 8월 20일에 경기도 광주 사천촌에서 출생하였다. 생부는 김도(金濤)이며, 출생 직후 후사가 없었던 백부 김수(金洙)의 양자로 들어갔다. 김간은 5세 때 생부에게 『천자문(千字文)』을 배움으로 학업을 시작했는데, "열심히 공부하면 임금을 만날 수 있다."는 생부의 말을 듣고 공부에 전념했다고 한다.

김간은 19세 때인 1664년(현종 5) 공도회(公都會) 초시(初試)에 급제하였고, 3년 후인 1667년에 박호원(朴浩遠)의 딸과 혼인하였다. 그리고 이듬해(1668년, 23세)에는 증광감시(增廣監試) 초시와 대과(大科) 초시에 급제했지만, 두 번 모두 회시(會試)에서는 합격하지 못했다. 이를 통해 김간이 20대 초반까지는 과거(科擧)를 준비했던 사실을 확인할 수 있다.

회시 실패 후 김간은 과거에 대한 뜻을 접고 학문 연구에만 진력하였다. 「연보」를 보면, 회시 실패 기사 다음에 "이때부터 날마다 『시경(詩經)』·『서경(書經)』·사서(四書)·『가례(家禮)』·『근사록(近思錄)』 등을 순서대로 강독했으며, 『대학』과 『중용』은 만 번 가까이 읽으면서 글자의 훈(訓)을 궁구하고 글귀의 뜻을 탐구하였다."[2]라는 내용이 있어서, 김간이 이때부터 본격적으로 경학과 성리학 연구에 착수했음을 알 수 있다.

김간은 1669년(현종 10) 동교(東郊)에서 송시열을 처음 만나 학문

2 『厚齋先生年譜世系』「厚齋先生年譜 一」

을 토론했으며, 3년 후인 1672년에는 백천(白川)에 머물고 있던 박세채를 찾아가 사제 관계를 맺었다. 김간은 여러 차례의 대면 강론과 서신 왕래를 통해 두 사람의 학문을 전수받았고, 또 자신의 견해를 피력하여 두 사람으로부터 인정을 받는 등 학문적 교유를 지속해 나갔다.

김간의 20대 이후의 생애는 대략 50세를 기준으로 전후의 두 시기로 나누어 볼 수 있다. 먼저 50세 이전 김간의 활동은 학문 연구와 저술에 집중되었다. 이 시기에 그는 경학 및 성리학 연구에 전념하였으며, 박세채와 송시열, 그리고 동료 학자인 김재(金栽)·김유(金楺)·이정영(李挺英)·김재해(金載海) 등과 대면 및 서신을 통해 학문적 의견을 나누고 토론하였다. 그리고 자신의 연구 성과들을 저술로 정리하여 28세 때인 1673년에 『태극도설차기(太極圖說箚記)』를 지은 이래로 『소학차기(小學箚記)』(1679), 『대학차기(大學箚記)』·『맹자차기(孟子箚記)』(이상 1680), 『논어차기(論語箚記)』(1681), 『중용차기(中庸箚記)』(1682), 『심의고증(深衣考證)』(1691) 등 경학·성리학·예학에 관한 여러 연구서를 남겼다. 또 50세 이후에도 『예기차기(禮記箚記)』(1700), 『예기유집(禮記類輯)』(1701)을 편찬하는 등 저술 활동을 지속하였다.

다음으로 김간의 50세 이후 행적을 보면, 재야의 학자로서 학문 연구와 저술 활동은 계속 유지하는 가운데, 상소를 통해 정치적 견해를 개진하거나 지방관으로 재직하는 등의 정치적 활동을 펼쳤다는 점에서 이전과 차이를 보인다. 김간의 정치적 활동은 숙종 대 이후 김간에 대한 천거와 관직 제수가 중요한 계기가 되었다. 김간은 49세 때인 1694년(숙종 20) 11월에 천거를 통해 전설사 별검에 임명되었다. 이후 김간은 숙종·경종·영조 대를 거치면서 거의 매년 천거를 통해 관직을 제수받았다. 김간이 천거된 것은 그의 학문적 능력을 인정받았기 때문이었다.

김간은 자신에게 내려진 관직을 거의 다 사양했고, 그때마다 관직을 사양하는 이유를 밝힌 상소를 왕에게 올렸다. 그런데 김간의 상소들을 검토해 보면, 상당수에서 단순히 사직의 뜻만 밝힌 것이 아니라 당시 국정운영의 문제점과 그 해결 방안을 제시했던 것이 확인된다. 즉, 김간의 정치적 활동은 사직상소를 통해 정치의 원칙과 국정 현안에 관한 자신의 입장을 밝히는 방식으로 나타났다.

한편, 김간은 자신에게 내려진 관직을 거의 다 사양했지만, 두 차례 지방 수령직을 받아들여 출사하기도 했다. 그는 1701년(숙종 27) 8월에 예산현감에 임명되어 1702년 7월까지 약 11개월간 재직하였다. 그리고 6년 후인 1708년(숙종 34) 8월에 다시 연산현감을 제수받아 1710년 2월까지 약 1년 6개월 정도 지방관으로 활동하였다. 예산현감 시절에 김간은 지역 유생 교육에 힘썼고, 기묘사림의 일원이었던 김구(金絿)를 제향하는 서원의 건립을 주도했으며, 예산향교에서 제향하는 신위(神位)의 위차(位次)를 바로잡는 일을 수행하였다. 또 연산에서도 지역의 학문 진흥에 힘을 기울였으며, 인근의 돈암서원(遯巖書院)에 매달 두 번씩 가서 참배하고 서원 유생들과 강학을 함께 하면서 학문을 권장하였다. 또 우리나라에서 절의(節義)를 지킨 인물들의 유적을 탐방하고 사당을 수리하며 직접 제문을 지어 제사를 지내는 등의 현창 활동을 수행하였다. 이처럼 김간은 평생 학문 연구에 전념했던 학자답게 지방관 재직 시 지역의 학문을 진흥시키고 유교 의례를 정비하는 일에 많은 관심을 가지고 적극 추진하였다.

김간의 등용에 가장 적극적이었던 왕은 영조였다. 영조는 즉위 직후

부터 김간에게 여러 차례 관직을 내렸지만 김간은 고령을 이유로 이를 사양하였다. 이에 영조는 사관을 김간의 집으로 보내 서울로 올라와 자신을 만날 것을 종용했고, 결국 김간은 1725년(영조 1) 8월에 서울로 올라와 창경궁에서 영조를 면대하였다. 이 자리에서 그는 당시 국정에 대한 자신의 입장을 개진한 주차(奏箚)를 영조에게 올렸다.[3] 이후에도 영조는 계속 김간에게 관직을 내렸지만 김간은 이를 모두 사양하였다. 영조는 김간에게 여러 차례 물품을 하사하였고, 김간이 병석에 누웠을 때는 어의(御醫)와 약물을 보내주는 등 그를 원로 학자로서 극진히 예우하였다.

일생의 거의 전 시기를 재야의 학자로 보냈던 김간은 1732년(영조 8) 7월에 87세를 일기로 세상을 떠났다. 영조는 김간 서거 후 26년이 지난 1758년에 김간에게 내릴 시호를 의논하도록 지시했으며, 그에 따라 같은 해에 김간에게 '문경(文敬)'의 시호가 내려졌고 영의정에 추증되었다. 또 영조는 직접 지은 제문을 내려주고 치제(致祭)하도록 함으로써 김간 사후에도 그에 대한 예우를 소홀히 하지 않았다.

2) 『후재집』의 편찬과 내용 구성

김간의 『후재집』은 원집(原集) 46권과 별집(別集) 4권 등 총 50권 25책으로 구성되어 있다. 여기에 문집과는 별개로 김간의 「세계(世系)」와 「연보」를 수록한 『후재선생연보세계(厚齋先生年譜世系)』 2권(1책)이 따로 제작되었다. 「연보」에는 『후재집』의 편찬이 영조의 명으로 시작되었으며, 최종 간행은 1766년(영조 42)이 이루어졌다고 기록되

3 『후재집』 권4, 「榻前奏箚-乙巳」

어 있다. 『후재집』의 편찬 과정을 검토한 선행 연구에 따르면, 1744년(영조 20) 경 신경(申暻)·윤형로(尹衡老)·한사조(韓師朝) 등 김간의 문인들이 문집 편찬을 처음 논의했지만, 구체적인 편찬 작업으로 이어지지는 못했다.[4] 그러다가 1758년 7월 김간에게 시호를 내리고 관직을 추증하던 과정에서 영조는 호남에서 김간의 문집을 간행하여 올릴 것을 지시하였고, 이에 따라 문집 편찬도 본격화되었다.

김간의 증손 김종정(金鍾正)과 윤형로·박서(朴瑞) 등 김간의 문인들이 그의 고향인 광주 사천촌에서 유고를 교감하고 교정하는 작업을 진행했으며, 1760년에는 교감된 원고의 등서(謄書)도 추진하였다. 또 영조 대의 탕평책이 이이와 박세채의 탕평론에 기반하고 있다는 주장을 반박하기 위해 김간이 작성했다가 올리지는 못했던 상소를 비롯하여 논란의 여지가 있는 저술들은 별집(別集)으로 편집하기로 하면서, 원집 24책과 별집 2책 등 총 26책의 잠정 편집본이 만들어졌다. 이후 김종정이 1766년 경기도 관찰사에 임명될 즈음 전라도 관찰사 원인손(元仁孫)의 도움을 받아 목판으로 간행됐으며, 이때 완성된 문집은 원집 46권, 별집 4권 등 총 50권 25책으로 편집되었다. 한편 1811년(순조 11)에는 『후재선생연보세계』가 완성되어 간행되었는데, 「세계」와 「연보」 외에는 다른 글이 실려 있지 않아서 편찬자나 편찬 과정을 파악하기 어렵다.[5]

4 김경희, 「후재집 해제」 『한국문집총간해제』(한국고전종합DB, https://db.itkc.or.kr/dir/item?grpId=hj#/dir/node?grpId=hj&itemId=MI&dataId=ITKC_MI_0426A) 이하 『후재집』 편찬 과정에 관한 내용은 김경희의 해제를 주로 참고·인용하였다.

5 김경희는 김종정이나 문집 간행에 간여했던 문인들이 『후재선생연보세계』도 편찬했을 것으로 보았다. 또 김종정이 1787년에 사망한 것을 고려할 때 간행은 그 아들

『후재집』에는 서문이나 발문이 없으며, 50권 모두에 김간의 저작들만 수록되어 있다. 김간의 친구나 문인, 자손들이 김간을 위해 지은 행장(行狀)이나 만사(輓詞)・묘도문자(墓道文字) 등의 글은 하나도 실려 있지 않다. 『후재집』의 권별 내용 구성은 아래 〔표 1〕과 같다.

〔표1〕 『후재집』의 권별 내용 구성

권	내용	권	내용
1	시(詩)	34	예기차기(禮記箚記)
2~3	상소(上疏)	35	태극도설차기(太極圖說箚記)
4	상소, 주차(奏箚), 서계(書啓), 수의(收議)	36~39	잡저(雜著)
5~7	편지〔書〕	40~43	서(序), 기(記), 발(跋), 명(銘), 잠(箴), 찬(贊), 혼서(婚書), 상량문(上樑文), 축문(祝文), 제문(祭文), 신도비명(神道碑銘), 묘지(墓誌), 묘갈(墓碣)
8~10	답문(答問)-경의(經義)		
11~16	답문(答問)-예의(禮疑)		
17~20	소학차기(小學箚記)	44~46	행장(行狀), 시장(諡狀), 전(傳)
21~23	대학차기(大學箚記)	별집 1	상소, 편지, 잡저
24	논어차기(論語箚記)	별집 2	수록(隨錄)
25~30	맹자차기(孟子箚記)	별집 3	우재선생어록(尤齋先生語錄)
31~33	중용차기(中庸箚記)	별집 4	남계선생어록(南溪先生語錄)

대에서 이루어졌을 가능성이 높고, 특히 둘째 아들 김회연이 1810~1812년에 경상도 관찰사를 역임했으므로 이때 간행되지 않았을까 추측되나 확실한 증거 자료는 없다고 하였다(김경희, 위의 해제).

3. 『후재집』의 주요 내용

1) 권1~7: 시(詩), 상소(上疏), 편지〔書〕

권1에는 김간이 지은 시와 만사 112제(題)가 연대순으로 정리되어 있다. 『후재집』의 규모가 원집과 별집 합해서 총 50권이 달할 정도로 방대한 것에 비해 시는 만사까지 포함해서 단 한 권에 불과하다. 김간의 시가 원래부터 많지 않았었는지, 아니면 문집 편찬 과정에서 누락된 것이 많은지는 정확히 알 수 없다. 하지만 경학이나 예론에 관한 내용이 문집 전체의 절반 이상을 차지하고 있는 점과 비교해 볼 때, 김간의 학문에서 시를 비롯한 문학이 차지하는 비중이 크지 않았던 것은 분명하다고 생각된다.

권2~4에는 김간이 1696년(숙종 22)부터 1732년(영조 8)까지 숙종·경종·영조 등 세 명의 왕에게 올린 상소(上疏) 39편과 주차(奏箚) 1편, 서계(書啓) 8편, 그리고 의례(儀禮) 시행에 관한 자신의 의견을 개진한 수의(收議) 6편이 실려 있다.

먼저 권2에는 김간이 숙종 대에 올린 상소 15편이 연대순으로 정리되어 있다. 이 중에서 앞의 7편은 숙종에게 올린 것이고, 뒤의 8편은 숙종 말 대리청정을 하던 세자〔뒤의 경종〕에게 올린 것이다. 숙종에게 올린 상소는 대부분 천거를 통해 김간에게 내려진 관직을 사양하는 내용이다. 1717년(숙종 43) 병 치료를 위해 온천에 행차한 숙종에게 올린 상소에서는 건강 회복을 위해서는 의학적인 치료보다 마음을 수양하는 것이 근본이라고 지적하면서, 마음과 정신을 맑게 하고 기호와 욕심을 절제하여 사적인 마음에 의해 막힘이 없도록 할 것을 강조했다.[6]

세자 경종에게 올린 상소들도 모두 사직상소이지만 일부에서는 사직 요청과 함께 특별한 사안을 언급하고 있어 주목된다. 1717년 진선(進善) 직을 사양하며 올린 상소에서는 효행이 만사의 근본이고 효의 실천 방법은 학문에서 벗어나지 않는다는 점을 지적한 다음, 세자로서 가장 중요한 효는 학문에 뜻을 두고 덕업을 쌓아 종사를 받들고 국가의 복을 여는 것이라고 주장하였다.[7] 또 같은 해 본직과 겸직의 사직을 청한 상소에서는 이세덕(李世德)이 윤증(尹拯) 부자를 옹호하는 상소를 올리면서 박세채의 글을 옹호의 근거로 인용한 것에 대해 이는 이세덕이 박세채의 본의를 왜곡한 것이라고 비난하면서 왜곡의 근거를 자세히 설명하였다.[8] 1718년에 올린 여섯 번째 사직상소에서는 박세채의 문묘종사(文廟從祀)는 사대부의 공론(公論)이 아니라는 정택하(鄭宅河)의 주장을 반박하면서, 박세채는 불세출의 군자이자 참된 선비라는 점을 상세히 설명하였다.[9]

권3에는 왕위에 오른 경종에게 올린 상소 1편과 영조에게 올린 상소 12편이 실려 있다. 기본적으로는 모두 사직상소이지만, 일부에서는 김간의 정치적 입장을 피력한 내용이 실려 있다. 1725년에 영조에게 올린 상소에서는 영조의 정령(政令) 시행에 구차하고 고식적인 측면이 있음을 지적하면서 일의 시비(是非)와 득실(得失)을 엄격히 구분하고 판단할 것을 촉구하였다.[10] 여기에서 '시비・득실의 엄격한 구분'은 김

6 『厚齋集』 권2, 「再辭請遛幸時不得陪扈之罪 兼陳所懷疏」

7 『厚齋集』 권2, 「辭進善上東宮書」

8 『厚齋集』 권2, 「再辭本兼兩職 兼辨李世德誣引先師書」

9 『厚齋集』 권2, 「六辭 兼伸師門被人侮辱書」

10 『厚齋集』 권3, 「承批後請召還史官 兼陳所懷疏」

간의 다른 상소 내용과 비교해 볼 때 영조의 탕평(蕩平) 추진에 대한 비판적 입장을 나타낸 것으로 생각된다. 또 같은 해 12월에는 연이은 재변으로 인해 영조가 구언교서(求言敎書)를 내리자 김간이 이에 응하여 봉사(封事)를 올렸다. 봉사에서 김간은 1강령(綱領)과 5조목(條目)을 제시하여 당시 국정의 문제점을 구체적으로 지적하고 이의 개선을 촉구하였다.[11]

권4에는 영조에게 올린 상소 11편과 주차 1편, 서계 8편이 실려 있다. 상소들은 권2~3과 마찬가지로 사직상소와 신병 때문에 국가 의례에 불참한 것에 대해 사죄하는 상소가 대부분이다. 이중 주목되는 것은 인조(仁祖)에 대해 잘못 기록된 『명사(明史)』의 기사를 조선에서 변무(辨誣)하여 바로잡은 것에 대한 입장을 피력한 상소이다. 김간은 청나라 조정에 기사 수정을 요청한 것을 '비루한 말로 원수에게 애걸한 것'이라며 부정적으로 평가했으며, 기사 수정을 국가의 경사로 축하하려는 움직임에 대해서도 비판적인 입장을 피력하였다. 한편, 1727년 7월에 올린 상소에는 당시 남구만(南九萬)의 묘정 출향(廟庭黜享)을 주장한 이들이 삭직된 것에 대해 남구만의 출향을 가장 먼저 주장한 이는 바로 자신이므로 자신도 함께 처벌해 달라고 요청한 내용이 실려 있다.

주차(奏箚)는 김간이 1725년 8월 24일에 영조의 명을 받고 창경궁에서 영조를 만났을 때 올린 것으로,[12] 시정(時政)에 관한 김간의 견해가

11 『厚齋集』 권3, 「災異求言後 應旨封事」 김간이 제시한 1강령, 5조목의 내용은 다음과 같다.

1강령: 임금의 한결같은 마음. 마음은 한 몸의 주재이자 만사의 강령.

5조목: ① 자신의 사사로움을 제거할 것, ② 궁금(宮禁)을 엄히 할 것, ③ 언로를 열어줄 것, ④ 수령 선발을 엄격히 할 것, ⑤ 절검(節儉)을 숭상할 것.

총 7개 조목으로 정리되어 있다.[13] 이 중 당시 정국 상황과 관련하여 주목되는 내용은 '선조의 뜻을 계승할 것'이다. 여기에서 김간은 영조가 계승해야 할 선왕의 뜻으로 숙종의 갑술환국(甲戌換局)과 병신처분(丙申處分)을 제시하고, 선왕의 뜻을 계술하는 조치로서 남구만의 묘정출향(廟庭黜享)을 주장하였다. 전반적으로 노론의 의리를 강조하고 소론을 배격하는 김간의 정치적 입장이 강하게 투영되어 있다.

서계(書啓) 8편은 1725년과 1727년에 영조에게 올린 것들이다. 1725년에 올린 서계 6편은 김간의 사직상소를 받은 영조가 사관을 보내 비답을 내리면서 김간에게 서울로 올라올 것을 명하자, 사관의 소환과 사직을 요청한 내용이다. 1727년의 서계 2편은 각각 『대학연의(大學衍義)』「중배필(重配匹)」편을 언문으로 번역하여 올리라는 영조의 명을 사양하는 내용과, 남구만의 묘정 출향을 주장한 이들이 받은 처벌을 자신에게도 내려달라고 요청한 내용이다.

수의(收議)는 국가 의례 시행과 관련하여 김간이 자신의 견해를 피력한 내용으로 모두 6편이 실려 있다. 이 중에서 1720~1721년에 올린 첫 번째부터 네 번째까지의 수의는 모두 숙종의 국상과 관련된 것으로 성복 후 조정 신하들과 관학 유생들이 곡하는 의례, 성복 후 새로 임명된 관리의 추복(追服) 문제, 국상 시 신하들의 연거복(燕居服), 연제(練祭) 때의 복식 등에 관한 내용이 담겨 있다. 다섯 번째와 여섯

12 『영조실록』 권7, 영조 1년 8월 24일.

13 『후재집』 권4, 「榻前奏箚」. 주차에서 김간이 제시한 7조목은 다음과 같다. ① 성학(聖學)을 강론하여 밝힐 것, ② 세자를 보좌하여 이끌 것, ③ 대의(大義)를 분명히 내걸 것, ④ 인륜을 펴서 바로잡을 것, ⑤ 선조의 뜻을 계승할 것, ⑥ 인재를 양성할 것, ⑦ 아랫사람을 성의로 대할 것.

번째는 1725년에 작성된 것으로, 전자는 종묘 수리 시 신주를 옮겨 봉안하는 문제에 대한 것이고, 후자는 진동(陳東)·구양철(歐陽澈)의 사우 숭절사(崇節祠)에 이목(李穆)을 합향(合享)하는 문제에 관한 내용이다.

권5~7은 김간이 스승, 동료 학자, 제자, 가족·친척들에게 보낸 편지들이 실려 있는데, 수록된 편지는 모두 128편이다. 편지를 받은 인물별로 구분하여 편집하였고, 동일인이 받은 편지들은 시간순으로 정리하였다.

권5에는 송시열과 박세채, 그리고 김간의 동학(同學)에 해당하는 인물 24명에게 보낸 편지 48편이 수록되었다. 권5에 실린 편지 중에서 가장 주목되는 것은 박세채의 문집 및 연보 편찬과 관련하여 자신의 의견을 피력한 편지들인데, 대부분 회니시비(懷尼是非)에 관한 박세채의 만년 정론을 문집과 연보에 명시할 것을 주장한 내용이다. 편지들의 내용을 종합해 보면, 김간은 박세채가 초반에는 송시열과 윤증의 갈등을 중재하고 봉합하기 위해 애썼지만 나중에는 박세채 역시 윤증의 배사(背師)를 강력히 배척했으며, 이것이 바로 박세채의 만년 정론이라고 주장하였다. 이어 김간은 지금 박세채의 문집 편찬을 주도하는 문인과 자손들이 이를 알지 못한 채 박세채가 윤증에게 우호적이었다고 인식하는 오류를 범하고 있음을 지적하면서 이를 강하게 비판하였다.[14] 이밖에 노산군(魯山君, 단종)과 신비(愼妃)의 복위(復位)와 단의빈(端懿嬪) 심씨(沈氏) 상에서의 복제에 관한 견해,[15] 신임옥사 이후

14 『厚齋集』 권3, 「與李同甫」, 「與李季章－世瓊○辛丑」, 「答李季章」, 「與李季章」, 「答申仲瑞－命耆○戊戌」

정국에 대한 비판적 입장,[16] 지방 토호 및 간리(奸吏)의 통제 방법과 관련하여 자신의 지방관 재직 시의 경험을 소개한 내용[17] 등이 눈에 띈다.

권6에는 제자 그룹의 인물들에게 보낸 편지 44편이 실려 있다. 김간이 가장 많은 편지를 주고받은 인물은 신경(申暻)으로, 44편 중 25편이 신경에게 보낸 편지이다. 신경은 박세채의 외손자로, 김간의 문인 중 김간과 가장 가까이 교유했던 인물이다. 김간이 신경에게 보낸 편지에서 가장 많이 언급한 내용은 역시 회니시비에 대한 박세채의 만년 정론 문제였다. 김간은 여러 편의 편지에서 윤증을 강력히 배척한 것이 박세채의 본뜻이라는 점을 상세히 설명했으며, 박세채의 후손들 특히 손자 박필부(朴弼傅)가 할아버지의 만년 입장을 기억하지 못하여 김간의 주장을 받아들이지 않는 것을 비판하였다. 또 한편으로는 박세채의 만년 정론이 문자로 기록된 것이 아니라 박세채와 제자들 간의 대화 속에서 피력된 것이기 때문에 객관적인 증거를 제시하기가 어렵다는 점을 인정하며 우려를 표하기도 하였다. 신경을 제외한 다른 인물들에게 보낸 편지는 대부분 안부 전달, 학문과 출처에 대한 조언과 권면, 묘도문자(墓道文字)의 작성 및 검토 부탁 등에 관한 내용이다.

권7에는 가족과 친척에게 보낸 편지 34편과 예산서원·파주서원 유생들에게 보낸 답장 2편이 실려 있다. 가족·친척에게 보낸 편지 중에는 동생 김재(金裁)에게 보낸 편지가 10편, 족제(族弟) 김유(金楺)에

15 『厚齋集』 권3, 「答李君輔-世弼」, 「答李君輔」

16 『厚齋集』 권3, 「答李同甫-壬寅」, 「與李同甫-癸卯」, 「與李同甫-甲辰」

17 『厚齋集』 권3, 「答申成甫-聖夏○辛丑」

게 보낸 편지가 11편으로 큰 비중을 차지한다. 김재에게 보낸 편지에는 동지사의 서장관으로 사행을 떠나는 동생의 건강을 걱정하며 사행 기간 중 항상 근신에 힘쓸 것을 조언한 내용, 함경도 이산군수(理山郡守)로 부임하여 문교 진흥과 풍속 교화의 치적을 남긴 동생을 치하하는 내용 등이 담겨 있다. 또 당시 조정 관료들이 파당을 짓고 보신(保身)에만 급급하다며 비난한 내용의 편지도 있다. 김유에게 보낸 편지에는 자신이 작성한 박세채의 연보 초고에 대한 검토와 교정 부탁, 박세채의 글을 왜곡해서 인용하여 윤증을 옹호하고 송시열을 비난한 이세덕의 상소에 대응하는 방안 논의, 박세채의 소론계 문인들이 회니시비에 대한 박세채의 본뜻을 이해하지 못하는 것에 대한 우려 등이 기록되어 있다. 예산서원 유생에게 보낸 편지는 서원의 배향 방식을 문의한 유생들의 편지에 대한 답장이다. 파주서원 유생에게 보낸 편지는 이이(李珥)와 박세채를 합향(合享)하고 있는 파주 자운서원(紫雲書院)에서 합향을 철회하고 박세채를 제향하는 서원을 별도로 건립하는 문제를 문의했을 때 보낸 답장으로, 김간은 합향 철회에 반대한다는 뜻을 피력하였다.

2) 권8~16: 답문(答問)-경의(經義), 예의(禮疑)

『후재집』 권8~16에는 김간이 동료 학자 및 문인들과 경학・성리학 및 예론에 관해 문답한 내용을 정리한 「답문(答問)」이 수록되어 있다. 답문은 권8~10의 「답문-경의(經義)」와 권11~16의 「답문-예의(禮疑)」의 두 부분으로 나누어진다. 전자는 경서와 성리서에 관한 문답 내용을 정리한 것이고, 후자는 의례 시행과 관련된 문답 내용을 정리한 것이다.

⑴ 답문(答問)-경의(經義)

「답문-경의」(권8~10)에는 『소학』·사서(四書)·『의례(儀禮)』 등 6종의 경서, 『태극도설(太極圖說)』·『근사록(近思錄)』·『심경(心經)』 등 3종의 성리서(性理書), 그리고 이기(理氣)와 심성(心性)에 관한 김간과 여타 학자들 간의 문답 내용이 실려 있다. 권별 내용 구성은 다음과 같다.

권8: 『소학(小學)』, 『대학(大學)』
권9: 『논어(論語)』, 『맹자(孟子)』, 『중용(中庸)』, 『의례(儀禮)』
권10: 『태극도설(太極圖說)』, 『근사록(近思錄)』, 『심경(心經)』, 이기(理氣), 심성(心性)

「답문-경의」는 대상 서적에 따라 문답 내용의 풍부함과 소략함에 차이가 있다. 『소학』·『논어』·『의례』·『근사록』 등은 상대적으로 문답 내용이 소략한 반면, 『대학』·『중용』·『맹자』·『태극도설』 등은 문답의 사례도 많고 내용도 상당히 자세하고 충실하다. 이러한 차이는 1차적으로 「답문-경의」가 타인의 질문에 대한 김간의 답변을 정리해 놓은 자료라는 점과 관련이 있다고 생각된다. 즉, 『소학』·『논어』·『의례』·『근사록』의 경우 질문 자체가 많지 않았기 때문에 「답문」의 내용 또한 소략할 수밖에 없었다고 할 수 있다.

하지만 위와 같은 차이에는 김간의 학문 경향도 일정 부분 반영되어 있다고 볼 수 있다. 다음의 차기류 저술 검토에서 다시 언급하겠지만, 김간의 경학·성리학 연구에서 다른 서적들에 비해 더 중요하게 다루어졌던 것이 바로 『대학』·『중용』·『맹자』·『태극도설』이기 때문이다. 김간의 연구가 『대학』·『중용』·『맹자』·『태극도설』 등에 집중되어 있었기 때문에 동료·문인들의 질문 또한 이 서적들에 집중되었던 것이 아닌가 생각된다.[18]

『대학』·『중용』·『맹자』 및 『태극도설』에 대한 문답에는 각 서적의 핵심 개념에 대한 김간의 견해가 잘 정리되어 있다. 『대학』 문답은 경1장과 전7장이 중심인데, 경1장에는 격물(格物)과 물격(物格), 명덕(明德), 신민(新民), 치지(致知) 등에 관한 내용이, 전7장에는 정심(正心)을 비롯한 심성론 관련 내용이 집중적으로 수록되어 있다. 『맹자』 문답은 경문과 주석의 주요 구절에 대한 해설이 중심을 이루고 있다. 또 『중용』 문답은 경문과 주석에 대한 해설을 위주로 하면서, 인성(人性)·물성(物性)의 동이(同異), 무극(無極)과 태극(太極), 천명지도(天命之道)와 솔성지도(率性之道) 등에 대한 견해가 실려 있다. 『태극도설』은 김재해와의 문답이 가장 큰 부분을 차지하고 있는데, 김재해의 견해를 부정하고 반박하는 내용이 대부분이다. 한편 이기·심성에 관한 문답에는 본연지성(本然之性)과 기질지성(氣質之性), 인물성동이(人物性同異) 논쟁, 인심도심(人心道心), 사단칠정(四端七情) 등이 중심 주제로 논의되었다.

18 『소학』은 예외라고 할 수 있는데, 『소학차기(小學箚記)』는 여러 차기 중에서 김간이 가장 많은 공을 들였다고 할 만큼 내용이 충실하다. 따라서 「답문-경의」의 『소학』 관련 문답이 6조목에 불과할 정도로 소략한 것은 김간의 학문 경향과는 무관하게 동료·문인들의 질문이 적었던 것에 기인한다고 판단된다.

⑵ 답문(答問)-예의(禮疑)

「답문–예의」(권11~16)는 김간이 예학 및 예제에 관한, 동료 학자와 문인들의 질문에 답변한 내용을 정리해 놓은 것이다. 『예기(禮記)』를 비롯한 예학 서적의 내용에 대해 질문한 경우도 있고, 실제 예를 시행하는 과정에서 해결하기 어려운 문제를 만났을 때 해결책을 문의한 경우도 많이 보인다. 「답문–예의」에서는 문답 내용을 우선 예의 항목을 기준으로 분류하였고, 같은 항목 안에서는 질의한 인물 별로 정리・편집하였다. 「답문–경의」와 마찬가지로 상대방의 질문을 먼저 기록하고 그 다음에 김간의 답변을 기록하는 것이 일반적이지만, 때때로 질문 내용 없이 김간의 견해만 수록한 경우들도 보인다.

「답문–예의」의 각 권에 수록된, 김간과 동료・문인들이 문답한 예의 항목들은 다음과 같다.

〔표2〕「답문-예의」의 항목 분류

권	대분류	세부 항목
11	통례(通禮)	사당(祠堂), 종법(宗法), 첩자봉사(妾子奉祀), 외손봉사(外孫奉祀), 반부(班祔), 참(參), 속절(俗節), 유사즉고(有事則告), 체천(遞遷), 불천지위(不遷之位)
	관례(冠禮)	
	혼례(婚禮)	
	상례(喪禮)	초종(初終), 입상주(立喪主), 역복(易服), 습(襲), 반함(飯含), 영좌혼백(靈座魂帛), 친후입곡(親厚入哭), 소렴(小斂), 괄발문좌(括髮免髽), 대렴(大斂), 영상(靈牀), 각귀상차(各歸喪次), 성복(成服)

12	상례(喪禮)	참최(斬衰), 부장자참최(附長子斬衰), 자최(齊衰), 부수양복(附收養服), 병유상(幷有喪), 대복(代服), 상중신사(喪中身死), 장기(杖朞), 불장기(不杖朞), 대공(大功), 시마(緦麻), 동자복(童子服), 상복(殤服), 심상(心喪), 겸친복(兼親服), 태복(稅服), 추상(追喪), 변제(變除)
13	상례(喪禮)	국휼(國恤)
14	상례(喪禮)	국휼(國恤), 부-국휼중사례(附-國恤中四禮), 조석곡(朝夕哭), 전(奠), 상식(上食), 조(弔), 부(賻), 분상(奔喪), 치장(治葬), 삽(翣), 계빈(啓殯), 조조(朝祖), 견전(遣奠), 발인(發引), 폄(窆), 증(贈), 제주(題主), 묘갈묘표(墓碣墓表), 개장(改葬)
15	상례(喪禮)	반곡(反哭), 우제(虞祭), 졸곡(卒哭), 부제(祔祭), 소상(小祥)
16	상례(喪禮)	대상(大祥), 담제〔禫〕, 길제(吉祭), 상중행제(喪中行祭), 복중행제(服中行祭), 서소(書疏)
	제례(祭禮)	시제(時祭), 부-토신제(附-土神祭), 선조제(先祖祭), 예제(禰祭), 기제(忌祭), 묘제(墓祭), 서원례(書院禮)

〔표 2〕를 보면 「답문-예의」는 기본적으로 『주자가례(朱子家禮)』의 체재를 따라 편집했음을 알 수 있다. 물론 이와 같은 편집 방식은 김간 본인의 의도가 반영됐다기보다는 그의 자손·문인들이 문집을 편찬할 때 적용한 것이라고 할 수 있다. 하지만 이와 같은 편집이 가능했던 것은 문답의 내용이 『주자가례』의 내용 전반을 포괄할 만큼 다양했기 때문이며, 이는 결국 김간의 예학·예제 연구의 폭이 다양한 질문에 답변이 가능할 만큼 매우 넓었음을 보여준다.

「답문-예의」의 주요 내용을 검토해 보면, 먼저 통례(通禮)는 가묘

(家廟)와 가묘 제사에 관한 문답이 중심을 이루고 있다. '사당(祠堂)'은 가묘에 대한 전반적인 내용을 담고 있고, '종법(宗法)~외손봉사(外孫奉祀)'는 제사를 주관하는 봉사자(奉祀者)에 관한 문답이며, '반부(班祔)~체천(遞遷)'은 사당에서 제사를 거행할 때의 절차에 관한 내용이고, '불천지위(不遷之位)'는 사당의 신위에 관한 문답이다.

관례(冠禮)와 혼례(婚禮)에 관한 문답은 세부 항목을 나누지 않고 정리했는데, 이는 기본적으로 두 의례에 대한 질문 자체가 많지 않아서 세부적인 분류가 필요 없었기 때문으로 생각된다. 아마도 관례와 혼례가 내용이 명확하고 상례(喪禮)나 제례(祭禮)에 비해 변례(變禮)의 여지가 많지 않았기 때문에 관련된 질문 또한 적었던 것이 아닐까 추정된다.

상례에 관한 문답은 권11 후반부터 권16 전반까지에 걸쳐 실려 있어서 「답문-예의」에서 가장 큰 비중을 차지하고 있다. 기본적으로 『주자가례』의 체재를 따라서 초종(初終)부터 서소(書疏)까지 상례의 절차별로 질문과 답변을 정리했으며, 중간중간에 해당 절차와 연관이 있는 예제(禮制)에 관한 문답을 수록하여 김간의 예론을 일목요연하게 확인할 수 있도록 편집하였다. 예를 들어 권11의 마지막 부분에 성복(成服) 의례와 관련된 문답을 수록한 다음, 권12에서는 한 권 전체를 할애하여 참최(斬衰)·자최(齊衰)·장기(杖朞)·불장기(不杖朞)·대공(大功)·시마(緦麻)·심상(心喪) 등 상복 제도의 세부 항목별로 질문과 답변 내용을 정리해 놓았다.

상례 관련 문답에서 특히 주목되는 것은 권13과 권14 전반부에 실린 국휼(國恤)과 국휼중사례(國恤中四禮)의 내용이다. '국휼'은 모두 1720년 숙종의 국상과 관련된 내용으로, 권13에는 국상 중 군주와 관료들의 연거복(燕居服)에 관한 이희조(李喜朝)와 신경(申暻)의 질문에 답변한 내용이 실려 있으며, 권14에는 족질(族姪) 김재로(金在魯)가 국상 중 국왕 복제에 관해 질문한 것에 대한 답변이 수록되어 있다. 또 '국휼중사례'에는 국상 기간 중 사대부가에서 관혼상제의 사례(四禮)를 시행할 때 고려해야 할 사항에 관한 김간의 견해가 정리되어 있는데, 이는 기본적으로 변례(變禮)에 해당한다고 할 수 있다. 이상 '국휼'과 '국휼중사례'의 내용은 김간의 예학 연구가 가례(家禮)뿐만 아니라 국가 의례에 관해서도 상당히 심도 있게 진행되었던 사실을 잘 보여준다.

제례에 관한 문답은 시제(時祭)·선조제(先祖祭)·예제(禰祭)·기제(忌祭)·묘제(墓祭) 등 제사의 종류별로 내용이 정리되어 있다. 특이한 항목으로 토신제(附土神祭)와 서원례(書院禮)가 있다. '토신제'는 토신제(土神祭) 시행에 관한 신경의 질문에 답한 내용으로, 주희도 사시제(四時祭) 후 가택의 토신제를 거행했고 박세채도 토신제 축문을 지었으며 자신 또한 토신제를 지낸다고 하여 토신제를 긍정하는 입장을 피력했다. '서원례'는 해주의 소현서원(紹賢書院) 유생들에게 답한 내용으로, 이이(李珥)가 주향(主享)인 소현서원에 종향된 이이(李珥) 문인들의 위차(位次)와 제향(祭享) 시의 제기(祭器)·제수(祭需) 등에 관한 김간의 견해가 수록되어 있다.

「답문-예의」를 검토해 보면, 편집은 『주자가례』의 체재를 따랐지만, 문답을 통해 논의된 내용은 『주자가례』에서 정리된 예제의 범위를 훨씬 넘어서는 것을 볼 수 있다. 특히 변례(變禮), 즉 예서의 규정만으로는 해결할 수 없는 비상적 상황에서 예를 어떻게 시행해야 하는가의 문제가 대단히 큰 비중을 차지하고 있다. 몇 가지 예를 들어보면, 통례에는 잃어버렸던 신주를 다시 찾았을 때 새로 만든 신주와 되찾은 신주의 처리 방안, 후사를 세우지 말라는 형의 유언(遺言)과 종법(宗法)이 상충되는 경우 따라야 할 원칙 등의 내용이 수록되어 있다. 변례가 가장 많이 언급된 부분은 상례인데, 특히 상주(喪主)와 복제(服制)에 관한 항목과 소상(小祥)·대상(大祥)·길제(吉祭)·상중행제(喪中行制) 등 상기 중의 제사와 관련된 항목에서 변례 관련 내용이 많이 등장하고 있다.

「답문-예의」의 내용에서 변례의 비중이 크다는 것은 당시 사람들이 예서의 규정만으로는 가부를 판단하기 어려운 변례 상황을 만났을 때 김간에게 해결책을 구하는 경우가 많았음을 의미한다. 그리고 이는 결국 김간의 예학과 예론이 어려운 변례 문제를 충분히 해결할 수 있을 만큼 높은 수준이었고, 이를 당시 사람들이 인정하고 있었다는 사실을 보여준다고 하겠다.

3) 권17~35: 차기류(箚記類) 저술

『후재집』 권17~35에는 김간의 경학(經學) 및 성리학 연구 성과들이 정리된 '차기류(箚記類)' 저술들이 수록되어 있다. 『소학(小學)』과 사서(四書), 『예기(禮記)』 등 6종의 경서 및 『태극도설(太極圖說)』의 중요 어구(語句)와 문장에 관한 여러 학자들의 해설 내용을 뽑아서 정리했으며, 김간 자신의 견해도 '안설(按說)' 형식으로 기록하였다. 각 차기들의 권별 수록 내용을 정리해 보면 다음과 같다(편찬 연대는 「연보」의 기록을 따랐음).

〔표 3〕『후재집』 소재 차기류 저술의 내용 구성

저술명	편찬 연대 (김간 나이)	『후재집』 권차	내용 구성
소학차기 (小學箚記)	1679년 (34세)	권17	소학차기범례(小學箚記凡例), 제사(題辭), 세제(書題), 총론(總論), 입교(立敎)
		권18	명륜(明倫)
		권19	경신(敬身), 계고(稽考), 가언(嘉言)-입교
		권20	가언(嘉言)-명륜·경신·통론(通論), 선행(善行)
대학차기 (大學箚記)	1680년 (35세)	권21	장구서(章句序), 경(經) 1장〔'知所先後則近道矣'까지〕
		권22	경 1장〔'古之欲明明德於天下' 이후〕 ~전(傳) 6장
		권23	전 7~10장
논어차기 (論語箚記)	1681년 (36세)	권24	서설(序說), 학이(學而), 위정(爲政), 팔일(八佾/1·2장)
맹자차기 (孟子箚記)	1680년 (35세)	권25	서설(序說), 양혜왕(梁惠王) 상·하
		권26	공손추(公孫丑) 상
		권27	공손추 하, 등문공(滕文公) 상
		권28	등문공 하, 이루(離婁) 상
		권29	이루 하, 만장(萬章) 상·하
		권30	고자(告子) 상·하, 진심(盡心) 상·하
중용차기 (中庸箚記)	1682년 (37세)	권31	서(序), 제1~12장
		권32	제13~20장
		권33	제21~33장
예기차기 (禮記箚記)	1700년 (55세)	권34	예기총론(禮記總論), 서(序), 곡례(曲禮) 상·하
태극도설차기 (太極圖說箚記)	1673년 (28세)	권35	『태극도설』 전문(全文)

이상 7종의 차기들은 대상 서적의 경문과 주석에서 난해한 단어와 용어, 문장들을 뽑아내고, 그에 대한 기존 학자들이 해설을 여러 서적에서 발췌·인용했으며, 또 김간의 견해를 담은 '안설(按說)'을 그 다음에 수록한 형식적 공통점을 가지고 있다. 기존 해설 인용에는 경서와 역사서, 성리서 등 다양한 서적들이 폭넓게 사용되었고, 특히 음훈(音訓) 해설에서는 여러 종의 운서(韻書)·자서(字書)들이 이용되었다.

해설이 인용된 학자 중에는 주희(朱熹)가 가장 큰 비중을 차지하고 있다. 이는 김간의 경학 연구 경향이 기본적으로 주희의 학설을 충실히 따르고 뒷받침하는 것이었음을 보여준다고 생각된다. 이와 관련하여 사서(四書) 차기에서 명대(明代) 학자 채청(蔡淸)의 『사서몽인(四書蒙引)』이 주희의 학설 다음으로 많이 인용된 점도 주목된다. 『사서몽인』이 『사서집주』의 핵심 내용을 정리한 저술임을 고려할 때 『사서몽인』이 많이 인용된 것은 김간의 경학 연구가 주희를 충실히 따르는 방향으로 진행됐음을 보여준다고 할 수 있다.

김간의 차기에는 조선 학자들의 해설도 자주 인용되었다. 대표적인 인물로는 김간의 스승 박세채를 비롯하여 김장생(金長生)·송시열(宋時烈)·이황(李滉)·이이(李珥)·성혼(成渾)·유희춘(柳希春)·정경세(鄭經世)·조호익(曺好益)·정철(鄭澈) 등이 있다. 또 김간의 동생 김재와 족제(族弟) 김유, 그리고 동료 학자인 이정영·김재해 등 견해도 여러 차례 인용되었다. 이점에서 김간의 차기는 조선 학자들의 경학 연구 성과를 적극 수용한 저술이라고 할 수 있다.

김간이 지은 7종의 차기는 그의 경학 연구가 오경(五經)보다는 『소학』과 사서(四書)에 집중되었고, 성리학 연구는 『태극도설』을 위주로 진행되었음을 보여준다. 또 사서 차기의 내용을 검토해 보면, 『대학』

·『중용』·『맹자』에 연구가 집중되었던 반면, 『논어』는 상대적으로 소홀히 다루어졌던 것을 알 수 있다.

『소학차기』는 7종의 차기 중 유일하게 발문과 범례를 갖추고 있는데,[19] 이는 『소학차기』가 김간이 상당한 공을 들여 편찬한 저술임을 보여준다. 또 『소학차기』의 발문과 범례를 보면 두 글에서 밝히고 있는 편찬 목적에 차이가 있음을 볼 수 있다. 1679년(숙종 5)에 지어진 발문에서 김간은 동료들과 함께 『소학』을 강론하며 터득한 내용을 잊지 않기 위해 『소학차기』를 기록했다고 하였다.[20] 반면 「소학차기범례」에서는 교육적 목적을 위해 『소학차기』를 편찬했음을 강조하였다. 『소학』이 아동 교육의 필수 교재이지만 처음 배울 때 이해하기 어려운 부분들이 있으므로 여러 서적에서 『소학』을 해설한 내용을 뽑아 정리해서 『소학』 학습의 참고 자료로 사용하기 위해 이 책을 편찬했다는 것이다.[21]

『소학차기』 발문과 「범례」의 내용 차이는 『소학차기』의 성격에 변화가 있었음을 보여준다고 판단된다. 즉, 『소학차기』는 당초 김간의 개인적인 『소학』 독서기로 시작됐지만, 이후 연구가 깊어지고 해설이 축적되면서 김간은 이 자료를 아동의 『소학』 교육에 활용할 생각을 갖게 되었고, 그에 따라 책의 성격이 개인의 독서기에서 아동 교육

19 「소학차기범례」는 『후재집』 권17에 있는 『소학차기』 제1권의 첫 부분에 수록되어 있다. 발문은 『후재집』 권40에 실려 있으며 제목은 「題小學箚記後」이다.

20 『厚齋集』 권40, 「題小學箚記後」

21 『厚齋集』 권17, 「小學箚記」 小學箚記凡例, "蒙養之道 莫切於小學 而初學之士 或病於難讀. 故本文註解之外 廣搜古今諸書 苟有發明於是書者 率皆收錄 以備參考."

참고서로 변화했다고 볼 수 있다. 김간은 「소학차기범례」에서 아동 교육을 위해 글자의 음과 뜻을 해설하는 데 중점을 두었다고 밝혔는데,[22] 실제 내용에서도 어휘 해설과 그를 위한 운서・자서 인용의 비중이 다른 차기들에 비해 큰 것을 볼 수 있다.

사서(四書) 차기에서는 해설 대상이 경문(經文)인 경우에는 별도의 표시가 없지만, 대상이 주희의 집주(集註)나 장구(章句)의 주석이면 '집주(集註)'라고 표시하여 경문과 구분하였다. 또 '소주(小註)'라고 표시된 경우들도 많이 보이는데, 이는 『사서대전(四書大全)』에 실린 소주에서 어려운 내용을 선별하여 해설한 것이다. 이를 통해 김간이 사서 차기를 편찬할 때 『사서대전』을 저본으로 했던 것을 확인할 수 있다. 『사서대전』의 소주까지 검토하고 해설한 점은 김간의 경서 연구가 상당히 세밀하고 깊이 있게 이루어졌음을 보여준다.

사서(四書) 차기 중 『대학』・『중용』・『맹자』의 차기는 김간 본인의 견해를 밝힌 '안설'의 비중이 다른 차기에 비해 상대적으로 크게 나타난다. 『대학차기』에서는 지(知)와 지(智), 명덕(明德), 심성(心性), 지각(知覺) 등의 개념에 대한 자신의 이론을 설명하였고, 『맹자차기』에서는 부동심(不動心)과 호연지기(浩然之氣), 성(性)과 기(氣) 등에 관한 견해를 서술하였다. 또 『중용차기』에서는 심(心)・성(性)・정(情)・중화(中和) 등 성리학의 주요 개념들을 설명했으며, 특히 16자 심법(心法)에 대해서는 직접 도설(圖說)을 만들기도 했다.

이에 비해 『논어차기』는 「서설(序說)」과 「학이(學而)」・「위정(爲政)」, 그리고 「팔일(八佾)」 제1~2장까지만 다루고 있는 미완성본이

22 『厚齋集』 권17, 「小學箚記」 小學箚記凡例

다. 또 김간의 안설보다 기존 학자들의 해설 비중이 더 크게 나타나서, 안설 비중이 컸던 『대학』·『중용』·『맹자』의 차기와 대조된다. 한편, 『예기차기』는 『예기집설대전(禮記集說大全)』에서 설명하지 않은 『예기』의 경문과 주해의 주요 단어와 구절에 관한 해설들을 각종 서적에서 발췌하여 정리한 것인데, 「예기총론(禮記總論)」과 「곡례(曲禮)」(상·하)만 해설하였다. 즉 『예기차기』도 『논어차기』와 마찬가지로 『예기』의 일부분만 다룬 미완성의 저술이다.

이상을 종합하면, 김간의 경학 연구는 차기가 작성된 6종의 경서 중에서도 『소학』·『대학』·『중용』·『맹자』의 4개 경서에 집중되었고 성과도 상당히 충실했다. 이에 따라 김간은 『소학』·『대학』·『중용』·『맹자』의 차기에 상당한 자부심을 가졌던 것으로 보인다. 그가 영조에게 『맹자차기』와 『소학차기』·『중용차기』를 차례로 올렸던 사실은 이와 같은 추정을 뒷받침해 준다.

1726년(영조 2) 4월 김간은 영조가 경연에서 『맹자』를 강한다는 말을 듣고 『맹자차기』를 필사하여 영조에게 올렸다.[23] 또 같은 해 12월에는 세자가 서연에서 『소학』을 강한다는 소식을 접하고 『소학차기』를 영조에게 올리면서 서연의 강독 자료로 사용해 주기를 청했다.[24] 김간은 이듬해(1727년) 5월에도 『중용차기』를 영조에게 올렸는데, 이 또한 영조가 『중용』을 강한다는 말을 듣고 자신의 책이 참고 자료로 이용되기를 바라면서 올린 것이다.[25] 김간이 『소학』·『중용』·『맹자』

23 『厚齋集』 권3, 「辭贊善兼進孟子箚記滕文公以上疏-丙午」, 「辭大司憲贊善兼進孟子箚記離婁以下疏」

24 『厚齋集』 권3, 「辭大司憲贊善兼進小學箚記疏」

의 차기를 경연과 서연의 자료로 사용해 주기를 요청한 사실은 그가 이 경서들에 대한 연구 성과에 대단히 큰 자신감을 갖고 있었음을 분명히 보여준다.

한편, 『태극도설차기』는 성리서를 대상으로 한 유일한 차기로, 『태극도설』 원문 전체를 해설하였다. 『태극도설차기』는 원문 다음에 김간의 안설을 먼저 제시하고 그 뒤에 주희 등 다른 학자들의 해설을 수록하여, 김간의 안설이 뒤에 수록된 다른 차기들과 차이를 보인다. 이는 『태극도설차기』의 주목적이 김간의 이론을 설명하는 것에 있었음을 보여준다고 생각된다. 한편, 『태극도설차기』에서는 화제가 바뀌는 곳을 권점〔◯〕이 아닌 세모〔△〕로 표시했는데, 이에 대해 김간은 태극을 나타내는 '◯'과 혼동하지 않도록 하기 위한 것이라고 설명하였다.

4) 권36~39: 잡저(雜著)

권36에서 39까지에는 잡저류에 해당하는 저술들이 수록되어 있다.

권36에는 모두 9편의 글이 실려 있다. 이 중에서 「사계 경서변의중기의(沙溪經書辨疑中記疑)」, 「태극도 음양좌우 위차변(太極圖陰陽左右位次辨)」, 「이군보 사복설변(李君輔師服說辨)」, 「위학지방도설(爲學之方圖說)」, 「위의도(威儀圖)」, 「인심유위도심유미의(人心惟危道心惟微義)」 등 6편은 경학·성리학·복제(服制) 및 학문의 방법 등에 대한 김간의 견해가 피력된 학술 논설들이다. 그 외에 아동이 학습 과정에서 지켜야 할 규범을 18개 항목으로 정리한 「동몽학규(童蒙學規)」(1683년), 향촌에서 거주할 때 경계하고 조심해야 할 생활 지침

25 『厚齋集』 권4, 「辭本兼職兼進中庸箚記疏」

32개 항목을 수록한 「거향계사(居鄕戒辭)」(1684년), 향촌의 자치 모임인 순녕계(順寧契)의 운영 규정인 「순녕계약(順寧契約)」 등이 수록되어 있다.[26]

권37에 실린 잡저 3편은 모두 심의(深衣) 제도에 관한 글이다. 「심의제도고증(深衣制度考證)」은 본생부 김도(金濤)의 상(喪) 중이던 1691년(숙종 17)에 지은 것으로 『주자가례(朱子家禮)』의 「심의제도(深衣制度)」편에 대한 여러 학자들의 이론을 모아 정리한 글이다. 『주자가례』 「심의제도」의 본문과 주석을 먼저 기록하고, 그 다음에 다른 학자들의 견해를 수록했으며, 김장생(金長生)·정구(鄭逑) 등 조선 학자들의 이론도 많이 인용하였다. 「심의편」(深衣篇)」과 「심의부론(深衣附論)」은 「심의제도고증」을 보완해 주는 부록 성격의 글로 볼 수 있다. 「심의편」은 『예기(禮記)』 「심의(深衣)」편의 경문(經文) 및 그에 대한 여러 학자의 해설을 정리해 놓은 글이고, 「심의부론」은 심의제도에 관한 주희(朱熹)·황간(黃幹)·여대림(呂大臨)·진호(陳澔)·마단림(馬端臨)·구준(丘濬) 등의 견해를 모아 정리한 글이다.

권38은 「할계록(割鷄錄)」으로, 김간이 1701년(숙종 27) 8월 예산현감으로 부임한 이후 직무 수행 과정에서 지은 글을 모아놓은 것이다. 예산 관내의 유생·주민·관리·향청(鄕廳)·아동 및 각 면(面)에 내린 훈계의 글(7편)과 각 면에 반포한 동계(洞契)의 규약을 정리한 글 1편 등 모두 8편의 글이 수록되어 있다. 김간의 예산현감 재직 당시 활동 양상의 일면을 보여준다는 점에서 의미 있는 자료이다.

26 계의 명칭인 '순녕(順寧)'은 장재(張載)의 「서명(西銘)」에 있는 "살아서는 순응하고 죽어서는 편하다〔存順沒寧〕."라는 구절에서 취한 것이다.

권39는 「수록(隨錄)」으로, 일정한 격식이 없는 짧은 글들의 모음이다. 총 203개의 글로 구성되어 있으며, 심(心)·경(敬)·성(誠)·성(性)·정(情) 등 성리학의 중요 명제에 관한 김간의 견해, 학문과 독서의 방법론, 일상생활에서 느낀 감상, 우리나라와 중국의 여러 인물 및 고사(故事)에 대한 평가 등이 수록되어 있다. 주목되는 내용으로는 김간의 명덕설(明德說)을 인정하고 수용해 준 박세채에 대한 존숭, 당시 수령들이 수탈과 축재(蓄財)만 일삼는 것에 대한 비판, 김간 본인의 성격과 학업, 관직 생활 등에 대해 서술한 내용, 조선의 역대 학자 중에서 유학의 대본일원(大本一原)을 터득한 사람은 이황·이이·송시열·박세채 등 네 사람뿐이며, 특히 이황은 우리나라의 주자이고 이이는 안회(顔回)와 같은 분이라고 평가한 내용, 김간의 동류(同流) 중에서 경서의 뜻을 잘 아는 자는 자신의 동생 김재(金裁)와 족제 김유(金楺) 뿐이라고 한 것 등이 있다.

5) 권40~43: 서(序)·기(記)·발(跋), 제문류(祭文類), 묘도문자(墓道文字), 기타

권40에는 서(序), 기(記), 발(跋), 명(銘), 잠(箴), 찬(贊), 혼서(婚書), 상량문(上樑文) 등 다양한 문체의 글들이 수록되어 있다. 서(序)에는 강릉으로 낙향하는 외형(外兄) 이영부(李永敷)와 금강산 유람을 떠나는 족제(族弟) 김구(金構)를 전송하며 써 준 서문 2편이 실려 있다. 기(記)는 재(齋)·당(堂)의 이름이 갖는 의미를 해설한 글 4편과 수곡사(秀谷祠)에 이후원(李厚源)을 추향(追享)한 일을 기록한 기문 1편이 수록되어 있다.

발문은 총 15편이 실려 있으며, 제목은 모두 '○○○ 뒤에 쓰다〔題○

○○後]'의 형식으로 되어 있다. 그런데 이 중에서 일반적인 발문의 내용을 갖춘 것은 본인의 저술 『소학차기(小學箚記)』와 박세채의 『삼례의(三禮儀)』, 친구 임대년(任大年)의 유고(遺稿)에 대한 발문 3편 정도이고, 나머지는 성격이 조금 다른 것으로 판단된다. 나머지 12편의 발문은 명 숭정제(崇禎帝)의 조서, 명말(明末)의 역사를 다룬 소설 『초사(樵史)』, 길재(吉再)·이황(李滉)·서경덕(徐敬德)·민이승(閔以升) 등의 저술, 안평대군(安平大君)의 글씨, 이시술(李時術)의 상소문, 김창협-민이승의 왕복 편지 등에 대한 글인데, 해당 저술·작품을 읽은 후 김간 본인이 느낀 감상이나 평가가 내용의 중심을 이루고 있다. 특히 민이승의 「중용도(中庸圖)」와 김창협-민이승의 왕복 편지에 대한 발문에서는 각각 민이승의 『중용』 이해와 김창협의 지각설이 갖는 문제점을 조목조목 비판하였다. 또 「『화담선생집』 뒤에 쓰다(題花潭先生集後)」에서는 서경덕의 학설이 노장(老莊)·불가(佛家)의 이론에 가까운 점을 지적했으며, 「『야은선생집』 뒤에 쓰다(題冶隱先生集後)」에서는 길재의 충절과 상충되는 내용이 『야은집(冶隱集)』에 보이는 것에 의문을 제기하였다. 이런 내용들은 통상적인 발문과는 다른 모습이라고 할 수 있다. 이런 점들을 고려할 때 이 저작들은, 제목은 '題○○○後'으로 발문 형식을 띠고 있지만, 실제로는 해당 저술·작품에 대한 김간의 개인적 감상문의 성격을 갖는다고 판단된다.

명(銘)은 김간의 호 '후재(厚齋)'의 의미를 설명한 「후명(厚銘)」을 비롯하여 5편이 실려 있다. 모두 군자(君子)의 덕목을 체득하여 마음과 행실을 바르게 하는 데 있어 격언이 될 만한 내용을 담고 있다. 잠(箴)은 3편이 실려 있으며, 모두 김간이 30세 때인 1675년에(숙종 1) 지은 것이다. 군자가 추구할 덕목과 삼갈 덕목, 잘못을 고치는 것의 중요성 등을 언급하고 있다. 찬(贊)으로는 박세채의 초상화에 대한 찬과 김간 자신의 76세 때 모습을 그린 초상화에 대한 자찬(自贊) 등 2편이 실려 있다. 혼서(婚書)는 장남 김태로(金泰魯)의 혼례 때 지은 혼서이며, 상량문(上樑文)은 내용을 볼 때 김간의 집 가묘(家廟)를 중수할 때 지은 것으로 판단된다.

권41에는 축문(祝文) 13편과 제문(祭文) 15편이 수록되어 있다. 축문으로는 김간이 예산현감으로 재직할 당시 예산향교에 봉안된 위패(位牌)의 차례를 바로잡은 다음 지은 고유문과 박세채의 서원 향사(享祀)를 위해 지은 제문, 김간의 가묘(家廟)에서 제사를 올릴 때 지은 고유문 등이 수록되어 있다. 제문은 스승 박세채와 그 아들 박태여(朴泰輿), 그리고 동생 김재(金裁), 삼종제(三從弟) 김유(金楺), 사위 이보명(李普溟) 등 가족의 죽음을 애도한 제문들이 대부분이다. 눈에 띄는 것으로는 백제의 장군 계백(階伯)과 병자호란 때 전사한 장사정(張士貞)에 대한 제문으로, 「연보(年譜)」를 통해 김간이 연산현감으로 재직할 당시 지은 것임이 확인된다. 「연보」에서는 김간이 연산현감에 부임한 후 절의를 지킨 인물들의 유적을 탐방하여 사당을 수리하고 제문을 지어 제사를 지냈다고 하였으며, 계백과 장사정에 대한 제사를 대표 사례로 기록하였다.

권42~43은 묘도문자로, 신도비명(神道碑銘) 1편과 묘지(墓誌) 8편, 묘갈(墓碣) 9편이 수록되어 있다. 신도비명은 홍우전(洪禹傳, 1663~1728)의 신도비명으로 그의 아들 홍계희(洪啓禧)의 부탁을 받고 써 주었다. 묘지 중에는 6대조 김우증(金友曾), 5대조 김우증(金友曾), 삼종제 김유(金楺), 재종숙(再從叔) 김순(金洵) 등 일가 인물들의 묘지가 많다. 또 박세채의 아들 박태은(朴泰殷)과 딸 숙인 박씨(淑人朴

氏)의 묘지는 스승 박세채에 대한 존숭의 마음이 반영된 것으로 볼 수 있다. 그 밖의 묘지와 묘갈들은 16~17세기 활동했던 인물들의 묘지·묘갈로, 후손들의 부탁을 받고 써준 것들이다.

6) 권44~46: 행장(行狀), 시장(諡狀), 전(傳)

권44~46에는 행장 10편과 시장 1편, 전 2편이 수록되어 있다. 먼저 권42에 실린 「문순공 남계 선생 행장(文純公南溪先生行狀)」은 김간의 스승인 박세채의 행장으로, 1731년(영조 7)에 완성되었다. 행장의 말미에서 김간은 "선생이 세상을 떠난 지 지금 이미 오래되었고, 동문 중에 부탁할 만한 사람은 거의 다 죽었다. 내가 비록 불초하여 아는 것이 없으나 단지 오랫동안 배웠기에 여러 동지들이 그 책임을 맡게 하였다. 감히 시종일관 굳게 사양할 수 없으므로 이렇게 손가락에 피가 나고 얼굴에 땀이 흐르는 일을 하였다."라고 하여, 당시 생존한 이들 중 박세채에게 가장 오래 배운 문인이 바로 자신이었기 때문에 행장 찬술의 책임을 맡게 되었다고 기록하였다.

권45와 46에 실린 나머지 행장 9편은 모두 후손들의 부탁을 받고 지어준 것인데, 친인척이나 김간과 같은 시기에 활동했던 관료·학자들을 위한 행장이 대부분이다. 주목되는 것으로는 「사오당 김공 행장(四吾堂金公行狀)」과 「삭녕군수 양공 행장(朔寧郡守梁公行狀)」이 있다. 전자는 김형수(金馨秀, 1590~1668)의 행장인데, 병자호란 당시 그 집안의 여성 5명이 정절을 지키기 위해 자결한 일을 중점적으로 서술하고 있다. 후자는 임진왜란 때 삭녕에서 적을 맞아 싸우다 순국한 삭녕군수 양지(梁誌, 1553~1592)의 행장이다. 시장은 김간의 문인 신경(申暻)의 선조인 신준(申埈)의 시장으로, 신경의 부탁을 받고 지은 것이다. 전 2편은 모두 열녀전으로 각각 전주의 사인(士人) 우도홍(禹道興)의 처 은진 송씨(恩津宋氏)의 사적과 고산(高山)의 사인(士人) 김두현의 모친·처·며느리의 사적을 기록한 전기이다.

7) 별집(別集)

별집 권1에는 상소 5편과 편지 14편, 잡저 2편이 수록되어 있다.

상소 5편은 모두 박세채, 송시열과 관련된 내용을 담고 있다는 공통점이 있다. 첫 번째 상소는 1730년(영조 6)에 작성한 것인데, 실제 영조에게 올리지는 않았다. 당시 소론계 대신과 대간들이 탕평론(蕩平論)의 시원을 이이와 박세채에게서 찾는 것에 대해 반박하는 내용이다. 즉 이이·박세채는 논의가 갈라지는 초기에는 양측을 중재하여 다시 합치되기에 힘썼지만 사정(邪正)이 판별된 뒤에는 한결같이 의(義)로 재단하여 양(陽)을 부양하고 음(陰)을 억눌렀다는 점을 강조하면서, 충(忠)·역(逆)을 구분하지 않고 모두 등용하는 당시의 탕평과는 근본적으로 다르다고 주장하였다. 영조가 추진한 탕평에 대한 김간이 부정적 평가가 잘 나타나 있다.

나머지 4편의 상소는 모두 다른 사람을 대신하여 작성한 것들이다. 1678년 예송(禮訟) 관련하여 송시열에 대한 비판이 일어났을 때 송시열 예론의 정당성을 주장하고 옹호한 상소, 1688년 동평군(東平君) 이항(李杭)의 혜민서 제조 임명에 문제를 제기하다가 숙종의 질책을 받은 박세채를 옹호하는 상소, 1695년에 박세채의 아들 박태은(朴泰殷)이 아버지의 『소학독서기(小學讀書記)』를 영조에게 올릴 때 박태은을 대신해 지은 상소, 해서 유생들을 대신해서 연안서원(延安書院)에 박세채를 합향하도록 해 줄 것을 요청한 상소 등이다. 대신 작성한 상소이지만, 내용을 볼 때 김간 본인의 입장이 고스란히 반영되어 있다고 판단된다.

편지 14편은 강석붕・박필주・신경 등 동료나 문인들에게 보낸 편지 7편과 동생 김재에게 보낸 3편, 족제 김유에게 보낸 4편 등이다. 박세채의 문집 간행을 둘러싼 갈등, 최석정(崔錫鼎)의 『예기유편(禮記類編)』과 박세채의 관련성 문제, 회니시비에 관한 박세채의 입장, 박세채의 문묘종사를 둘러싼 논란 등 박세채와 연관된 내용이 가장 큰 비중을 차지하고 있다. 그 외에는 상대방의 안부를 묻고 강학에 전념할 것을 권면한 내용, 출사에 관한 본인의 입장을 피력한 내용 등이 기록되어 있다.

잡저로는 1729년(영조 5)에 지은 「복제사의(服制私議)」와 1715년에 지은 「제사직결포사의후(題士直結布私議後)」 등 2편이 실려 있다. 전자는 효장세자(孝章世子)의 상(喪)을 당했을 때 대왕대비인 인원왕후(仁元王后)와 왕대비인 선의왕후(宣懿王后)의 복제에 대한 자신의 견해를 피력한 글이다. 후자는 김유가 양역변통(良役變通)의 방법으로 결포법(結布法) 시행을 주장한 「결포사의(結布私議)」를 짓자 그에 대한 자신의 생각을 밝힌 글이다. 결포법 시행이 초래할 수 있는 폐단들을 지적하며 반대하고, 그 대신 기존 세제(稅制)를 유지하면서 각 군영의 비용 절감과 둔전(屯田)・염분(鹽盆)・어전(漁箭)의 이익 극대화 및 국고 귀속 등을 통해 필요한 재원을 확보할 것을 주장하였다.

별집 권2는 「수록(隨錄)」이다. 원집 권39의 「수록」과 마찬가지로 당시의 국정이나 제도・인물・풍습 등에 대한 김간의 견해를 피력한 짧은 글들을 모아놓은 것이며, 모두 52개의 글로 구성되어 있다. 주요 내용으로는 과거 위주의 인재 등용과 당론에 좌우되는 천거제의 폐단 지적, 윤증·박세당·허적·윤휴 등 소론 및 남인계 인물들에 대한 비판, 을병대기근 때 청나라에서 쌀을 수입한 것에 대한 부정적 인식, 꿈에 이황의 서실에 가서 이황을 만나 담소를 나눈 이야기, 격렬한 당론 대립에 대한 우려와 비판, 일본 학자의 학문에 대한 평가 등이 있다.

별집 권3는 「우재선생어록(尤齋先生語錄)」으로, 김간이 송시열과 만나 나눈 대화 내용이 수록되어 있다. 1673년 9월 서교(西郊)와 동교(東郊), 1674년 9월 수원(水原) 만의사(萬義寺), 1675년 1월 진천(鎭川) 길상사(吉祥寺), 1681년 5월 황간(黃澗) 냉천(冷泉) 등으로 송시열과 만난 시기와 지역에 따라 단락을 구분하여 대화 내용을 수록했는데, 경학 및 성리학에 대한 질의와 답변이 대부분을 차지하고 있다. 한편 마지막에는 1680년(숙종 6) 경신환국 이후 유배에서 풀려난 송시열이 도성으로 올라오던 중 의동(義洞)에 잠시 머무를 때 김간과 김유가 송시열을 찾아가 나눈 대화가 실려 있다. 이때 송시열은 김익훈(金益勳)을 옹호하는 입장을 고집했는데, 이에 대해 김유는 부당함을 지적한 반면 김간은 아무런 언급을 하지 않았다. 평소 다른 사람과 이견이 있는 이를 숨기지 않았던 김간의 성향을 볼 때, 김간이 입장을 밝히지 않은 것은 송시열의 김익훈 옹호론에 암묵적으로 동의했음을 보여주는 것이 아닌가 생각된다.

별집 권4는 「남계선생어록(南溪先生語錄)」이다. 1672년 봄에 김간이 동생 김재와 함께 박세채를 찾아가 사제 관계를 맺은 이래로 1695년 박세채가 서거할 때까지 박세채와 나눈 대화 내용 및 김간이 듣고 본 박세채의 언행을 113개 단락으로 나누어 수록하였다. 마지막 단락에서 김간은 박세채에 대해 "선생께서는 수양이 완전하고 순수하여 얼굴이 윤택하고 등에 기운이 가득하였다. 모든 말과 행동이 자연스레 도에 맞았으며 혈기에 동요되신 적이 없었다."라고 하여 스승에 대한 깊은 존경의 뜻을 나타내었다.

8) 후재선생연보세계(厚齋先生年譜世系)

김간의 세계(世系)와 연보(年譜)를 정리한 것으로, 『후재집』과는 별개로 1811년(순조 11)에 편찬·간행되었다. 「세계」에는 청풍(淸風) 김씨의 시조인 김대유(金大猷)부터 16대인 김간까지의 부계(父系) 계보와 각 인물의 간단한 약력이 기록되어 있다. 「연보」는 2권으로 나누어져 있는데, 권1에는 김간이 1646년(인조 24) 8월 출생했을 때부터 1724년(경종 1, 79세)까지의 생애가 정리되어 있다. 그리고 권2에는 1725년(영조 1) 1월부터 1732년 7월에 87세를 일기로 서거할 때까지의 생애와 사후에 김간에게 시호(謚號)와 증직(贈職)이 내려지고 그의 문집과 연보가 편찬된 과정 등이 수록되어 있다.

이상에서 『후재집』의 저자인 김간의 생애와 『후재집』의 편찬 과정 및 주요 내용을 간략히 정리해 보았다. 앞서 언급했던 바와 같이 김간은 그동안 한국학 연구에서 크게 주목받지 못했던 학자였다. 하지만 『후재집』에 수록된 그의 경학과 예학 연구의 성과물들은 조선 후기 학계에서 김간이 갖는 학문적 비중이 작지 않았음을 잘 보여준다. 따라서 김간의 학문적 성과 및 학술적·사상적 의의를 고찰하는 연구는 조선 후기 사상사를 더욱 깊이 있고 풍부하게 이해하기 위해 꼭 필요하다고 생각된다. 이 점에서 금번 동양학연구원의 『후재집』 완역은 조선 후기 한국학 연구 발전에 상당히 크게 기여할 것으로 기대된다.

후재집

제1권

詩 시

작은 샘 기유년(1669, 현종10)

小泉 己酉

졸졸 흘러 처음 발원하는 곳에서　　涓涓初發處
마음은 벌써 조종[1]에 있네　　意已在朝宗
누가 알겠는가? 구덩이를 채우고 나아가는 것[2]이　　誰識盈科進
원래 쉼 없는 노력에서 비롯된 줄을　　元由不息功

1 조종(朝宗) : 《서경》 〈우공(禹貢)〉의 "강한이 바다로 흘러간다.〔江漢朝宗于海〕"라는 말에서 유래하여 물줄기가 바다로 흐르는 것을 의미한다.

2 구덩이를……것 : 맹자가 "근원이 있는 샘물은 퐁퐁 솟아 흐르면서 밤이고 낮이고 멈추는 법이 없다. 그리고 구덩이를 모두를 채우고 난 뒤에야 앞으로 나아간다.〔源泉混混, 不舍晝夜, 盈科而後進, 放乎四海, 有本者如是.〕"라고 하였다. 《孟子》 〈離婁下〉

양식이 떨어지다 신해년(1671, 현종12)

絶糧 辛亥

삼경을 지난 한밤인데도 굶주리니	夜過三更尙未飯
집에 가득한 자식들 참혹해 즐거운 기색 없네	滿堂兒女慘無歡
즐거이 혼자만 단표의 즐거움[3] 있으니	怡然獨有簞瓢樂
평소의 수양을 여기에 이르러 보겠네	所養平生到此看

3 단표(簞瓢)의 즐거움 : 안빈낙도(安貧樂道)의 생활을 말한다. 《논어》 〈옹야(雍也)〉에 공자가 안회를 칭찬하여 "어질도다, 안회여. 일단사와 일표음〔一簞食一瓢飮으로 누항에 사는 어려운 생활을 사람들은 견디지 못하는데, 안회는 그 즐거움을 바꾸지 않으니 참으로 어질도다, 안회여."라고 한 데서 온 말이다.

배천으로 가는 배 안에서 회포를 서술하다 임자년(1672, 현종13)

白川舟中述懷 壬子

당시에 현석선생(玄石先生 박세채(朴世采))이 배천 읍내에 우거하고 있었다.

백년 세월 나는 새가 지나는 듯하니	百歲光陰飛鳥過
젊어서 배우지 않으면 늙어서 어찌하겠는가	少而不學老當何
도도히 흐르는 바닷물을 한 번 보게나	試看滄海滔滔水
한 움큼의 샘물에서 나와 많아진 것이니	出自淵泉一勺多

배천의 여관에서

白川旅館

고향 땅에 돌아가고 싶어 학업에 방해가 되는데	欲歸故土妨爲業
오랫동안 타향에 머무르니 부모님 그리워 어찌하나	久住他鄕奈戀親
두 가지는 실로 마음과 관계된 일이니	二者實關方寸上
객지의 어려움이 어찌 사람을 바꾸리오	客中艱苦豈移人

정암 조 선생이 손수 심은 회화나무 계축년(1673, 현종14)

靜菴趙先生手種槐樹 癸丑

여름에 용인 심곡서원에서 글을 읽었는데 회화나무가 서원 담장 동쪽에 있었다.

우뚝이 곧게 솟은 한 그루 회화나무　亭亭直上一槐樹
높이 솟아 푸른 하늘 적도의 곁에 닿을 듯　高近蒼天赤道傍
당시에 만일 선생의 한을 알았더라면　當年若識先生恨
응당 햇빛을 가린 뜬구름[4] 쓸어버렸으리라　應掃浮雲蔽日光

4 햇빛을 가린 뜬구름 : 임금의 총명을 가린 간신을 비유한 말이다. 이백(李白)의 시에 "온통 뜬구름이 해를 가려, 장안이 보이지 않아 시름겹게 하네.〔總爲浮雲能蔽日, 長安不見使人愁.〕"라고 한 것을 원용하였다.《李太白文集 卷18 登金陵鳳凰臺》

연

蓮

연지(蓮池)는 조 선생이 직접 판 곳이다.

비록 땅에 뿌리를 내리고 있지만	着根雖在土
티끌에 오염되지 않는 식물이라네	爲物不汚塵
속은 텅 빈 데다 겉은 곧으니[5]	中通兼外直
이를 들고 그분을 떠올려 보네	持此想其人

5 속은……곧으니 : 염계(濂溪) 주돈이(周敦頤)의 〈애련설(愛蓮說)〉에 "속은 텅 비고 겉은 곧으며, 넝쿨도 가지도 뻗지 않고, 향기는 멀수록 더욱 맑으며, 우뚝하게 깨끗이 서 있어, 멀리 바라볼 수만 있고 가까이 가서 만질 수 없음을 나는 유독 사랑한다."라고 하였다.

밤에 멀리 떨어진 마을의 등불을 보다

夜見遠村燈火

비유하자면 마음속에서	譬如方寸內
사욕이 정을 어지럽히려 하나	私欲汩其情
혼연히 온전한 이치가	渾然全體理
여전히 한 점 빛처럼 남아있는 듯	猶存一點明

삼종제 사직[6] 유 의 구일시에 차운하다

次三從弟士直 楺 九日詩韻

서리 맑은 밤에 기러기 소리 애달픈데	淸霜夜落雁聲哀
사람의 일은 되레 절기를 따라 급해지네	人事還隨節候催
우리는 지금 학업에 힘써야 하니	吾輩卽今須勉業
세월을 지체하지 말게나	莫將時月便遲回

6 삼종제 사직(士直) : 작자의 8촌 동생인 김유(金楺, 1653~1719)를 가리킨다. 본관은 청풍(淸風), 자는 사직(士直), 호는 검재(儉齋), 시호는 문경(文敬)이다.

비에 가로막혀 용진의 강촌에 유숙하다 을묘년(1675, 숙종1)

阻雨宿龍津江村 乙卯

강촌에 비가 내려 말을 세우니	歇馬江村雨
봄바람 부는 옛 나루엔 안개가 자욱하네	春風古渡煙
버드나무 드리운 골목에선 방아 찧는 소리	碓鳴垂柳巷
해질녘 밭에선 사람들이 씨를 뿌리네	人種夕陽田
따스한 냇가에선 물고기들 노닐고	水暖群魚戲
반짝이는 모래톱에선 해오라기 졸고 있네	沙明白鷺眠
문득 언덕에서 떨어지는 복사꽃을 보자니	忽看岸桃落
아마도 이곳이 무릉도원이 아닐는지	疑是武陵天

임대년[7] 원구 이 부친 시에 차운하다
次任大年 元耈 所寄韻

형체 밖의 어지러운 것은 모두 허상이니	形外紛紛摠是空
만년에 산골에 은거하여 세속을 멀리했네	晩棲林壑謝塵蹤
거문고와 책에 절로 화락한 즐거움 있고	琴書自有陶陶樂
정성과 공경으로 긴밀한 공부 더해야 하네	誠敬須加緊緊功
모든 일은 자신의 분수에 맞는 것을 구해야 하고	萬事合求吾性分
한 터럭이라도 어찌 내 마음에 누를 끼치겠는가	一毫寧累我心胸
이 가운데 진실로 말하기 어려운 점은	這中眞箇難言處
자리에서 온화한 기운 봄바람처럼 일어남이지[8]	和氣噓生座上風

7 임대년(任大年) : 임원구(任元耈, 1647~1695)를 말한다. 본관은 풍천(豐川)이며, 대년은 그의 자이다.

8 자리에서……일어남이지 : 원문의 '좌상풍(座上風)'은 '좌상춘풍(座上春風)'과 같은 말로, 봄바람처럼 온화한 인품을 형용하는 말이다. 북송(北宋)의 학자 주광정(朱光庭)이 일찍이 명도(明道) 정호(程顥)를 만나 보고 돌아와서는 사람들에게 말하기를 "내가 봄바람 속에 한 달 동안 앉아 있었다.〔光庭在春風中坐了一月.〕"라고 하였다.《伊洛淵源錄 卷4》

비에 가로막혀 강촌에서 지은 시에 다시 차운하다

覆次阻雨江村韻

근심스레 서강에 머무르며	草草西江寓
쓸쓸히 강가의 안개 굽어보네	寥寥俯渚煙
굶주린 까마귀 고목에서 떠들어대고	饑鴉噪古木
참새는 황폐한 밭에 내려앉네	野雀下荒田
정경을 마주한들 누구와 함께 감상하랴	對境誰同賞
봄날 구경하다 절로 잠이 드네	看春也自眠
그대를 그리다 다시 홀로 시 읊조리니	思君還獨詠
시 지을 흥취가 강 하늘에 가득하네	詩興滿江天

홍해상인의 시에 차운하다

次洪海上人韻

상인이 윤회를 몹시 굳건하게 설법하기에 드디어 차운하여 그에게 주다.

음양오행의 정미함과 무극의 참된 이치[9]	二五之精無極眞
한데 뒤엉켜 사람과 사물을 낳았네	絪縕生物又生人
승려는 소장의 이치[10]를 모르니	山僧不識消長理
생전의 몸이 사후의 몸이라고 함부로 말하네	妄說前身卽後身

9 음양오행의……이치 : 주염계(周濂溪)의 〈태극도설〉에서 "무극의 참된 이치와 음양오행의 깨끗한 기운이 묘하게 합하고 응결되어 건도는 남기(男氣)를 이루고 곤도는 여기(女氣)를 이룬다."라고 한 데서 따온 말이다.

10 소장(消長)의 이치 : 우주의 하나의 원기(元氣)가 줄어들고 늘어나는 것을 반복하는 것을 말한다.

백운루에 올라

登白雲樓

지팡이 짚고 동쪽 숲으로 나와서	杖策出東林
백운루에 올랐네	來上白雲樓
누각은 흰 구름 덮인 산마루에 있고	樓在白雲巓
누각 아래에는 맑은 시내가 흐르네	樓下淸溪流
안개와 노을은 시끄러운 세상 가로막고	煙霞隔塵喧
땅의 형세는 툭 트여 있으면서도 그윽하네	地勢爽而幽
창문을 열고 저 멀리 바라보자니	排窓送遠眺
황홀히 하늘과 땅 사이에 떠있는 듯	恍若乾坤浮
어두워진 서쪽 누대에는 달이 떠오르고	月上西臺夕
가을 찾아온 석굴에서 구름이 피어나네	雲生石窟秋
이 모습 마주하니 마음이 맑아지고	對此心界淸
세상일은 구름처럼 아득하네	世事雲悠悠
늙은 승려 웃으면서 맞아주고는	老釋笑相迎
나에게 며칠간 머물다 가라하네	謂我數日留
승려들 예법 속세와 다르고	拜跪異人間
거친 밥이 진수성찬보다 좋다네	蔬食勝嘉羞
향 사르고 예불하는 모습 엄숙한데	焚香禮佛嚴
자리 깔고 손님에게 편히 쉬라 권하네	布席勸客休
멍하니 포단에 누워있는데	嗒然臥蒲團
경쇠소리 그치자 향로 연기 사라지네	磬罷爐煙收

이자문[11] 동욱 의 산가시에 차운하다
次李子文 東郁 山家韻

의리와 공사가 나에게는 이미 분명하니	義利公私我已明
초당에서 한가한 날 보내며 이 마음은 맑네	草堂閑日此心淸
이 가운데 절로 몸을 편안히 할 곳 있으니	這間自有安身地
어찌 가슴속에 속된 생각이 나게 하겠는가	肯許胸中俗慮生

11 이자문(李子文) : 이동욱(李東郁, 1646~1708)을 말한다. 본관은 여주(驪州), 호는 한천(寒泉)이며, 자문은 그의 자(字)이다.

이자문의 시에 차운하다

次李子文韻

구름 낀 숲은 한적한 몸 맡기기에 알맞으니	雲林端合托閑蹤
정성과 공경으로 나의 게으름 물리쳐야지	誠敬要當打我慵
조용히 앉아 묵묵히 한가로운 기상 바라보니	靜坐默觀閑氣象
일 없는 흰 구름은 앞 봉우리에 머물러 있네	白雲無事宿前峯

밤을 틈타 내원암에 오르다 병진년(1676, 숙종2)

乘夜上內院庵 丙辰

차가운 산의 눈을 밟으며	步踏寒山雪
찾아가니 돌길과 이어지네	行尋石路通
암자는 고목 아래에 가려져 있고	庵藏古樹下
승려는 흰 구름 속에서 말을 하네	僧語白雲中
정자의 홰나무 고요할 때 달 떠오르고	月出亭槐靜
밤 골짜기 텅 비어 시냇물 소리만 울리네	泉鳴夜洞空
은근히 불가(佛家)의 말을 들으니	慇懃參道釋
선탑에 등불 하나 붉게 비치네	禪榻一燈紅

이중거[12] 봉서 가 이자문이 부친 절구를 보여주기에 드디어 차운하여 주다

李仲擧 鳳瑞 示李子文所寄絶句遂步韻以贈

하나의 내 마음은 원래 밝으니	一箇吾心合下明
부질없는 생각으로 날마다 어지럽히지 말라	莫教浮念日紛更
잊지 말고 조장하지도 말아[13] 학업에 힘써야 하니	勿忘勿助須勤業
마음이 맑아지고 기운도 화평해지리라	也致心淸氣亦平

12 이중거(李仲擧) : 이봉서(李鳳瑞, ?~?)를 말한다. 본관은 원주(原州), 자는 성의(聖儀), 호는 희재(希齋)이다. 도암(陶菴) 이재(李縡)의 문인으로, 1699년(숙종25)에 윤증(尹拯)을 변론하고 송시열을 비판하는 내용의 상소를 올린 적이 있다.《宋子大全 卷119 答李仲擧》

13 잊지……말아 :《맹자》〈공손추 상(公孫丑上)〉에 "반드시 호연지기(浩然之氣)를 기름에 종사하고 효과를 미리 기약하지 말아서, 마음에 잊지도 말고 빨리 자라도록 억지로 돕지도 말아라.〔必有事焉而勿正, 心勿忘勿助長也.〕"라고 한 데서 온 말이다.

우재 송 선생의 철령시[14]에 차운하다

次尤齋宋先生鐵嶺詩韻

말세의 풍속에는 교묘한 속임수 많으니	末俗多巧詐
황금을 가리켜 쇠로 만들었다고 하네	指金喚做鐵
참과 거짓을 세상이 분별하지 못하니	眞僞世莫辨
통곡하며 피눈물을 흘릴 만하네	痛哭堪流血
누가 알겠는가, 백번을 단련하여	誰知百鍊精
몹시 견고하여 흠집이 없는 줄을	渾堅無欠缺
마음속에 홀로 보배로 여기니	中心獨自寶
한 쌍의 명월주보다 더 귀하네	貴逾雙明月

14 철령시(鐵嶺詩) : 송시열이 1675년(숙종1) 1월에 예설(禮說)로 인하여 덕원(德源)으로 귀양 갈 때 철령을 넘으면서 지은 시를 말한다. 《宋子大全 卷1 登鐵嶺吟》

또
又

사악한 설이 날마다 불길처럼 번져가니	邪說日熾炎
우리의 도는 쇠처럼 차갑네	吾道寒似鐵
사람의 마음은 꾀이고 유혹당하기 쉬워	人心易誑惑
기름과 피에 오염되는 듯하네	汚染如脂血
주공과 공자는 이미 죽은 지 오래이고	周孔死已遠
옛날의 예법은 빠진 것이 많네	古禮亦多缺
아, 영해옹[15]은	嗟嗟嶺海翁
붉은 마음을 가을 달에 맹세하였네	丹衷質秋月

15 영해옹(嶺海翁) : 철령을 넘어 덕원(德源)으로 귀양을 갔던 송시열을 가리키는 것으로 보인다.

또

又

야차[16]라고 불리는 물건이 있으니	有物號夜叉
머리는 솟아있고 이마는 쇠와 같네	頭峨額似鐵
입을 벌리고 하늘의 관문을 지키고	谽呀守天關
공공연히 사람의 피를 빨아 먹네	公然噬人血
입 벌려 음습한 기운 토해내니	開吻吐陰翳
밝은 태양의 빛은 가려져 어두워지네	白日光晦缺
어떻게 하면 그 나쁜 기운 씻어내어	何當滌其氛
이 맑은 하늘에 달이 걸리게 할까	揭此青天月

원운 우재선생

原韻 尤齋先生

발걸음 철령 고개에 이르니	行到鐵嶺巓
내 마음은 도리어 철석같네	我心還如鐵
원성의 정성[17]은 부족하지만	縱乏元城誠

16 야차(夜叉) : 사나운 귀신으로 사람 고기나 독충(毒蟲) 등속을 먹는다고 한다. 《法華經》

17 원성(元城)의 정성 : 원성은 송 철종(哲宗)・휘종(徽宗) 때의 직신(直臣) 유안세(劉安世)의 호(號)이다. 간신의 모함을 받아 원악(遠惡)의 주군(州軍)으로 7년 동안 7주(州)를 돌아다녔는데, 하루도 병이 든 적이 없었다. 어떤 사람이 "어떻게 하여 그렇

서산의 피[18]는 견디겠네	却耐西山血
머리 돌려 서방을 바라보니	回首望西方
검은 구름 둘러싸 걷히지 않네[19]	陰雲擁不缺
바라건대 서방 사람[20]은	我願西方人
단하로 끈 만들어 밝은 달빛 차기를[21]	丹霞佩明月

게 되었느냐."고 묻자 "정성〔誠〕스러웠을 뿐이다." 하였다. 《宋史 卷345 劉安世列傳》

18 서산(西山)의 피 : 서산은 송나라 효종(孝宗)·영종(寧宗) 때의 문신 채원정(蔡元定)의 호이다. 영종(寧宗) 경원(慶元) 초년에 채원정도 주희(朱熹)의 문도라 는 이유로 도주(道州)로 귀양 가게 되었는데, 채원정이 3천 리 길을 걸어가서 다리에 피가 흘렀다. 《宋史 卷434 儒林列傳 蔡元定》

19 머리……않네 : 서방(西方)은 임금 계신 곳을, 검은 구름〔陰雲〕은 소인을 말하는데, 임금 가까이 소인이 있음을 비유한 것이다.

20 서방 사람 : 임금을 말한다. 《시경(詩經)》 패풍(邶風) 간혜(簡兮)에 "누구를 생각하느뇨, 서방의 미인(美人)이로다." 하였는데, 서방의 미인은, 즉 서주(西周)의 성왕(盛王)을 지칭한 것이다. 미인(美人)이란 임금을 가리킨다.

21 단하(丹霞)로……차기를 : 단하와 명월은 군자를 지칭하는데 소인을 물리치고 군자를 가까이하라는 말이다. 주희(朱熹)의 감춘부(感春賦)에 "단하(丹霞)를 엮어 끈 만들고 명월(明月)을 따다가 귀고리 삼는다." 하였다.

김생이 차운한 철령시에 차운하다

步金生所次鐵嶺作

우재(尤齋)선생이 지은 시이다.

일찍부터 둔옹[22]의 학설을 지켜 早守遯翁說
간은 돌 같고 심장은 쇠와 같았네 肝石而心鐵
책에 담긴 내용 분명히 깨달아 分明簡編裏
하나하나 붉은 손바닥 자국 남은 듯[23] 一一如掌血
치우치고 지나친 말 곳곳에서 일어나 詖淫起處起
세상의 도는 대부분 무너졌네 世道多崩缺
비록 그렇지만 천년의 마음은 雖然千載心
차가운 물이 가을 달을 비추는듯하네[24] 寒水照秋月

나의 벗 청풍자[25]는 我友淸風子

22 둔옹(遯翁) : 주자(朱子)를 가리킨다.

23 손바닥……듯 : 선인의 가르침을 깊이 깨달아 명심한다는 뜻이다. 주희는 정이(程頤)가 지은 〈사물잠(四勿箴)〉을 읽고 그 정밀한 뜻을 깨달아 "한 번 몽둥이로 치면 한 줄기의 멍자국이 생기고, 한 번 손바닥으로 치면 핏빛 손자국〔掌血〕이 남는다."라고 비유하였다. 《晦庵集 卷45 答楊子直》

24 천년의……비추는듯하네 : 주희의 〈재거감흥 20수(齋居感興二十首)〉에 "삼가 천년의 마음을 살펴보건대, 가을 달이 찬 강물을 비추는 듯하네. 노수의 스승이 어찌 정해져 있으리오. 성현께서 전해 주신 법도가 모두 스승인 것을.〔恭惟千載心, 秋月照寒水. 魯叟何常師, 刪述存聖軌.〕"이라는 구절을 원용하였다.

25 청풍자(淸風子) : 작자인 김간(金榦, 1646~1732)을 가리킨다. 그의 본관이 청풍

공리를 쇠처럼 천하게 여기는 공부를 하였네[26] 學賤功利鐵
한창 젊고 건장한 나이지만 方在少壯年
혈기에 부림을 당하지 않네 不使於氣血
쇳소리와 옥소리 떨쳐 일어나고[27] 金玉聲且振
덕은 흠 없이 온전하길 기약하네 德全期無缺
생각해도 볼 수가 없으니 思之不可見
맑은 밤 밝은 달을 함께 나누네 淸宵共明月

십훈[28]이 가장 두려우니 十暈最怕怕
탁록에서 철액과 전투를 벌였네[29] 涿鹿戰額鐵

(淸風)이기 때문에 말한 것이다.

26 공리를……하였네 : 주자의 성리학을 공부했다는 뜻이다. 주자는 실사실공(實事實功)의 공리(功利)를 중시한 진량(陳亮)을 비판하여 "지금 뒤늦게 공리(功利)의 쇠를 두드려서 도의(道義)라는 금을 이루고자 하니, 쓸데없는 심력을 허비하여 과거의 일에는 도움이 없을 뿐만이 아니라 바른 지견을 장애하여 미래에 해가 될까 염려된다."라고 하였다. 《晦庵集 卷36 答陳同甫》

27 쇳소리와 ……일어나고 : 쇠는 종(鐘)이고, 옥은 경(磬)인데, 팔음(八音)을 연주할 때에 먼저 종을 쳐서 소리를 시작하고, 마지막에 경을 쳐서 소리를 거두는 것이므로, 전하여 사물(事物)을 집대성(集大成)하는 것을 이른 말이다. 이는 맹자가 공자의 성덕(聖德)을 음악에 비하여 찬양한 말이다. 《孟子 萬章下》

28 십훈(十暈) : 십휘(十煇)를 말한다. 열 가지의 햇무리로써 길흉 관계를 판단하는 것인데, 1은 침(祲), 2는 상(象), 3은 휴(鑴), 4는 감(監), 5는 암(闇), 6은 몽(瞢), 7은 미(彌), 8은 서(敘), 9는 제(隮), 10은 상(想)이다. 《周禮 春官 小宗伯 眡祲 疏》

29 탁록(涿鹿)에서……벌였네 : 탁록은 중국 하북성 탁록현(涿鹿縣) 남쪽에 있었던 지명으로, 황제(黃帝)가 치우(蚩尤)를 사로잡아 죽인 곳이다. 철액은 치우를 가리킨다. 《운급칠첨(雲笈七籤)》 헌원기(軒轅紀)에 "치우씨 형제 80인 모두가 짐승같은 몸에 사

태양은 찔려 손상되니	太陽刺見夷
들판 길에는 현황의 피[30]가 흘렀네	野塗玄黃血
나는 바라건대 성상의 덕이	我願聖上德
모두 바르고 결함이 없기를[31]	咸以正罔缺
요사스런 기운과 큰 안개는	妖祲與大霧
감히 일월을 속일 수 없으리라[32]	不敢欺日月

람 말을 하였으며 구리 얼굴에 쇠이마〔銅頭鐵額〕를 가졌다."고 하였다.

30 현황(玄黃)의 피 : 전란을 의미한다. 《주역》 〈곤괘(坤卦) 육오(六五)〉에 "용이 들판에서 싸우니, 그 피가 검고 누렇다.〔龍戰于野, 其血玄黃.〕"라는 말이 나온다.

31 모두……없기를 : 주(周)나라 목왕(穆王)이 자신이 선왕들의 뒤를 계승했음을 말하면서 "크게 드러났도다, 문왕의 가르침이여. 크게 이었도다, 무왕의 공렬이여. 우리 후인들을 계도하고 보우하되, 모두 바름으로써 하여 결함이 없도다.〔咸以正罔缺.〕" 하였다. 《書經 君牙》

32 요사스런……없으리라 : 황제가 치우를 정벌하기 위해 탁록(涿鹿)에서 전투를 벌였는데, 치우가 안개를 자욱하게 일으키자 황제가 지남거(指南車)를 만들어 격파한 일이 있다. 《書經 呂刑 注》

그리움이 일어 정사년(1677, 숙종3)

有所思 丁巳

내가 그리워하는 사람 어디에 있는가 我有所思兮在何方
봉산[33]의 아래 창해의 곁에 있지 蓬山之下兮滄海傍
서로 헤어져 보지 못한 지가 지금 삼년이니 相離不見兮今三霜
의문이 있은들 누구에게 질정하며, 질문한들 누가 상세히 알려주랴 有疑誰質兮有問誰詳
가서 따르고 싶어도 길은 멀기만 하고 欲我往從兮道塗長
산에 오르자니 수레가 없고 물에 들어가자니 배가 없네 登山無車兮入水無航
근심스럽고 즐겁지 않아 마음은 미친 듯하고 忽忽不樂兮心如狂
한 해가 저물어가니 북풍이 차구나 歲律且暮兮北風涼
아, 세상의 도는 승냥이와 이리 같아 吁嗟世道兮豺與狼
봉황을 닭이라 여기고 준마는 양처럼 천시받네 鸞鳳爲鷄兮騏驥賤如羊
손으로 향기로운 난초 꺾어 이리저리 서성이다가 手折芳蘭兮起彷徨
멀리 있는 사람에게 부치려 하니 두 눈에 눈물 맺히네 欲寄遠人兮淚盈眶

33 봉산(蓬山) : 봉래산(蓬萊山)이다. 동해 가운데에 있다는 삼신산(三神山) 가운데 하나로 신선이 사는 곳이라 한다.

부채

扇

무오년(1678, 숙종4) 2월 21일 밤에 꿈속에서 친구들과 모임을 갖는데 어떤 사람이 부채 하나를 꺼내자 각기 시를 읊어 재주를 다투었는데, 내가 자리에 있다가 드디어 이 시를 지었다.

펼쳤다 닫는 모습은 음양을 본떴고 開闔象陰陽
꿰뚫은 구멍은 일관[34]을 배웠네 穿中學一貫
예전에 부모의 침상 지키던 황향이 효도하도록 도왔고[35] 曾成侍枕黃香孝
전장에서 무후의 전략을 얼마나 도왔던가[36] 幾贊臨陣武侯算

34 일관(一貫) : 일이관지(一以貫之)의 준말이다. 공자가 제자 증삼(曾參)을 불러서 "나의 도는 하나의 이치로써 모든 일을 꿰뚫고 있다.〔吾道一以貫之〕"라고 하자, 증삼이 "예, 그렇습니다.〔唯〕"라고 곧장 대답하고는, 다른 문인에게 "부자의 도는 바로 충서이다.〔夫子之道 忠恕而已矣〕"라고 설명해 주었다. 《論語 里仁》

35 예전에……도왔고 : 황향(黃香)은 후한(後漢) 사람으로, 자가 문강(文强)이며, 강하(江夏) 안륙(安陸) 사람이다. 아홉 살에 어머니를 여의고 아버지를 봉양하였는데, 여름에는 베개와 잠자리에 부채질하여 서늘하게 하고 겨울에는 몸으로 이불을 따뜻하게 하여 효성으로 이름났다. 《後漢書 卷80上 文苑列傳 黃香》

36 전장에서……도왔던가 : 무후(武侯)는 삼국 촉한(蜀漢)의 승상 제갈량의 시호이다. 《어림(語林)》에 "제갈량이 사마의(司馬懿)와 위수(渭水) 가에서 싸울 적에 흰 수레에 올라 갈건(葛巾)을 쓰고 백우선(白羽扇)으로 삼군(三軍)을 지휘하였다."라고 하였다.

강릉의 향호로 돌아가는 외형 이중실[37] 영부 을 전송하다
送外兄李仲實 永敷 歸江陵香湖

성난 올빼미[38]와 진흙탕 속의 거북이[39]는 각자 도모함이 다르니	鴟嚇龜塗各異圖
미천한 분수로 하여금 구구한 뜻 지키게 하네	也教微分守區區
이전에 천 글자의 상소에서 사업을 이야기했고[40]	向來事業疏千語
돌아가서는 호숫가에서 달 보며 남은 생애 보내리	歸去生涯月一湖
기심이 없는 자가 진정한 은자요	沒了機心眞是隱
조금이라도 세상에 얽매이면 정녕 대장부가 아니지	有些塵累定非夫
훗날 함께 향산사의 모임을 만들어[41]	他年共結香山社

37 이중실(李仲實) : 이영부(李永敷, 1644~1708)를 말한다. 본관의 전의(全義), 호는 취적정(取適亭), 중실(仲實)은 그의 자이다.

38 성난 올빼미 : 욕심 많은 사람을 비유한다. 장자(莊子)가 양(梁)나라 재상 혜자(惠子)를 찾아가자 자기 자리를 뺏으려는 것이라 의심하자, 장자가 "늙은 올빼미란 놈이 썩은 쥐를 얻었다가 원추(鵷鶵)가 지나가자 그가 썩은 쥐를 뺏으려는 줄 알고 화를 내어 소리를 질렀는데, 자네는 지금 내가 자네의 양나라를 탐내는 줄 알고 나에게 화를 내는가?"라고 하였다. 《莊子 秋水》

39 진흙탕 속의 거북이 : 세속적인 출세나 명예에 구속됨이 없는 사람을 비유한다. 초(楚)나라에서 죽은 지 3천 년 되는 신령스러운 거북이의 뼈를 묘당(廟堂)에 모셔 놓았는데, 장자(莊子)가 이를 빗대어 "죽어서 뼈다귀로 남아 귀하게 되려 하겠는가. 아니면 살아서 흙탕물 속에 꼬리를 끌고 싶어 하겠는가."라고 하였다. 《莊子 秋水》

40 이전에……이야기했고 : 강릉으로 돌아가기 1년 전에 이영부가 연분법과 과거의 폐단에 대해 몇 천 자의 상소를 올린 일을 말한다. 《肅宗實錄 3年 4月 8日》

41 훗날……만들어 : 당(唐)나라 백거이(白居易)가 무종(武宗) 연간에 태자 소부(太

다정한 이웃이 되어 덕이 외롭지 않으리[42]　　好作芳隣德不孤

子少傳) 벼슬을 그만두고 형부 상서(刑部尙書)로 치사(致仕)하여 향산(香山)의 승려 여만(如滿)과 향화사를 결성, 수행하며 자호(自號)를 향산거사(香山居士)라 하였다. 향산사는 향화사(香火社)라고도 하는데, 고사(高士)의 은거지를 뜻한다.《舊唐書 卷166 白居易傳》

42 덕이 외롭지 않으리 :《논어》〈이인(里仁)〉에 "덕이 있는 사람은 외롭지 않고 반드시 이웃이 있다.〔德不孤, 必有隣.〕"라고 하였다.

강우경[43] 석하 의 시에 차운하다

次姜禹卿 錫夏 韻

종남산[44] 아래에 집을 지으니	結構終南下
애당초 속된 물건 따르지 않네	元無俗物隨
비 내린 주렴에는 아침에 푸른 빗방울 맺히고	雨簾朝滴翠
가을 산에는 저녁 무렵 가랑비 걷혔네	秋岳夕收霏
운자 뽑아 지은 시 교묘한 줄 잘 알겠고	射韻全知巧
경서를 이야기하며 여러 차례 의혹을 분변하네	談經屢剖疑
한가함 속에 여유로운 흥취 있으니	閑中有餘興
창밖에는 흰 구름이 떠가네	牕外白雲飛

43 강우경(姜禹卿) : 강석하(姜錫夏, 1644~1707)를 말한다. 본관은 진주(晉州), 호는 죽은(竹隱)이며, 우경(禹卿)은 그의 자이다. 작자인 김간과는 사돈사이이다.

44 종남산(終南山) : 중국 섬서성(陝西省) 장안(長安)의 남쪽에 있는 산이다. 여기서는 서울에 있는 남산(南山)을 의미한다.

이무숙[45] 언위 의 '유거'라는 시에 차운하다

次李武叔 彦緯 幽居韻

땅은 외지고 사람은 한가해 세상일 없으니 地僻人閑世事微
비 내린 뒤에 낚싯대 들고 이끼 낀 바위에 오르네 雨餘携釣上苔磯
잠수하고 뛰어오르는 것[46]은 모두 본성을 따름을 앉아서 살피고 坐看潛躍皆循性
음양이 움직이고 멈추는 기미를 묵묵히 이해하네 默會陰陽動靜機
풍광 실컷 구경하는 것이 도리어 고기보다 낫고 飽得風光却勝肉
저 명예와 이익을 낚시 바늘 삼키는 것보다 더 두려워하네 畏他名利甚呑鉤
조용한 가운데 몸에 아무 일 없음을 진즉 알았으니 靜中久覺身無事
부들자리에 앉아 있으니 한해가 이미 지나가네 一坐蒲團歲已周

45 이무숙(李武叔) : 이언위(李彦緯, 1657~?)를 말한다. 본관은 전주(全州), 무숙(武叔)은 그의 자이다.

46 잠수하고 뛰어오르는 것 : 그때그때의 상황에 맞춰 행동하는 것을 말한다. 《주역》 〈건괘(乾卦) 초구(初九)〉에 "못에 잠겨 있는 용이니, 쓰지 말아야 한다.〔潛龍, 勿用.〕" 하였고, 같은 괘 〈구사(九四)〉에 "혹 뛰어오르거나 연못에 있으면, 허물이 없으리라.〔或躍在淵, 无咎.〕" 라고 하였다.

오이를 따서 이무숙에게 부치다 을축년(1685, 숙종11)

摘苽寄李武叔 乙丑

소반에 담긴 오이 하나하나 빛깔 맑고 고우니	箇箇登盤色淨鮮
남전에서 생산된 푸른 옥인가 도리어 의심하네[47]	却疑靑玉出藍田
목의 수에서 나와 삼의 이치를 이루었고[48]	生從木數成三理
아주 둥근 모습은 하늘의 모습을 얻은 것이라네	稟得天形體至圓
씹을 때마다 맑은 즙이 나와 입이 상쾌하고	嚼處淸津能爽口
쥐어보면 차가운 기운이 갑자기 주먹에 가득하네	握來寒氣忽盈拳
저녁에 은근히 멀리 띳집으로 부치니	慇懃遠寄茅齋夕
조용히 잠들어 있는 그대를 깨우려 함이지	擬破幽人靜裏眠

47 남전(藍田)에서……의심하네 : 남전은 중국 섬서성에 있는 현의 이름으로 좋은 옥의 생산지로 유명한데, 삼국 시대 오(吳)나라 손권(孫權)이 제갈근(諸葛瑾)의 아들 제갈각(諸葛恪)을 보고서 "남전(藍田)에서 옥이 나온다더니, 정말 빈말이 아니로다." 라고 감탄한 고사에서 유래하였다. 《三國志 卷64 吳書 諸葛恪傳 註》

48 목의……이루었고 : 목의 수〔木數〕는 즉 동방의 수를 말한다. 《주역》의 수리(數理)에 의하면, 하늘은 홀수이고 땅은 짝수이다. 주자가 오행(五行) 생성의 이치를 말하면서 "하늘은 일(一)로서 수(水)를 낳고, 땅은 이(二)로서 화(火)를 낳고, 하늘은 삼(三)으로서 목(木)을 낳고〔天三生木〕, 땅은 사(四)로서 금(金)을 낳고, 하늘은 오(五)로서 토(土)를 낳는다." 하였다. 《近思錄集解 卷1 太極圖說註》

천마산 만경대[49]에 올라

登天磨山萬景臺

저물녘에 천 길의 높은 누각에 기대니	千尺危樓向晩凭
올라온 계단은 몇 층이나 되는가	上來梯級幾多層
만일 큰 걸음으로 차근차근 나아간다면	如將闊步循循進
제일 높은 봉우리도 오를 수 있다네	第一高峯又可登

49 천마산(天磨山) 만경대(萬景臺) : 천마산은 개성(開城)에 있으며, 만경대(萬景臺)는 천마산에 있는 최고봉이다.

안명일[50]이 남한산성 누각에 올라서 지었던 시에 차운하다

次安命一登南漢城樓韻

산하에 아직도 과거의 부끄러움 남아있으니	山河尙帶昔年羞
부로들은 여전히 병자년의 원수를 말하네[51]	父老猶言丙子讎
먼 옛날 평승루에서 북쪽을 바라보며 했던 탄식[52]	千古平乘北望歎
다시 시인으로 하여금 높은 누각에 기대게 하네	更教騷客倚高樓

50 안명일(安命一) : 생몰연대와 인적사항은 미상이며, 1674년에 공릉 참봉(恭陵參奉)에 제수된 사실이 확인된다. 《承政院日記 顯宗 15年 4月 8日》

51 산하에……말하네 : 1636년(인조14)에 병자호란 때에 청나라의 침입을 받아 인조가 남한산성으로 들어가 항전하다가 항복하여 치욕을 당한 일을 말한다.

52 먼……탄식 : 나라가 외적(外賊)에게 침입을 당하여 매우 어지럽거나 망함을 비유한다. 환온(桓溫)이 평승루(平乘樓)에 올라 북쪽으로 중원을 바라보고 탄식하며, "드디어 신주(神州 중원(中原))로 하여금 외적에게 침입을 당하게 하여 백 년 동안 폐허가 되게 하였으니, 왕이보(王夷甫 왕연(王衍)) 등 여러 사람들은 그 책임을 지지 않을 수 없다."라고 한 고사가 있다. 《世說新語 下卷 輕詆》

이사수[53] 정영 와 백운루에 올라 지은 연구시 기사년(1689, 숙종15)

與李士秀 挺英 登白雲樓聯句 己巳

아름다운 단풍나무 숲을 사랑하여 爲愛楓林好
한 가닥 희미한 오솔길을 찾았네 _직경(直卿) 行尋一逕微

암자는 저 멀리 석굴을 마주하고 菴臨石窟逈
산은 비단 병풍인 듯 감싸고 있네 _사수(士秀) 山作錦屛圍

말은 가을 낙엽을 밟고 지나가고 馬踏秋聲去
승려는 석양빛을 맞으며 돌아가네 _직경(直卿) 僧携夕照歸

술 취한 흥취에 낭랑하게 시 읊조리다가 朗吟乘醉興
비에 옷이 젖는 줄도 모르네 _사수(士秀) 不覺雨沾衣

53 이사수(李士秀) : 이정영(李挺英, 1655~1726)을 말한다. 본관은 전주(全州)이고, 사수(士秀)는 그의 자이다.

삼종제 사긍[54] 구 의 '늦봄의 유람'이라는 시에 차운하다
次三從弟士肯 構 暮春遊賞韻

늦봄을 맞이하여	好趁三春暮
좋은 유람에 그대와 함께 하였네	佳遊與子同
비 맞은 나뭇가지는 옅은 녹색을 단장하고	雨條粧淺綠
이끼 낀 골짜기에서 남은 꽃 감상하네	苔嵌賞殘紅
왕희지의 모임[55]을 본받지 않고	不倣羲之會
증점의 풍류[56]를 진정 이루었네	眞成點也風
평소에 누린 산수의 즐거움	平生山水樂
오늘 더욱 끝이 없구나	今日更無窮

54 삼종제(三從弟) 사긍(士肯) : 김간의 8촌 동생 김구(金構, 1649~1704)를 말한다. 본관은 청풍(淸風), 호는 관복재(觀復齋) 혹은 정현(精玄)이며, 사긍(士肯)은 자이다.

55 왕희지의 모임 : 일행의 유람을 왕희지(王羲之)의 난정(蘭亭) 모임에 비유하여 한 말이다. 난정은 중국 회계(會稽) 산음(山陰)에 있는 정자로, 동진(東晉) 때 왕희지(王羲之)가 손작(孫綽)·사안(謝安) 등 당시의 명사 42인과 함께 계제사(禊祭祀)를 행한 뒤에 술을 마시고 시를 지었던 곳으로 유명하다. 《古文眞寶 後集 卷1》

56 증점(曾點)의 풍류 : 증점은 공자의 제자로, 증자(曾子)의 부친이다. 공자가 제자들에게 포부를 묻자 증점은 "늦은 봄에 봄옷이 만들어지면 관을 쓴 벗 5~6명과 아이들 6~7명을 데리고 기수에 가서 목욕을 하고 기우에서 바람을 쐰 뒤에 노래하며 돌아오겠다."라고 자신의 뜻을 밝히자, 공자가 그 기상에 감탄을 하며 "나는 점과 함께 하겠다.〔吾與點也.〕"라고 허여하였다. 《論語 先進》

농가의 일을 읊다

田家卽事

손으로 긴 가래를 들고 앞도랑 물꼬를 터서	手持長鍤決前渠
뒤늦게 호미질한 넓은 밭에 물 대네	注下平田灌晩鋤
해 저물자 도롱이를 깔고 보리밥 먹고는	日暮藉蓑啖麥飯
다시 솔불을 밝혀 경서를 읽네	更明松炬讀經書

강 진사 계부 의 시에 차운하다

次姜進士 啓溥 韻

고요한 가운데 회포를 풀고자	爲遣靜中懷
시냇가 집에서 소리 높여 시 읊조리네	高吟溪上齋
마침 멀리 있는 벗이 찾아오니	正當遠朋至
또 가을 산 아름답게 물든 때라네	又値秋山佳
기울이는 술잔에 깊은 흥취 일어나고	杯酒有深趣
나누는 담소는 세상과 어긋나지 않네	笑談非打乖
좋은 밤 술 취해 마주 앉으니	良宵醉對處
문득 성 남쪽의 친구들이 생각나네	忽憶城南儕

꿈속에서 짓다 임신년(1692, 숙종18)

夢作 壬申

달빛 비치는 여강[57]의 밤　　月白驪江夜
서리 맑고 단풍잎 물든 가을이라네　　霜淸楓葉秋
술이 얼근히 올라 배를 저어가니　　酒酣棹舟去
물새는 모래톱에서 날아가네　　水鳥飛沙洲

57 여강(驪江) : 남한강의 상류인 경기도 여주(驪州)의 여강을 말한다.

홍생 준상 의 '백운루에 오르다' 시에 차운하다 계유년(1693, 숙종19)

次洪生 俊相 登白雲樓韻 癸酉

흰 구름 깊이 드리운 곳에 길 아득하니	白雲深處路悠悠
잠시 금모래 길로 들어서 푸른 누각에 기대네	暫入金沙倚翠樓
아름다운 경관은 본래 높은 곳에 있는데	佳景本從高處在
유람객은 산 꼭대기에 오르려 하지 않네	遊人不肯到山頭

호현(狐峴)[58]의 소나무 숲에서 말에게 꼴을 먹이다가 갑자기 소나기를 만나다

秣馬狐峴松林猝遇驟雨

소나무 숲에서 말을 멈추고 더위 식히는데	歇馬松林滌暑襟
갑자기 구름이 해를 가려 옅은 그늘이 지네	忽然雲日變輕陰
난데없이 지나가는 비에 온 몸을 적시니	無端過雨全身濕
온통 우리들의 측은지심과 같구나	渾是吾人惻隱心

58 호현(狐峴) : '여우고개'로 '호령(狐嶺)'이라 불리던 과천시에 위치한 지금의 남태령(南泰嶺)을 말하는 것으로 보인다.

호남순무사(湖南巡撫使)로 떠나는 사긍[59]을 전송하다

을해년(1695, 숙종21)

送士肯巡撫湖南 乙亥

조정의 계책은 원래 백성의 마음을 위로하려 함이니	廟謨元欲慰民望
순무하러 나가 해안 방비를 겸하여 살피게 되었네	巡撫因兼按海防
몸은 성상의 은혜에 숙배하여 대궐을 하직하고	身拜聖恩辭北闕
입으로는 성상의 말씀 담아 남쪽 지방에 전하리	口含天語布南疆
폭공은 직지로서 지부를 자랑하였고[60]	暴公直指誇持斧
급자는 편의대로 곡식 창고를 열었네[61]	汲子便宜在發倉
행차가 마한[62]에 이르면 아직 이른 봄일 것이니	行到馬韓春尙早
역마로 향기 나는 매화가지 하나 부쳐주게[63]	驛梅須寄一枝香

59 사긍(士肯) : 김구(金構, 1649~1704)를 말한다. 91쪽 주54 참조.

60 폭공(暴公)은……자랑하였고 : '직지(直指)'는 한 무제(漢武帝) 때 설치한 관직으로, 당시 민간의 소요를 진압하기 위하여 황제가 직접 파견한 것이며, '지부(持斧)'는 부월을 쥔다는 뜻이다. 폭공(暴公)은 한 무제 때 수의어사(繡衣御史) 폭승지(暴勝之)로, 황제가 내린 부월을 쥐고서 군국의 도적 떼를 일망타진했던 '지부'의 고사가 전한다. 《漢書 卷66 王訢傳》

61 급자(汲子)는……열었네 : 급자는 한 무제 때의 직신(直臣)인 급암(汲黯)이다. 급암이 하내(河內) 지방의 화재를 조사하러 나갔다가 가뭄이 들어 굶주리는 것을 보고는 황제에게 받은 부절(符節)을 이용하여 하내 창고의 곡식을 풀어 빈민을 구제한 고사가 전한다. 《漢書 卷50 汲黯傳》

62 마한(馬韓) : 고대 우리나라 남부에 있던 국가의 이름으로, 여기서는 전라도 지역을 뜻한다.

63 역마로……부쳐주게 : 친구에 대한 그리움을 말한다. 남조(南朝) 송(宋)나라의 육개(陸凱)가 강남에 있을 때 교분이 두터웠던 범엽(范曄)에게 매화 한 가지를 부치면서, "매화를 꺾다 역사(驛使)를 만났기에 농두 사는 그대에게 부치오. 강남에는 아무것도 없어 애오라지 한 가지 봄을 보낸다오."라는 시를 함께 부친 데서 유래하였다.《古今詩刪 卷8 贈范曄》

광교산[64]에 오르다 정축년(1697, 숙종23)

登光教山 丁丑

여러 봉우리 둘러싸서 허공으로 치솟으니	簇擁群峯揷入空
깎아지른 바위의 기상 우리나라의 으뜸이네	巉巖氣象冠吾東
희미한 모습 흡사 홍몽[65]이 갈라지는 듯하고	依微恰似鴻蒙判
웅장한 모습 조화옹의 공로인지 누가 알리오	磅礴誰知造化功
넓게 자리 잡은 기틀은 안정되어 움직이지 않고	大占根基安不動
멀리까지 형세가 이어져 한량없이 드넓네	遠連形勢浩無窮
탁주 세 잔 마시고 올라 보니 흥취 일어	三杯濁酒登臨興
먼 옛날 축융봉의 높은 풍모 그리워하네[66]	千載高風慕祝融

64 광교산(光教山) : 광교는 수원부의 팔달산(八達山) 아래의 지역을 가리키는 지명으로, 지금의 수원시 광교동의 뒷산을 말한다.

65 홍몽(鴻蒙) : 홍몽은 천지자연의 광대한 원기(元氣) 또는 높은 하늘을 뜻하는데, 여기서는 높은 하늘을 의미한다.

66 탁주……그리워하네 : 주희(朱熹)의 〈취하여 축융봉을 내려오며 짓다〔醉下祝融峯作〕〉에서의 홍취를 말한다. "막걸리 석 잔에 호기로운 홍이 일어, 낭랑히 시 읊으며 축융봉을 내려오네.〔濁酒三盃豪興發, 朗吟飛下祝融峯.〕"라고 하였다.

가을에 백운산을 유람하다

秋遊白雲山

가을바람 텅 빈 골짜기에 불어오니	霜風動空谷
모든 나무가 가을 소리를 내네	萬木皆秋聲
이슬방울은 나그네의 지팡이 적시고	露滴客笻濕
해질 무렵에 승려의 풍경소리 울리네	日斜僧磬鳴
허공에 기대니 날아갈 듯하고	憑虛腋欲擧
찬물에 입을 헹구니 담소도 청아하네	漱冷談仍淸
벗을 이끌고 바위에 앉으니	携儷坐巖石
흰 구름 머리 위에서 일어나네	白雲頭上生

꿈에서 짓다 무인년(1698, 숙종24)

夢作 戊寅

산속 창가에서 느지막이 일어나니	懶起山窓下
아침 해는 이미 처마 위로 떠올랐네	朝暾已上軒
평생 요사[67]에 뜻을 두었건만	平生姚姒志
백발 신세가 되니 부끄럽구나	堪愧白頭存

67 요사(姚姒) : 순(舜)과 우(禹)를 가리킨다. 요는 순 임금의 성(姓)이고, 사는 우 임금의 성이다.

모내기 광경을 보고

觀挿秧

경작지에 물을 서너 차례 대더니	灌水耕田三四過
모를 손에 든 남녀가 한 줄로 늘어서네	執秧男婦一行羅
자주 손을 내밀어 모종을 조심스레 내려놓고	細排嫩葉頻抽手
빼곡히 심은 새로운 뿌리가 교묘히 물속에 박혔네	密揷新根巧點波
어느덧 너른 밭에 싹이 점점 자란 듯	儼使廣疇仍漸苗
문득 보니 텅 빈 논은 이미 많지 않네	忽看空土已無多
저 사람들 기근의 고통을 탄식하지 말고	願渠且莫嘆饑苦
수확하여 취하고 마시며 노래할 때를 기다리기를	直待登場醉飽歌

정진경[68] 상박 에 대한 만사
鄭眞卿 尙樸 挽

그대처럼 뜻이 맞는 친구 다시 얼마나 되랴　同志如君復幾何
늙어버린 지금에 눈물이 주르르 흐르네　白頭今日涕偏沱
몸은 정호(程顥)의 봄바람 속 자리에 참여했고[69]　身登程氏春風坐
재주는 성인 문하의 정사 분야에 드러났네[70]　才著聖門政事科
융숭한 상제(喪制)는 여막을 지은 자공에게 부끄럽지 않고[71]
隆制不羞端室築
공리(孔鯉)가 뜰을 지났던 일[72]에 공연히 애통함 맺히네
至恫空結鯉庭過
붉은 명정의 흰 글씨에 임금의 은총이 감도니　丹旐粉字紆新渥

68 정진경(鄭眞卿) : 정상박(鄭尙樸, 1650~1698)을 말한다. 본관은 경주(慶州), 자는 진경(眞卿)이다.

69 몸은……참여했고 : 훌륭한 스승에게 가르침을 받았다는 뜻이다. 66쪽 주8 참조.

70 재주는……드러났네 : 정치에 재능이 있었다는 뜻이다. 공자(孔子) 문하(門下)의 뛰어난 제자들을 네 분야로 분류하는데, 《논어》 〈선진(先進)〉에 "정치에는 염유(冉有), 계로(季路)가 있다."라고 하였다.

71 융숭한……않고 : 스승을 위한 시묘살이를 말한다. 자공(子貢)은 공자의 제자 단목사(端木賜)로, 공자가 죽자 심상(心喪) 3년을 마치고 다시 무덤 곁에 작은 집을 짓고 3년 동안 시묘살이를 하였다. 《孟子 滕文公上》

72 공리(孔鯉)가……일 : 자식이 아버지에게 가르침을 받은 일을 말한다. 공자가 뜰에 혼자 있을 때, 아들이 종종걸음으로 뜰을 지나가자〔鯉趨而過庭〕, 시(詩)와 예(禮)를 배우도록 가르쳤던 고사에서 유래하였다. 《論語 季氏》

응당 저승길에서 감동의 눈물 쏟아내리　　　　應向泉臺感淚多

승지(承旨)에 추증되었기 때문에 말한 것이다.

한가히 지내며 경진년(1700, 숙종26)

幽居 庚辰

소나무 그늘 정자에서 잠 깨자 석양이 짙은데	睡罷松軒夕照多
일어나 지팡이 짚고는 개울가를 거니네	起携藜杖步溪阿
무심한 가운데 유유자적 흥취가 일어나니	悠然興到無心處
산 앞에서 비바람 지나가는 소리를 웃으며 듣네	笑聽山前風雨過

이군헌[73] 세박 에 대한 만사 신사년(1701, 숙종27)

李君獻 世璞 挽 辛巳

일찍 올바른 연원을 얻어[74]	早得淵源正
평생 경과 의를 견지하였네	平生敬義持
공자의 문하에서는 노둔함을 칭찬하였고[75]	孔門稱以魯
안자의 골목에서는 갑자기 슬픔에 젖었네[76]	顏巷忽纏悲
누가 왕손가의 어머니를 위로할까나[77]	誰慰王孫母

73 이군헌(李君獻) : 이세박(李世璞, ?~?)을 말한다. 본관은 벽진(碧珍)으로, 이인(李壙)의 손자이며, 이지술(李志述)의 아들이다. 권상하(權尙夏)가 지은 이인의 묘지명에 "장남의 아들은 세박(世璞)인데, 산림에 숨어 학행을 닦았으나 불행히도 명이 짧아 죽었다.〔長房男世璞, 藏修林下, 不幸短命.〕"라는 기록이 보인다.《寒水齋集 卷29 承旨李公壙墓誌銘幷序》

74 올바른 연원을 얻어 : 일찍 성리학(性理學)을 공부했다는 뜻이다.

75 공자의……칭찬하였고 : 《논어(論語)》〈선진(先進)〉에 공자가 제자들을 평가하면서, "자고(子羔)는 어리석고, 증삼(曾參)은 노둔하고 자장(子張)은 치우치고 자로(子路)는 거칠다."라고 하였는데, 그에 대해 정자(程子)는 "증자가 마침내 노둔함〔魯〕으로써 도를 얻었다."라고 하였다.

76 안자(顔子)의……젖었네 : 가난한 생활 속에 일찍 세상을 떠났다는 뜻이다. 안자는 공자의 제자로, 한 그릇의 밥과 한 그릇의 마실 것으로 누항에 지내면서 도(道)를 즐겼는데, 공자가 어질다고 칭찬하였으나 이른 나이에 세상을 떠났다.《論語 雍也》

77 누가……위로할까나 : 자식에 대한 부모의 그리움을 말한다. 전국시대 제(齊)나라 왕손가(王孫賈)가 나이 15살에 민왕(閔王)을 섬겼는데, 그 모친이 "네가 아침에 나가서 저녁에 돌아올 때면 내가 집 문에 기대어 너를 기다렸고, 네가 저녁에 나가서 돌아오지 않을 때면 내가 마을 문에 기대어 너를 기다렸다."라고 말한 고사가 있다.《戰國策 齊策6》

백도의 아들에게 부끄럽구나[78]	堪嗟伯道兒
이승과 저승에서 애통해 할 줄 알겠으니	幽明知已慟
노년에 두 줄기 눈물을 주르르 흘리네	白首淚雙垂

78 백도의 아들에게 부끄럽구나 : 후사를 이를 아들이 없음을 말한다. 백도는 진(晉)나라 등유(鄧攸)의 자(字)이다. 석륵(石勒)의 난리를 만나, 아내와 함께 아들과 조카를 데리고 피란을 갔는데, 도중에 도적을 만나자 모두를 살릴 수 없다고 여겨 자기 아들을 버리고 조카를 보전하였다. 뒤에 끝내 아들을 두지 못하고 죽자, 당시 사람들이 의롭게 여겨 "천도(天道)가 무지(無知)하여 등백도에게 아들이 없게 하였다."라고 탄식하였다. 《晉書 卷90 鄧攸列傳》

고양 군수 사직[79]에게 부치다

寄高陽宰士直

시서로 대대로 이름났으니	詩書世有鳴
스승과 벗을 통해 가문의 명성이었네	師友繼家聲
집을 지어 검재(儉齋)라 편액하고	築室曾扁儉
관리로 부임해서는 다시 청렴에 힘썼네	臨官更勵淸
오직 공정함 일삼아 백성들이 신임하고	惟公民乃信
은혜 베풀어 교화가 막 이루어졌네	能惠化方成
바라건대 제사지내듯 하라[80]는 훈계를 마음에 새겨	願佩如承訓
현가소리가 무성 고을에 퍼지기를[81]	絃歌致武城

79 사직(士直) : 작자의 8촌 동생인 김유(金楺, 1653~1719)의 자(字)이다. 64쪽 주6 참조.

80 제사지내듯 하라 : 공자(孔子)가 이르기를 "문밖을 나가서는 큰 손님을 뵙는 듯이 하고, 백성을 부릴 때는 큰 제사를 받들 듯이 해야 한다.〔出門如見大賓 使民如承大祭〕" 한 데서 온 말이다. 《論語 顔淵》

81 현가(絃歌)소리가……퍼지기를 : 현가는 거문고를 연주하며 노래하는 것으로, 예악(禮樂)의 교화를 뜻한다. 공자의 제자 자유(子遊)가 무성(武城)의 지방관으로 있으면서 현가로 백성을 교화하였다. 《論語 陽貨》

예산에 부임하여[82]

赴任禮山

노년에 은거하며 병든 몸 요양한 지 오래이니	白首雲林養病久
이번 행차가 어찌 내 재주에 부끄럽지 않으랴	此行寧不愧吾才
한번 나와 임금의 은혜에 보답할 길만 생각할 뿐	只思一出酬君渥
하찮은 오두미[83] 때문에 온 것은 아니라네	非爲區區五斗來

82 예산에 부임하여 : 김간(金榦)은 1701년(숙종27)에 예산 현감에 제수되었다. 《承政院日記 肅宗 27年 9月 13日》

83 오두미(五斗米) : 현령(縣令)의 녹봉을 말한다. 진(晉)나라 도잠(陶潛)이 팽택 현령(彭澤縣令)이 된 뒤에 독우(督郵)에게 인사할 일이 생기자, "내가 어찌 오두미 때문에 향리의 애송이에게 허리를 굽힌단 말이냐."라고 하고, 그날로 관직을 버리고 돌아왔다. 《晉書 卷94 陶潛列傳》

저물녘에 미곡에 있는 숲속의 장원으로 방문하니, 주인 이태경 수기 이 나를 위하여 여러 공들과 수창한 시편을 읊어주기에 드디어 차운하여 드렸다

乘暮訪薇谷林莊 主人李台卿 壽祺 爲我誦諸公唱和諸篇 遂步韻以呈

미곡(薇谷)은 예산 동면에 있다.

띳집에서의 저녁 풍경 좋으니	好是茅齋夕
시원하여 나그네의 꿈 서늘하네	翛然客夢涼
물고기 뛰노는 곳 조용히 관찰하니	靜觀魚躍處
콸콸 흐르는 물이 못에 가득하네[84]	活水滿方塘

84 물고기……가득하네 : 산수의 자연을 완상하는 중에도 천리가 드러나는 것을 깨닫고, 학문의 근원처를 찾는다는 의미이다. 《시경》 〈한록(旱麓)〉에 "솔개는 하늘 높이 날아오르고, 물고기는 못 속에서 뛰어논다."라고 하였고, 또 주자의 〈관서유감(觀書有感)〉 시에 "조그맣고 모난 연못에 한 거울이 열리어, 하늘빛 구름 그림자가 함께 배회하네. 묻노니 어찌하면 저처럼 맑을까, 원천에서 콸콸 쏟아져 내려서라네."라고 하였다.

이태경에게 부치다 임오년(1702, 숙종28)

寄李台卿 壬午

이곳 미산의 승경을 즐거워하니 樂此薇山勝
여기에서 마음 내키는대로 은거하네 於焉任考槃
학을 불러 띳집을 지키고 茅茨喚鶴護
술을 마시며 바람과 달을 감상하네 風月對樽看
깨끗하여 몸과 마음이 고요하고 灑落身心靜
여유로워 세상이 넓어 보이네 優餘世界寬
한가롭게 취한 뒤에 꿈을 꾸니 悠然醉後夢
응당 괴안국에는 이르지 않으리라[85] 應不到槐安

85 괴안국에는 이르지 않으리라 : 헛된 꿈을 꾸지 않는다는 뜻이다. 당(唐)나라 순우분(淳于棼)이 괴목(槐木)의 남쪽 가지 아래에 누워서 잠이 들었는데, 꿈속에 괴안국(槐安國)에 가서 부귀영화를 누리다가 꿈을 깨어 괴목 아래를 보니 큰 개미굴이 있었다는 이른바 남가일몽(南柯一夢)의 고사가 있다. 《異聞集 南柯太守傳》

예산군의 관사에서 회포를 서술하여 아우 중고[86] 재 와 족제 사직[87]에게 부치다

禮山郡齋述懷 寄舍弟仲固 栽 與族弟士直

젊은 시절 민첩하고 예리한 기운 산과 같았는데	少年輕銳氣如山
지금에는 불우하여 얼굴 가득 부끄럽네	今日蹉跎愧滿顏
일을 억지로 하다 보니 결국 어긋나고	事到强爲終齟齬
도를 마음에 얻은 것이 아니라 고생스럽네	道非心得便辛艱
화로에 단약을 끓이는 일[88] 늦어서 한탄스럽고	丹爐文武嗟堪晚
한가로이 바둑판에서 공명을 다투네	棋局功名好是閑
오직 만년에 수습하는 계책이 있으니	唯有桑榆收殺計
개인적인 차기(箚記)[89]에다 첨삭을 더하리	擬將私箚細添刪

당시에 독서하며 차기했기 때문에 말한 것이다.

86 중고(仲固) : 金栽(1650~1712)를 말한다. 본관은 청풍(淸風), 자는 중고(仲固), 호는 양관재(養觀齋)이다.

87 사직(士直) : 64쪽 주6 참조.

88 화로에……일 : 원문의 문무(文武)는 문무화(文武火)의 줄임말로, 약한 불과 강한 불을 뜻하며, 단약(丹藥)을 달인다는 말은 고을 수령을 맡은 것을 뜻한다. 갈홍이 교지(交阯)에서 단사(丹砂)가 나온다는 말을 듣고 구루 영(句漏令)을 자청해 나가서 연단(鍊丹)했다는 고사가 전한다. 《晉書 卷72 葛洪列傳》

89 차기(箚記) : 책을 읽으며 얻은 바를 그때그때 적어 놓은 것을 말한다.

현석 박 선생[90]이 퇴계와 율곡의 사단칠정설에 관한 절구를 지어 김숙함[91] 재해 에게 주었는데,[92] 올해 여름 숙함이 예산의 관아로 나를 방문하여 그 시를 보여주며 나에게 차운시를 요구하기에 드디어 차운하여 주다

玄石朴先生嘗作退栗四七說絶句 贈金叔涵 載海 今夏叔涵訪余禮山衙軒出示其韻 要余和之 遂次以贈

사단칠정의 본원은 분명 하나이니	四七分明本一源
누가 발현하는 곳의 문이 다르다고 하는가	誰將發處謂殊門
다만 무엇을 주로 삼는가에 따라 차이가 있으니	只緣所主還差別
선정[93]이 당시에 각기 학설을 내었네	先正當時各立言

90 현석(玄石) 박 선생(朴先生) : 박세채(朴世采, 1631~1695)를 말한다. 본관은 반남(潘南), 자는 화숙(和叔), 호는 현석(玄石)·남계(南溪)이다.

91 김숙함(金叔涵) : 김재해(金載海, 1658~1720)를 말한다. 박세채의 문인으로 윤증(尹拯)의 문하에서도 수학하였으며, 성리학에 조예가 깊었고 김창협(金昌協), 이희조(李喜朝) 등과 교제하였다. 숙함(叔涵)은 그의 자(字)이다.

92 퇴계와……주었는데 : 박세채의 《남계집(南溪集)》 1권에〈독퇴율이선생사칠설시김숙함재해(讀退栗二先生四七說示金叔涵載海)〉라는 제목으로 실려 있다.

93 선정(先正) : 퇴계(退溪)와 율곡(栗谷)을 가리킨다.

이별하면서 이무경 세무 과 김성숙 광오 에게 주고 겸하여 김사정 자건 에게 부치다

臨別贈李茂卿 世茂 金誠叔 光五 兼寄金士靜 自健

〈입지〉가 첫머리에 있고 〈혁구습〉이 다음이니	立志居先革舊次
율옹이 먼 후대에 남긴 말씀이 있네[94]	栗翁千載有遺言
처음 공부를 할 때 이 말씀이 절실하니	最初下手斯爲切
덕에 들어갈 때 본다면 문을 잃지 않으리라	入德應看不失門

94 입지(立志)가……있네 : 율곡(栗谷) 이이(李珥)가 지은 《격몽요결(擊蒙要訣)》의 차례를 말한다. 이 책은 1577년(선조10) 이이가 황해도 해주(海州)에서 강학할 적에 초학자들을 가르치기 위하여 편찬한 책으로, 순서로 보면 〈입지(立志)〉장이 처음이고, 〈혁구습(革舊習)〉이 두 번째이다. 율옹(栗翁)은 이이를 가리킨다.

관직을 그만두고 집으로 돌아가다[95]

棄官歸家

늙은 몸으로 재주 없이 남쪽 고을에서 오래 머물렀으니 白首南州潦倒久

현가소리로 교화한 무성의 재주에 감히 견주랴[96] 絃歌敢擬武城才

수고로움과 편안함 모두 임금님의 큰 은혜이니 或勞或逸皆恩渥

오늘 아침 관직을 그만두고 고향으로 돌아가네 投紱今朝歸去來

95 관직을……돌아가다 : 김간(金榦)은 1701년(숙종27) 8월에 예산 현감(禮山縣監)으로 부임하였다가 이듬해 귀향하였다.

96 현가(絃歌) 소리로……견주랴 : 고을을 예악(禮樂)으로 다스리는 것을 말한다. 108쪽 주81 참조.

가을날의 회포

秋懷

산속 집에서 전혀 일 없으니	山關了無事
뽕나무와 버드나무 뜰 가득 드리웠네	桑柳滿庭陰
거문고와 책으로 속세 생각 없애고	琴書散塵慮
시와 술로 흉금을 상쾌하게 하네	詩酒爽沖襟
가을바람 저물녘에 쓸쓸히 부니	秋風晩蕭瑟
온갖 감정이 밀려오네	百感來相侵
과거의 일 후회한들 무슨 소용이랴	往事悔何及
부끄러움은 진정 마음에서 비롯되네	忸怩眞由心
이제부터 〈수초부(遂初賦)〉[97]를 읊으며	從今賦遂初
은거하는 삶[98]을 지키리라	庶幾保雲林

97 수초부(遂初賦) : 벼슬을 그만두고 은거한다는 말이다. 진(晉)나라 손작(孫綽)이 〈수초부(遂初賦)〉를 지어 산림(山林)에 숨어 살려는 자신의 뜻을 서술한 고사가 있다. 《晉書 卷56 孫楚列傳 孫綽》

98 은거하는 삶 : 원문의 운림(雲林)은 은거하는 장소의 뜻으로 쓰인다. 왕유(王維)의 시 〈도원행(桃源行)〉에 "당시에 산 속 깊이 들어간 것만 기억하노니, 맑은 시내 건너 몇 차례나 운림 속을 찾아갔나.〔當時只記入山深, 青溪幾度到雲林.〕"라는 표현이 나온다.

연경으로 가는 아우를 전송하다 계미년(1703, 숙종29)

送舍弟赴燕 癸未

〈비풍〉[99]을 읊조리고 나니 유독 마음 슬퍼지는데	匪風吟罷感偏長
우선 떠나는 수레를 잡고 이별주를 권하네	且挽征軺勸別觴
고공단보가 폐백을 바친 일[100]은 핑계대기 어려우니	難諉古公皮幣事
호경에 남은 〈서리〉의 슬픔[101]을 어찌 견디랴	曷堪遺鎬黍離傷
존주대의[102]를 아는 사람 없으니	尊周大義人無識
명나라 그리워하는 유민들 누가 위로해줄까	思漢殘氓孰慰望
그 옛날 노중련이 바다에 빠져죽으려 했던 뜻[103]에	千載魯連蹈海志

99 비풍(匪風):《시경(詩經)》〈회풍(檜風)〉의 편명(篇名)으로, 주(周)나라 왕실(王室)이 점점 쇠약해짐을 현인(賢人)이 개탄한 내용이다. 여기서는 조선의 국력이 약해 청나라에 유린당한 것을 안타까워한 것이다.

100 고공단보(古公亶父)가……일: 고공단보는 주 문왕(周文王)의 조부(祖父)로, 빈(邠)에 있을 때 백성을 보호하기 위해 적인(狄人)에게 피폐(皮幣)와 견마(犬馬)를 바친 일이 있다. 본문에서는 청나라에 예물을 바치는 일을 말한다.《孟子 梁惠王下》

101 호경(鎬京)에……슬픔:〈서리(黍離)〉는《시경》〈왕풍(王風)〉의 편명으로, 동주(東周)의 대부(大夫)가 행역(行役)을 나가는 길에 이미 멸망한 서주(西周)의 옛 도읍인 호경(鎬京)을 지나가다 옛 궁실과 종묘가 폐허로 변한 채 메기장과 잡초만 우거진 것을 보고 비감에 젖어 탄식하며 부른 노래이다. 본문에서는 청나라에게 망한 명나라를 그리워한 것을 비유한 것이다.

102 존주대의(尊周大義): 존주는 본래 주(周)나라를 존숭(尊崇)한다는 의미인데, 전의되어 조선이 상국으로 여긴 명(明)나라를 존상(尊尙)한다는 뜻으로 쓰였다.

103 노중련(魯仲連)이……뜻: 청나라에게 굴복한 치욕의 역사를 생각하면 차라리 죽고 싶다는 뜻이다. 노중련은 전국 시대 제(齊)나라의 고사(高士)이다. 위(魏)나라가

오늘 그대를 전송하며 눈물로 옷자락 적시네　　　送君今日涕沾裳

장군 신원연(新垣衍)을 보내 진나라 임금을 천자로 섬기면 포위를 풀 것이라고 하자 노중련이 "진나라가 방자하게 천자를 참칭(僭稱)한다면 나는 동해를 밟고 빠져 죽겠다." 라고 하였다.《史記 卷83 魯仲連列傳》

또
又

늙은 몸으로 옛 조정 생각하며 비분강개하니	白頭悲慨舊朝心
중원에 풍우가 불어 닥쳐 육침[104]을 슬퍼하네	風雨神州悼陸沈
모르겠네, 민중(閩中)의 몇 사람들은	未識閩中數三子
과연 그 당시에 금나라에 사신을 갔는지[105]	果於當日使乎金

104 육침(陸沈) : 육지가 물에 잠긴다는 뜻으로 나라가 외적(外賊)에게 침입을 당하여 매우 어지럽거나 망함을 비유하여 이르는 말이다.

105 모르겠네……갔는지 : 명나라가 금(金)나라에 멸망하고 난 뒤 유학자(儒學者)들은 금나라에 사신을 가지 않았다는 뜻이다. 민중(閩中)은 주자(朱子)가 있던 곳으로, 후대에는 정자(程子)와 주자(朱子) 혹은 성리학을 일삼는 유학자들을 가리킨다.

또
又

고죽의 맑은 풍모 만고에 길이 전하니	孤竹清風萬古長
이번 행차에 응당 옛 사당 곁을 지나리라[106]	此行應過舊祠傍
그대가 수양산에서 굶어죽은 절개 본다면	君看餓死西山節
기주의 강역[107]에 한 걸음이라도 들이고 싶겠는가	肯踏岐周一步疆

연행길에 고죽사를 들른다고 들었기 때문에 말한 것이다.

106 고죽(孤竹)의……지나리라 : 백이(伯夷)와 숙제(叔齊)는 고죽군(孤竹君)의 두 아들로, 주(周)나라 무왕(武王)의 은나라를 정벌을 반대하여 서산(西山 수양산)에 들어가 고사리를 캐 먹으며 숨어 살다가 굶어 죽었다. 그들의 사당이 영평부(永平府) 난주(灤州)에 있었다. 《史記 卷61 伯夷列傳》

107 기주(岐周)의 강역 : 주(周)의 별칭으로, 무왕(武王)이 혁명하기 전에 도읍을 기산(岐山) 밑에 세웠기 때문에 말한 것이다. 본문에서는 청나라의 영토가 된 중원(中原)을 가리킨다.

또
又

연시라는 옛 이름 오랜 세월 그대로이니　　燕市千秋宛舊名
지금까지 남은 자취 있어 형경을 말하네[108]　　至今遺躅說荊卿
비수를 숨겨 진나라 황궁에 들어간 것은 좋은 계책 아니지만　　秦宮挾匕雖非計
기꺼이 예물을 받들고 사신가는 것보다는 낫다네　　猶勝甘心奉玉行

108 연시(燕市)라는……말하네 : 연시는 전국 시대 연나라의 저잣거리를 가리키는데, 그곳에 협객들이 많았다. 형경은 전국 시대 위(衛)나라의 자객 형가(荊軻)를 말한다. 형가는 연시에서 날마다 개백정 및 고점리(高漸離) 등과 어울려 신세를 한탄하며 술을 마셨는데, 형가는 연나라 태자(太子) 단(丹)의 요청을 받고 비수를 숨겨 진시황을 암살하러 갔다가 죽임을 당하였다. 《史記 卷86 刺客列傳 荊軻》

강우경[109]이 손자 치후[110]에게 준 시에 차운하다

次姜禹卿贈致垕孫韻

가을바람은 뜰의 나무를 흔들고 秋風動庭樹
가을 해는 구름 낀 시내를 비추네 秋日照雲川
언덕의 나뭇잎은 서리를 맞아 시들고 岸葉經霜老
계단의 꽃은 비를 맞아 곱네 階花帶雨鮮
누런 송아지 너머로 풀밭이 이어지고 草連黃犢外
백로 곁으로는 모래가 깨끗하네 沙淨白鷗邊
이 광경 구경하며 함께 취할 만하니 對此堪同醉
그대는 말 머리를 돌려 오라 須君馬首旋

당시에 우경이 목천으로 가서 아직 돌아오지 않았다.

109 강우경(姜禹卿) : 강석하(姜錫夏, 1644～1707)를 말한다. 85쪽 주43 참조.

110 치후(致垕) : 김치후(金致垕, 1692～1742)를 말한다. 본관은 청풍(淸風), 자는 사중(士重), 호는 사촌(沙村)이다. 작자인 김간(金榦)의 손자이자 김태로(金泰魯)의 아들로, 강석하에게는 외손자가 된다.

눈 내리는 밤

雪夜

10월 15일 밤에 눈과 바람이 함께 불었는데, 문을 닫고 요양을 하며 이불을 껴안고 책을 보고 있었다. 나도 모르게 마음이 그윽하고 맑아져 드디어 절구 한 수를 읊다.

창밖엔 한창 눈보라 치니	窓外正風雪
문을 닫고 옛 책을 읽노라	閉門看古書
한 사발의 술에 얼근해지고	陶然一甌酒
베개를 베고 누우니 희황 때의 사람이네[111]	欹枕羲皇初

111 희황(羲皇) 때의 사람이네 : 태곳적의 사람처럼 한가로움을 뜻한다. 동진(東晉) 때에 도잠(陶潛)이 전원생활을 즐기면서 "여름철 한가로이 북창 가에 잠들어 누웠다가 시원한 바람이 불어와 잠을 깨고 나면 문득 희황 시대의 사람인 것처럼 느껴지곤 한다. 〔夏月虛閑, 高臥北窓之下, 淸風颯至, 自謂羲皇上人.〕"라고 하였다. 《晉書 卷94 隱逸列傳 陶潛》

이무숙[112]이 광탄[113]에 들러 감회를 읊은 시에 차운하다
次李武叔過廣灘感懷韻

후학은 앞으로 누구를 우러러 의지하나	後學將安仰
차가운 물소리 차마 듣지 못하겠네	寒灘不忍聽
사람은 천고의 아픔을 품었는데	人懷千古痛
산은 한결같이 푸른빛을 띠네	山帶一般青
남은 자취는 행단(杏壇)[114]에 남아있고	遺跡留壇杏
세월은 흘러 섬돌의 명협(蓂莢)[115]이 변하였네	流光變砌蓂
빈 터를 바라보니 다투어 공경하는 마음 일어나	瞻墟爭起敬
눈물을 흘리며 숲속 문을 향해 절을 하네	揮淚拜林扃

112 이무숙(李武叔) : 이언위(李彦緯, 1657~?)를 말한다. 86쪽 주45 참조.

113 광탄(廣灘) : 광탄천(廣灘川)으로, 지금의 경기도 파주시 광탄면 신산리 두만마을과 방죽리 검단마을 사이에 흐르는 내를 말한다. 이곳은 남계(南溪) 박세채(朴世采)가 살던 곳이다.

114 행단(杏壇) : 공자(孔子)가 강학(講學)하던 곳으로, 보통 제자들에게 학문을 가르치는 장소를 의미한다. 본문에서는 박세채가 제자들에게 강학하던 곳을 가리킨다.

115 명협(蓂莢) : 요(堯) 임금 때 조정의 뜰에 났다는 서초(瑞草)의 이름인데, 잎이 나고 떨어지는 것으로 날을 계산하여 달력을 삼았다는 고사가 전한다. 《竹書紀年 卷上 帝堯陶唐氏》

나의 벗 양계통[116] 처제 의 선조는 대대로 충의와 큰 절개가 있었는데, 지난해에 구천서원에 봉안되었고[117] 올해에 또 대궐에 호소하여 증직을 청하여 윤허를 받았다.[118] 드디어 그 일을 읊어 나에게 화답을 구하기에 차운시를 지어 주다

梁友季通 處濟 先祖 世有忠義大節 去年妥靈于龜川書院 今年又叫閤請贈蒙允 遂詠其事 求和于余 步韻以呈

백년 세월 덕을 닦고 상서로운 기운 전하여	毓德流祥積百年
그대 집안에 훌륭한 인물 많으니 누가 앞서는가	君家趾美孰居先
중국에 사신으로 가서 일을 잘 처리하였고[119]	觀風上國才專對
난리 때 변방으로 달려가 의리가 늠름하였네[120]	赴難關山義凜然

116 양계통(梁季通) : 양처제(梁處濟, 1643~1717)를 말한다. 본관은 남원(南原), 자는 계통(季通), 호는 묵재(默齋)이다.

117 구천서원(龜川書院) : 경상남도 함양군 수동면에 있는 서원으로, 1701년(숙종27) 지방유림의 공의로 박맹지(朴孟智)・양관(梁灌)・표연말(表沿沫)・강한(姜漢)・양희(梁喜)・하맹보(河孟寶)의 학문과 덕행을 추모하기 위해 창건하여 위패를 모셨다. 양관(梁灌)은 양희(梁喜)의 조부이고, 양희는 양처제의 증조부이다.

118 올해에……받았다 : 임진왜란 때 선조(先祖)를 호종하고 군량과 무기를 바쳤던 공로로 양처제의 조부 서계(西溪) 양홍주(梁弘澍)가 증직된 일을 말한다.《肅宗實錄 28年 7月 25日》

119 중국에……처리하였고 : 양희(梁喜, 1515~1581)의 일을 말한다. 본관은 남원(南原), 자는 구이(懼而), 호는 구졸암(九拙菴)이다. 1581년(선조14) 동지사로 명(明)나라에 갔다가 옥하의 객관에서 병사하였다.《宣祖實錄 14年 1月 5日》

120 난리……늠름하였네 : 임진왜란 때 양홍주(梁弘澍, 1550~1610)가 활과 화살을 마련하여 이여송(李如松)에게 달려간 일을 말한다. 양홍주의 본관은 남원(南原), 자는

대궐의 총애와 포상 여러 대에 걸쳐 빛나고	北闕寵褒光累世
두 분의 현인 서쪽 사당에 봉안되었네	西祠腏享受雙賢
성 남쪽의 후손 선대에게 누를 끼치지 않았으니	城南後裔能無忝
새로 사당의 신주를 써서 지난 일을 빛내네	廟主新題事耀前

대림(大霖), 호는 서계(西溪)이다. 《肅宗實錄 28年 7月 25日》

유도경[121] 귀삼 에 대한 만사

柳道卿 貴三 挽

일찍 귀의할 곳을 얻어 早得依歸地
예법의 마당에서 주선하였네 周旋禮法場
여러 제자들과 스승을 모시며 摳衣諸子列
행단[122] 곁에서 학업에 힘썼네 鼓篋杏壇傍
뜻은 안회처럼 누추한 거리의 생활을 즐겼고[123] 志樂居顏巷
도는 자로처럼 당에 오르는 것을 기약하였네[124] 道期升路堂
사과에서는 덕행으로 일컬어졌고[125] 四科稱德行
나머지 일은 문장에 드러났네 餘事見文章

121 유도경(柳道卿) : 유귀삼(柳貴三, ?~?)으로, 본관은 진주(晉州), 자는 도경이며 부친은 증(贈) 호조 참판 유광문(柳光門)이다. 박세채(朴世采)의 문인이다. 《明齋遺稿 卷35 贈戶曹參判柳公墓表》

122 행단(杏壇) : 124쪽 주114 참조.

123 안회(顔回)처럼……즐겼고 : 58쪽 주3 참조.

124 도(道)는……기약하였네 : 마루에 오른다는 뜻으로, 유학의 경지에 조예가 높음을 비유하는 말이다. 《논어》 〈선진(先進)〉에 "자로(子路)는 마루에는 올랐으나 아직 방에는 들어오지 못하였다.〔由也升堂矣, 未入於室也.〕" 하였다.

125 사과(四科)에서는 덕행으로 일컬어졌고 : 덕행이 남달랐다는 뜻이다. 《논어》 〈선진(先進)〉에 공자(孔子)의 제자들을 장점에 따라 네 가지로 분류하여 "덕행(德行)에는 안연(顔淵)과 민자건(閔子騫), 염백우(冉伯牛)와 중궁(仲弓)이고, 언어(言語)에는 재아(宰我)와 자공(子貢)이고, 정사(政事)에는 염유(冉有)와 계로(季路)이고, 문학(文學)에는 자유(子游)와 자하(子夏)이다." 하였는데, 후세에 이를 공문 사과(孔門四科)라고 하였다.

옥상자는 기이한 보배를 담고 있고 玉櫝藏奇寶
지초의 밭은 멀리까지 향기를 풍기네 芝田播遠香
자연에서 은거를 즐기고 林泉甘隱遯
바람과 달 속에서 마음껏 배회하였네 風月任徜徉
평소의 지조는 백이와 유하혜를 겸비하였고[126] 雅操兼夷惠
부질없는 영화를 곡장처럼 여겼네[127] 浮榮等轂臧
연원이 원래 바르고 크니 淵源元正大
심사가 더욱 빛났네 心事更昭光
오래도록 사문[128]의 기대를 받았기에 久屬斯文望
측루에서 드러남[129]이 늦음을 탄식하였네 嗟遲仄陋揚
나는 노둔한 자질을 부끄러워하였건만 自慙愚魯質
외람되이 함께 공부하는 반열에 참여하였네 叨忝切磋行

126 평소의……겸비하였고 : 맑은 풍도를 칭송한 말이다. 《맹자》 〈만장 하(萬章下)〉에 "백이는 성인의 맑은 자이다.〔伯夷, 聖之淸者也.〕"라고 하고, 〈진심 하(盡心下)〉에 "성인은 백세의 스승이니, 백이와 유하혜가 이런 분이다.〔聖人, 百世之師也, 伯夷柳下惠是也.〕"라고 하였다.

127 부질없는……여겼네 : 세상사 얻고 잃음이 모두 부질없음을 말한 것이다. 《장자(莊子)》 〈변무(騈拇)〉에 "사내종〔臧〕과 계집종〔穀〕이 함께 양을 치다가 모두 양을 잃어버렸는데, 사내종에게 물었더니 책을 읽다 양을 잃어버렸다 하고, 계집종에게 물었더니 노름을 하다가 양을 잃어버렸다 하나, 양을 잃어버린 것은 모두 똑같다." 하였다.

128 사문(斯文) : 사도(斯道) 즉 유가(儒家)의 학문을 말한다.

129 측루(仄陋)에서 드러남 : 《서경(書經)》 〈요전(堯典)〉에 이르기를, "덕이 밝은 사람을 밝게 드러내고 측루(側陋)한 이를 드날린다.〔明明揚側陋〕"라고 하였는데, 주(註)에 이르기를, "밝은 사람으로서 누추한 처지에 있는 이를 밝게 천거하는 것이니, 어진 이를 널리 찾는 것이다.〔明擧明人在側陋者, 廣求賢也.〕"라고 하였음.

훗날 어려워도 변치 않겠다 기약하고	歲暮襟期遠
정이 깊어 오래도록 허여하였네	情深許與長
경전을 이야기하며 부지런히 강론하였으며	談經勤講討
계보를 논할 때에는 아주 자세하였네	論譜細商量
술우(述友)가 세상을 떠나자마자[130]	述友纔云逝
우리 형이 갑자기 세상을 떠났네	吾兄遽告亡
성인의 문하에 학문을 좋아하는 이 없으니	聖門無好學
침문(寢門)에서 곡하던[131] 남은 슬픔 있네	哭寢有餘傷
어진 사람이 장수를 누린다[132]고 누가 말했나	仁者誰言壽
〈종사(螽斯)〉[133]에서 번창함을 점칠 수 있네	螽斯可占昌
임종 때에 서찰 하나 남겼으니	臨終一書札
나를 갑절로 처량하게 만드네	令我倍凄涼
편지를 받음에 어찌 읽을 수가 있으랴	奉紙那堪讀
마음에 새겨 감히 잊을 수가 없네	銘心不敢忘

130 술우(述友)가 세상을 떠나자마자 : '술우(述友)'는 자(字)가 술가(述可)인 박태여(朴泰輿, ?~1702)를 가리키는 것으로 보인다. 박태여는 박세채(朴世采)의 차남이다.

131 침문(寢門)에서 곡하던 : 스승의 죽음을 말한다. 침문은 내실의 문을 가리키는데, 공자의 말에 "스승의 상에는 침문에서 곡하고, 친구의 상에는 침문 밖에서 곡한다.〔師, 吾哭諸寢, 朋友, 吾哭諸寢門之外.〕"라고 한 데서 인용한 말이다. 본문에서는 박세채의 죽음을 말한다. 《禮記 檀弓上》

132 어진……누린다 : 《논어》 〈옹야(雍也)〉에 "지자는 동적이고 인자는 정적이며, 지자는 낙천적이고 인자는 장수한다.〔知者動, 仁者靜, 知者樂, 仁者壽.〕"라고 하였다.

133 종사(螽斯) : 《시경》의 편명으로, 자식을 많이 두는 경사를 의미한다. 그 시에 "수많은 베짱이들 화목하게 모여들듯, 그대의 자손 또한 번성하리라.〔螽斯羽, 詵詵兮, 宜爾子孫, 振振兮.〕"라고

숙병이 있어 장례에도 참석하지 못했으니	抱痾違執紼
고개 돌려 부질없이 눈물로 소매 적시네	回首謾沾裳
죽동에는 지금 주인이 없고	竹洞今無主
파산은 오래도록 황폐해졌네[134]	坡山久就荒
구천에서 만일 스승님 뵙는다면	九原如有拜
지금의 일을 상세히 알려주시게	卽事報須詳

134 죽동(竹洞)에는……황폐해졌네 : 죽동(竹洞)이 어디인지는 알 수 없으나, 아랫구절의 파산(坡山)으로 미루어 보아 작자와 유귀삼의 스승이었던 남계(南溪) 박세채(朴世采)가 살던 경기도 파주 광탄천(廣灘川) 인근의 동네를 말하는 것으로 보인다. 광탄천은 지금의 경기도 파주시 광탄면 신산리 두만마을과 방죽리 검단마을 사이에 흐르는 내를 말한다.

강우경[135]의 〈계수음〉에 차운하다 갑신년(1704, 숙종30)

次姜禹卿桂樹吟 甲申

한 해 다해갈 때 꽃이 피니　開花當歲暮
뿌리 내려 깊은 산 속에 있네　托根在深山
홀로 된서리에 끄떡없는 지조 지켜　獨保凌霜操
서리와 눈 속에서도 짙푸르네　青青霜雪間

135 강우경(姜禹卿) : 85쪽 주43 참조.

또

又

담백한 꽃향기 멀리까지 퍼지니	淡淡花香遠
하늘하늘 우뚝이 군락 이뤄 빛깔 뽐내네	依依叢色脩
한 해 다해갈 때 산중의 노인은	歲晩山中老
계수나무가 좋아서 한가롭게 머문다네	愛此閑遲留

강우경이 매화를 읊은 시에 차운하다

次姜禹卿詠梅韻

한해 저물 무렵 울창한 자태　　鬱然歲晏姿
섣달 전에 가지에 꽃 피웠네　　開了臘前枝
홀로 따뜻한 봄기운 뿜어내어　　獨透陽春氣
백옥 같은 꽃송이 유난히 어여쁘네　　偏憐白玉肌
서리 내려 맑은 향기를 적시고　　淸香露下濕
달빛 속에 성긴 그림자 어울리네　　疏影月中宜
우선 간 맞추어 국 끓일 날을 기다리니[136]　　且待調羹日
갈증을 해소할 생각 때문만은 아니라네[137]　　非徒止渴思

136 간……기다리니 : 재상이 되어 임금을 보필하여 나라를 다스림을 비유한 말이다. 《서경》 〈열명 하(說命下)〉에 "내가 만일 국을 조리하려 하거든 그대는 소금과 매실이 되어라.〔若作和羹, 爾惟鹽梅.〕"라고 하였다.

137 갈증을……아니라네 : 조조(曹操)가 원소(袁紹)와 싸우다가 패하여 달아날 적에 부하 군사들이 갈증을 견디지 못하자, 조조가 "앞에 큰 매화나무 숲이 있으니, 그 매실을 실컷 따 먹으면 달고 시어서 목마름을 해소할 수 있을 것이다."라고 말하니, 군사들이 그 말을 듣고는 입에 침이 돌아 위기를 면했다는 매림지갈(梅林止渴)의 고사가 전한다. 《世說新語 假譎》

다시 차운하다
再次

쌓여 있던 음기 북방으로 돌아가니	積陰回北陸
봄기운 남쪽 가지에 생동하네	春意動南枝
차가운 꽃술은 서리 맞은 듯 하얗고	冷蕊霜侵色
향기로운 혼은 옥빛 꽃송이 피웠네	香魂玉作肌
피리 소리 듣노라니 이미 떨어지고	笛中聞已落
주렴 너머로 보기에 더욱 좋네	簾外見偏宜
세모의 그윽한 홍취[138] 함께하니	歲晚同幽趣
누가 뜻있는 선비의 생각을 알랴	誰知志士思

138 세모의 그윽한 홍취 : 굳은 절조를 말한다. 공자(孔子)가 이르기를 "해가 추워진 뒤에야 소나무와 잣나무가 뒤에 마르는 것을 알게 된다.〔歲寒然後, 知松柏之後凋也.〕" 라고 하였다.《論語 子罕》

강우경의 대보단[139] 시에 차운하다

次姜禹卿大報壇韻

만력 연간에 베푼 은혜 남았고[140]	萬曆留遺惠
삼한[141]에는 성대한 왕이 있었네	三韓有聖王
갑신년의 일[142]에 마음이 아파	傷心甲申歲
상림원 곁에 제단을 쌓았네[143]	築土上林傍
군신의 대의가 중요하여	大義君臣重
정갈한 제사에 서직의 향기 풍기네[144]	精禋黍稷香

139 대보단(大報壇) : 명나라 신종(神宗)이 원병을 보내 조선을 도와준 공을 생각하여 설치한 제단으로, 1704년(숙종30) 창덕궁(昌德宮) 금원(禁苑) 옆에 설치했고, 매년 3월 명나라 태조(太祖)·신종·의종(毅宗)에게 제사 지냈다.

140 만력(萬曆)……남았고 : 만력은 명나라 신종(神宗)의 연호로, 만력 20년(1592, 선조25)에 일어난 임진왜란 때 신종이 조선을 구원하기 위해 이여송(李如松) 장군과 4만 군대를 파견한 일을 말한다.

141 삼한(三韓) : 과거 한반도 남쪽에 있었던 세 국가인 마한(馬韓), 진한(辰韓), 변한(弁韓)을 통칭한 말이다. 여기서는 조선을 가리키는 말이다.

142 갑신년(甲申年)의 일 : 갑신년(1644)은 명나라 숭정(崇禎) 17년으로, 이해 3월 이자성(李自成)이 북경(北京)을 함락하면서 의종(毅宗) 황제는 자결하고 명나라가 망하게 되었다. 《明史 卷24 莊烈帝2》

143 상림원(上林苑)……쌓았네 : 상림원은 본래 한(漢)나라 때의 궁궐의 정원을 말하는데, 흔히 궁궐의 정원을 뜻하는 말로 쓰인다. 창덕궁(昌德宮) 금원(禁苑) 옆에 대보단이 있기 때문에 말한 것이다.

144 서직(黍稷)의 향기 풍기네 : 《서경》 군진(君陳)에 "지극한 정치를 하면 향기로워서 신명에게도 감응이 되는 법이니, 서직과 같은 곡식의 제물이 향기로운 것이 아니라

제단의 이름에 담긴 두 글자의 뜻은　　　　壇名二字意
영원토록 기억하여 잊기 어렵네　　　　千載誌難忘

밝은 덕의 제물이 향기로운 것이다.〔至治馨香, 感于神明, 黍稷非馨, 明德惟馨.〕"라는 말이 나온다.

족제 우의정 사긍[145]에 대한 만사 을유년(1705, 숙종31)

族弟右相士肯挽 乙酉

산악에서 광채가 오를 때	維岳初騰彩
공이 드디어 뛰어난 자질로 태어났네[146]	而公遂挺姿
봉황의 깃털[147]처럼 세상을 놀라게 한 상서이고	鳳毛驚世瑞
준마의 발[148]처럼 출중한 재주였네	驥足出群奇
나라를 경륜할 만한 국량을 지니고서	蓋以經綸器
풍운제회[149]를 만나 기뻐하였네	欣逢際會期

145 사긍(士肯) : 김구(金構, 1649~1704)를 말한다. 91쪽 주54 참조.

146 산악에서……태어났네 : 산악에서 신령한 기운을 내려 지봉 같이 훌륭한 인물이 탄생하였다는 말이다. 《시경》 〈대아(大雅) 숭고(崧高)〉에 "높디높은 산악이, 우뚝 하늘에 닿았도다. 산악에서 신령한 기운을 내려, 보후(甫侯)와 신백(申伯)을 내셨도다. 〔崧高維嶽, 駿極于天. 維嶽降神, 生甫及申.〕"라고 하였다.

147 봉황의 깃털 : 아버지나 할아버지처럼 뛰어난 자질을 지닌 자손을 가리킨다. 왕소(王劭)는 진(晉)나라의 명재상이었던 왕도(王導)의 다섯째 아들이었는데, 당시 권신이었던 환온(桓溫)이 왕소를 일컬어 "봉모를 지니고 있다."라고 칭찬하였다. 《世說新語 容止》

148 준마의 발 : 《삼국지(三國志)》 〈방통전(龐統傳)〉에 "방사원은 백리를 다스릴 인재가 아니므로, 치중·별가 등의 직임을 수행하게 해야만 비로소 준마의 발을 펼 수가 있을 것이다.〔始當展其驥足耳〕"라고 한 데서 온 말로 곧 사람이 재능을 펴는 것을 비유한 말이다.

149 풍운제회 : 《주역》 〈건괘(乾卦) 문언(文言)〉의 "구름은 용을 따르고 바람은 범을 따른다.〔雲從龍, 風從虎.〕"라는 말에서 나온 것으로, 어진 임금과 어진 신하가 서로 만나는 것을 말한다.

훌륭한 명성은 정려[150]와 동일하고	高名同鼎呂
높은 명망은 시귀[151]와 비슷했네	隆望擬蓍龜
장맛비처럼 현명한 보좌에 걸맞았고[152]	霖雨稱賢佐
풍운[153]처럼 성상의 지우를 입었네	風雲荷聖知
요임금과 순임금처럼 우불이 성대하였고[154]	唐虞吁咈盛
한기와 부필처럼 공로로 추앙을 받았네[155]	韓富事功推
나랏일 도와 좋은 계책 내었고	協贊嘉猷日

150 정려(鼎呂) : 하(夏)·은(殷)·주(周) 시대의 보기(寶器)인 구정(九鼎)과 주(周)나라 종묘의 큰 종인 대려(大呂)로, 모두 크고 무겁기로 이름난 물건이다. 평원군(平原君)이 모수(毛遂)를 칭찬하면서 "모 선생이 한번 초(楚)나라에 이르니 조(趙)나라로 하여금 구정(九鼎)과 대려(大呂)보다 무겁게 하였다." 하였다. 《史記 卷76 平原君列傳》

151 시귀(蓍龜) : 점칠 때 쓰는 시초와 거북으로, 국가에서 믿고서 의지할 수 있는 원로를 비유한다. 《주역(周易)》 〈계사전(繫辭傳)〉에 "천하의 길흉을 결정하여 천하의 태평함을 이루는 것으로 시귀(蓍龜)만한 것이 없다."라고 하였다.

152 장맛비처럼……걸맞았고 : 김구가 정승의 자리에 올랐다는 말이다. '임우(霖雨)'는 가뭄 끝에 사흘 동안 장마처럼 내리는 단비로, 임금을 잘 보좌하는 어진 정승을 비유한다. 당나라 두보(杜甫)의 시 〈상위좌상이십운(上韋左相二十韻)〉에 "임우 같은 어진 보좌를 그리워하고, 단청할 늙은 신하를 생각하도다.〔霖雨思賢佐, 丹靑憶舊臣.〕"라고 하였다.

153 풍운(風雲) : 137쪽 주149 참조.

154 요임금과……성대하였고 : 군주와 신하가 서로 자유롭게 정사를 의논하고 의견을 교환한다는 뜻으로, 우와 불은 반대의 의미를 나타내는 감탄사이다. 《서경》 〈요전(堯典)〉에 사악(四岳)이 곤(鯀)을 추천하자 "요(堯) 임금이 말하기를 '아, 너희의 말이 옳지 않다.' 하였다.〔帝曰: 吁! 咈哉.〕"라고 하였다.

155 한기(韓琦)와……받았네 : 한기와 부필(富弼)은 송 인종(宋仁宗) 때의 명재상으로, 후세에 어진 대신을 말할 때는 한기와 부필을 표본으로 삼는다.

조용한 가운데 가만히 앉아 시대를 진정시켰네	從容坐鎭時
정승의 지위에 올라 유독 총애를 받았고	黃扉偏眷注
왕실의 안위가 한 몸에 달려 있었네	王室係安危
이와 같이 의기투합하였으니	契合乃如此
명철한 임금과 현명한 신하가 큰일을 할 듯하였는데	明良若可爲
아, 저 하늘은 아득히 멀어	彼蒼嗟敻邈
말로가 또 기구하였네	末路又嶇崎
말년에 모친상을 당하자마자	纔抱崦嵫痛
곧이어 국궁진췌의 슬픔 더하였네[156]	旋增殄瘁悲
여막에는 다시 의지할 사람 없고	堊廬無復倚
조정에는 자문을 구할 사람 없네	廊廟失疇咨
뜻을 지니고서 한탄스럽게 중도에 세상 떠나	有志嘆中殞
재주를 품고서도 크게 펼치지 못했네	懷才未大施
어찌 시대를 위해서만 애통한 일이랴	豈惟爲時慟
개인적으로도 통곡할 만한 일이라네	更可哭吾私
선조의 뜻을 받들어 화목함을 지켰고	繼述遵敦睦
친구 사이에는 간곡히 권면함에 가까웠네[157]	聯翩幾切偲

156 말년에……더하였네 : 김구(金構)는 1703년(숙종29)에 우의정에 임명되었으나, 이듬해 봄에 모친의 상사(喪事) 때문에 벼슬을 그만두고 떠났으며, 깊은 슬픔으로 몸이 약해지고 병이 심해져 그 해에 56세의 나이로 세상을 떠났다.《陶谷集 卷 10 右議政忠憲金公神道碑銘幷序》

157 친구……가까웠네 :《논어》〈자로(子路)〉에 "붕우는 절절(切切)하고 시시(偲偲)하게 대해야 하고, 형제는 이이(怡怡)하게 대해야 한다.〔朋友切切偲偲, 兄弟怡怡.〕"라고 하였는데, 붕우 사이에는 간곡하게 충고하는 것이 도리이고, 형제 사이에는

늘 사립문 두드리는 것을 허락하였고[158] 松關常許叩
넝쿨 뻗은 길에서 늘 함께 하였네[159] 蘿逕每相隨
작년 가을 석동에서 이별하였는데 石洞前秋別
오늘 저녁 봄바람에 그리워지네 春風此夕思
외로운 배 한 척 한강을 거슬러 오르니 孤舟溯漢上
휘날리는 만장은 어디로 향하는가 飛旐向何之
저물녘 충주로 향하는 길에 日暮忠原路
목수의 구름이 서늘하네[160] 雲凄木水湄
평생 동안 친애하던 마음 平生親愛意
눈물과 함께 만시로 쏟아내네 和淚寫哀詩

화락하게 지내는 것이 도리라는 뜻이다.

158 늘……허락하였고 : 당(唐)나라 맹교(孟郊)의 시 〈퇴거(退居)〉에 "해 저물녘 고요히 돌아갈 제, 그윽한 사립문을 두드린다오.〔日暮靜歸時, 幽幽扣松關.〕"라고 하였다.

159 넝쿨……하였네 : 맹호연(孟浩然)의 시 〈숙업사산방대정대부지(宿業師山房待丁大不至)〉에 "그 사람이 자러 온다고 약속했기에, 홀로 거문고 들고 여라 덩굴 뻗은 길에서 기다리노라.〔之子期宿來, 孤琴候蘿逕.〕"라고 한 표현에서 온 말이다.

160 저물녘……서늘하네 : 김구(金構)의 장지가 충주(忠州)의 목계(木溪)에 있기 때문에 말한 것이다. 목수(木水)는 남한강 상류 충주읍(忠州邑) 서쪽 30리 지점에 위치한 목계'(木溪)'를 말하는 것으로 보인다. 《陶谷集 卷 10 右議政忠憲金公神道碑銘幷序》

외종질녀 박 사제[161]의 아내 윤씨에 대한 만사
表從姪女朴 師悌 妻尹氏挽

이십 오년의 세월 한바탕 꿈처럼 아득하니	廿五光陰一夢遙
적막한 가운데 봄바람에 떨어지는 꽃잎 날리네	春風寂寞落花飄
오랫동안 시댁에 가지를 못했고	夭桃久滯于歸節
어린 자식들 요절함을 거듭 탄식하였네	嘉蕙重嗟不秀苗
누가 부드러운 낯빛으로 아침저녁 문안 올릴까	柔色孰爲晨寢問
끊어진 혼은 여전히 금성[162]의 부름을 기다리네	斷魂猶待錦城招
임종 때에 남긴 서찰에 유묵이 있으니	臨終遺札留餘墨
화접동[163]에서 천추의 한은 사라지지 않으리라	花蝶千秋恨未消

시댁이 나주에 있었는데, 시집을 간 뒤에 노모를 모시고 서울에 있느라 시댁에 가지 못하였으며, 자녀를 낳았으나 그때마다 요절하였다. 임종 때에 시부모에게 편지를 남겼고, 화접동(花蝶洞)에 장사를 지냈다.

161 박사제(朴師悌) : 1683~?. 본관은 반남(潘南), 자(字)는 순보(順甫)이며, 사헌부 지평을 역임하였다. 처부(妻父)는 윤오상(尹五商)이다.

162 금성(錦城) : 지금의 나주(羅州)로, 박사제의 본관이자 고향인 반남(潘南)을 가리킨다.

163 화접동(花蝶洞) : 경기도 양주(楊州)의 불암산(佛巖山) 아래 화접동을 말하는 것으로 보인다.

강우경[164]이 매화를 읊은 시에 차운하다

次姜禹卿詠梅韻

희고 깨끗한 모습은 티끌도 용납하지 않고	皎潔淸標不受塵
나부산의 차가운 빛깔[165] 담박한 정신 깃들었네	羅敷寒色淡凝神
삼경[166]의 달빛에 주렴 너머로 그림자 드리우고	影斜簾外三更月
한 조각 봄기운에 가지 끝 향기가 진동하네	香動枝頭一片春
수척한 모습은 서리 내린 뒤에 참으로 어여쁘고	瘦骨正憐霜後態
고아한 마음은 고요하게 있는 사람과 유독 부합하네	雅心偏契靜中人
가지를 잡아 남당주인[167]에게 부치고 싶으니	攀條欲寄南塘主
늘그막에 그대와 친하게 어울림을 기뻐하네	歲暮襟期喜與親

164 강우경(姜禹卿) : 강석하(姜錫夏)를 말한다. 85쪽 주43 참조.

165 나부산(羅敷山)의 차가운 빛깔 : 나부산은 광동성(廣東省)의 동강(東江) 북안(北岸)에 있는 산이다. 수(隋)나라 때 조사웅(趙師雄)이 나부산에 갔다가 황홀한 경지에서 향기가 감도는 어여쁜 미인을 만나 환담하고 술 마시며 하룻밤을 보냈는데, 그 다음 날 아침에 보니 큰 매화나무 아래에 술에 취해서 누워 있었다는 전설이 있다. 《龍城錄》 원문 '羅敷'의 '敷'는 '浮'의 오류인 듯하다.

166 삼경(三更) : 밤 11시부터 새벽 1시 사이의 깊은 밤을 이른다.

167 남당주인(南塘主人) : 강석하(姜錫夏, 1644~1707)를 말하는 것으로 보인다.

강 교관 우경에 대한 만사 정해년(1707, 숙종33)
姜教官禹卿挽 丁亥

진산의 문학에는 연원이 있으니[168]	晉山文學有淵源
그대의 문장도 성대하다네	吾子詞章又赫諠
젊은 시절 동락[169]에서 높은 명성 떨쳤으니	少日高名東洛擅
한때 광명과 진가가 두남[170]에서 높았네	一時光價斗南尊
집안의 명성은 문량 선조[171]를 실추시키지 않았고	家聲不墜文良祖
대대로 덕이 있어 취죽[172]의 후손이라 모두 칭찬했네	世德咸稱醉竹孫
훌륭한 명성으로 일찍 안탑에 이름을 적었고[173]	妙譽早騰題雁塔

168 진산(晉山)의……있으니 : 진산은 진주(晉州)의 옛 이름으로, 진주 강씨(晉州姜氏) 중에 문학으로 명성이 있는 인물이 많다는 뜻이다.

169 동락(東洛) : 한당(漢唐) 시대의 동도(東都)였던 낙양(洛陽)을 지칭하는데, 일반적으로 왕도(王都)를 지칭하기도 한다. 본문에서는 서울을 말하는 것으로 보인다.

170 두남(斗南) : 북두성(北斗星) 남쪽이란 뜻으로, 천하제일인(天下第一人)을 뜻하는 말이다. 당(唐)나라 적인걸(狄仁傑)이 "북두 이남에서 오직 그 한 사람뿐이다.〔北斗以南 一人而已〕"라는 평가를 받았다는 고사에서 유래한 것이다.《新唐書 卷115 狄仁傑列傳》

171 문량(文良) 선조 : 강석하의 선조인 강희맹(姜希孟, 1424~1483)을 말한다. 본관은 진주(晉州), 자는 경순(景醇), 호는 사숙재(私淑齋)・운송거사(雲松居士) 등이며, 문량(文良)은 그의 시호이다. 1447년(세종29) 문과에 장원급제하여 형조 판서, 좌찬성 등을 역임하였다.

172 취죽(醉竹) : 강석하의 고조부인 강극성(姜克誠, 1526~1576)을 말한다. 본관은 진주(晉州), 자는 백실(伯實)이며, 취죽(醉竹)은 그의 호이다.

173 안탑(雁塔)에 이름을 적었고 : 진사시에 급제했다는 뜻이다. 당(唐)나라 때 진사

마음은 씩씩해도 끝내 용문에는 오르지 못했네[174] 壯心終屈躍龍門
한가롭게 지내며 한 일은 서적을 보는 일이니 閑中事業惟耽籍
분수 밖의 경영을 어찌 입에 담았겠는가 分外經營豈到言
평생 안회처럼 누추한 골목에 살면서[175] 즐거움 변치 않았고 顏巷一生無改樂
삼 년 동안 동중서처럼 장막을 내리고 정원을 보지 않았네[176] 董帷三載不窺園
말단 관직에서 머무는 것을 좋아하지 않았으니 棲遲冷宦非其好
시원하고 고상한 회포에서 평소 마음가짐 알 수 있네 蕭灑高懷見所存
일찍부터 교유하여 마음으로 이미 허여하였고 早托交游心已許
다시 인척으로 이어져 의리가 더욱 돈독하였네[177] 更連姻婭義尤敦
연꽃 핀 집에서 밤비 내릴 때 책상에서 함께 시 읊고 蓮堂夜雨同吟榻

과에 합격한 사람들이 자은사(慈恩寺)의 대안탑(大雁塔) 아래에다 이름을 기록해 넣은 고사에서 유래하였다. 《唐摭言 慈恩寺題名游賞賦詠雜記》

174 용문에는 오르지 못했네 : 과거 급제에 뜻을 접었다는 뜻이다. 용문에 오른다는 것은 입신출세를 위한 어려운 관문이나 시험을 비유적으로 이르는 말로, 물고기가 중국 황하 상류의 급류를 이루는 용문으로 오르면 용이 된다는 고사에서 나온 말이다. 《後漢書 卷67 黨錮列傳》

175 안회(顏回)처럼……살면서 : 58쪽 주3 참조.

176 삼……않았네 : 한(漢)나라 동중서(董仲舒)가 장막을 내리고 강송(講誦)하였으므로 제자들도 그의 얼굴을 볼 수가 없었으며, 정원과 채소밭이 있어도 3년 동안이나 방에서 나와 살펴본 적이 없을 정도로 학문에 매진했다는 고사가 있다. 《漢書 卷56 董仲舒傳》

177 인척으로……돈독하였네 : 작자인 김간(金榦)의 아들 김태로(金泰魯)가 강석하의 사위이기 때문에 말한 것이다.

버들 핀 농막에서 봄바람 맞으며 마주하여 술잔 기울였지 柳墅春風對酒罇
평생 정성스런 가르침 받으려 스스로 생각했는데 自擬百年承款誨
하룻밤 사이에 〈초혼〉을 읊을 줄 어찌 알았겠는가[178] 誰知一夕賦招魂
어진 사람도 오래 살지 못하였으니 하늘의 뜻 기필하기 어렵고 仁而嗇壽天難必
지위가 재주에 차지 않았으니 이치를 어디에서 따질까 位不充才理孰原
난초 같은 향취는 다시 맡을 수가 없고 蘭室餘馨無復襲
집의 기둥에 그믐달은 부질없이 흔적만 남겼네 屋粱殘月謾留痕
용렬하고 게으른 내가 차마 성 남쪽의 길을 차마 지나랴 疏慵忍過城南路
죽은헌[179]의 풍물은 옛 모습 그대로 남아 있네 風物依然竹隱軒
이 세상에 남은 사람은 지기의 아픔이 있어 遲死人間知己痛
고개 돌려 통곡을 삼키는 심정 견딜 수 없네 不堪回首哭聲呑

178 초혼(招魂)을……알았겠는가 : 강석하의 죽음을 뜻한다. 송옥(宋玉)은 초나라 굴원(屈原)의 제자로 굴원이 멱라수(汨羅水)에 빠져죽자 〈초혼〉을 지어 굴원의 원한을 대신 토로하고 그의 영혼을 위로하였다. 《史記 卷84 屈原賈生列傳》

179 죽은헌(竹隱軒) : '죽은(竹隱)'은 강석하의 호(號)이므로, 죽은헌은 강석하가 살던 곳의 건물로 보인다.

산거즉사 무자년(1708, 숙종34)

山居卽事 戊子

연잎은 둥글고 버들잎은 푸르니	荷葉團團柳葉青
이 마음이 닿는 곳마다 정신을 일깨우네	此心隨處喚惺惺
작은 집에는 하루 종일 속세의 일 없으니	小齋終日無塵事
조용히 맑은 창문을 보며 성인의 경전을 읽네	靜對晴窓玩聖經

작은 못에서 물고기를 기르다

盆池養魚

작은 동이에 물을 대니 몹시 맑은데　小盆儲水十分清
수없이 헤엄치는 물고기 떼 지어 가네　無數游鱗作隊行
고요한 가운데 가만히 동물들의 모습 관찰하니　靜中默察飛潛象
위에서 솔개가 날고 아래에서 물고기 뛰노는 하나의 이치 분명하네[180]　上下鳶魚一理明

180 위에서……분명하네 : 110쪽 주84 참조.

유거즉사 경인년(1710, 숙종36)

幽居卽事 庚寅

작은 시내 모퉁이에 사립문 늘 닫혀 있으니	石扉常掩小溪隈
늙고 병든 지금 모든 생각 사라지네	衰病如今萬慮灰
비온 뒤에 떨어지는 꽃잎은 전혀 상관없고	雨後落花都不管
바람을 따라 날아갔다 또 날아오네	隨風飛去又飛來

밤에 앉아서 시냇물 소리를 듣다

夜坐聽溪聲

한밤중에 고요히 앉아 시냇물 소리를 들으니	中宵靜坐聽溪聲
구름 걷혀 달빛 밝고 온갖 소리 맑네	月白雲收萬籟淸
찌꺼기도 남지 않아 마음이 상쾌해지니	些滓不存心界爽
허명한 기상이 이때에 생겨나네	虛明氣像此時生

정월 초하루의 감회 신묘년(1711, 숙종37)

元日感懷 辛卯

이미 경인년(1710, 숙종36)을 보내고	旣送庚寅歲
또 신묘년 봄을 맞이하네	又逢辛卯春
올해 나이 예순 여섯이건만	行年六十六
부끄럽게도 일개 시골 사람 되었네	羞作一鄕人

최사손[181] 민학 에 대한 만사
崔士遜 敏學 挽

군자는 스스로 힘쓰기를 귀하게 여기니	君子貴自强
힘쓰면 수립하는 바가 있어	强則有所立
외물에 흔들리거나 빼앗기지 않고	不爲外撓奪
남에게 헷갈리거나 의혹되지 않는다네	不爲他岐惑
나의 벗 최사손은	吾友崔士遜
거의 이 경지에 이르렀네	庶幾臻斯域
어린 시절부터	自從丱角日
우뚝이 풍격이 있었고	屹然有風格
일찍 북학의 뜻을 결단하여	早決北學志
날아올라 남쪽으로 가려고 하였네[182]	擬摶南爲翮
지난번 도유의 해에는	頃當屠維歲
갑자기 곤유가 끊어짐을 보았네[183]	遽見坤維拆

181 최사손(崔士遜) : 최민학(崔敏學, 1661~1711)을 말한다. 본관은 전주(全州), 자는 사손(士遜)이다.

182 일찍……하였네 : 스승을 모시고 공부하여 진보하려는 포부를 품었다는 뜻이다. 《맹자(孟子)》 〈등문공 상(滕文公上)〉에 "진량(陳良)은 초(楚)나라에서 태어났지만, 주공(周公)과 중니(仲尼)의 도를 좋아하여, 북쪽으로 중국에 와서 학문을 배웠다."라고 하였다.

183 지난번……보았네 : 도유(屠維)는 천간(天干) 중에 기(己) 자가 들어간 해로, 여기에서는 기사환국(己巳換局)이 일어난 기사년(1689, 숙종15)을 가리킨다. 곤유(坤

드디어 관직에 나아가려는 뜻을 접고서	遂絶進取計
한번 떨쳐 우뚝 일어섰네	一撥便立脚
연영문으로 걸어갔던 일을	延門徒步事
천년 만에 지금 다시 보게 되었네[184]	千載今再覩
봄바람 같은 하남의 자리에서	春風河南坐
도를 강론하며 스승을 모셨네[185]	講道函丈席
중유처럼 당에 오르기를 기약하였고[186]	期升仲由堂
누추한 거리에 살던 안회의 즐거움을 고치지 않았네[187]	不改顔巷樂
평생 동안 지행의 공부[188]하였으니	平生知行功

維)는 대지(大地)를 유지하는 동아줄이란 뜻인데, 전하여 땅을 유지하는 힘으로 왕후를 의미한다. 기사년에 인현왕후가 폐위되어 서인(庶人)으로 강등되고, 장희빈(張禧嬪)이 왕비의 자리에 올랐다.

184 연영문으로……되었네 : 조사기(趙嗣基)가 숙종의 모후인 명성왕후(明聖王后)를 무욕(誣辱)한 일에 분개하여 대궐문 앞에서 상소를 올려 토벌을 청하려고 한 일을 말한다. 당 덕종(唐德宗) 때 장만복(張萬福)이 연영문에 달려가서 "조정에 직신이 있으니 천하가 태평할 것입니다."라고 큰 소리로 하례를 올렸다는 고사를 인용한 것이다. 《儉齋集 卷23 全州崔士遜墓碣銘》《舊唐書 卷192 隱逸列傳 陽城》

185 봄바람……모셨네 : 온화한 인품을 지닌 스승을 모시고 공부를 했다는 뜻이다. 하남(河南)은 송나라의 유학자 정호(程顥)의 고향이다. 주광정(朱光庭)이 정호(程顥)를 찾아뵙고 돌아와 사람들에게 말하기를 "나는 봄바람 속에서 한 달을 앉아 있었다.〔某在春風中坐了一箇月.〕"라고 한 데서 나온 말이다. 《近思錄 卷14》

186 중유(仲由)처럼……기약하였고 : 학문의 경지가 높음을 비유하는 말이다. 중유(仲由)는 공자의 제자 자로(子路)이다. 《논어》〈선진(先進)〉에 "자로(子路)는 마루에는 올랐으나 아직 방에는 들어오지 못했다.〔由也, 升堂矣, 未入於室也.〕"라고 한 데서 유래하였다.

187 누추한……않았네 : 58쪽 주3 참조.

188 지행(知行)의 공부 : 유학(儒學)에서는 공부를 지(知)공부와 행(行)공부로 나누

경의를 끼고 곧장 올라갔네[189]	直上敬義夾
잠잘 때에는 강피를 함께 덮었고[190]	大枕聯姜被
북당에서는 색동옷을 입고 춤을 췄네[191]	北堂舞萊服
날마다 단구[192]에서 밭을 갈았고	日耕丹丘田
늙어서도 자식의 직분을 공손히 실천했네	白首恭子職
만년에 선비를 얻었다는 스승의 말씀[193]	師門晚得語
당시에 대단한 칭찬을 받았다네	當時荷獎飾
아, 세상길은 험난하고	嗟哉世路險
우리의 도는 지금 위태롭네	吾道方見厄

어 이해하는데, 지공부는 이치를 궁구하는 공부로 치지(致知)를 이르고, 행공부는 그 이치를 체행하는 공부로 역행(力行)을 말한다.

189 경의(敬義)를……올라갔네 : 《근사록(近思錄)》 권2에 "경과 의가 좌우에서 자신을 잡아 주면 곧바로 위로 올라가니, 천덕에 도달함이 이 경과 의로부터 시작된다.〔敬義夾持直上, 達天德自此.〕"라고 한 말이 있다.

190 강피(姜被)를 함께 덮었고 : 형제간의 우애가 좋았다는 뜻이다. 강피는 '강굉공피(姜肱共被)'의 준말로, 후한(後漢)의 강굉(姜肱)이 두 아우와 함께 이불을 덮고 자면서 우애로웠다는 고사가 있다. 《後漢書 卷53 姜肱列傳》

191 북당(北堂)에서는……췄네 : 효성으로 부모를 섬겼다는 뜻이다. 북당은 어머니가 계신 곳이다. 노래자(老萊子)는 춘추(春秋) 시대 초(楚)나라 사람으로 효성이 매우 뛰어나서, 나이 70에도 어린애처럼 오색(五色) 옷을 입고 부모 곁에서 새 새끼를 가지고 장난을 함으로써 부모의 마음을 즐겁게 하였다. 《史記 老萊子列傳》

192 단구(丹丘) : 단구(丹邱)라고도 하는데, 밤이나 낮이나 항상 밝은 곳으로 선인(仙人)이 산다는 전설상의 지명이다. 본문에서는 최사손이 살던 곳의 지명을 지칭하거나 그 곳을 신선이 사는 곳에 비유한 것으로 보인다.

193 만년에……말씀 : 박세채가 최사손을 제자로 받아들이고 나서 "만년에 한명의 선비를 얻었으니, 바로 최사손이다."라고 하였다.〔獨從人聞先生自喜晚得一士, 崔君士遜是已.〕《儉齋集 卷23 全州崔士遜墓碣銘》

하분의 남은 자취를 이어[194]	河汾續餘韻
만년에 용문산[195]의 북쪽을 차지하였네	晩占龍門北
산 속에서 치유를 열자[196]	山中闢緇帷
원근에서 다투어 배우러 왔네	遠近爭來學
어찌 작은 성공에 안주하리오	豈以小成安
크게 넓히는 모습 보려 했더니	將看大恢拓
고시의 눈물을 보자마자[197]	纔泣高柴血
갑자기 증자의 발을 열어 보았네[198]	遽啓曾子足
성인의 문하에 학문을 좋아하는 이 없고	聖門無好學
사림은 큰 인물을 잃었네	士林失巨擘

194 하분(河汾)의……이어 : 벼슬을 버리고 은거하는 데 뜻을 두었다는 말이다. 하분(河汾)은 중국의 하수(河水)와 분수(汾水)를 가리키는데, 수(隋)나라 유학자 왕통(王通)이 조정에〈태평십이책(太平十二策)〉을 바쳤으나 채택되지 않자 하분으로 물러나서 살았다.《資治通鑑 卷179 隋紀》

195 용문산(龍門山) : 경기도 양평군에 있는 용문산을 말한는 것으로 보인다.

196 치유(緇帷)를 열자 : 치유는 강학하는 곳에 둘러친 검은 장막을 말하는데,《장자(莊子)》〈어부(漁父)〉에 "공자가 치유의 숲에서 노닐고 행단의 위에서 휴식을 취하였는데, 제자들은 글을 읽고 공자는 거문고를 퉁기며 노래를 불렀다."라고 한 말에서 유래하였다.

197 고시(高柴)의 눈물을 보자마자 : 부모의 삼년상을 막 끝냈다는 뜻이다. 고시는 공자의 제자로 효성이 매우 지극하였는데,《예기》〈단궁(檀弓)〉에 "고시는 부모의 상을 당하여 삼 년 동안 피눈물을 흘렸으며, 치아를 드러내서 웃은 적이 없었다."라고 하였다.

198 증자(曾子)의……보았네 : 최사손의 죽음을 의미한다. 증자가 병이 들자 제자들을 불러 제자들에게 이불을 걷고서 부모에게서 온전하게 태어난 자신의 신체 중에 상한 곳이 없는지 살펴보게한 고사가 전한다.《論語 泰伯》

생각건대 나는 변변치 못한 자질로	自惟不肖姿
외람되이 친구로 교유하게 되었네	猥荷交義托
세모에도 변치 않는 마음 기약하였고	襟懷期歲暮
따끔한 충고는 많은 경계와 도움이 되었네	箴規多警益
경전의 의문점을 자주 연구하였고	經疑幾切磋
예법을 따지며 여러 차례 토론하였네	禮訟屢往復
이 사람이 지금 이미 세상을 떠났으니	斯人今已亡
나에 대한 충고는 다시 누구에게 구할까	吾善誰復責
남은 경사가 후손에게 이어져	餘慶屬後嗣
집안에는 세 개의 옥이 빛나네[199]	庭下耀三玉
저 광산의 언덕을 보니	瞻彼光山麓
그곳이 그대의 무덤이라네	寔君萬歲宅
가을바람이 붉은 명정에 불고	秋風吹丹旐
아침 이슬이 해곡[200] 부를 때 내리네	朝露動薤曲
한 글자 쓰고 또 한 번 눈물 흘리니	一字又一涕
가슴 속의 슬픔을 만시에 쏟아내네	含哀寫挽幅

199 집안에는……빛나네 : 훌륭한 세 아들을 두었다는 뜻이다. 최사손은 최일관(崔一觀), 최일임(崔一臨), 최일정(崔一鼎)의 세 아들을 두었다.《儉齋集 卷23 全州崔士遜墓碣銘》

200 해곡(薤曲) : 해로곡(薤露曲)이라고도 하는데, 흔히 사람이 죽었을 때 부르는 만가(挽歌)를 가리키는 말로 쓰인다.

신명윤[201] 경 의 시에 차운하다 임진년(1712, 숙종38)

次申明允 暻 韻 壬辰

이전 성인들이 남기신 교훈 있으니	前聖有謨訓
후학들이 모범으로 삼네	後學爲楷模
조존의 방법[202]을 분명하여	分明操存法
사람이 나아갈 곳을 알게 하네	使人知所趨
허령[203]은 온갖 선을 주재하고	虛靈統萬善
정일[204]은 공부하는 방법이라네	精一做工夫
누가 알겠는가, 동정의 기미는	誰知動靜機
하나의 이치라 원래 다르지 않음을	一理元不殊

201 신명윤(申明允) : 본관은 평산(平山), 자는 명윤(明允), 호는 직암(直菴)으로, 박세채(朴世采)의 외손자이다.

202 조존(操存)의 방법 : 마음을 잡아 두는 방법을 말한다. 《맹자》 〈고자 상(告子上)〉에 "잡아 두면 있고 놓아 버리면 없어지는 것으로서, 나가고 들어오는 것이 일정한 때가 없으며, 어디로 향할지 종잡을 수가 없는 것이 마음이다."라고 한 공자의 말이 있다.

203 허령(虛靈) : 우리 마음이 텅 빈 가운데 신령스럽다는 말로, 마음의 본체를 말한다. 《大學章句》

204 정일(精一) : 《서경(書經)》 〈대우모(大禹謨)〉에 "인심은 위태롭고 도심은 미묘하니 오직 정일해야만 참으로 그 중을 실천할 수 있다."라고 한 데서 온 말로, 도를 전한 심법(心法)이라고 한다.

강 참봉[205] 숙중 석붕 에 대한 만사

姜參奉叔重 錫朋 挽

현묘한 이치 참으로 헤아리기 어려우니	玄理誠難測
이 사람이 여기에 그치고 말았네	斯人止此乎
문장은 한(漢)나라의 대가(大家)와 같고	文章漢大手
경학은 송(宋)나라의 참된 유자(儒者)와 같네	經學宋眞儒
한 차례의 상소로 우리의 도를 부지하였고[206]	一疏扶吾道
단표로 지극한 즐거움을 누렸네[207]	單瓢有至娛
지금에 그 강한의 말씀[208]을	秖今江漢語
소리 높여 읽으니 눈물이 수염을 적시네	莊誦淚沾鬚

205 강 참봉(姜參奉) : 강석붕(姜錫朋, ?~?)을 말한다. 본관은 진주(晉州), 호는 취암(翠巖), 숙중(叔重)은 그의 자이다. 박세채(朴世采)의 문인이다.

206 한……부지하였고 : 《예기유편》 사건이 발생했을 때 명재(明齋) 윤증(尹拯)에게 그 진위를 질문하였으나 명재가 명확한 답변을 하지 않자 직접 상소하여 자기 스승인 박세채가 최석정이 《예기유편》을 편찬하는 데에 관여하지 않았음을 논변하였다. 《肅宗實錄 35年 6月 3日》

207 단표(單瓢)로……누렸네 : 공자의 제자 안회(顔回)의 일을 말한다. 58쪽 주3 참조.

208 강한(江漢)의 말씀 : 스승에 대한 그리움을 뜻하는 말로, 강석붕이 박세채에 대해 언급한 일을 말하는 것으로 보인다. 《맹자》 〈등문공 상(滕文公上)〉에 증자(曾子)가 공자를 찬미하여 "선생님의 덕은 강수(江水)와 한수(漢水)로 씻는 것과 같고 가을볕으로 쪼이는 것과 같아서 깨끗하고 깨끗하여 더할 수 없다.〔江漢以濯之, 秋陽以暴之, 皜皜乎不可尙已.〕"라고 한 내용이 보인다.

달밤에 고요히 앉아서 계사년(1713, 숙종39)

月夜靜坐 癸巳

비 내린 뒤에 시냇물 소리 귀에 울리니	雨後溪聲入耳鳴
깊은 밤 산에 뜬 달은 창에 밝게 비치네	夜深山月照窓明
이때가 평조의 기운[209]보다 훨씬 나으니	此時勝似平朝氣
가슴 속이 한결 더 맑아짐을 문득 깨닫네	頓覺胸中一倍淸

209 평조(平朝)의 기운 : 사람이 아침에 일어나서 아직 사물과 접하지 않을 때의 청명(淸明)한 기운을 말한다. 《孟子 告子上》

이 진사[210] 희하 에 대한 만사

李進士 喜夏 挽

임자년(1672, 현종13) 봄에 배천의 읍내에서 만나 선생의 문하에서 함께 수업을 들었다.

은천[211]에 있을 당시에 우정이 깊었으니	銀川當日托交深
스승의 문하에서 배우며 함께 마음으로 허여했네	丈席從遊共許心
사십 년 세월 참으로 한바탕 꿈과 같으니	四十年來眞夢幻
노년에는 더 이상 마음을 알아주는 벗이 없네	白頭無復有知音

210 이 진사(李進士) : 이희하(李喜夏, 1644~1713)를 말한다. 본관은 전주(全州), 자는 혜중(惠仲)으로, 박세채(朴世采)의 문인이다.

211 은천(銀川) : 배천[白川]의 다른 명칭으로, 은(銀)이 백색이므로 이렇게 칭한 것이다.

부여 현감 조자삼[212] 방징 에 대한 만사 갑오년(1714, 숙종40)

趙扶餘子三 邦徵 挽 甲午

지난해에 아우를 곡하고[213]	往年哭家弟
금년에 그대를 곡하네	今年哭吾子
누가 알았으랴, 몇 년 사이에	誰知數年來
애달픈 곡소리가 그치지 않을 줄을	哀哀哭不止
그대는 남다른 자질을 지녀	吾子出群姿
우뚝이 뛰어난 선비라 일컬어졌네	卓落稱奇士
용문의 여운을 계승하여	龍門續餘韻
용문선생(龍門先生)[214]의 현손이다.	
이른 나이에 그 아름다움을 이었네	早歲趾其美
문장은 두남[215]을 좌지우지하였고	文聲擅斗南
명성은 도성과 시골에서 우뚝하였네	光價聳都鄙

212 조자삼(趙子三) : 조방징(趙邦徵, 1651~1714)을 말한다. 본관은 평양(平壤)이고, 자삼(子三)은 그의 자이다.

213 지난해에 아우를 곡하고 : 임진년(1712, 숙종38)에 김간의 아우인 김재(金栽)가 세상을 떠났다.

214 용문선생(龍門先生) : 조욱(趙昱, 1498~1557)을 말한다. 자는 경양(景陽), 호는 보진재(葆眞齋)·용문 등이며, 시호는 문강(文康)이다. 1519년 기묘사화(己卯士禍)에 연루되었으나 나이가 어리다고 하여 화를 면하였다. 그 뒤 지평의 용문산에 은거하며 후학을 가르쳐 용문 선생으로 불렸다.

215 두남(斗南) : 143쪽 주170 참조.

생원시에 5등으로 합격하여[216] 巍科第五名
자자하게 사람들의 귀를 놀라게 하였네 藉藉驚人耳
늘그막에 남쪽지방 관리로 부임했으니[217] 南符映暮年
높은 재주로 현감 자리에 머물렀네 高才屈百里
무성에는 현가 소리가 울려 퍼졌고[218] 武城動絃歌
하양에서는 복숭아나무와 오얏나무를 칭송하였네[219] 河陽頌桃李
조만간에 〈순리전〉에 早晩循吏傳
태사씨가 기록할 것인데[220] 著在太史氏
어찌 생각지도 못한 질병에 걸려 云胡意外疾
한 번 병석에 누워 끝내 일어나지 못했나 一臥終不起
돌아보면 나는 우매하고 노둔한 자질로 顧余愚魯質
다행히 쑥이 삼대에 기대는 도움을 받았네[221] 幸得蓬麻倚

216 생원시에 5등으로 합격하여 : 조방징은 1683년(숙종9) 계해(癸亥) 증광시(增廣試)에 생원 1등(一等) 5위로 합격하였다. 《司馬榜目》

217 늘그막에……부임했으나 : 조방징이 1712년(숙종38)에 부여 현감으로 제수된 일을 말한다.

218 무성(武城)에는……퍼졌고 : 108쪽 주81 참조.

219 하양(河陽)에서는……칭송하였네 : 지방관으로서 정사를 잘하는 것을 비유한다. 진(晉)나라의 반악(潘岳)이 하양 현령(河陽縣令)으로 부임한 뒤에 고을에 온통 도리화(桃李花)를 심었는데, 사람들이 '하양일현화(河陽一縣花)'라고 일컬었다. 《白氏六帖 縣令》

220 조만간에……것인데 : 조방징의 훌륭한 선정(善政)을 베풀었음을 말한다.〈순리전〉은 《사기》, 《한서》, 《후한서》 등의 열전(列傳)의 한가지로, 법을 잘 지키면서 백성을 잘 다스린 지방관을 소개한 열전이다. 태사씨는 사관(史官)을 가리킨다.

221 다행히……받았네 : 조방징이 자신에게는 훌륭한 벗이라는 뜻이다. 《순자(荀子)》〈권학(勸學)〉에 "쑥이 삼대 밭에 나면 붙잡아 주지 않아도 곧아진다."라고 하였다.

대대로 맺은 교분이 무거웠으니	蓋緣世誼重
친구의 우정으로 그칠 뿐이 아니었네	不但交情已
운암에서 함께 글을 읽었고	雲菴共棲榻
유서에서 함께 묵으며 시를 지었네[222]	柳墅聯吟被
백 년 동안 어울리며	自謂百年契
늙어서도 늘 함께하려 했건만	白首期終始
그대가 지금 나보다 먼저 떠났으니	子今先我逝
나는 다시 누구를 의지할까나	而我復誰恃
쓸쓸한 이 세상에서	涼涼宇宙間
아, 만사는 끝나버렸네	萬事嗟已矣
남은 경사는 어린 자식에게 이어지리니	餘慶屬所抱
천도가 여기에서 징험되리라	天道徵於此
고양의 옛 무덤 아래에서	高陽舊壟下
해질녘에 자색 구름 시름겹네	日暮愁雲紫
살아서 이별도 슬프기 마련인데	生離尙含惻
사별하는 마음 어떻겠는가	死別情何似
서늘한 바람이 눈물을 한 움큼 가져가	凄風一掬淚
멀리 한강에다 뿌리네	遙灑漢江水

222 운암(雲菴)에서……지었네 : 운암은 '운(雲)' 자가 들어가는 암자이고, 유서는 유'(柳)' 자가 들어가는 교외로 추정되나 미상이다.

삼전포[223]에 있는 이 도사[224]의 관어정 시에 차운하다
次三田浦李都事觀魚亭韻

고(故) 도사(都事) 계림(鷄林) 이공(李公)은 강호의 고아한 선비이다. 예전에 삼전포의 빼어난 경치를 사랑하여 강 언덕 위에 작은 정자를 짓고 밤낮으로 그 사이에서 노닐었는데, '관어정'이라는 편액을 달았다. 비가 개이고 복사꽃이 피는 계절에 해가 부들에 비치는 저물녘이면 정자 아래에 헤엄치는 물고기가 이리저리 떼를 지어 물속에 있기도 하고 뛰어오르기도 하여 각각 제 뜻대로 움직이는데, 공은 한가하게 여유를 즐기며 물욕을 잊고서 두건을 젖히고 난간에 서서 종일토록 바라보며 흥취를 담았으니, '관어정'이라 이름 지은 것은 이 때문이리라. 그러나 공이 물고기를 바라볼 때에는 물고기의 모습만 바라본 것이 아니었으니 이는 물고기의 즐거움을 바라본 것이며, 물고기의 즐거움만 바라본 것이 아니라, 또 자신의 즐거움을 즐긴 것이다. 그리하여 마음과 경치가 부합하여 시로 표출되어 아주 공교롭게 표현해내고 정취가 끝이 없어 한 점이라도 속세와 관련된 생각은 전혀 없었다. 그 당시에 율곡(栗谷 이이(李珥))과 사암(思菴 박순(朴淳)) 여러 선생이 또 서로 차운하여 그 일을 성대하게 꾸몄다. 그런데 공이 세상을 떠나자, 정자가 드디어

223 삼전포(三田浦) : '삼포(三浦)'라고도 하는데, 현재의 서울특별시 마포구(麻浦區) 지역을 가리킨다. 《漢京識略 卷2 山川》

224 이 도사(李都事) : 의금부 도사를 지낸 이양국(李良國, ?~?)을 말한다. 본관은 경주(慶州)이다.

무너졌다. 손자 낭천공(狼川公)[225]에 이르러 조금 그 터를 옮겨 다시 중수하였고, 그 후에 또 무너져 몇 해가 흘렀다. 지금 공의 현손인 단보(端輔)[226] 익경보(翊卿甫)가 개탄하여 마음을 일으켜 옛 터에 새로 정자를 지어 띠풀로 지붕을 덮고 화초로 주변을 꾸몄는데, 뜨락이 산뜻하고 시원하며 난간이 똑바르고 깨끗하다. 대체적인 형태를 예전의 규모대로 대략 본떠 지었으니, 이는 긍구(肯構)[227]를 잘한 자라고 하겠다. 아, 이 정자는 도사공 이후로 지금까지 겨우 4대를 이어왔는데, 그 사이에 무너진 것이 두 차례이고 중수한 것이 두 차례였으니, 지금 이후로 또 몇 차례나 무너지고 몇 차례나 중수할지는 모르겠다. 그러나 공의 즐거움을 알고 자신의 즐거움을 즐기는 자가 아니라면 수리할 수가 없을 것이다. 근래에 익경이 도사공이 처음 지은 시와 여러 공들이 지은 시를 소매에 넣어 와서 나에게 차운시를 지어달라고 부탁하였으며, 또 한마디 말로 그 일을 기록해달라고 요청하며 전후로 몹시 부지런하였다. 내가 여러 차례 사양하였으나 뜻대로 되지 않아 이에 참람되이 그를 위해 졸렬한 솜씨로 뒤이어 시를 짓고, 또 그간의 전말을 위와 같이 대략 기록한다. 숭정 기원 후 87년 갑오년(1714, 숙종40) 가평일

225 낭천공(狼川公) : 낭천 현감(狼川縣監)을 지낸 이유언(李惟彦, 1611~1677)을 말한다. 본관은 경주(慶州), 자는 미재(美哉)이다.

226 단보(端輔) : 이단보(李端輔, ?~?)를 말한다. 본관은 경주(慶州), 자는 익경(翊卿)이다.

227 긍구(肯構) : 긍구긍당(肯構肯堂)의 준말로, 자손이 선대의 유업을 잘 계승한다는 뜻이다. 《서경》 〈대고(大誥)〉에 "만약 아버지가 집을 지으려 작정하여, 이미 그 규모를 정했는데도, 그 아들이 기꺼이 집터를 마련하지 않는데, 하물며 기꺼이 집을 지으랴."라고 한 데서 유래하였다.

(嘉平日 납일(臘日)) 청풍(淸風) 김간(金榦)이 삼가 기록하노라

故都事鷄林李公 江湖高士也 嘗愛三浦景致之勝 臨江岸築一小亭 日夕遊處其間 而扁曰觀魚 蓋其雨霽桃花之天 日照菰蒲之夕 亭下游鱗 他他戢戢 潛者躍者 各得其意 公飽閑息機 岸巾臨軒 終日頫眺 以寓其興 則亭之得名以是夫 然公之觀魚 不惟觀魚而已 蓋所以觀魚之樂也 不惟觀魚之樂又所以樂己之樂也 於是心與境會 發於吟詠 摹寫甚工 趣味無窮 殊無一點塵累意思 其時栗谷思菴諸先生又相與步韻 以侈其事 逮公之歿 亭遂廢焉 至孫狼川公 稍移其基 更得重修 而後又重廢者有年 今公之玄孫端輔翊卿甫慨然興懷 就故址而新之 茅茨以覆 花卉以飾 庭宇蕭灑 欄檻方潔大抵制作 略倣舊時規模 是可謂善於肯構者矣 噫 斯亭也自都事公後抵今堇四世 而其間廢者再修者再 則自此以往 又未知其幾廢而幾修也 然非知公之樂而樂其樂者 不能修也 近者翊卿袖示公元韻及諸公所製 屬余和之且請以一言記其事 前後甚勤 余屢辭不得 玆敢僭爲之續貂 又略記其顚末如右 歲崇禎紀元後八十七年甲午嘉平日 淸風金榦謹書

삼포의 명승지 백로주[228]보다 더 빼어나니　　三浦名區勝鷺洲
그림 같은 작은 정자 강 머리에 우뚝 서있네　　小亭如畫壓江頭
한가함 속에서 고요하여 마음 쓸 일이 없고　　閑中靜寂無機事
강가에서 조용히 나와서 노니는 모습을 보네　　濠上從容見出遊
뛰어오르기도 하고 잠수하기도 하는 물고기는 모두 본성을 따르니[229]

228 백로주(白鷺洲) : 장강 가운데 있는 모래톱의 이름으로, 이백(李白)이 봉황대(鳳凰臺)에 올라서 지은 〈등금릉봉황대(登金陵鳳凰臺)〉 시가 당시에 회자(膾炙)됨으로 인하여 유명해졌는데, 여기서는 삼포의 경치를 백로주에 비유한 것이다.

	一躍一潛皆順性
보고 또 보노라니 근심을 잊기에 충분하네	看來看去足忘憂
하남이 당시에 분지의 물고기를 감상하였으니[230]	河南當日盆池賞
천 년 전의 유풍에 견줄 수 있네	千載遺風可與儔

229 뛰어오르기도……따르니 : 86쪽 주46 참조.

230 하남(河南)이……감상하였으니 : 하남은 송(宋)나라의 유학자 정호(程顥)를 말한다. 정호가 분지(盆池)에다 송사리 몇 마리를 키우면서 때때로 관찰하였는데, 어떤 이가 그 까닭을 묻자 "만물이 자득하는 뜻을 보려고 한다.〔欲觀萬物自得意〕"고 대답했던 고사를 말한다.《宋元學案 卷14 明道學案下 附錄》

봄 가뭄에 내린 밤비에 시를 읊어 기쁨을 기록하다

을미년(1715, 숙종41)

春旱夜雨吟詩志喜 乙未

부슬부슬 내리는 봄비가 가뭄을 해소하니	好雨霏霏破蘊隆
하룻밤 사이에 고목에 꽃이 피어 빛깔이 바뀌었네	枯荄變色一宵中
뜰 앞의 가는 풀은 새로 푸른 싹을 틔우고	庭前細草新抽綠
창밖의 성긴 꽃부리는 갑자기 붉은 꽃을 피우네	窓外疏英忽吐紅
기뻐하는 소리 이미 삼농[231]에서 일어나고	歡聲已自三農起
즐거운 기색 도리어 천하가 동일함을 보네	喜氣還看四海同
인자하고 사랑하는 하늘의 마음 여기에서 볼 수 있으니	仁愛天心斯可見
농가에서는 지금부터 풍년을 점치네	田家從此占年豐

231 삼농(三農) : 고대에 평지·산간·수택 등 세 지역에 거주하는 농민을 지칭하였는데, 후세에 일반적으로 농민을 지칭하는 데 사용하였다.

늦게 핀 국화

晩菊

동지에 계단 앞에 핀 국화	冬至階前菊
창을 열고 뒤늦은 꽃향기 맡네	開窓對晩香
눈 속에서 보기 더욱 좋으니	雪中看更好
어찌 굳이 중양절에 핀 국화만 귀하랴	何必貴重陽

유제경 즙 의 시에 차운하다

次兪濟卿 楫 韻

제경(濟卿)이 자운서원(紫雲書院)[232]의 일로 유생들과 함께 다투었다. 내가 편지를 보내 그 일을 경계하니, 제경이 시를 부쳐 왔다.

긴요한 공부는 자신을 수양하는 데 달려있으니　喫緊工夫在自修
외부에서 오는 기쁨과 슬픔은 뜬구름과 같네　外來欣戚若雲浮
사람 사귈 때는 끝까지 말을 하기가 어렵고　交情到底難開口
세상일은 사람으로 하여금 눈을 감게 만드네　世事令人欲閉眸
펴야 합당한 때가 있고 굽혀야 합당한 때가 있으며 要合伸時兼合屈
굳세게 해야 할 때가 있고 부드럽게 해야 할 때도 있네
就能剛處又能柔

원래 시에는 "견광[233]은 결국 강유와 부합하지 않네."라는 구절이 있다.

서로 정도(正道)와 사도(邪道)라 부르는 것이 참으로 우스우니
正邪互喚眞堪笑
어지러운 시비는 북쪽 물결에 맡겨버리네　須把紛紛付北流

232 자운서원(紫雲書院) : 경기도 파주(坡州)에 있는 율곡(栗谷) 이이(李珥)의 위패(位牌)를 모신 서원으로, 뒤에 김장생(金長生)과 박세채(朴世采)를 추가로 배향(配享)하였다.

233 견광(狷狂) : 견(狷)은 지식수준은 미달이나 행동을 잘 단속하는 사람을 말하고, 광(狂)은 뜻이 높은 반면 행동이 미치지 못하는 사람을 말한다. 《논어》〈자로〉에 "중도(中道)를 행하는 사람과 함께할 수 없다면 반드시 광자나 견자와 함께하겠다."라는 공자의 말이 실려 있다.

원래 시에는 "정도(正道)를 사도(邪道)라 하며, 우리들을 가리키네."라는 구절이 있다.

이 충무공[234]의 〈한산도야음〉 시에 차운하다 병신년(1716, 숙종42)

次李忠武公閑山島夜吟韻 丙申

명성은 각간과 비등하고[235]	名與角干埒
공로는 살수[236]와 견줄 만큼 높네[237]	功將薩水高
평생 흠모하고 존경하는 마음으로	平生景仰志
눈물을 닦으며 보검을 어루만졌네	揮淚撫龍刀

234 이 충무공(李忠武公) : 이순신(李舜臣, 1545~1598)을 말한다. 본관은 덕수(德水), 자는 여해(汝諧), 시호는 충무(忠武)이다.

235 명성은 각간(角干)과 비등하고 : 이순신의 명성이 신라의 삼국통일을 주도한 명장 김유신(金庾信, 595~673)과 비등하다는 뜻이다. 각간은 신라의 17관등(官等) 중 제1등위(等位)인 이벌찬(伊伐贊)의 다른 명칭으로, 김유신이 각간을 역임했기 때문에 이렇게 칭한 것이다.

236 살수(薩水) : 대본에는 '濉'으로 되어 있는데, 지명(地名)에 의거하여 '薩'로 바로잡아 번역하였다.

237 공로는……높네 : 이순신의 공로가 살수대첩(薩水大捷)에서 수(隋)나라 대군을 물리친 고구려의 명장 을지문덕(乙支文德)처럼 높다는 뜻이다.

삼가 직산의 영소정[238]의 어제시에 차운하다

敬和稷山靈沼亭御製韻

정미년(1667, 현종8) 여름에 선왕이 온천에 행차하셨는데, 어가가 직산(稷山) 객사에 이르자 연못에 손수 연씨를 심으셨고, 우재 선생(尤齋先生 송시열(宋時烈))이〈영소정기(靈沼亭記)〉를 지었습니다. 금상(今上)이 정유년(1717, 숙종43) 3월에 또 온천에 행차하시어 친히 정자에 올라 감회가 일어 시를 지으셨습니다. 시는 다음과 같습니다. "연못의 북쪽 연꽃 핀 곳에 정자가 있으니, 당시를 추억함에 눈물이 절로 떨어지네. 우러러 문장을 보고 흐느낌에 내 감정 격앙되니, 아! 성스러운 덕은 글로 형용하기 어렵다네." 함께 수행한 신하들이 모두 화답하는 시를 지으니, 신(臣)이 뒤에 듣고서 감히 차운합니다.

선조의 유묵 여전히 정자에 남아 있는데	先朝遺跡尙留亭
변함없는 연꽃에는 맑은 이슬 떨어지네	依舊芙蓉玉露零
이날 우리 임금께서는 뒤늦은 감회가 일어	此日吾王追起感
한 편의 어제시로 잘 드러내었네	一篇宸翰善爲形

238 직산(稷山)의 영소정(靈沼亭) : 직산은 현의 이름으로 지금의 천안시 직산면 지역에 있었다. 1665년 현종이 온천욕을 위해 온양에 행차하였을 적에 직산현에 들러 영소정(靈沼亭)이라는 작은 정자를 짓고, 그 앞에 몇 묘(畝)쯤 되는 연못을 파고는 연꽃을 심게 한 일이 있었는데, 숙종이 1717년 온양에 거둥할 적에 직산 행궁에 머물며 이 연못의 연꽃과 잎이 매우 무성한 것을 보고는 감회가 있어 시(詩) 한 장(章)을 지으니, 대가를 따라온 신하들이 모두 화답하고, 도신(道臣)이 어제시(御製詩)를 새겨 정자에 걸었다.《숙종실록 43년 3월 6일》

또
又

움푹 파인 모난 연못에 정자 우뚝 서 있으니	欲爲方沼翼爲亭
선왕을 돌이켜 생각하며 감격의 눈물 떨어지네	回首先朝感涕零
이곳에 이르러 성상의 그리움 유독 짙어진 것은	到此聖心偏起慕
연못의 연꽃이 예전 모습 변치 않아서이지	池荷不改舊時形

부질없이 읊다

謾詠

세상일 끝내 믿기가 어려우니　世事終難恃
내 마음 홀로 지키네　吾心獨自持
한가함 속에 함께할 벗은 없고　閑中無與友
오직 흰 구름이 있어 따르네　惟有白雲隨

정효백[239] 찬조 에 대한 만사

鄭孝伯 纘祖 挽

구성(駒城)의 산에 맑은 기운 엉켜 서려 있으니[240]	駒山淑氣鬱蜿蟺
그대의 높은 풍모 유독 빼어났네	吾子高標獨挺然
지조는 모두 훌륭한 선조의 후예라 일컬었고[241]	志操共稱名祖裔
연원은 노사의 전함을 실추시키지 않았네[242]	淵源不墜老師傳
대업을 경영하여 새로 건물을 마련하였고[243]	經營大業開新院
유문을 수집하여 옛 글을 이었네	收集遺文續舊編
이제부터 그대의 집안은 선행을 쌓을 것이니	自是君家能積善
남은 경사가 후손들에게 미침을 보리라	會看餘慶屬兒賢

239 정효백(鄭孝伯) : 정찬조(鄭纘祖, 1659~1717)를 말한다. 본관은 영일(迎日), 자는 효백(孝伯), 호는 수은(睡隱)이다.

240 구성(駒城)의……있으니 : 구성(駒城)은 경기도 용인의 고호(古號)로, 용인 모현에 정찬조의 선조인 포은(圃隱) 정몽주(鄭夢周)의 무덤이 있기 때문에 말한 것이다.

241 지조는……일컬었고 : 정효백이 정몽주의 후손이기 때문에 말한 것이다. 《屛溪集 卷54 睡隱鄭公墓誌》

242 연원은……않았네 : 노사(老師)는 늙은 스승으로 정찬조의 스승인 송시열(宋時烈)을 말하는 것으로 보인다.

243 대업을……마련하였고 : 정찬조가 경기도 용인 모현촌(慕賢村)에 있는 정몽주의 묘소 아래에 영모재(永慕齋)라는 건물을 짓고, 좌우에 글방을 지어 종족의 자제들이 과거 공부를 할 수 있도록 한 일을 말한다. 《屛溪集 卷54 睡隱鄭公墓誌》

회포를 서술하다

述懷

성인의 학문 천년을 전하니	聖學傳千載
이 마음이 위태롭고도 은미하네[244]	危微有此心
사문[245]에는 우리가 할 일이 있으니	斯文吾事在
끊어진 맥을 누구와 함께 찾으리오	墜緖共誰尋

244 이……은미하네 : 156쪽 주204 참조.

245 사문(斯文) : 유학(儒學)을 가리킨다.

눈 내리는 밤에 홀로 앉아

雪夜獨坐

눈이 쌓여 앞의 숲을 덮으니	積雪埋前林
빈 집에서 홀로 병중에 시를 읊어보네	空齋獨病吟
깊은 밤에 향을 피우고 앉으니	夜深爇香坐
밝은 달이 나의 옷깃을 비추네	明月照吾襟

안변의 부임지로 가는 족질 재로[246]를 전송하다 무술년(1718, 숙종44)

送族姪在魯赴安邊任所 戊戌

부임길에 봄바람 불고 오마[247]가 우는데 官路春風五馬鳴
천리 변방으로 멀리 떠나는 마음 嶺雲千里遠離情
발해에서 고을 잘 다스리는 모습을 볼 것이라[248] 將看渤海治繩續
여강이 격문 받고 나아감을 하례할 만하네[249] 可賀廬江奉檄行
나라일은 외직과 내직이 다르지 않고 王事不殊居內外

246 재로(在魯) : 김재로(金在魯, 1682~1759)를 말한다. 본관은 청풍(淸風), 자는 중례(仲禮), 호는 청사(淸沙) 또는 허주자(虛舟子)이다. 시호는 충정(忠靖)이다. 김재로는 이 해에 안변 부사에 임명되었다.《承政院日記 肅宗 44年 閏 8月 6日》

247 오마(五馬) : 한(漢)나라 때 태수(太守)가 다섯 필의 말이 끄는 수레를 타고 부임하였던 데에서 유래하여 지방 수령을 뜻한다.

248 발해에서……것이라 : 고을을 차근차근 잘 다스릴 것이라는 뜻이다. 한 선제(漢宣帝)가 공수(龔遂)에게 "발해의 혼란을 내가 매우 걱정하고 있으니 그대는 어떻게 그곳의 도적들을 없애서 나의 뜻에 맞게 하겠는가."라고 물었는데, 공수가 대답한 말에 "저는 들으니 '난민을 다스리는 것은 헝클어진 실을 푸는 것과 같아서 서두를 수 없다.'라고 하였으니 오직 천천히 한 뒤에야 다스릴 수 있습니다."라고 하였다.《漢書 卷89 循吏傳 龔遂》

249 여강(廬江)이……만하네 : 부모 봉양을 위해 외직을 구하여 나가는 것을 뜻한다. 후한(後漢)의 여강(廬江)사람 모의(毛義)가 가난하여 노모를 봉양하기 어려웠는데, 효행이 널리 알려져 수령에 제수하는 격문(檄文)이 오자 기뻐하여 받들었다가 노모가 돌아가시자 벼슬을 그만두었다. 모의는 이때 "태수 사령장을 받고 기뻐한 것은 늙은 부모를 위해서이다."라고 하였다.《後漢書 卷39 趙淳于江劉周趙列傳序》

나의 마음은 단지 재주와 정성을 다해야 하네　　吾心秖合盡才誠
조정에서는 한창 사륜의 솜씨[250]가 급하니　　朝家政急絲綸手
어찌 그대로 하여금 변방에 머물게 하겠는가　　肯使夫君臥塞城

250 사륜(絲綸)의 솜씨 : 사륜은 임금의 조칙(詔勅)으로, 임금의 조서를 짓는 사람을 말한다.

숙종대왕 만사 신축년(1721, 경종1)

肅宗大王挽詞 辛丑

성스러움은 단군과 기자를 이어 교화 넓히셨고 聖繼檀箕化普覃
다스림은 모전[251]을 상고하여 도가 서로 나란하였네 治稽謨典道相參
영명함은 친히 재량하여 결정하는데 일찍 드러났고 英明夙著親裁決
효성은 양암[252]에 있을 때 깊이 드러났네 誠孝深彰在諒闇
몸소 권력의 기강 잡아 기무를 홀로 운용하셨고 躬攬權綱機獨運
먼저 흉악한 무리 제거하여 난을 바로 평정했네 首除兇孼亂旋戡
무너진 인륜 일으켜 거문고 줄 다시 바로잡으셨고[253] 彝章起廢琴更理
연로하고 덕 있는 신하 조정에서 모범되어 단술 한창 거나했네[254]

251 모전(謨典) : 이전(二典)과 삼모(三謨)로, 《서경(書經)》의 〈요전(堯典)〉·〈순전(舜典)〉과 〈대우모(大禹謨)〉·〈고요모(皐陶謨)〉·〈익직(益稷)〉을 말한다. 보통 요순(堯舜)과 같은 고대 성군의 훌륭한 정치를 말할 때 인용하곤 한다.

252 양암(諒闇) : 천자(天子)가 상사(喪事)에 거처하는 여막, 혹은 여막에 거처하는 기간을 뜻하는데, 본문에서는 숙종이 현종의 상(喪)을 치를 때를 말한다.

253 무너진……바로잡으셨고 : 정치나 제도를 새롭게 고치는 것을 비유할 때에 쓰인다. 한 무제 때 동중서(董仲舒)가 올린 〈현량대책(賢良對策)〉에 "비유하자면 금슬이 음조가 고르지 않음이 심하면 반드시 줄을 풀어 다시 조여야만 연주할 수 있고, 정치가 제대로 행해지지 않음이 심하면 반드시 변화시켜 다시 교화해야만 다스릴 수 있다."라고 한 데서 온 말이다. 《漢書 卷56 董仲舒傳》

254 연로하고……거나했네 : 기해년(1719, 숙종45)에 숙종이 경현당(景賢堂)에 나아가 기로소의 여러 신하들에게 잔치를 베풀고 은술잔을 하사하였으며, 음악을 내려 기로소의 여러 신하들이 물러나와 기사(耆司)에서 잔치를 벌인 일을 말한다. 《肅宗實錄 卷65 肅宗大王行狀》

耆德儀朝醴正酣

백성을 두려워하기를 썩은 새끼줄로 말을 몰듯이 하였고[255]

嵓畏凜同臨索馬

경연에서의 질문은 누에에서 실 뽑듯 정밀히 분석하셨네[256]

幄詢精仰析絲蠶

타고난 자질이 뛰어나 도에 깊이 나아가셨고 淵深造道姿天挺

바다처럼 넓은 도량 지니시고 남의 말을 시원하게 들어주셨네

河決聞言量海涵

천지에 인륜 세우는 것을 자신의 임무로 여기셨고 天地彝倫爲己任

춘추의 대의[257]를 몸소 짊어지셨네 春秋大義以身擔

화로와 얼음을 품고서 연나라가 작다고 탄식하셨고[258]

255 백성을……하였고 : 《서경》 〈오자지가(五子之歌)〉에 "내가 억조의 백성 위에 임하는 것이 마치 썩은 새끼줄로 여섯 마리의 말을 모는 것처럼 조심스럽기만 하니, 백성의 윗사람이 된 자로서 어떻게 공경하지 않을 수가 있겠는가." 하였다.

256 누에에서……분석하셨네 : 원나라 학자 오징(吳澄, 1249~1333)의 〈회암 선생 주문공 화상찬(晦庵先生朱文公畫像讚)〉을 지었는데, 거기에 "현묘하고 의미한 의리는, 누에실과 소털처럼 자세히 분석했네. 마음은 넓고 넓어서, 바다처럼 넓고 하늘처럼 높았네. 호걸스런 재주요, 성현의 학문이었도다. 경성과 상서로운 구름이요, 태산과 교악이셨네."라고 찬양한 고사가 있다.

257 춘추(春秋)의 대의(大義) : 《춘추》에서 말한 주(周) 나라를 존숭하고 오랑캐를 물리치자는 존주양이(尊周攘夷)의 의리를 이른다.

258 화로와……탄식하셨고 : 조선이 청나라에 대항하기에는 약소국임을 탄식하며 원수를 갚기 위하여 절치부심한다는 뜻이다. 춘추 시대 월왕(越王) 구천(句踐)이 오(吳)나라에 원수를 갚기 위해 자신을 경계하는 뜻으로 겨울에는 얼음을 품속에 품었고 여름에는 불을 손에 쥐고 있었다는 고사가 있으며, 연나라 태자 단(丹)이 형가(荊軻)에게 "연나라는 소국으로 잦은 병화에 지쳐 있습니다. 지금 온 나라의 힘을 다해 싸우더라도

懷來氷火嗟燕小

황금과 비단을 바치며 호시탐탐 노리는 모습을 가슴아파하셨네

輸去金繒痛虎眈

초나라를 보존한 것과 같은 황제의 은혜에 단을 세워 제사를 올리고[259]

存楚皇恩壇薦苾

형주에서 패배한 관우의 신을 불러 사당에 감실 설치하였네[260]

遜荊神鬱廟躋龕

주나라 궁에서 적불[261] 타던 경사 거듭 바라보았고 重瞻翟茀周宮慶

송나라의 부끄러움이었던 요화궁의 일을 되풀이 하지 않았네[262]

無復瑤華宋德慙

진(秦)나라를 당해 내기엔 부족합니다."라고 하였다. 《吳越春秋 句踐歸國外傳》《史記 卷86 刺客列傳 荊軻》

259 초나라를……올리고 : 신포서(申包胥)가 구원병 덕택에 초(楚)나라를 보존한 것처럼 명나라가 조선에 구원병을 보내준 것에 감사하여 대보단(大報壇)을 쌓은 사실을 말한다. 숙종은 임진왜란 때 일본의 침략을 저지하기 위해 군대를 파견한 명나라 신종(神宗)의 은혜를 추모하기 위하여 1704년(숙종30)에 대보단을 쌓고 향사하였다. 신포서는 춘추 시대 초나라의 대부로서 오(吳)나라 초(楚)나라를 침입하자 진(秦)나라에 가서 구원병을 요청하여 오나라를 물리쳤다. 《春秋左氏傳 定公4年》

260 관우의……설치하였네 : 선조 이후로 관우(關羽)를 모신 관왕묘(關王廟)를 설치하여 참배하였다.

261 적불(翟茀) : 고대에 귀부인이 타던 수레로, 꿩의 깃털로 장식하고 전후에 가리개를 설치하였으므로 붙여진 이름이다. 여기서는 왕후의 수레를 뜻한다. 《시경》〈석인(碩人)〉에 "적불을 타고 조회한다.〔翟茀以朝〕" 하였다

262 송나라의……않았네 : 인현왕후가 폐위된 일을 말한다. 송(宋)나라 인종(仁宗)이 곽황후(郭皇后)를 폐하여 요화궁(瑤華宮)에 유폐하였으므로, 후비를 폐위한 일을 말할 때 많이 인용된다. 《宋史 卷242 仁宗郭皇后傳》

참람된 짓을 막아 정해진 본분이 엄격함을 세상 사람들이 알았고 防僭世知常分截

충성을 권면하여 사람들이 구차히 삶을 탐하는 것을 부끄러워 하였네 獎忠人愧苟生貪

포륜[263]으로 예를 다하여 깊이 숨어 지내던 선비를 찾으셨고 蒲輪盡禮羅巖穴

금감[264]을 높이 걸어 요사스런 일들을 막으셨네 金鑑懸明屛鬼藍

사실과 거짓을 밝혀 명분과 실제가 피할 곳이 없었고 名實莫逃情僞核

본원을 탐구하여 시비를 끝내 분별하였네 是非終辨本源探

연원과 의리는 강한을 분명히 밝혔고[265] 淵源義理明江漢

삭당과 촉당의 승부는 보루처럼 막았네[266] 朔蜀輸贏塞壘塹

공경을 지킴이 천성과 같아 얇은 얼음을 밟듯이 하였고

263 포륜(蒲輪) : 덜거덕거리지 않게 하기 위해 부들 잎으로 바퀴를 싼 수레이다. 한나라 무제(武帝)가 학문을 중히 여겨 어진 사람을 초빙할 때 포륜을 보내어 오도록 하였고, 후대에 포륜은 현자 초빙을 비유하는 말로 쓰였다.

264 금감(金鑑) : 《천추금감록(千秋金鑑錄)》의 준말이다. 당 현종(唐玄宗)의 생일인 천추절(千秋節)에 다른 사람들은 관례에 따라 모두 귀한 거울을 바쳤으나, 장구령(張九齡)은 풍유(諷諭)하는 뜻을 담은 이 글을 올렸다. 《新唐書 卷126 張九齡列傳》

265 강한(江漢)을 분명히 밝혔고 : 《서경》 〈우공(禹貢)〉에 나오는 "강수(江水)와 한수(漢水)가 바다에 모여든다.〔江漢朝宗于海〕"라는 말로, 모든 강물이 바다로 향해 흘러가듯이 조선이 중국을 받들어 섬겨야 한다는 말이다.

266 삭당(朔黨)과……막았네 : 당파의 분란을 막았다는 뜻이다. 삭당과 촉당(蜀黨)은 송(宋)나라 철종(哲宗) 원우(元祐) 연간에 형성된 당파를 이르는 말이다. 삭당(朔黨)의 영수는 유지(劉摯)였고 양도(梁燾)・왕암수(王巖叟)・유안세(劉安世) 등이 이에 속하였으며, 촉당(蜀黨)은 소식(蘇軾)을 영수로 하여 여도(呂陶) 등이 우익이 되었다.

持敬若天氷履薄

피로를 즐김이 본성을 이루어 맛있는 음식을 잊으셨네

樂疲成性玉忘甘

백성에게 관대하여 세금을 밀려도 늘 만금을 경감하시고

寬民逋稅蠲常萬

검소함을 드러내어 허름한 옷을 세 번 빨아 입으셨네[267]

昭儉菲衣澣已三

평소의 공로는 대부분 과감히 실행하는데 있었고 平日事功多勇果

노년의 말씀은 포용하는데 힘쓰셨네 暮年辭氣務包函

기로소에 이름을 올렸으니[268] 요임금도 오히려 지쳤고

題名耆社堯還倦

세자에게 국정을 대리하게 하였으니 계가 감당하였네[269]

代務春宮啓克堪

267 세……입으셨네 : 검소한 덕을 뜻한다. 당나라 문종이 태학사(太學士)와 담소하던 중 한(漢)나라 문제(文帝)의 검소함을 칭송하면서 자기의 소매를 들어 올려 보이며, "이 옷을 세 번 빨았다.〔此衣三澣〕"라고 하자 학사들이 모두 치하했다고 한다.《新唐書 卷163 柳公權列傳》

268 기로소(耆老所)에 이름을 올렸으니 : 숙종이 1719년(숙종45)에 기로소에 들어가 성조(聖祖) 아래에 제명(題名)한다면 또한 거룩한 일이라고 하고는 기로소에 영수각(靈壽閣)을 세워서 어첩(御牒)을 봉안(奉安)한 일을 말한다.《肅宗實錄 卷65 肅宗大王行狀》

269 세자에게……감당하였네 : 숙종이 세자였던 경종(景宗)에게 국정을 대리하게 했다는 뜻이다. 계(啓)는 하(夏)나라 우(禹)임금의 아들이다.《맹자》〈만장 상(萬章上)〉에 백성들이 우(禹)의 아들인 계(啓)에게 모두 귀의하여 구가(謳歌)하면서 "우리 임금님의 아들이다."라고 칭송하였다는 내용이 나온다.

크나큰 공로 우(禹)임금의 아래에 있지 않음을 알겠으니

功大也知非禹下

신실한 교화를 어찌 대번에〈주남〉[270]에 양보하겠는가 化孚何遽遜周南

곰 꿈을 꾸고 놀랐으니[271] 피로함이 빌미가 되었고 熊驚寢夢勞爲祟

편작이 죽었으니〈영추〉의 의술을 누가 알리오[272] 鵲去靈樞技孰諳

안석에 기대어 차마 면류관과 수레를 진열하였다는 소식 들었으니

憑几忍聞陳冕輅

산마루에 축원해도 결국 교담의 장수를 누리지 못하였네[273]

祝崗終未享喬聃

철의의 말명[274]은 황실의 보물[275]을 전하라는 것이었고

270 주남(周南) : 〈주남〉은 《시경》의 편명으로, 주로 문왕(文王)과 후비(后妃) 태사(太姒)의 덕화(德化)를 읊은 것이다.

271 곰……놀랐으니 : 곰 꿈은 죽음을 의미한다. 《춘추좌씨전》 소공(昭公) 7년에 "옛날 요 임금이 곤을 우산에서 죽였는데, 곤의 혼령이 누런색 곰으로 변하여 우연에 들어갔다."라고 한 데서 유래한 것이다.

272 편작(扁鵲)이……알리오 : 숙종을 살릴 방도가 없다는 뜻이다. 편작은 중국 전국시대의 인물로 의술에 밝아 《황제내경소문(黃帝內經素問)》과 《황제내경영추(黃帝內經靈樞)》의 뜻을 밝혔다.

273 산마루에……못하였네 : 임금의 장수를 축원해도 그렇게 되지 못했다는 뜻이다. 《시경》 〈천보(天保)〉에 "하늘이 왕을 보호하고 안정시켜 흥성하게 하지 않음이 없으니, 산 같고 언덕 같으며 산마루 같고 구릉 같으며 냇물이 한창 이르는 듯 불어나지 않음이 없네."라고 하였다. 교담(喬聃)은 신선술을 닦아 오래 살았다고 하는 왕자교(王子喬)와 장수하였다는 노담(老聃)을 가리킨다.

274 철의(綴衣)의 말명(末命) : 철의는 국왕의 임종 시에 치는 장막이고, 말명은 제왕이 임종할 때에 남긴 유명(遺命)이다.

275 황실의 보물 : 명나라 성화(成化) 연간에 하사한 도장을 모각해서 옥새를 만들고

綴衣末命傳皇寶

상복(喪服)과 방상은 회암을 모범으로 삼았네[276] 麻經方喪法晦菴

대궐의 뜰에 어가(御駕) 소리 그치고 宸陛響沈傳法蹕

멀리 구름 속 제향으로 신선의 수레 타고 떠났네[277] 帝鄕雲遠杳仙驂

궐을 향해 갱장의 그리움[278] 길이 깊어지고 長深北闕羹墻慕

우리나라에 혈기를 가진 모든 이 눈물을 쏟아내네 普泣東寰血氣含

죽지 못한 신하는 비통한 감정 절절하니 未死孤臣懷慟切

이 목숨 평소에 두터운 은혜를 입었네 此生平昔沐恩湛

마른 상수리나무처럼 늙고 병든 모습 공연히 가련하고

空憐老病同衰櫟

앞으로 왕위를 계승할 때 이를 사용하라고 숙종이 유언하였다.《肅宗實錄 附錄 肅宗大王行狀》

276 상복(喪服)과……삼았네 : 주자(朱子)의 견해에 따라 임금의 상을 당했을 때 부모상을 당한 경우에 견주어 참최 삼년(斬衰三年)으로 복을 입은 일을 말한다. 회암(晦菴)은 주자의 호(號)로,《주자대전(朱子大全)》 권69 〈군신복의(君臣服議)〉에 "군주가 죽고 3년 동안 방상(方喪)을 하는 일은 부모의 상과 같이 복을 입는다는 말이다."라고 하였다. 방상의 '방(方)'은 비긴다는 뜻으로, 왕의 상을 부모의 상에 비겨 행한다고 하여 이르는 말이다. 참고로 숙종은 군상(君喪)에 최복(衰服)을 입도록 제정하였다.

277 멀리……떠났네 : 숙종이 세상을 떠났다는 뜻이다. 제향과 백운(白雲)은 선계(仙界)를 가리키는데,《장자(莊子)》〈천지(天地)〉에 "천세토록 살다가 인간 세상이 싫어지면, 떠나서 신선이 되어 올라가, 저 흰 구름을 타고 제향에 이른다."라고 하였다.

278 갱장(羹墻)의 그리움 : 국과 담장을 보면서 옛사람을 떠올리며 그리워한다는 말로, 죽은 선왕(先王)이나 현인(賢人)을 경모(敬慕)하고 추념(追念)함을 뜻한다.《후한서(後漢書)》 권63 〈이고열전(李固列傳)〉에 "옛날 요 임금이 돌아가신 뒤에 순 임금은 3년 동안 우러러 그리워하였으니, 앉으면 담장에서 요 임금을 보았고, 밥을 먹으면 국에서 요 임금을 보았다."라고 한 데서 나온 말이다.

아직도 귤을 하사받은 특별한 영광 기억하네　　猶記殊榮荷賜柑

상소를 올리면 외람되게도 늘 성상의 칭찬을 받았고 陳牘每叨天語奬

미나리를 바칠 때면 늙은이의 이야기 될까 부끄러웠네[279]　　獻芹常愧老生談

새벽에 출발하는 장례 행렬에 공연히 목메고　　厥儀戒曉空摧咽

절기는 슬픈 가을이라 극도로 참담하네　　節物傷秋劇慘惔

만사를 돌아보니 감개가 많이 일어나고　　萬事轉頭多感慨

구의산[280]으로 머리 돌리니 안개만 자욱하네　　九疑回首但煙嵐

구천에서 욕의의 정성[281] 바치려 해도 길이 없어　　重泉褥蟻嗟無路

백발의 신하는 피눈물만 흩날리네　　血淚繽紛白髮鬖

279 미나리를……부끄러웠네 : 미나리를 바치는 것은 하찮은 정성을 의미한다. 옛날에 어떤 사람이 미나리를 먹어 보고 맛있어서 윗사람에게 이를 바쳤는데, 윗사람이 먹어 보고는 맛이 쓰고 배가 아프다고 하면서 그 사람을 원망하였으므로 그가 몹시 무안해하였다는 고사에서 온 말이다. 《列子 卷7 楊朱》

280 구의산(九疑山) : 순(舜) 임금을 장사 지낸 곳으로, 여기에서는 숙종(肅宗)의 능묘인 명릉(明陵)을 가리킨다.

281 욕의(褥蟻)의 정성 : 욕의는 잠자리를 깔아 땅강아지와 개미를 쫓는다는 '욕누의(蓐螻蟻)'의 준말로, 승하한 임금을 따라 죽으려는 신하의 충성이다. 전국 시대에 안릉군(安陵君)이 초 공왕(楚共王)에게 "대왕께서 승하하신 뒤에는 이 몸이 황천에 따라가서 잠자리를 만들고 땅강아지와 개미를 쫓고자 합니다."라고 하였다는 고사에서 유래하였다. 《戰國策 楚策1》

권 승지[282] 명중 황 에 대한 만사

權承旨明仲 熀 挽

어진 사람이 장수하고 영광 누린다고 여겼는데	謂仁爲壽且爲榮
그대는 어찌하여 갑자기 떠나버렸나	吾子如何遽短程
속에 생각 가득하고 책 상자 빽빽하였으며	滿腹精神囊篋密
입신과 언행은 미세한 것까지 분명히 하였네	立身言行縷毫明
훌륭한 치적은 백성들의 마음에서 볼 수 있고	治聲足就民情見
근거 없는 비방은 모두 당론에서 이루어졌네	橫謗都由黨議成
삼대에 걸친 두 집안의 진중한 세의에	珍重兩家三世誼
백발이 된 지금에 홀로 눈물로 옷깃 적시네	白頭今日獨沾纓

282 권 승지(權承旨) : 권황(權熀, 1673～?)을 말한다. 본관은 안동(安東), 자는 명숙(明叔) 혹은 명중(明仲)이다.

이 대사헌[283] 광중 택 에 대한 만사
李大憲光仲 澤 挽

관리들 사이에서 빛나고 우뚝한 명망 있었으니　赫諠標望搢紳中
돈독하고 두터운 모습에 점잖은 군자의 풍모 있었네　敦厚儀容豈弟風
한번 관찰사 맡아 감당나무 그늘에서 쉬었고[284]　一莅藩維棠有茇
두 차례 이조(吏曹)에 근무하며 약재를 바구니에 가득 채웠네[285]　再參銓席朮盈籠
시대를 근심하여 당림의 사특함을 타파하였고[286]　憂時打破唐林慝

283 이 대사헌(李大司憲) : 이택(李澤, 1661~1721)으로, 본관은 한산(韓山), 자는 광중(光仲), 호는 운곡(雲谷)이다.

284 감당나무 그늘에서 쉬었고 : 지방관으로 훌륭한 선정을 베풀었다는 뜻이다. 주 문왕(周文王) 때 남국(南國)의 백성들이 소백(召伯)의 선정(善政)에 감사하는 뜻에서 그가 머물고 쉬었던 감당나무를 소중히 여겨서 "무성한 감당나무를 자르지도 말고 베지도 말라. 소백께서 그 그늘에 쉬셨던 곳이니라."라고 노래하였다. 《詩經 召南 甘棠》여기서는 이택이 평안 감사를 맡은 일을 가리킨다.

285 약재를……채웠네 : 훌륭한 인재를 많이 발탁했다는 뜻이다. 당(唐)나라 정원준(貞元濬)이 당시 재상인 적인걸(狄仁傑)에게 말하기를, "신하가 임금을 섬기는 것을 비유하자면 부유한 집안의 살림살이와 똑같습니다. 좋은 반찬으로 입맛을 돋우어야 하고, 좋은 약으로 질병을 예방해야 합니다. 문하에도 입맛을 돋궈드릴 자가 많은 줄 아오나, 소인도 한 가지 약물이 될 수 있을 것입니다." 하니, 인걸이 웃으며 대답하기를, "그대야말로 우리 약상자 속에 꼭 있어야 할 물건〔藥籠中物〕으로 하루도 없어서는 안 될 존재일세."라고 하였다. 《類選 卷8上 經史篇5 論史門》

286 당림(唐林)의 사특함을 타파하였고 : 성과가 뛰어나더라도 사람으로서의 기본 윤리를 지키지 않은 사람을 배척했다는 뜻이다. 당림(唐林)은 한나라의 유학자로, 주희

도를 지키며 우임금과 맹자의 공을 똑같이 보았네[287]	衛道同看禹孟功
이 세상에서 공을 잃은 것이 거듭 안타까우니	斯世失公重可惜
늙은이는 물길을 막아 동쪽으로 돌릴 힘[288]이 없네	老夫無力障川東

(朱熹)가 "기준과 당림의 절개가 비범하지 않은 것은 아니지만 신망(新莽)의 조정에 벼슬하였고, 왕유와 저광희의 시 작품이 청아하고 심원하지 않은 것은 아니지만 안녹산(安祿山)의 조정에 빌붙었기 때문에, 그들이 평소에 각고의 노력을 기울여 가까스로 후세에 전할 만한 것들이 그저 뒷사람의 비웃음거리에 지나지 않는다." 하였다. 《晦庵集 卷76 向薌林文集後序》

287 도를……보았네 : 한유(韓愈)의 〈상서 맹간에게 보낸 편지〔與孟簡尙書書〕〉에 "그래서 저는 일찍이 맹자를 추존하여 그 공이 우 임금 못지않다고 생각하였으니, 바로 이 때문입니다.〔故愈嘗推尊孟氏, 以爲功不在禹下者, 爲此也.〕"라고 하였다. 《古文眞寶 後集 卷2》

288 물길을……힘 : 불교나 도교와 같은 이단사설(異端邪說)의 유행에 맞서 유교의 정통을 수호하는 공로를 말한다. 한유(韓愈)의 〈진학해(進學解)〉에 "백천(百川)을 막아 동으로 흐르게 하고, 거꾸로 흐르는 거센 물결을 돌이켰다."고 하였다.

정 부평[289] 경유 찬휘 에 대한 만사 계묘년(1723, 경종3)

鄭富平慶由 纘輝 挽 癸卯

만년에는 지음이 적은데	末路知音少
공만은 나와 절친하였네	惟公獨我親
봄바람처럼 온화한 선비였고[290]	春風座上士
원우의 당적에 오른 사람이었네[291]	元祐籍中人
삼품의 관직에 그친 것은 운명이지만	命矣官三品
아, 칠순의 장수를 누렸네	猗歟壽七旬
사문에서 오늘을 애통해하니	斯文今日痛
남쪽을 바라보며 눈물로 수건 적시네	南望涕霑巾

289 정 부평(鄭富平) : 부평 현감을 지낸 정찬휘(鄭纘輝, 1652~1723)를 말한다. 본관은 영일(迎日), 자는 경유(慶由), 혹은 경유(景由), 호는 궁촌(窮村)이다.

290 봄바람처럼 온화한 선비였고 : 훌륭한 스승에게 가르침을 받았다는 뜻으로, 본문에서는 정찬휘가 송시열(宋時烈)의 문하에서 가르침을 받았음을 의미한다. 66쪽 주 8 참조.

291 원우(元祐)의……사람이었네 : 원우는 송 철종(宋哲宗)의 연호로, 원우 당인은 당시 채경(蔡京)이 주도하는 정국에서 왕안석(王安石)의 신법을 반대하다 처벌을 받은 정이(程頤), 사마광(司馬光), 문언박(文彦博) 등 119인의 문인 학자를 말한다. 본문에서는 정찬휘가 송시열을 위시한 노론계 인물들이 제거될 때 연루되었음을 가리킨다.

신명윤[292]이 부친 술회시에 차운하다

次申明允所寄述懷韻

명리(名利)의 장으로 세상에서 다투어 나아가지만	名場世爭趨
누추한 골목은 내가 사는 곳이라네	陋巷吾所居
사문이 오랫동안 쓸쓸하고 적막하니	斯文久寂寥
이 학문을 누구와 함께 하리오	此學誰與俱
아름다운 동양자[293]가 있으니	有美東陽子
힘써 성현의 서적을 탐구하네	力探聖賢書
오묘한 여러 이치에 침잠하고	沈潛衆理妙
허령한 마음은 연못처럼 고요하네	淵靜一心虛
주렴계의 풀을 사랑하여 즐겼고[294]	愛翫濂溪草
소강절의 수레를 사모하여 탔네[295]	慕駕康節車

292 신명윤(申明允) : 신경(申暻)을 말한다. 156쪽 주201 참조.

293 동양자(東陽子) : 동양(東陽)은 황해도 평산군(平山郡)의 옛 이름으로, 신경(申暻)의 본관이 평산이기 때문에 말한 것이다.

294 주렴계(周濂溪)의……즐겼고 : 연꽃을 좋아했다는 뜻이다. 주염계는 송나라의 유학자 주돈이(周敦頤)로, 연꽃을 몹시 좋아하여〈애련설(愛蓮說)〉을 지어 연꽃을 찬미하였다.

295 소강절(邵康節)의……탔네 : 소강절은 송나라의 유학자 소옹(邵雍)이다. 소옹이 처음 낙양에 와서 비바람도 가리지 못할 정도의 누옥(陋屋)에 살면서도 그곳을 안락와(安樂窩)라고 이름 짓고는, 가끔씩 자그마한 수레를 타고 외출하여 즐기곤 하였는데, 사람들이 서로 접대하려고 안락와와 비슷한 집을 지어 놓고는 행와라고 불렀다는 고사가 전한다.《宋史 卷427 邵雍列傳》

종유한 지가 십여 년이니	從遊十載餘
군자의 교유는 담박하다네	君子交淡如
바라건대 더욱 힘써서	願言益勉旃
성인의 길을 황폐하게 하지 말기를	莫教聖路蕪
언제쯤 책상 마주하고 강론하여	何當聯講榻
이 이별의 그리움을 위로할까나	慰此離思紆

또

又

당시에 명윤이 짐을 싸서 실촌의 전장(田莊)으로 돌아갔다.

성시에서 세속의 시끄러움이 싫어	城市厭塵囂
시골로 돌아가 조용히 거처하네	林泉歸靜居
마음은 시골 늙은이와 친하고	心將野老親
학문은 뜻이 같은 이와 함께 하네	學與同志俱
문미(門楣)에 곧음〔直〕 한 글자를 걸었고[296]	楣揭一直字
책상에는 천 권의 책이 놓여 있네	案留千卷書
조존[297]을 굳게 하여 공경〔敬〕을 지키고	持敬操存固
흉금을 비워 선을 수용하였네	受善胸襟虛
어리석은 노인 신세 부끄러운데	愧以愚下老
감사하게도 여러 번 화외거로 나를 찾아주었네[298]	屢辱花外車

296 문미(門楣)에……걸었고 : 신명윤이 건물을 지어 '직재(直齋)'라는 현판을 붙인 일을 말한다. 《厚齋集 卷40 直齋記》

297 조존(操存) : '조존'은 마음을 간직하여 잃어버리지 않는다는 의미로, 《맹자》〈고자 상(告子上)〉에 "공자가 이르기를 '잡고 있으면 보존되고, 놓아 버리면 없어지며, 나가고 들어오는 것이 일정한 때가 없고, 어디를 향할지 종잡을 수 없는 것은 오직 사람의 마음을 두고 말한 것이다.'하였다."라고 한 데서 나왔다.

298 감사하게도……찾아주었네 : 부족한 자신을 상대방이 찾아주었다는 뜻이다. 화외거(花外車) 는 작은 수레이다. 사마광(司馬光)이 낙양(洛陽)의 숭덕각(崇德閣)에서 소옹(邵雍)과 만나기로 약속하였으나 도착하지 않자 시를 지어 "숲 속 높은 누각에서 바라본 지 하마 오랜데, 꽃밭 너머 작은 수레 여태 오지를 않네." 한 데서 나왔다. 《性理

논란거리나 의심나는 부분은 편지를 주고받아　　難疑往復書
부지런히 절차탁마하였네　　琢如又磨如
한동안 만나지 못하였는데　　時月不相見
산에 난 오솔길이 황폐해짐을 갑자기 깨닫네　　斗覺山逕蕪
우두커니 서서 돌아가는 구름을 바라보니　　延佇望歸雲
시름겨운 생각이 다투어 일어나네　　愁思爭來紆

大全書 卷39》

고산[299] 읍내의 새로운 우거지에 도착하여

到高山邑內新寓

열 집 남짓 되는 작은 고산현에	十室高山縣
대둔산[300]의 수많은 봉우리 솟아 있네	千峯大遯山
속세를 피하여 내가 살 곳 얻었으니	逃塵吾得所
이 길이 어렵다고 말하지 말라	休道此行艱

299 고산(高山) : 전라도 고산현(高山縣)을 말한다.

300 대둔산(大遯山) : 전라북도 완주군 운주면에 있는 산이다. '대둔산(大屯山)'이라고도 표기하기도 하는데, 이곳은 옛날 전라도 고산현(高山縣) 지역이었다.

고산[301]에 우거하며

高山寓居

늙은 몸으로 남쪽 멀리 옮겨오니	白頭南徙遠
가는 곳마다 몸이 편안하네	隨處可安身
정경 고요해 풍진 세상과는 멀리 떨어졌고	境靜風塵隔
산이 깊어 백성들 풍속 순박하네	山深民俗淳
하늘이 나에게 아름다운 구역을 주었고	名區天餉我
땅은 사람에 의해 훌륭한 자취 간직하였네	勝蹟地因人

이 지역의 안심사[302]에는 점필재(佔畢齋 김종직(金宗直)), 율곡(栗谷 이이(李珥)), 중봉(重峯 조헌(趙憲))의 시가 현판에 새겨져 있고, 우재(尤齋 송시열(宋時烈))의 발문이 있으며, 동춘당(同春堂 송준길(宋浚吉))의 필적이 있다.

방공(龐公)의 은거[303]를 추억하니	爲憶龐公隱
먼 후대에도 기미가 친근하네	千秋氣味親

301 고산(高山) : 196쪽 주299 참조.

302 안심사(安心寺) : 전라북도 완주군 운주면 대둔산(大芚山)에 있는 삼국시대 신라의 승려 자장율사가 창건한 사찰이다.

303 방공(龐公)의 은거 : 방공은 후한의 은사(隱士)인 방덕공(龐德公)을 가리킨다. 일찍부터 세상에 나가기를 피하여 은거하였는데, 제갈량(諸葛亮)이 스승으로 예우하였고, 형주 자사 유표(劉表)가 수차례 벼슬길에 나오길 종용했으나 거절하고 처자와 함께 녹문산(鹿門山)에 약초를 캐러 가서 나오지 않았다고 한다. 《後漢書 卷83 龐公傳》

밤에 앉아 우연히 읊다

夜坐偶吟

고요히 앉아 등불을 켜고 성인의 경전을 읽으니	靜坐挑燈玩聖經
눈 그친 산에 뜬 달이 희미하게 비쳐오네	雪晴山月送微明
산뜻한 정경이 내 마음과 꼭 맞으니	爽然境與吾心會
마음이 깨끗한 물과 맑은 거울 같네	寶鑑無塵止水淸

홍 감사[304] 우전 가 부친 시에 차운하다

次洪監司 禹傳 所寄韻

홍 영감은 당시에 전주의 구만촌에 우거하고 있었다.

노년에도 닳지 않고 물들지 않으니[305]	白頭磨涅不緇磷
구만촌 물가에 높은 풍모 지닌 이 사람 있네	龜水高風有此人
화로 위의 눈이 녹듯[306] 속된 마음 사라졌고	消去塵心爐上雪
봄바람 속에 있는 듯 온화한 기운을 쐬었네[307]	襲來和氣坐中春
출처는 옛날부터 모두 운수와 관련되고	行藏自古皆關數
물러나기를 지금처럼 하면 정신을 기를 수 있네	休退如今足養神
평생 동안 품어온 뜻 아직 이루지 못하였는데	未了平生多少志
강호에서 헛되이 한가롭게 지내는 신세 되었네	江湖虛作一閑身

304 홍 감사(洪監司) : 홍우전(洪禹傳, 1663~1728)으로, 본관은 남양(南陽), 자는 집중(執中), 호는 구만(龜灣)이다.

305 닳지……않으니 : 춘추 시대 진(晉)나라 대부 조씨(趙氏)의 읍재(邑宰)인 필힐(佛肹)이 모반을 일으킨 다음 공자(孔子)를 불렀는데, 공자가 그에게 가려고 하였다. 이에 제자 자로(子路)가 필힐이 공자를 더럽힐까 걱정하여 가지 못하게 하자, 공자가 자로를 안심시키며 이르기를 "단단하다고 말하지 않겠는가, 갈아도 얇아지지 않으니. 희다고 말하지 않겠는가, 검은 물을 들여도 검어지지 않으니."라고 한 데에서 온 말이다. 《論語 陽貨》

306 화로……녹듯 : 주희(朱熹)가 말하기를 "안자(顏子)가 사욕을 이김은 마치 홍로(紅爐) 위에 한 점 눈과 같다.〔顏子克己, 如紅爐上一點雪.〕"라고 하였다. 《朱子語類 卷41》 혹은 《心經附註 卷2》

307 봄바람……쐬었네 : 66쪽 주8 참조.

이동보[308] 희조 가 영암의 적소에서 철산으로 이배되었다는 소식을 듣고 절구(絶句)를 지어 인편에 부쳐 주다

聞李同甫 喜朝 自靈巖謫所移配鐵山 爲吟短律 因便寄呈

백발의 지촌자[309]	白首芝村子
남쪽으로 갔다가 다시 이 길에 올랐네	南遷復此行
정성〔誠〕 한 글자를 마음에 지녀	須將一誠字
가는 곳마다 원성을 본받기를[310]	隨處效元城

308 이동보(李同甫) : 이희조(李喜朝, 1655~1724)를 말한다. 본관은 연안(延安), 호는 지촌(芝村), 시호는 문간(文簡)이다. 1721년(경종1) 신임옥사(辛壬獄事) 때 영암(靈巖)으로 유배되었고, 철산(鐵山)으로 이배 도중 죽었다.

309 지촌자(芝村子) : 이희조의 호가 지촌(芝村)이므로, 이희조를 가리킨다.

310 정성……본받기를 : 원성(元城)은 송(宋)나라의 유안세(劉安世)를 가리킨다. 그는 성격이 강직하여 휘종(徽宗) 때 일곱 번이나 유배를 당하여, 멀리 광주(廣州) 및 광서(廣西) 지방을 전전하였으나 하루도 병든 적이 없었다. 어떤 사람이 비결을 묻자 "성실함〔誠〕뿐이다."라고 대답하였는데, 이는 스승 사마광(司馬光)이 평생토록 마음을 다하고 몸가짐을 바르게 하는 요체로 꼽은 덕목이었다. 《宋史 卷345 劉安世列傳》《宋元學案 卷20 元城學案》

제야에 고산[311]의 여관에서

高山旅舍除夜

당시의 제야(除夜)에 차운하였다.

꺼져가는 등불을 다 돋우며 잠 못 이루니	挑盡殘燈耿不眠
가슴 속에는 온갖 감정 쉴 새 없이 일어나네	胸中百感起油然
인생 팔십에 무슨 일을 이루었나	人生八十成何事
백발로 타향에서 또 한 해를 보내네	白首他鄉又送年

311 고산(高山) : 196쪽 주299 참조.

손자와 족손 치복과 송진숙 수형 과 세심대에 오르다

갑진년(1724, 경종4)

與孫兒及族孫致福宋鎭叔 秀衡 登洗心臺 甲辰

누대 앞으로 흐르는 푸른 물결 반짝이니	臺前流水碧粼粼
내 마음에 쌓인 백 곡의 먼지를 씻을 수 있네	可洗吾心百斛塵
기수에 목욕하고 싶었던 증점의 기상 천년 뒤에	點也浴沂千載後
시 읊으며 돌아가는 고매한 취향 또 지금에 있네[312]	詠歸高趣又今辰

312 천년……있네 : 물욕을 벗어나 유유자적하는 즐거움을 찾는다는 뜻이다. 《논어》 〈선진(先進)〉에 공자가 여러 제자들에게 각자의 뜻을 말해 보라고 했을 때, 증점(曾點)이 마침 비파를 타다가 쟁그렁 소리와 함께 비파를 놓고 일어나서 대답하기를, "늦은 봄에 봄옷이 이루어지거든 관자 5, 6인, 동자 6, 7인과 함께 기수에서 목욕하고 무우에서 바람을 쐬고 읊으면서 돌아오겠습니다."라고 하였다.

대둔산 안심사[313]를 유람하고 적설루 위의 점필재의 시판에 차운하다

遊大遯山安心寺 次積雪樓上佔畢齋詩板韻

점필공이 일찍이 이 사찰에 이르러 시를 지어 판각하여 걸어두었는데, 사화(史禍)가 일어나서 공의 시문이 모두 수거되어 불태워졌다. 이 시판은 사찰의 승려가 거두어 보관하여 소실을 면하였다. 그 후에 율곡과 중봉이 그 시에 차운하였고, 우암이 발문을 짓고 동춘당이 글씨를 써서 누각에 걸었는데, 드디어 감회가 일어 차운한다.

유자광의 일이 통탄스러우니	痛矣子光事
애석하다 문간공이여[314]	嗟乎文簡公
사화 이후에도 시는 전하고	詩傳史禍後
시판은 적설루에 걸려있네	板揭雪樓中
더구나 네 분의 선정신[315]이	況有四先正
모두 천년의 기풍을 남겼네	幷垂千載風

313 대둔산(大遯山) 안심사(安心寺) : 전라북도 완주군 운주면 대둔산(大芚山)에 있는 삼국시대 신라의 승려 자장율사가 창건한 사찰이다. 이곳은 옛날 전라도 고산현(高山縣) 지역이었다.

314 유자광(柳子光)의……문간공이여 : 유자광의 일은 김일손(金馹孫) 등 신진 사류가 유자광 중심의 훈구파(勳舊派)에게 화를 입은 무오사화(戊午士禍)를 말한며, 문간공(文簡公)은 김종직(金宗直)을 가리킨다. 무오사화는 김종직의 〈조의제문(弔義帝文)〉을 그의 제자 김일손이 사초(史草)에 실은 것을 문제 삼아, 이극돈(李克墩), 유자광(柳子光) 등의 훈구파(勳舊派)에 의해 사림이 화를 당한 사건이다. 이 사건에서 김일손은 사형되고 김종직은 부관참시 되었다.

315 네 분의 선정신 : 이이(李珥), 조헌(趙憲), 송시열(宋時烈), 송준길(宋浚吉)을 말한다.

나지막히 읊조리며 오랫동안 떠나지 못하니	沈吟久未去
푸른 산 빛이 텅 빈 주렴에 들어오네	山翠入簾空

득모암에 올라

登得母菴

암자는 대둔산의 가장 높은 곳에 있다. 옛날 홍건적의 난리 때에 옥구(沃溝) 사람 손순목(孫順穆)이 그의 어머니를 잃어버려 세 차례 이 암자에 불공을 드리며 어머니를 찾게 해달라고 기도하였다. 그로 인해 피곤하여 잠이 들었고 꿈에서 여러 부처를 보았는데, 말하기를 "너의 어머니가 와서 암자 앞 대석(臺石) 위에 있다."라고 하였다. 손순목이 잠에서 깨어 가보니 과연 그의 어머니였다. 암자의 처음 이름은 '벽운암'이었는데, 손순목이 어머니를 찾고 난 뒤에 지금의 이름으로 바꾸었다. 암자에 판각이 걸려 있는데 그 일에 대해 이와 같이 상세히 기록하였다.[316]

'득모'라는 이름 전한 지가 오래이니	得母名傳久
손씨 집안의 일이 가장 기이하네	孫家事最奇
인륜은 천리에 근본하고	彝倫本天理
효성은 천지신명을 감동시켰네	誠孝感神祇
우리나라 사람들이 다투어 사모하니	左海人爭慕
임궁[317]에 남은 자취에서 알 수 있네	琳宮蹟可追
오랜 세월 뒤에 대석(臺石) 위에서	千秋臺石上
아직도 어머니가 오셨을 때를 상상하네	尙想母臨時

316 옛날……기록하였다 : 이중환(李重煥)의 《택리지(擇里志)》에 이와 관련된 내용이 실려 있는데, 기록과 사연은 비슷하나 구체적인 사실에서 조금 차이가 있다. 배경은 홍건적의 난이 아니라 임진왜란으로 되어 있으며, 어머니가 왜국에 포로로 잡혀 간 것으로 되어있다.

317 임궁(琳宮) : 신선이 거처하는 곳인데, 여기에서는 득모암을 가리키는 것으로 보인다.

암자는 절벽 위에 있는데 폭포가 계단 앞으로 쏟아지며 돌길이 끊어지기도 하고 이어지기도 하여 간신히 올랐다. 암자의 동쪽 한 칸에는 오백나한이 줄지어 앉아 있는데 단청 빛이 휘황찬란하고, 서쪽 한 칸에는 승려 4~5명이 거처하는데 절 방과 창문이 지극히 고요하다. 암자 뒤에는 큰 암석이 층층이 있어 백여 길 정도 우뚝 솟아 있다. 창문을 열고 보면 좌우의 봉우리와 산등성이가 푸르게 솟아있고, 서해(西海)가 눈 아래로 들어오니, 참으로 신선이 살 만한 명승지이며, 청정한 법계(法界)이다. 김삼연(金三淵) 자익(子益)[318]이 평하기를 "금강산과 우열을 가릴 만하다."라고 하였다. 암자 동쪽의 백운암(白雲菴) 역시 기이한 절경이다.

318 김삼연(金三淵) 자익(子益) : 김창흡(金昌翕, 1653~1722)으로, 본관은 안동(安東), 자는 자익, 호는 삼연(三淵), 시호는 문강(文康)이다. 김수항(金壽恒)의 아들이며, 김창집(金昌集)과 김창협(金昌協)의 아우이다.

제야에 감회가 일어
除夜有感

묵은해의 남은 시간이 자반(子半)[319]을 앞두고 있으니	舊歲餘分子半前
새로운 봄소식을 새벽 닭 울음소리가 전하네	新春消息曉鷄傳
어느덧 백발 되어 나그네의 감회 일어나니	居然白首羇人感
위수에 나가 낚시하던 이의 나이보다 많네[320]	贏得投竿出渭年

319 자반(子半) : 자시(子時) 반(半)에 시작된다는 송(宋) 나라 소옹(邵雍)의 자반설(子半說)을 말한다. 자반은 보통 밤 12시를 말한다.

320 위수(渭水)에……많네 : 자신의 나이가 강태공(姜太公)의 나이보다 많다는 뜻이다. 강태공은 70세에 위수의 물가인 반계에서 낚시를 하였고, 80세의 나이로 주 문왕(周文王)을 만나 사부(師傅)로 추대되었고, 이어 무왕을 도와 은나라를 멸망시키고 주나라를 세우는 데 공헌하였다. 《史記 卷32 齊太公世家》

새 봄에 감회가 일어 을사년(1725, 영조1)

新春有感 乙巳

타향에서 머무른 채 두 해를 보내니	淪落他鄉歲再過
병을 앓아 귀밑머리가 더 하얗게 변했네	病中添得鬢毛皤
헌희[321]는 이미 멀어졌고 나는 몹시 쇠약해졌으니	軒羲已遠吾衰甚
평생의 뜻이 어긋난 것이 부끄럽네	堪愧平生志業蹉

321 헌희(軒羲) : 중국 전설상의 제왕인 헌원씨(軒轅氏)와 복희씨(伏羲氏)를 가리킨다.

봉성에 은거하며

鳳城幽居

봉성(鳳城)은 고산(高山)[322]의 별명이다.

근래에 세상과 소원해짐을 점점 깨달으니	漸覺年來與世疏
이 몸이 닿는 곳마다 편안히 지낼 수 있네	此身隨處可安居
띠집에서 맑은 대낮에 향을 피우고 앉으니	茅齋淸晝燒香坐
마음을 쏟아 성인의 책을 보기에 정말 좋네	正好潛心玩聖書

322 고산(高山) : 196쪽 주299 참조.

이사형[323] 태수 에 대한 만사

李士亨 泰壽 挽

시서(詩書)는 가업으로 전하고	詩禮家傳業
연원이 있는 학문을 종장에게 얻었네	淵源學得宗
물외에서 소요하는 흥취가 있었고	逍遙物外趣
고요함 속에 함양하는 공부를 하였네	涵養靜中功
온축함이 있어 명성이 한창 높아졌고	有蘊名方重
때를 만나지 못해 도가 갑자기 궁해졌네	無時道遽窮
《존주록(尊周錄)》[324]이 남아있으니	尊周遺錄在
대의를 우리나라에 내걸었네	大義揭吾東

323 이사형(李士亨) : 이태수(李泰壽, 1658~1724)를 말한다. 본관은 전주(全州), 자는 사형(士亨), 호는 지곡(止谷)이다. 박세채(朴世采)의 문인이다. 사마시(司馬試)에 입격한 뒤 벼슬에 나아갈 뜻을 버리고 파주(坡州)에서 우거하면 학문에 전심하였다.

324 존주록(尊周錄) : 이태수(李泰壽)가 존주양이(尊周攘夷)의 정신에 입각하여 존명양이(尊明攘夷)의 사적을 간추려 놓은 책이다.

《송사》를 읽고 감회가 일어

讀宋史有感

저 하늘이 형통한 운수를 되돌려	彼蒼回泰運
원우 연간[325]이 다시 태평성대가 되었네	元祐再升平
장돈과 채경[326]의 간악하고 흉포함이 드러났고	章蔡奸凶露
온국공(溫國公)과 신국공(申國公)[327]의 지업이 밝아졌네	溫申志業明
유배 갔던 당인들이 돌아왔고	黨人流者返
혼탁했던 조정이 맑아졌네	朝著濁而淸
누가 알리오, 내공(萊公)의 일[328]이	誰識萊公事

325 원우 연간(元祐年間) : 원우는 송나라 철종(哲宗)의 연호로, 1086년부터 1093년까지이다.

326 장돈(章惇)과 채경(蔡京) : 송나라 때 대표적인 간신이다. 이들은 왕안석(王安石)의 신법(新法)을 복구하고 동문관옥(同文館獄)을 일으켜 송 철종(宋哲宗)의 유신(儒臣) 사마광(司馬光), 유지(劉摯), 양도(梁燾), 여대방(呂大防) 등을 축출하였다. 《宋史 卷200 刑法2》

327 온국공(溫國公)과 신국공(申國公) : 사마공(司馬公)과 여공저(呂公著)를 말한다. 사마광은 송(宋)나라 수주(壽州) 사람으로 자는 회숙(晦叔), 이간자(夷簡子)이다. 여공저는 어사중승(御史中丞)을 지내며 구양수(歐陽脩)와 함께 강학(講學)하였으며, 원우(元祐) 초에 상서(尙書)에 임명되어 사마광과 함께 국정을 담당하였다. 사마광과 여공저는 왕안석(王安石)의 신법(新法)을 모조리 폐지하며 장돈, 채변과 대립하였다.

328 내공(萊公)의 일 : 내공(萊公)은 송나라 때의 재상 구준(寇準)을 가리킨다. 여기서 내공의 일이란 그가 인재 등용을 과감하게 했던 것을 가리키는 듯하다. 태종 때 그는 재상의 지위에 있으면서 인재를 등용함에 차서대로 하지 않자 동료들이 좋아하지 않았다. 이에 그가 말하기를 "재상이란 어진 이를 나아가도록 하고 불초한 자를 물러나

원래 나라를 위한 정성에서 비롯되었음을　　元由爲國誠

도록 힘써야 하는 자리이다. 규례대로만 한다면 일개 이직(吏職)이 될 뿐이다."라고 하였다. 《宋史 卷281 寇準列傳》

조 상국[329] 태채 의 천장에 대한 만사 병오년(1726, 영조2)

趙相國 泰采 遷葬挽 丙午

공이 유감없이 죽은 줄 알겠으니	公逝知無憾
맑은 세상과 성군을 만났기 때문이지	時淸遇聖君
사약을 내린 큰 재앙에 놀랐고	金罌驚巨禍
붉은 명정이 새로운 무덤을 둘렀네	丹旐繞新墳
의리는 겨우 절반만 펴졌고	義理伸纔半
천인은 아직 승부가 나지 않았네[330]	天人勝未分
끝없는 마음을 써보려고 하지만	欲書無限意
슬픔에 목이 메여 글을 지을 수 없네	悽咽不成文

329 조 상국(趙相國) : 조태채(趙泰采, 1660~1722)를 말한다. 본관은 양주(楊州), 자는 유량(幼亮), 호는 이우당(二憂堂), 시호는 충익(忠翼)이다. 경종(景宗) 때 후일의 영조(英祖)인 왕세제의 책봉과 대리청정을 주장하다가 소론의 반발로 역모로 몰려 죽은 노론 4대신 중 한 명이다.

330 천인은……않았네 : 수많은 사람들이 비록 한때의 난폭한 행동으로 천명을 어길 수 있을지라도, 천명 역시 재앙을 내려 난폭한 자들을 징계한다는 뜻이다. 춘추 시대 초(楚)나라의 신포서(申包胥)는 "사람이 많으면 하늘을 이기지만, 천명도 정해지면 사람들을 능히 격파한다.〔人衆者勝天, 天定亦能破人.〕"라고 하여, 초나라 평왕(平王)의 시신을 매질하여 복수한 벗 오자서의 난폭한 행동을 나무란 데서 유래하였다.《史記 卷66 伍子胥列傳》

이 승지[331] 정익 에 대한 만사

李承旨 禎翊 挽

한번 상소의 강직한 말이 재앙의 근원되었으니　　一疏危言是禍源

몇 년 동안이나 충성스런 마음으로 소상 강가에 칩거해 있었던가[332]

幾年忠悃臥湘濆

그대가 유감없이 죽은 줄 알겠으니　　知君此去應無憾

돌아가 저승에서 옛날의 성군에게 절하리라　　歸拜泉臺舊聖君

331 이 승지(李承旨) : 이정익(李禎翊, 1655～1726)으로, 본관은 한산(韓山), 자는 붕거(鵬擧), 호는 애헌(崖軒)이며, 윤증(尹拯)의 문인이다.

332 몇……있었던가 : 이정익을 굴원(屈原)의 처지에 비유한 것이다. 이정익은 승정원에 있으면서 소론의 거두 김일경(金一鏡)을 탄핵하는 등 강경노선을 펼치다 1721년 원로를 침해했다는 사헌부의 탄핵을 받고 삼수(三水)로 유배되었고 1725년(영조1) 유배된 인사를 소를 올려 석방하라는 조처에 편승하여 양이(量移)되었으나 이듬해에 사망하였다. 《承政院日記 景宗 1年 12月 15日·17日》

박 교관[333] 해 에 대한 만사

朴教官 縡 挽

평생 동안의 심사를 서로 알았으니	平生心事兩相知
만나면 기뻐하고 이별하면 그리워하였네	見輒欣然別輒思
팔십 이년의 인생 참으로 꿈만 같으니	八十二年眞一夢
늙은 나이에 교분을 나눈 벗 또 누가 남아 있나	白頭交誼復餘誰

333 박 교관(朴教官) : 박해(朴縡, 1645~1725)를 말한다. 본관은 밀양(密陽), 자는 자신(子新), 호는 처인(處仁)이다. 1697년(숙종23)에 내시 교관(內侍教官)에 제수된 적이 있다.《星湖全集 卷64 徵士朴公墓誌銘》

이 밀양[334] 정영 에 대한 만사
李密陽 挺英 挽

범장[335]의 사귐처럼 신기하다고 세상에서 일컬었으니 范張交契世稱神
정의가 친형제와 무엇이 다르랴 情誼何殊伯仲親
낙북에서 선비로 명성을 얻은 것이 몇 해이던가[336] 洛北幾年名下士
하남에서는 한 달 동안 봄바람 속에 있었네[337] 河南一月坐中春
이 사람이 이런 병에 걸렸으니 이치는 따지기 어렵고 斯人有疾理難詰
배운 것을 펼치지 못했으니 하늘은 인자하지 않구나 所學無施天不仁
산촌에서 병을 앓느라 조문을 가지 못하여 病臥山齋違執紼
침문의 남은 눈물[338]이 다시 수건을 적시네 寢門餘淚再霑巾

334 이 밀양(李密陽) : 밀양 부사(密陽府使)를 지낸 이정영(李挺英, 1655~1726)을 말한다. 본관은 전주(全州), 자는 사수(士秀)이다.

335 범장(范張) : 범식(范式)과 장소(張邵)를 말한다. 후한(後漢) 때 사람으로 우의가 지극히 돈독하여 죽을 때까지 교분이 변치 않았다고 한다. 《後漢書 卷81 范式列傳》

336 낙북(洛北)에서……해이던가 : 오랫동안 서울에서 이름난 선비였다는 뜻이다. '낙북'은 한강의 북쪽으로 곧 서울을 뜻한다.

337 하남(河南)에서는……있었네 : 훌륭한 스승의 가르침을 받았다는 뜻이다. 66쪽 주8 참조.

338 침문(寢門)의 남은 눈물 : 침문은 벗이 죽었을 때 곡하는 곳이다. 공자(孔子)께서 "아버지의 친족에 대해서는 묘에서 곡을 하고, 벗에 대해서는 침문 밖에서 곡을 한다."라고 하였다. 《禮記 奔喪》

이 상국[339] 건명 의 천장에 대한 만사
李相國 健命 遷葬挽

정책의 공로[340] 유독 아름다웠으니	定策功專美
시대를 걱정하는 뜻 더욱 굳건하였네	憂時志益堅
청나라에 사신 가서 돌아오자마자[341]	燕軺纔返境
섬의 재앙이 갑자기 하늘에 가득하였네[342]	島禍遽滔天
이상한 기운이 하늘 위로 뻗쳤고[343]	異氣衝霄上

339 이 상국(李相國) : 이건명(李健命, 1663~1722)을 말한다. 본관은 전주(全州), 자는 중강(仲剛), 호는 한포재(寒圃齋), 시호는 충민(忠愍)이다. 노론 4대신 중 한 명이다.

340 정책(定策)의 공로 : 임금을 옹립한 공을 말하는데, 책에 이 사실을 써서 종묘에 고하였기 때문에 생긴 말이다. 여기서는 경종(景宗)의 뒤를 이을 후사로 연잉군(延礽君 영조(英祖))을 세제(世弟)에 책봉하고 대리청정을 실시하게 하려 하였던 공을 가리킨다.

341 청나라에……돌아오자마자 : 이건명(李健命)이 연잉군(延礽君)의 왕세제 책봉을 승인받기 위하여 청나라에 사신으로 갔던 일을 말한다.《景宗實錄 1年 10月 28日》

342 섬의……가득하였네 : 1722년(경종2) 8월 19일에 선전관 이언환(李彦瑍)과 의금부 도사 이하영(李夏英)을 흥양현(興陽縣) 나로도(羅老島)로 보내어 그곳에 유배되어 있던 이건명(李健命)을 참형(斬刑)한 일을 말한다.《景宗實錄 2年 8月 19日》

343 이상한……뻗쳤고 :《도곡집(陶谷集)》〈의정부좌의정한포이공묘표(議政府左議政寒圃李公墓表)〉에 "공이 후명(後命)을 받던 날에는 태양이 컴컴해지고 공기가 서늘해졌으며 거센 바람이 바다에 휘몰아쳤다. 공을 임시로 장사하자마자 공의 두 아들도 함께 죽음을 당하니, 마을 사람들이 매일 밤마다 무덤 위에 흰 기운이 피어오르는 것을 보고는 이를 가리켜 원한의 기운이라고 하였다〔當受命, 日黯氣凄, 大風振海. 才藁葬, 二子併命, 村人見每夜白氣起冢上, 指爲寃氛.〕"라고 하였다.

신령한 개구리가 널 앞을 지켰네[344]	靈蛙護柩前
다행히 지금 다시 원우 연간이 되었으니[345]	幸今元祐再
새로운 무덤이 더욱 가련하도다	新壟更堪憐

344 신령한……지켰네 : 이건명이 죽은 뒤에 일인 듯하나 미상이다.

345 다행히……되었으니 : 다시 태평시절이 되었다는 의미이다. 원우(元祐)는 송나라 철종 연간의 연호이다. 선인태후(宣仁太后)는 송 영종의 계비(繼妃)로 영종이 죽고 어린 철종(哲宗)이 즉위하자 섭정을 시작했는데, 왕안석(王安石) 일파를 물리치고 사마광(司馬光) 등을 등용하여 원우(元祐)의 치적을 이루었다.《宋史 卷242 后妃列傳上》

이 감사[346] 집 에 대한 만사 정미년(1727, 영조3)

李監司 潗 挽 丁未

노년에 서로 친했던 이는 그대뿐이었으니 白首相親獨有君
오늘 갑자기 세상을 떠날 줄 누가 알았으랴 誰知今日遽招魂
남주에서 펼친 선정(善政)이 민요에 남아있고[347] 南州岐麥民謠在
서쪽의 감당나무 아래에서 정치의 교화에 힘썼네[348] 西甸甘棠政化敦
재주를 크게 펼치지 못했으니 하늘의 뜻을 어찌 알리오 才未大施天豈必
수명은 중년에 그쳤으니 이치를 헤아리기 어렵네 壽纔中歲理難原
지난겨울에 보낸 편지 한 통이 아직 책상에 남아있으니
前冬一札猶留案
차기가 남아있으나 누구와 논하겠는가 箚說雖存孰與論

이령(李含)이 내가 지은 《소학차기》를 보고자 하기에 내가 조만간 베껴서 보낼 것이니 함께 편지를 주고받으며 강론하자고 답장을 보냈기 때문에 마지막 구절에서 언급한 것이다.

346 이 감사(李監司) : 이집(李潗, 1670~1727)을 말한다. 본관은 한산(韓山). 호는 한주(韓州)이다. 1726년 5월 황해 감사에 제수되었으나 이듬해 4월 임지에서 사망하였다

347 남주(南州)에서……남아있고 : 이집이 청주 목사(淸州牧使)로 나가 선정을 펼친 일을 말한다.

348 서쪽의……힘썼네 : 이집이 황해도 관찰사로 나가 선정을 펼친 일을 말한다.

이 부정[349] 지규에 대한 만사

李副正 志逵 挽

세상에서는 모두 나의 졸렬함을 비웃었으나	世皆笑吾拙
그대만은 나를 친하게 대하였네	惟子獨相親
올바름을 지켜 선조를 빛내었고	秉直光先祖
충신에게 제를 올려 고인을 본받았네	酹忠效古人
운수가 기구해도 명성이 더욱 드러나고	數奇名益顯
시운이 기울어서 도를 시행하기 어려웠네	時暮道難伸
오늘 지음을 잃은 아픔에	此日知音痛
고개를 돌려 눈물로 수건을 적시네	回頭淚滿巾

윤지술(尹志述)[350]을 제사 지낸 일로 당시 사람들에게 무함을 받아 영남지역으로 유배를 당하였다. 송(宋)나라 장상영(張商英)이 사마공(司馬公 사마광)의 제사를 지냈다가 장돈(章惇)과 채경(蔡京)에게 무함을 입어 외직으로 쫓겨났기 때문에 두 번째 연(聯)에서 언급한 것이다.

祭尹志述 爲時人所搆 配嶺南 宋張商英祭司馬公 爲章蔡所誣黜外 故第二聯云云

349 이 부정(李副正) : 선공감 부정(繕工監副正)을 지낸 이지규(李志逵, ?~?)를 말한다. 본관은 벽진(碧珍), 자는 점우(漸于)이다.

350 윤지술(尹志述) : 1697~1721 . 본관은 칠원(漆原), 자는 노팽(老彭), 호는 북정(北汀)이다. 1720년(경종 즉위년) 성균관 장의(掌議)로서, 명릉(明陵 숙종)의 지문(誌文)이 편파적으로 기록되었음을 상소하였으며, 이듬해 신임사화 때 소론의 탄핵으로 사형되었다. 그 후 1725년(영조1) 신원되어 이조 판서에 추증되었다.

늙고 병들어 밤에 누워 잠들지 못하다 기유년(1729, 영조5)
老病夜臥無寐 己酉

몸이 늙고 정신이 쇠약한데 병까지 들었으니	身老神衰病且纏
밤새도록 쓰러져 누운 채 괴로움에 잠 못 드네	通宵委臥苦無眠
어떻게 하면 꿈에서 주공 같은 성인을 만날까[351]	何由夢見周公聖
홀로 닭 울음소리를 세다보니 새벽이 되었네	獨數鷄聲到曉天

351 어떻게……만날까 : 공자가 젊었을 때는 주공의 도(道)를 행하려는 뜻이 강했기 때문에 꿈속에서도 주공을 가끔 보았으나, 늙도록 도를 행하지 못함에 이르러서는 주공의 꿈조차 꾸어지지 않았으므로 "심하다, 나의 쇠함이여. 오래이어라, 내 다시는 꿈속에서 주공을 뵙지 못하였다."라고 탄식한 일이 있다. 《論語 述而》

후재집

제2권

소疏

세자시강원 자의를 사직하는 상소[1] 병자년(1696, 숙종22)
辭世子侍講院諮議疏 丙子

통덕랑 전 행전설사별검 신(臣) 김간(金榦)은 진실로 황송하고 두려워 거듭 머리를 조아리며 삼가 백번 절을 하며 주상전하께 말씀을 올립니다. 삼가 아룁니다. 신은 꿈에서도 전혀 생각지 못하였는데, 지난 달 20일에 신을 세자시강원 자의로 임명하는 성상의 전지(傳旨)를 삼가 받아보니 "서연(書筵)에 입번(入番)하는 일이 긴요하니 그대는 역마를 타고 속히 올라오라."라고 하였습니다. 신은 명을 듣고 두려움에 떨며 땅에 엎드린 채 부끄럽고 황송하였고 몸을 움츠린 채 숨이 차서 몸 둘 바를 몰라 며칠이 지나도 안정을 찾지 못하였습니다.

삼가 생각건대 신은 본래 보잘 것 없고 녹록하여 쓸데가 없는 일개 천한 사람으로, 소싯적에 과거에 종사하여 늙어서도 이룬 성과가 없으며, 시골에서 나고 자라 평소 지식이 없습니다. 불행하게도 근년 이후로 흉악한 재앙을 연거푸 만나고 거듭 고질병을 앓아 그대로 칩거하여 조용한 곳에 나아가 병을 요양하였으니, 애초에 은거하면서 뜻을 구하거나 옛것을 좋아하여 독서를 하는 부류가 아닙니다. 신의 평생을 말하자면 이와 같을 뿐입니다. 그런데 지금 뜻밖에 은혜로운 명이 내려 일상적인 격식을 훨씬 벗어났으니, 신이 갑자기 이런 상황을 만남에

1 세자시강원……상소 : 1696년에 10월에 세자시강원 자의에 제수되었을 때 올린 사직 요청 상소이다. 일흔에 가까운 노령의 나이와 학식과 식견의 부족 등을 관직 사양의 이유로 들고 있다.

오정(五情)[2]이 미혹되어 성상의 조정에서 이런 대우를 받게 된 이유를 모르겠습니다.

모든 일은 잘못 보면 명분과 실제가 뒤섞이게 됩니다. 지금 신은 병이 있어 과거를 그만두었으니 뜻을 고상하게 하는 선비와 거의 비슷하고, 참혹한 일을 당하여 한가롭게 지냈으니, 세속을 떠나 몸을 깨끗이 보전하는 사람과 비슷합니다. 게다가 말세의 풍속은 거짓을 좋아하고 사람의 마음은 현혹되기가 쉽습니다. 애초에 사람들의 지목으로 인하여 드디어 헛된 명성을 훔치고, 이어 자신을 속이고 남을 속이며 결국에는 위로 성상을 속이는 데까지 이르렀으니, 신이 어찌 감히 실상을 드러내지 않고 슬그머니 덮어버린 채 아름다운 명성을 취하여 그 죄를 무겁게 할 수가 있겠습니까. 더구나 서연에서 강학을 권면하는 일은 임무가 몹시 중하고 그동안 선발된 자들은 명망과 실제가 모두 융숭하니, 이것이 어찌 사람마다 감당할 수 있는 일이겠습니까.

신이 삼가 듣기로 왕세자께서는 남달리 영민한 자질을 지니시어 학업이 날마다 성취되고 있다고 하니, 마땅히 재주와 덕을 겸비한 선비를 잘 선발하여 세자를 보좌하고 인도하는 책임을 맡기셔야 합니다. 그런데 신처럼 고질병을 앓고 변변찮아 전혀 걸맞지 않는 사람을 구차하게 외람되이 그 사이에 두신다면 사적인 의리에 편안하지 못함은 우선 논할 것도 없고 조정의 조처 역시 몹시 그릇될 것이니, 사방에 웃음거리로 전해지고 맑은 조정에 욕을 끼치는 것이 또 응당 어떠하겠습니까.

신이 비록 지극히 어리석고 비루하여 볼 만한 것이 없는 사람이지

2 오정(五情) : 기쁨〔喜〕 · 화냄〔怒〕 · 슬픔〔哀〕 · 즐거움〔樂〕 · 원망〔怨〕 다섯 종류의 정을 가리킨다.

만, 역시 군신의 관계는 분수와 의리가 지극히 엄중하다고 들었으니, 어찌 감히 시골에 엎드린 채 가만히 앉아 임금의 명을 어겨 스스로 오만하고 태만한 죄에 빠지겠습니까. 진실로 분수에 넘치는 총애는 요행히 얻어서는 안 되고, 실정에 지나친 명성은 무턱대고 차지해서는 안 되기 때문입니다. 근심과 부끄러움이 모두 지극하여 잠자고 먹는 것도 모두 그만두었으니, 한편으로는 번민하고 한편으로는 두려워 어찌할 줄을 모르겠습니다. 이에 감히 속마음을 다 아뢰어 우러러 성상께 호소합니다.

삼가 바라건대 자애로운 성상께서는 신의 본말이 변변찮아 실제가 없음을 살피시고, 신의 간절한 마음이 겸양을 꾸미는 데서 나온 것이 아님을 헤아려 신에게 제수된 새로운 직명을 바로잡으라고 속히 명하여 개인적인 분수를 편안히 해주고 관직을 중히 하신다면 그보다 더 큰 다행이 없을 것입니다.

사헌부 지평을 사직하는 상소[3] 계사년(1713, 숙종 39)

辭司憲府持平疏 癸巳

중직대부(中直大夫) 전(前) 행(行) 연산 현감(連山縣監) 신(臣) 김간(金榦)은 참으로 황공하고 두려워 거듭 머리를 조아리며 삼가 백번 절하고 현의 광륜예성영렬(顯義光倫睿聖英烈) 주상전하께 말씀을 올립니다. 삼가 아뢥니다. 신이 지난달 26일에 승정원 좌부승지가 성첩(成貼)한 서장을 삼가 받들어 보니, "그대를 사헌부 지평에 제수하니, 그대는 속히 올라오라."라고 하였습니다. 신이 북쪽을 바라보며 머리를 조아리고 땅에 엎드린 채 절을 하고 읽고 나니, 부끄러움과 두려움이 교차하며 감격스럽고 두려워 어찌할 줄을 몰랐습니다.

삼가 생각해보니 신은 변변치 못하고 미미한 자질로 품성이 오활하고 어리석어 일을 이해하지 못합니다. 타고난 기질이 허약하여 기이한 병이 골수에 퍼졌고, 지금 칠순의 나이에 가까워 쇠약하고 피로함이 또 심합니다. 신의 본분을 가지고 말하자면 시골의 무식하고 쓸모없는 한 명의 천한 백성에 불과한데, 뜻하지 않게 중간에 헛된 명성이 위로 전해져 잘못 기록되었으며, 차례대로 승진하여 몇 년 사이에 두 차례나 외람되이 고을의 수령을 맡았습니다. 신이 한사코 물러나 시종일관 사양하는 것은 그 자취가 스스로를 중히 여기는 듯하여 그 죄가 더욱 크다고 여겨서 무턱대고 관직에 나아가 전후로 몇 개월을 보냈으니,

3 사헌부……상소 : 1713년 윤5월에 사헌부 지평에 제수되었을 때 올린 사직 요청 상소이다.

이는 사사로이 입은 은혜에 감격하여 조금이나마 분의(分義)를 펴려는 계획에서 나온 것입니다. 모자란 재주와 병든 몸으로 벼슬살이를 감당하지 못하는 것으로 말하자면 제 분수와 역량을 헤아려 보건대 스스로 이미 분명히 알고 있습니다. 지금 전혀 꿈속에서도 생각지 못하였는데 이렇게 사헌부의 직임에 제수되었으니, 그 일이 일상적인 격식과 다르고 은혜가 분수에 지나칩니다. 제 자신을 돌이켜 보건대 근사한 점이 전혀 없으니, 신은 두렵고 황송하여 이렇게 된 이유를 알 수가 없습니다.

천한 필부를 사헌부의 중요한 직임에 두려면 반드시 학업이 정밀하고 깊으며 명망이 평소 드러나 위로는 성상을 보좌할 수 있고 아래로는 무너진 기강을 진작시킬 수 있어 제수하는 사람은 잘못 시행했다는 과오가 없고, 받는 사람은 외람되이 차지했다는 비난이 없어야 이 선발을 저버리지 않고 조처에도 마땅할 것입니다.

지금 신이 보잘 것 없고 비루한 자질로 고질병을 앓아 폐인 신세로 칩거한지 여러 해가 지나 분수에 죽는 것을 달게 여기니, 글을 읽어 뜻을 이루기를 구하거나 경전을 연구하여 쓰임을 다한 실제가 실로 없습니다. 그런데 지금 그 현명함과 어리석음을 살피지 않으시고 그 가부를 따지지 않으신 채 더러운 흙더미에서 선발하여 성상의 귀와 눈 역할을 맡기시니, 이것이 어찌 성상의 조정에서 관리의 등용을 신중히 하고 관직을 엄정히 하는 도리라고 하겠습니까. 명분과 실제가 뒤섞이는 것은 옛날과 지금의 공통된 근심이니, 소문이 실정보다 지나친 경우는 간혹 있습니다. 그러나 거짓을 일컬어 참된 것이라 하고 허위를 가리켜 실제라 하여 아름다운 명성을 낚아채고 외람되이 특별한 은혜를 차지하는 경우는 전후로 찾아보아도 신처럼 심한 경우는 없습니다.

신이 듣건대 옛날의 군자는 감당할 수 없는 일에는 감히 하루도 무턱대고 머무르지 않았다고 합니다. 신이 비록 변변치 못하지만 이 의리에 대해서는 대략 알고 있으니, 어찌 불초한 몸으로 구차하게 그 사이에 머릿수를 채워 부끄러움을 모르는 죄를 보태겠습니까. 삼가 생각건대 공론을 논하는 자리에서 필시 규찰하는 논의가 있었을 터인데, 며칠 간 귀 기울여 들어보아도 아직까지 들리는 말이 없어 이에 감히 속마음을 다 말하여 우러러 성상께 호소합니다.

삼가 바라건대 자애로운 성상께서는 신의 허술한 본말을 살피시고 힘쓰기 어려운 신의 병세를 헤아려 신에게 새로 제수한 직명을 속히 개정하라는 명을 내려 사적인 분수를 편안히 해주고 관직을 중히 하신다면 그보다 더 큰 다행이 없을 것입니다.

두 번째 상소[4]

再疏

삼가 아뢥니다. 신이 분수에 넘치는 자리를 함부로 차지하고 외람되이 소명(召命)을 받았기에 감히 한 통의 상소로 아뢰어 체직해 주시기를 기대하였습니다. 그런데 성상의 비답을 받고 보니, 도리어 온화한 말씀을 내려 신에게 사직하지 말라고 하유하고, 신에게 올라오라고 재촉하셨습니다. 신이 머리를 조아린 채 받들어 읽고는 감격스럽기도 하고 두렵기도 하여 더욱 어찌할 줄을 모르겠습니다. 흙덩이와 같은 미천한 신이 한 가지도 취할 만한 점이 없는데 이렇게 융숭한 대우를 받았으니, 실로 갑작스러운 일입니다. 어쩌면 관직을 사직하고 사은숙배하지 않는 자취가 나아가기 어려워하는 것과 비슷하고, 병을 앓아 분수를 지키는 정황이 겸양을 꾸미는 일과 비슷하기 때문에 성상께서 이를 헤아리지 못하여 우선 포용하는 태도를 보이시고 즉시 분변하여 물리치지 않으신 것 아니겠습니까.

신이 듣건대 "속이지 않는 것을 충(忠)이라 하고, 성실히 하는 것을 신(信)이라고 한다."라고 하였으니, 충신(忠信)을 잃지 않은 뒤에야 윗사람을 섬길 수 있습니다. 신이 감히 말을 교묘하게 꾸며 우러러 성상을 속일 수가 없어 변변치 못하고 쇠약하여 병든 실상을 다시 숨김없이 다 아뢰기를 청하니, 하늘의 해처럼 명철하신 성상께서 불쌍히

4 두 번째 상소 : 1713년에 사직 요청 상소에도 불구하고 속히 상경하여 관직을 맡으라는 숙종의 비답을 받고 거듭 올린 사직 요청 상소이다.

여겨 살펴주시기를 바랍니다.

신은 젊어서부터 문순공(文純公) 신(臣) 박세채(朴世采)의 문하에 출입하였으니, 사람들이 간혹 이 때문에 옛사람의 학문에 뜻을 두었다고 의심합니다. 그러나 실제로는 자질이 평범하고 비루하며 뜻과 학업이 황폐한 탓에 타성에 젖어 나태하여 늙어서도 예전 모습 그대로입니다. 한가롭게 살다가 무료하여 간혹 훈고(訓詁)의 말단적인 학문에 종사하였으나 견식이 어두워 착실한 공부에 조금도 얻은 것이 없습니다. 게다가 일찍 기이한 병에 걸려 여러 해가 지나자 고질병이 되었고, 거듭 상(喪)을 당하여 마음과 감정이 모두 상하였습니다. 평상시에는 정신이 없어 오락가락하는 듯하고, 한 번이라도 힘써 움직일 일이 있으면 가물가물하여 기력이 끊어지려 합니다. 더구나 신의 나이가 이미 예순 여덟에 이르렀으니, 몸은 여위고 정신은 혼란스러워 어제의 일도 오늘 기억하지 못하고 아침의 일도 저녁이면 잊어버립니다. 한 마디 말을 마치기도 전에 갑자기 전후의 사정을 잊어버리고, 한 가지 일이 앞에 닥치면 앞뒤의 사정이 혼미합니다. 그저 궁벽한 곳에서 죽기를 기다리며 다시는 스스로 보통 사람들 사이에 끼이지 않으려고 생각하였는데, 헛된 명성이 세상을 속여 참과 거짓이 가려지지 않아 꿈에서도 생각지 못한 천거의 논의가 나올 줄은 전혀 몰랐습니다.

성상의 소명이 누추한 신의 집에 이르러 사헌부의 직책을 맡기시고 유일(遺逸)의 자격으로 대우하시니, 일이 고금에 드물고 예우가 일상적인 격식과 다릅니다. 이것이 어찌 용렬하고 질병으로 폐인이 된 신이 견주어 논의될 수 있는 일이겠습니까. 신이 이전 상소에서 속마음을 남김없이 말씀드렸다고 스스로 생각하였는데, 윤허가 내리지 않고 융숭한 총애가 더해졌으니, 이러한 상황에 이르러 더욱 정세가 궁해지고 위축되었습니다.

지금 감격하여 특별한 은혜를 받들어 우러러 성상의 교지를 받들려고 하니, 모기가 산을 짊어진 듯하여[5] 실로 깔릴 근심이 있고, 우매하고 미혹함을 굳게 지켜 평소의 뜻을 바꾸지 않으려고 하니, 분의(分義)가 지엄하여 명을 태만히 여긴 죄를 피하기 어렵습니다. 나아갈 수도 없고 물러날 수도 없어 얼음과 숯이 마음속에서 교차하는 듯하여[6] 머뭇거리고 두려움에 떨며 곧장 달아나려 해도 그렇게 할 수가 없습니다.

아, 신은 본래 스스로를 중히 여기는 선비가 아니며 또 멀리 은둔하는 부류가 아니니, 어찌 감히 지나치게 꾸미는 태도를 보여 거듭 청렴하고 사양한다는 명성을 바라겠습니까. 다만 특별한 은전을 외람되이 받을 수 없고 분수에 넘치는 직분을 무턱대고 차지할 수가 없기 때문입니다. 백방으로 헤아려보아도 몸을 움직일 길이 없어 이에 감히 다시 위태롭고 고통스러운 절실한 심정을 불쌍히 여기고 감싸주시는 성상께 우러러 호소합니다. 말이 속마음에서 나와 실로 터럭만큼도 거짓이 없으니, 삼가 바라건대 자애로운 성상께서는 실정을 굽어살펴 속히 내리신 명을 거두어 관직을 중하게 하고 요행히 등용되는 길을 막으신다면 천만다행일 것입니다.

5 모기가……듯하여 : 재주에 비해 지위가 너무 높아 감당할 수 없다는 뜻의 겸사이다. 《장자(莊子)》 〈응제왕(應帝王)〉에, 한계가 있는 인간의 힘을 비유하면서 "모기에게 태산을 짊어지게 하는 격이다."라고 비평한 말이 나온다.

6 얼음과……듯하여 : 정신적으로 갈등과 번뇌에 시달리는 것을 비유한다. 《장자(莊子)》 〈인간세(人間世)〉에 "기쁨과 두려움이 가슴속에서 싸우는데, 이는 원래 인간의 오장 속에 얼음과 숯이 한데 뒤엉겨 있기 때문이다."라고 하였다.

장령을 사직하는 상소[7]

辭掌令疏

삼가 아룁니다. 신은 변변치 못한 천한 자질로 늙고 병들어 목숨만 부지하고 있으면서 가만히 앉아 엄한 소명을 어겼으니, 명을 태만히 여긴 죄가 쌓여 밤낮으로 두려움에 떨면서 한창 처벌을 기다리고 있었는데, 이번 달 4일에 신을 승진시켜 사헌부 장령에 제수한다는 전지를 삼가 받았습니다. 3개월 사이에 승진되는 은혜를 갑자기 받고 예전의 직임에서 아직 체직되지도 않았는데 새로운 명이 연이어 내리니, 은전이 더욱 융숭하고 불러들이는 일이 더욱 부지런합니다. 삼가 생각건대 이 일은 실로 조정에서 융숭한 예로 선비를 대우하는 조처인데, 지금 전하께서 무엇 때문에 갑자기 보잘 것 없고 병으로 폐인이 되어 전혀 취할만한 것이 없는 신에게 이런 은혜를 베푸는 것입니까.

신이 듣건대 관직을 위하여 사람을 선발하는 일은 나라의 급선무이고, 재주에 넘치지 않게 제수하는 것은 정치를 하는 중요한 방법이라고 하였습니다. 이 때문에 옛날의 군주가 비록 현명한 신하를 구하는데 정성을 다 쏟지 않은 적이 없었지만, 역시 사람을 등용하는데 신중하지 않았던 적이 없었습니다. 현명한 사람과 어리석은 사람이 각기 제자리

7 장령을 사직하는 상소 : 1714년에 사헌부 장령에 제수되었을 때 올린 사직 요청 상소문이다. 식견과 학식을 갖추지 못한 자신이 감당할 수 없는 관직이라는 이유로 장령의 직책을 사양하고 있다.

를 얻고 대인(大人)과 소인(小人)이 모두 그들의 적당한 직임을 맡은 뒤에야 백성들이 마음으로 복종하고 다스림의 도(道)가 이루어집니다. 만약 그렇지 않아 어리석은 사람을 현명한 사람의 자리에 불러들이고, 소인을 등용하여 대인의 직임을 맡겨 관직이 뒤섞이고 등용하고 내치는 일이 전도되면 그로 인해 윗자리에 있는 사람은 인사를 잘못했다는 비난을 받게 되고, 아랫자리에 있는 사람은 분수에 지나친 자리를 차지했다는 비판을 받게 됩니다.

신은 재주와 식견이 얕고 모자라며 학업이 보잘 것 없는데, 어느덧 노년에 이르렀고 고질병이 들어 조만간에 세상을 떠날 터이니, 벼슬살이를 감당할 수 없는 정황을 전후로 올린 두 편의 상소에서 남김없이 다 아뢰었습니다. 삼가 생각건대 명철하신 성상께서 이미 통촉하셨을 터인데, 여전히 내버려두지 않으시고 부르시어 까닭 없이 승진시켜 사헌부의 막중한 직책을 필부가 헛되이 차지하는 자리로 만드셨습니다. 신은 맑은 조정의 조처가 잘못되어 사방의 비웃음을 사고, 이후로 분수에 넘치는 자리를 무턱대고 차지하는 폐단이 실로 신으로 인해 비롯될까 두렵습니다. 더구나 이 직임은 관계된 바가 매우 중요하여 하루라도 비워두어서는 안 되는데, 병들어 시골에 있으면서 전혀 걸맞지 않는 사람으로 구차히 그 자리를 채우시니, 사람과 관직이 걸맞지 않아 보고 듣는 사람들이 모두 놀랍니다. 이것이 어찌 다만 신의 마음에만 부끄러운 일이겠습니까. 조정의 수치가 되는 것도 역시 이미 큽니다.

신은 애초에 산림(山林)에서 고고하게 은거하는 선비가 아니고, 몇 해 전에 외람되이 지방 수령을 맡아 역시 염치없이 부임하였으니, 어찌 유독 은혜로이 제수하는 명이 내린 지금 와서 감히 물러나려는 것처럼 꾸밀 계획을 하겠습니까. 돌아보건대 신은 본래 실제가 없는데, 다만 헛된 명성을 훔치고 지나친 은총을 받아 점차 이 자리에 이르렀습니다. 만약 다시 분수와 역량을 헤아리지 않고 의리를 생각지 않은 채 성상의 은총을 바라서 일신의 영화로 삼는다면 속임수를 써서 하늘을 속이는 일이라 그 죄가 더욱 심할 것이니, 장차 어떻게 세상에 설 수가 있겠습니까.

신이 소명을 들은 이후로 잠자고 먹는 일도 그만두고 며칠 동안 방황하느라 거의 근심하다 죽을 뻔하였습니다. 이에 감히 번거롭게 해드리는 것을 무릅쓰고 다시 간절한 속마음을 아룁니다. 삼가 바라건대 자애로운 성상께서는 특별히 신을 불쌍히 여기시어 속히 체직하는 명을 내려 신으로 하여금 사적인 분수를 편안히 여겨 시골에서 신하의 의리를 다하게 해주신다면 이 역시 천지와 부모처럼 생성하고 곡진히 보전해주시는 성상의 은혜일 것입니다.

두 번째 상소[8]

再疏

삼가 아룁니다. 신이 분수에 넘치는 소명을 받고 분수를 헤아려 보니 너무나 두려워 얼마 전에 현(縣)과 도(道)를 통해 죽음을 무릅쓰고 상소를 올려 신의 간절한 마음을 모두 아뢰고 은혜로운 체직이 내리기를 기대하였습니다. 그런데 성상의 비답을 받아보니 윤허를 내리지 않으셨을 뿐만 아니라, 또 속히 조정으로 올라오라고 더욱 부지런히 부르시고 대우가 더욱 융숭하였습니다. 신이 땅에 엎드려 전지를 받들어 읽고는 저도 모르게 두려워 등에 땀이 흥건하고 감격하여 눈물이 턱으로 흘러 내렸습니다. 초야에 있는 변변치 못한 신이 다시 번거롭게 해드려 그 죄를 보태서는 안 되지만, 특별한 은전과 우악한 예우를 헛되이 받아서는 안 되고, 긴요하고 중요한 직책을 오랫동안 비워두어서는 안 됩니다. 그러니 역시 어찌 감히 죄가 두려워 잠자코 있으면서 인자하게 감싸주시는 성상께 다시 호소하여 힘써 헤아려 살펴주시기를 바라지 않을 수 있겠습니까.

신이 삼가 생각건대 옛부터 군주가 사람을 등용하는 방법은 재주를 헤아려 직임을 맡기고, 덕을 헤아려 그릇에 맞게 쓰지 않은 적이 없었으므로 인사가 마땅하고 백성들이 마음으로 복종했던 것입니다. 선비된 자 역시 스스로 자신의 능력을 헤아리고 자기의 분수를 헤아려 재주

8 두 번째 상소 : 1714년에 사직 요청 상소에도 불구하고 속히 상경하여 사헌부 장령을 맡으라는 숙종의 비답을 받고 거듭 올린 사직 요청 상소이다.

가 감당할 수 없으면 사양하고, 분수로 보아 차지해서는 안 되면 그만두었습니다. 그러므로 현명한 자와 어리석은 자가 구별되어 요행으로 관직을 차지하는 일이 근절되었습니다. 만일 그렇지 않아 취사의 방법이 어긋나고 관직을 주고받는 두 가지 일이 잘못되면 사람을 잘못 등용한다는 근심이 생기고 염치없이 함부로 나아간다는 비난이 일어나서 상하가 모두 피해를 입을 것이니, 삼가지 않을 수 있겠습니까.

신이 본래 용렬하고 우매하여 하나도 취할만한 점이 없는데, 또 나이가 들고 쇠약해져 정신과 힘이 이미 다하였으니, 수십 일쯤 지나면 신의 나이가 칠순에 이릅니다. 백발에 죽음을 앞두고 변변치 못한데 다만 젊은 시절 사우(師友)들 사이에서 종유하였다는 이유로 남들이 이로 인해 신이 조금 들은 것이 있어 수용할 만한 점이 있다고 생각하고, 또 명철한 성상께서 정신을 가다듬어 다스림을 강구하는 때를 만나 선비를 구하는 데에 급급하여 명분과 실제를 따지지 않아 잘못된 소명이 역시 불초한 신에게 이른 것입니다. 이 어찌 무부(珷玞)를 옥으로 오인하고[9] 우인(虞人)을 정(旌)으로 부른 일[10]과 다르겠습니까.

신이 스스로를 돌아보건대 마음이 놀라고 철렁하여 달아나려 해도 길이 없고 죽을 길을 찾으려 해도 그럴 수 없어 아침저녁으로 방황하여

9 무부(珷玞)를 옥으로 오인하고 : 진위(眞僞)를 구분 못함을 말한다. 무부는 옥과 비슷한 돌로, 겉모양은 구슬 같지만 사실은 구슬이 아니다. 《文選 卷40 到大司馬記室牋》

10 우인(虞人)을……일 : 사람에 대한 걸맞지 않는 대우를 말한다. 《맹자》 〈만장 하(萬章下)〉에 "제 경공이 사냥할 적에 우인을 정으로써 불렀는데 오지 않자, 장차 죽이려 하니, 공자께서는 '지사는 시신이 구렁에 뒹굴 것을 잊지 않고, 용사는 그 머리를 잃을 것을 잊지 않는다.' 하셨으니, 공자께서는 무엇을 취하셨는가. 자기의 부름이 아니면 가지 않은 것을 취하신 것이다."라고 한 것을 말한다.

어찌할 줄을 모르겠습니다. 더구나 신은 타고난 기운이 편협하고 경박하며 고질병이 몸에 퍼져 여러 해 앓느라 이미 치료할 수가 없는 상황인데, 그에 더하여 올봄 이후로 앓고 있는 여러 증세가 더욱 위독해져 그때마다 예전의 질병과 번갈아 빌미가 되어 발병합니다. 정신과 육체가 온전하지 않고 겨우 숨을 쉬는 상황이라 길흉이 언제 바뀔지 예측할 수가 없으니, 신이 힘써 억지로 나아가려고 해도 형세상 그럴 수가 없습니다. 하늘의 해와 같은 성상께서 윗자리에 계시니, 신이 어찌 감히 교묘하게 꾸미는 말을 하여 거듭 성상을 속이는 죄를 저지르겠습니까.

삼가 바라건대 자애로운 성상께서는 신의 그릇이 직임에 걸맞지 않음을 살피시고, 신의 질병이 힘쓰기 어려움을 가련히 여기시어 속히 체직을 윤허하여 미천한 분수를 편안히 해주신다면 실로 천지 부모처럼 시종일관 생성해주시는 성상의 은혜일 것입니다.

신이 삼가 듣건대 성상의 체후가 계속 조섭하시는 중이라 중요하지 않은 상소는 승정원에서 봉입하지 않는다고 합니다. 그러나 신이 감히 구구하고 위태로운 정황으로 인해 번번이 이렇게 성상을 번거롭게 해드릴 생각을 하니, 신의 죄가 더욱 큽니다.

집의를 사직하는 상소[11] 병신년(1716, 숙종42)

辭執義疏 丙申

삼가 아룁니다. 신이 기록할 만한 선한 점이 없으며 치료하기 어려운 병을 앓고 있었는데, 지난봄에 은혜로이 체직이 되어 다행히 사적인 바람을 이루었으니, 미천한 분수를 굽어 살펴주신 큰 은혜에 감동하였습니다. 스스로 생각해 보건대 신은 나이가 이미 노년에 이르렀고 점점 더 쇠약해져 이후로는 문을 닫고 병을 요양하며 여생을 마치려 하였습니다. 그런데 뜻밖에 이렇게 전혀 꿈속에서도 생각지 못한 사헌부 집의로 승진시키는 명이 내려져 성상의 전지가 멀리까지 내려오고 성상의 대우가 더욱 융숭하였습니다. 신이 병든 몸을 부축받아 놀라 일어나 땅에 엎드려 공경히 받드니, 감동과 두려움이 극도로 교차하여 어찌할 줄을 몰랐습니다.

사헌부의 직책이 어느 자리인들 등한시 할 수 있겠습니까마는 아장(亞長 사헌부 집의)의 경우는 지위와 명망이 자별하여 한번이라도 신중히 하지 않으면 관직을 내리고 받는 것이 모두 잘못되니, 어찌 신처럼 변변치 못한 사람이 구차히 외람되이 그 자리를 차지할 수 있겠습니까. 쇠약하여 병들고 변변치 못한 신이 세상에 이바지할 수 없는 정황은 그간의 상소에서 이미 남김없이 아뢰었으니, 지금에 이르러 다시

11 집의를 사직하는 상소 : 1716년에 사헌부 집의에 제수되었을 때 올린 사직 요청 상소이다. 일흔하나라는 노령의 나이, 자신의 병세, 학식과 식견의 부족 등을 이유로 내려진 직책을 사양하고 있다.

상소를 올려 참람되고 외람된 죄를 더해서는 안 됩니다. 그러나 생각건대 이것이 원래 신의 본분과 실상이니, 어찌 감히 성상을 번거롭게 하는 일을 꺼려하여 다시 아뢰어 명철한 성상께서 불쌍히 살펴주시기를 바라지 않을 수 있겠습니까.

신은 타고난 신체가 본래 유약하여 허약하고 파리함이 병이 되었고, 재앙이 거듭 내려 애통함에 마음을 상하였습니다. 신의 한 몸을 온갖 병이 공격하는데, 그 가운데 산증(疝症)과 현기증(眩氣症) 두 증세가 더욱 혹독하고 위급하여 잠시 사이에 삶과 죽음이 바로 나누어집니다. 평소에 조섭하며 풍한(風寒)을 가장 꺼렸는데, 지금 혹독한 추위가 갑절로 극심해져 고통에 부르짖다가 혼절하니, 거의 일을 살피지 못합니다. 이런 병세로는 실로 신의 힘으로 공경히 나아갈 수 없는 형편입니다.

비록 그렇지만 신의 불안한 마음을 말씀드리자면 이는 오히려 그 다음 일입니다. 신은 본래 몽매하고 들은 것도 없는 일개 시골의 서생으로, 그동안 비록 사우들 사이에서 종유하기도 하였으나 비루한 자질과 강하지 못한 지기(志氣)는 어쩔 도리가 없습니다. 이미 마음을 집중하고 공부하여 나아진 바가 없고, 그 뒤로는 또 태반이 상(喪)과 병으로 인해 몸이 몹시 상하였습니다. 그런데 지금 신의 나이가 이미 일흔 하나에 이르렀으니, 근력이 약해지고 예전의 공부가 황폐해져 노년인데도 이룬 것이 없으며 예전처럼 변변치 못합니다. 다만 우연히 헛된 명성을 훔쳐 성상의 귀를 심하게 속여 해마다 관직에 제수되고 해마다 자리를 옮겨 은혜로운 소명이 계속 이어졌습니다. 아름답고 좋은 관직을 편안히 앉아서 등급을 뛰어넘어 차지하고 잘못을 답습하는 일을 대수롭지 않게 보았습니다. 분수에 넘치는 새로 제수하는 명으로 말하자면 더욱 걸맞지 않으니, 관직은 지극히 중하고 여론은 두려할 만합니다.

신이 외람되이 차지하고 분수를 넘은 일은 이미 말로 다할 수 없고, 조정에 누를 끼치고 조정의 반열을 더럽힌 일은 또 어떠합니까. 비록 한가한 직임이나 몹시 낮은 자리라 하더라도 신의 재주와 분수로는 오히려 무턱대고 받기가 어려운데, 더구나 사헌부의 둘째가는 자리로 청선(淸選)[12]에 해당하며 지위와 명망이 몹시 현달하고 책임이 가볍지 않은 자리는 말할 나위가 있겠습니까. 일상적이지 않은 은혜로운 예우이지만 감히 받들 수가 없고, 분의(分義)가 지극히 엄정하지만 성상의 명을 거스를 수밖에 없습니다. 신의 정세가 비록 몹시 가련하지만, 국법으로 헤아려보자면 이루 다 속죄할 수가 없습니다.

신이 명을 들은 이후로 아침저녁으로 근심과 두려움에 떨며 하늘이 두렵고 사람들에게 부끄러워 몸둘 곳이 없어 이에 감히 속마음을 다 아뢰어 우러러 성상께 호소합니다. 삼가 바라건대 자애로운 성상께서는 특별히 불쌍히 여기시어 신에게 새로 제수한 직명을 속히 체직하라고 명하시어 죽음을 앞둔 신으로 하여금 시골에서 편안한 마음으로 남은 목숨을 다하도록 해주신다면 그보다 더 큰 다행이 없을 것입니다.

12 청선(淸選) : 청환(淸宦)이나 청요(淸要)와 유사한 말로, 학식이나 인품이 높아 선비들의 존경을 받는 이들이 임명되는 자리를 말한다. 규장각(奎章閣)·홍문관(弘文館) 등으로, 대개 지위는 낮으나 명예로운 자리로 여겨졌다.

거듭 사직하며 어가(御駕)가 온천에 행차했을 때 배종하지 못한 죄를 청하고 겸하여 소회를 진달한 상소[13] 정유년(1717, 숙종43)

再辭請溫幸時不得陪扈之罪兼陳所懷疏 丁酉

삼가 아룁니다. 성상의 체후가 편찮으시어 한 해가 지나도록 낫지 않아 조섭하신 지가 이미 오래인데, 의약의 기술이 다하여 상하가 우려하고 두려워하여 몹시 마음을 썼습니다. 온천으로 시험삼아 목욕하러 가시는 일은 정말 어쩔 수 없는 데에서 나온 것인데, 어가가 남쪽으로 행차할 적에 의장 행렬이 길을 열고 대소신료들이 모두 달려갔습니다. 신이 분의상 뒤따라 배종하여 어가의 뒤를 따라가 삼가 신하로서의 미미한 정성을 다해야 합니다. 다만 쇠약하고 병들어 지친 몸으로 스스로 힘쓰지 못하여 드디어 병든 몸을 들것에 싣고 삼가 길옆 전야에 엎드려 그저 어가를 바라보고는 물러났으니, 신의 죄는 죽어 마땅합니다. 이어 생각건대 신이 지난해 겨울에 외람되이 특별한 은전을 입었는데, 감히 받을 수 없었기에 즉시 위태로운 사정을 아뢰어 은혜로이 체직해 주시기를 바랐습니다. 그런데 이번에 삼가 성상의 비답을 받아보니, 사직을 윤허하지 않았을 뿐 아니라 또 이어 속

13 거듭……상소 : 1717년에 숙종이 온천에 행차했을 때 올린 상소이다. 자신에게 내려진 사헌부 집의의 직책을 다시 한 번 사양하는 내용, 질환으로 인해 임금의 온천 행차를 배종하지 못하는 자신의 상황을 진술하며 죄를 청하는 내용 등으로 이루어져 있다.

히 올라오라고 하셨습니다. 신은 더욱 두렵고 떨려 몸둘 바를 모르겠습니다.

사헌부 집의의 직책은 책임이 가볍지 않으니, 공론을 유지하고 조정의 기강을 진작시켜 엄숙히 할 수 있는 자가 아니면 차지해서는 안 됩니다. 신은 타고난 자질이 오활하고 허술하며 견식이 어두워 한가하고 무료한 가운데 간혹 장구(章句)와 훈고(訓詁)의 말단적인 일에 종사하기는 했지만, 지금은 나이가 들어 쇠약해져 지기(志氣)가 소진되어 그저 피곤하고 잔약하여 쓰일 데가 없는 한 명의 용렬한 사람일 뿐입니다. 총마(驄馬)를 타고 해치관(獬豸冠)을 쓰고서[14] 의젓하게 조정에 서서 위로는 성상을 보좌하고 아래로는 풍속을 다스리는 일로 말하자면, 신의 자질과 성품으로 논하건대 본래 이런 일에 어울리지가 않습니다. 더구나 지금 조정에서 신에게 내린 처우는 바로 융숭한 예로 선비를 대우하는 일이니, 비록 산림의 큰 학자가 받더라도 역시 감당하기가 어려울 터인데, 어찌 변변치 못하고 보잘 것 없어 전혀 걸맞지 않는 신과 같은 사람으로 구차히 머릿수를 채우고 돌아보지 않아서야 되겠습니까.

신은 수년 동안 지나친 대우를 받아 이미 극도로 분수에 넘치는데, 더구나 이렇게 뜻밖에 보통을 벗어난 새로운 명을 받았습니다. 신이 비록 지극히 어리석지만 역시 타고난 본성이 있으니, 어찌 남다른 은혜

14 총마(驄馬)를……쓰고서 : 후한(後漢) 환전(桓典)이 어사가 되어 권력자들의 비행(非行)을 전혀 꺼림 없이 마구 탄핵하며 총마를 타고 다녔으므로, 강직(剛直)한 어사를 가리킨다. 예로부터 어사(御史) 등 집법관(執法官)들은 반드시 해치의 모양으로 장식한 관(冠)을 썼던 데서, 전하여 법관(法冠)을 일컫는다. 본문에서는 사헌부 관원을 가리킨다. 《後漢書 卷37 桓榮列傳 桓典》

에 감격하여 나아가 즉시 사례하고 한번 성상을 뵙고 시골로 물러나 생을 마감하여 성상의 특별한 은혜에 보답하여 미천한 신의 지극한 바람을 이룰 줄을 모르겠습니까. 다만 도리에 맞게 임명하지 않고 분수에 맞게 처신하지 않아 사람과 관직이 걸맞지 않기에 보고 듣는 자들이 모두 놀라니, 이것이 신이 근심스럽고 두려워하며 부끄러움에 머뭇거리며 감히 명을 받드는 것을 예(禮)로 여기지 않고 물러나 지키는 것을 공손함이라 여기는 까닭입니다.

또 오늘 목욕을 위해 온천으로 행차하신 것은 일상적인 행차에 비할 일이 아니라 원근의 신민이 모두 근심하고 사모하는 정성이 간절하니, 신은 비록 부르는 명이 아니더라도 즉시 행궁으로 달려가 성상의 안부를 여쭈는 일을 그만두어서는 안 됩니다. 다만 그 사이에 끝내 마음에 크게 불안한 점이 있어 이에 감히 거드름을 피우며 물러나 엎드린 채 편안히 유념하지 않는 사람처럼 있는 것입니다.

신의 정세가 비록 몹시 불쌍하지만 나라의 법으로 논하자면 신의 죄는 죽고도 남음이 있습니다. 삼가 바라건대 자애로운 성상께서는 특별히 불쌍히 헤아리시어 속히 신의 직명을 체차해 주시고, 이어 명을 어기고 공손하지 못한 신의 죄를 다스려 주시면 천만다행이겠습니다. 또 변변치 못한 신의 근심하고 사랑하는 정성은 오직 성상께서 목욕을 하신 뒤에 더욱 신중히 조섭하는 데 있습니다. 하늘이 묵묵히 도와 온천욕이 효험을 보아 성상의 원기(元氣)가 회복되어 성상의 체후가 나아져 안정되는 것이 실로 종묘사직의 끝없는 경사이니, 이것이 신이 마음속으로 밤낮으로 기원하는 일입니다.

신이 이어 삼가 생각건대 전하의 병세가 오래 지속되어 경중이 일정치 않아 약을 극진히 쓰고 부지런히 침과 뜸을 놓았으나 치료한 지

몇 해가 지나도 전혀 조그만 효과도 없습니다. 신이 언뜻 듣기로는 병의 근원이 존재하여 마음의 화병이 빌미가 된다고 하니, 과연 그렇다면 증세를 살펴서 약을 쓰는데 어찌 방법이 없겠습니까. 옛사람은 마음을 수양하는 것을 병을 조리하는 근본이라고 여겼습니다. 진실로 바라건대 성상께서 먼저 본원적인 일에 나아가 노력하여 마음과 정신을 맑게 하고, 생각을 줄이며 기쁨과 노여움을 신중히 하고 기호와 욕심을 절제하시어 한 조각 마음으로 하여금 청명하고 순수하며 너그럽고 평안하여 확연히 크게 공평한 오묘함이 있고 터럭만큼도 사적인 마음에 의해 막힘이 없어 일상생활을 영위하고 만 가지 변화에 응할 적에 이치에 따라 순응하여 조금도 얽매이지 않게 하소서. 그렇게 하신다면 일상생활에 몸조리를 잘하여 마음이 조화롭고 기운이 조화로워 조섭하는데 마땅함을 얻어 질병이 자연스레 사라지고 체후가 자연스레 건강해질 것입니다.

옛날에 정자(程子)가 장사숙(張思叔)에게 답하는 편지에서 삶을 보전하는 일을 말하면서 "나는 삶을 잊고 욕심을 따른 것이 몹시 부끄럽다."라고 하였고, 주자(朱子)가 황자경(黃子耕)에게 답하는 편지에서 "병중에는 생각을 해서는 안 되고 오로지 마음을 보존하고 기운을 기르는 일에 힘써야 하니, 오래되면 저절로 점차 효과를 볼 것이다."라고 하였습니다. 선유(先儒) 허형(許衡)의 시에 이르기를 "온갖 보양은 모두 허위이고, 단지 마음을 보존하는 것이 중요한 법이다."라고 하였습니다. 전하께서 여기에 더욱 유념하고 체험하신다면 성상의 옥체를 보호하는 방도에 필시 조금의 도움이 없지 않을 것입니다.

신이 사직을 청하는 상소에 외람되이 어리석은 말을 아뢰어 참람되다는 비난을 보태서는 안 되지만, 우매하고 천근한 견해가 마침 여기에 이르러 이에 감히 성상을 번거롭게 해드리는 일을 무릅쓰고 대략 상소의 말미에 덧붙였으니, 신의 죄가 더욱 큽니다.

진선을 사직하며 동궁에게 올리는 상서[15]

辭進善上東宮書

왕세자가 대리청정할 때이다.

전 현감 신 김간(金榦)은 진실로 황공하고 거듭 머리를 조아리며 삼가 왕세자 저하께 두 번 절하고 상서를 올립니다. 삼가 아룁니다. 신은 흙더미 같은 천한 품성과 부들이나 버들 같은 쇠약한 몸으로 보통을 훨씬 넘어선 대조(大朝)의 큰 은혜를 입었으나, 터럭만큼도 도움이 되지 못하여 칩거를 달게 여겼습니다. 스스로 생각해보건대 이미 심하게 쇠약해지고 병이 들어 살날이 많지 않아 문을 닫고 틀어박혀 살면서 두건을 두르고 죽을 날을 기다리고 있으니, 구구한 바람은 오직 이것뿐입니다. 그런데 뜻밖에 저하께서 근래 정무를 보시는 초기에 특별히 우악하고 특별한 은혜를 내려 새로 세자시강원의 벼슬을 제수하셨으니, 이는 의외입니다. 신이 병을 앓는 와중에 명을 듣고는 저도 모르게 놀라 일어나 땅에 엎드려 공경히 명을 받았으니, 감동과 부끄러움이 극도로 교차하여 두려움에 머뭇거리며 어떻게 감당해야 할 줄을 몰랐습니다.

신이 삼가 생각건대 서연(書筵)에서 시강을 하는 직책은 매우 중요한 임무라 만일 학술이 해박하고 식견이 고명하여 경전의 뜻을 잘 말하여 질문에 대비하고, 지식과 생각을 개발하며 덕성을 함양시킬 수 있는

15 진선을……상서 : 1717년에 세자시강원 진선에 임명되었을 때 올린 사직 요청 상소이다. 병중에 있던 숙종을 대신해 정무를 관장하고 있던 왕세자에게 올린 글이다.

사람이 아니라면 감당하기에 부족합니다. 이 때문에 이전부터 이 직임에 응한 사람들은 모두 산림의 석학이며 경학에 중망을 받던 사람이니, 조정에서 그 선발을 중시 한 것이 어찌 우연이겠습니까.

신은 타고난 자질이 용렬하고 비루하며 지업(志業)이 허술한데, 나이는 이미 칠십이 넘었고 병은 이미 고질이 되었으니, 스스로 반성해봄에 사람 축에 들 수 있는 것이 하나도 없습니다. 종전에 관리 명부에 오른 것이 이미 지극히 외람되고 분수에 넘치는 일인데, 지금 또 권강(勸講)하는 임무를 맡기시고 특별한 은총을 베푸시어 흡사 근래에 어진 선비들을 예우하는 모양처럼 하십니다. 신은 밖으로는 공론이 두렵고 안으로는 부끄럽고 송구한 마음에 잠을 자다가도 여러 번 놀라고 음식을 마주하고서도 먹는 것을 잊어 놀라고 당황하여 머뭇거리며 며칠이 지나도 그만두지 못하였습니다.

삼가 생각건대 저하의 명철한 자질이 일찍부터 드러났고 훌륭한 명성이 일찍부터 알려서 동궁에서 덕을 함양한 지 삼십 년입니다. 우리 주상전하께서 여러 해 동안 편찮으셔서 피로가 쌓이고 정사에 지쳐 특별히 저하로 하여금 국정을 듣는데 참여하도록 하셨습니다. 우리 저하께서 성상께서 부탁한 뜻을 받들고 맡은 책임을 유념하여 문안을 드리는 여가에 여러 일을 처리하신 것이 모두 사리의 마땅함에 부합하고, 자주 강연을 열어 저하의 명철한 학문이 진보하여 온 나라 사람이 기뻐하고, 모든 백성들이 공경히 바라보았습니다. 이때에 좌우에서 보좌하고 인도하는 신하들을 더욱 마땅히 별도로 신중히 가려 은거하고 있는 선비를 찾고 뛰어난 인재들을 널리 초청하여 그들로 하여금 서연에 출입하게 하여 아침저녁으로 가까이하며 경사(經史)를 토론하고 정무를 자문하여 강습하고 선한 일을 보는 공부의 바탕으로 삼아야 하니, 이것이 지금의 급선무입니다. 그런데 전혀 그에 걸맞지 않는 신처럼 용렬하고 보잘 것 없는 사람이 그 자리를 몰래 차지하여 구차히 머릿수를 채우니, 신은 위로는 저하께서 처음 정치를 하는데 누를 끼치고 아래로는 사방에서 식견이 있는 자의 비방을 초래할까 두렵습니다.

이어 생각건대 신이 을해년(1695, 숙종21) 무렵 외람되이 궁료(宮僚)에 선발되었을 때[16] 남들에게 비방을 당했으니, 엄정한 여론을 여기에서 볼 수 있습니다. 지금 어찌 오래 전의 일이라고 하여 모른 체 덮어 놓고 염치를 돌아보지 않고서 이 직명을 차지하여 거듭 맑은 조정에 부끄러움과 욕을 끼쳐서야 되겠습니까. 또 신이 가을 초부터 거듭 턱 위에 악성 종기가 나서 증세가 위태롭고 악화되어 거의 치료하기 어려웠는데, 고름이 차서 터진 뒤에도 남은 증상이 여전히 심하여 몇 개월 동안 지지부진하여 아물 기약이 없습니다. 그에 더하여 평소 앓던 산증(疝症)과 현기증(眩氣症) 두 증세가 때를 타고 다시 발병하여 이따금씩 더욱 심해져 일을 살피지 못합니다. 이는 짧은 시일에 조리하고 치료하여 힘을 얻을 수 있는 것이 아니니, 비록 억지로 길에 올라 공경히 은혜로운 소명에 나아가려해도 형세상 또 불가능합니다. 삼가 바라건대 저하께서는 특별히 헤아리시어 신에 새로 제수하신 직명을 속히 바꾸라는 명을 내리시면 그보다 더 큰 다행이 없을 것입니다.

또 신이 여기에 마음이 쓰여 그만두지 못하는 것이 있으니 이에 참람됨을 잊고 감히 간략히 덧붙여 아뢰니다. 신이 삼가 생각건대 효(孝)는 모든 행동의 근원이며, 모든 선행의 근본입니다. 사람의 자식이 되어

16 을해년……때 : 1696년(숙종22) 10월에 김간이 세자시강원 자의로 선발된 일을 말한다. 《承政院日記 肅宗 22年 10月 15日》

이를 버리면 자신의 직분을 다할 수가 없습니다. 이 때문에 효자가 부모를 섬기면서 지극함을 다하지 않는 경우가 없습니다. 부드럽고 온화한 얼굴빛을 하는 것은 효의 태도이고, 아침저녁으로 부모님께 문안인사를 올리고 겨울과 여름에 부모의 방을 따뜻하고 시원하게 해드리는 것은 효의 일이며, 조심하며 경건하게 하는 것은 효의 실제이며, 옥을 잡듯 가득 찬 그릇을 받들 듯 하는 것은 효의 경건함입니다. 이를 확충한다면 군주에게 충성할 수 있고 어른에게 공경할 수 있으며, 어린이에게 자애롭게 할 수 있고 또 백성들을 사랑하고 살아있는 것들을 아낄 수 있습니다. 자기 일신에서 수양을 하고 행위에 적용하는 것이 효에서 나오지 않은 것이 없으니, 그 효험이 크지 않습니까. 그러므로 맹자(孟子)가 "요순(堯舜)의 도는 효제(孝弟)일 뿐이다."라고 하였습니다.

신이 듣건대 문왕(文王)이 세자 시절에 왕계(王季)의 건강이 좋지 않으면 문왕은 근심스러운 얼굴빛을 하였고 걸음을 똑바로 걷지 못하였습니다. 그리고 문왕이 병이 있으면 무왕(武王)은 관과 띠를 벗지 않고 봉양하여 문왕이 한술을 뜨면 역시 한술을 뜨고 두 술을 뜨면 역시 두 술을 떴다고 하니, 이것이 문왕과 무왕이 지극한 효자가 되어 후세에 모범이 되는 까닭입니다. 지금 저하께서는 성상의 체후가 오랫동안 편찮으실 때를 당하여 좌우에서 봉양하여 노심초사하며 근심하고 부지런히 모신 것이 지극한 정성에서 나와 원근에 알려졌으니, 문왕이 걸음을 똑바로 걷지 못하고 무왕이 한술을 뜨고 두 술을 뜬 일을 저하께서 이미 행하셨습니다.

비록 그렇지만 이것을 실행하는 방법은 학문을 벗어나지 않으니, 독서를 하고 이치를 궁구하여 격물치지(格物致知)의 공부에 종사하고,

경(敬)에 마음을 두고 지키며 수양하여 성의정심(誠意正心)의 일에 힘쓴 뒤에야 얼굴빛을 온화하게 하는 이치가 이와 같고 혼정신성(昏定晨省)의 이치가 이와 같음을 참으로 알 수 있으니, 이것이 학문이 귀한 까닭입니다. 더구나 저하의 한 몸은 조종(祖宗)께서 돌보아 사랑하고 신과 사람이 의지하여 받들고 있으니, 계지술사(繼志述事)[17]의 책임에 관계된 바가 더욱 큽니다. 시종 학문에 뜻을 두고 힘써 덕업을 닦음으로써 중대한 종묘사직을 받들고 국가의 무궁한 복을 여는 것이 또 효도 중에서 큰 것입니다.

그러므로 옛사람이 말하기를 "제왕(帝王)의 효도는 필부(匹夫)와는 다르다."고 하였습니다. 신은 진실로 저하의 어질고 효성스런 마음이 하늘에서 타고 나신 것이고 계속하여 밝혀 나가는 공부가 광명(光明)한 경지에 이를 것을 진실로 알고 있습니다만, 여전히 이것을 가지고 말을 하는 것은 야인(野人)이 미나리를 바친 정성[18]에서 나온 것입니다. 바라건대 저하께서는 지나치고 참람된 신을 용서하시고 더욱 힘쓰소서.

17 계지술사(繼志述事) : '계지'는 어버이의 뜻을 잘 계승하는 것을 말하며, '술사'는 어버이의 일을 잘 따라서 하는 것을 말한다. 《中庸章句 第19章》

18 야인(野人)이……정성 : 미력이나마 임금을 위하고자 하는 충성을 의미한다. 옛날에 미나리〔芹〕를 아주 좋아한 사람이 있어 그 마을의 부자에게 미나리가 맛이 좋다고 말했는데, 그 부자가 미나리를 먹어 보니 맛이 독하고 배만 아팠다고 한다. 《列子 楊朱》

본직과 겸직한 두 직책을 거듭 사양하고 겸하여 이세덕이 돌아가신 스승을 무함한 일을 논변하는 상서[19]

再辭本兼兩職兼辨李世德誣引先師書

삼가 아룁니다. 신이 외람되이 세자시강원의 직임을 맡고서는 실로 분수에 넘치는 것이 두려워 감히 현(縣)과 도(道)를 통해 사직하는 상서를 올렸습니다. 그런데 도신(道臣)이 전유(傳諭)한 영지(令旨)를 받들어보니, 말뜻이 간절하기가 보통을 넘어 어리석고 천한 신이 감당할 수 있는 일이 아니었습니다. 이어 또 삼가 승정원 좌부승지가 성첩(成貼)한 서장(書狀)을 받으니, 신을 사헌부 집의로 임명하고 신으로 하여금 속히 올라오게 하라는 내용이었습니다. 특별한 은전이 이처럼 연거푸 내려지니, 신이 두렵고 놀라 가슴이 떨려 더욱 몸둘 바를 모르겠습니다.

아, 서연(書筵)에서 시강하는 자리는 지위와 명망이 깨끗하고 높으니, 이는 전부터 훌륭하고 덕망 있는 선비가 사양하고 차지하지 않았으며, 사헌부 집의는 책임이 몹시 중하여 옛사람이 재상과 같다고 하였습니다.[20] 그렇다면 윗자리에 있는 사람이 함부로 베풀어서는 안 되고,

19 본직과……상서 : 1717년에 자신에게 내려진 직책인 사헌부 집의와 세자시강원 진선을 거두어 줄 것을 요청하는 상소문으로, 대리청정을 하고 있던 왕세자에게 올린 상서이다. 이세덕의 상소에서 그가 논거로 인용한 박세채의 상소문과 편지글들이 이세덕에 의해 자의적으로 조합된 것임을 변증하며 이세덕이 송시열을 무고하고 있다고 주장하는 내용을 덧붙이고 있다.

20 옛사람이……하였습니다 : 《문충집(文忠集)》 권66 〈상범사간서(上范司諫書)〉에

아랫자리에 있는 사람이 무턱대고 차지해서는 안 된다는 점이 역시 분명합니다.

신이 나이가 들어 쇠약해지고 고질병이 들어 정신과 지각이 어둡고 지업(志業)이 보잘 것 없어 일반 사람들 사이에 끼이지 못한 지가 오래되었으니, 그저 시골에 칩거하다가 구덩이에 묻히면 충분하다고 생각하였습니다. 그런데 이렇게 거듭 잘못된 은혜를 받아 아침에 한 관직에 제수되고 저녁에 한 관직에 제수되어 옛 직책이 체직되기도 전에 새로 제수하는 명이 이어서 이르러 조정의 중요한 직책을 마치 분수 내의 고유한 물건처럼 여길 줄을 어찌 생각이나 했겠습니까. 시골의 어리석은 학자와 때때로 어울려도 응수할 수가 없는데, 더구나 서연에서 강론하고 토론하는 임무를 감당할 수 있겠습니까. 지위가 아주 낮고 할 일 없는 산관(散官)의 자리도 오히려 감당하기 어려운데, 하물며 사헌부에서 법을 관장하는 자리를 감당할 수 있겠습니까.

지금 강연(講筵)이 자주 열려 저하의 학문이 날마다 진보하고, 좌우에서 보좌하고 인도하는 책임이 하루가 급하니, 보잘 것 없는 신이 쉬지 않고 밝히는 저하의 공부를 끝내 우러러 도울 수가 없습니다. 이것이 어찌 당초에 관직을 위해 사람을 선발하여 질문에 대비한 뜻이겠습니까. 더구나 이번에 새로 제수한 사헌부의 직책은 신이 이전에 이미 한 번 외람되게 임명되었으나 감히 공경히 받지 못하였는데, 또

"국가의 득실과 백성의 이해와 사직(社稷)의 큰 계책을 보고 들으면서도 직사(職司)에 매이지 않는 것은 오직 재상만이 이를 행할 수 있고 간관(諫官)만이 이를 말할 수 있습니다. 이 때문에 옛 법도를 배우고 도를 지닌 선비가 당시에 벼슬하여 재상이 되지 못하면 반드시 간관이 되었으니, 간관은 비록 지위가 낮지만 재상과 같습니다."라고 하였다.

어찌 지금에 이르러 재차 외람되게 임명되었는데 대수롭지 않게 보고서 감히 함부로 차지해서야 되겠습니까. 모든 일은 뜻밖에서 나오면 듣는 자들이 반드시 놀라고, 본분에 지나치면 당사자는 스스로 부끄러워합니다. 지금 신이 실제가 없는데도 갑자기 중임을 내리시고, 용렬하고 비루한데도 이렇게 특별한 은혜를 받았으니, 어찌 사람들의 귀를 놀라게 하고 신의 개인적인 마음에 부끄럽지 않겠습니까. 분수에 따라 스스로 살펴봄에 마음이 덜컥 내려앉는 듯하여 달아나려 해도 길이 없고 죽으려 해도 그렇게 할 수 없으니, 신의 정세는 궁하고 위축되었다고 할 만합니다. 게다가 신이 지금 혹독한 추위를 당하여 한질(寒疾)이 심해져 겉과 속이 모두 손상되어 추위와 열이 서로 닥치고 기침과 가래가 뒤따라 심해져 죽을 마시는 것도 어렵습니다. 그리고 평소에 앓던 여러 증세가 이때를 틈타 다시 빌미가 되어 수십일 동안 계속해서 병을 앓고 있으니, 아침저녁으로 죽음을 기다리는 이외에 다시 무엇을 바라겠습니까.

신이 소명(召命)을 받은 지 이미 한 달이 지났으니 즉시 사정을 아뢰어 은혜로이 윤허를 내리시기를 기대해야 하는데, 신의 병이 더욱 위독해져 스스로 붓을 잡을 힘이 없어 시일을 끌다가 지금에야 비로소 우러러 호소하여 시골집에서 소명을 오래도록 욕되게 하였으니, 신의 죄가 더욱 큽니다. 삼가 바라건대 저하께서는 굽어 살펴 신에게 내리신 직명을 아울러 체차하시고 다시 직임을 감당할 수 있는 사람에게 다시 제수하여 공사(公私)를 편안하게 해주신다면 그보다 더 큰 다행이 없겠습니다.

그리고 신이 또 사문(師門)과 관련한 구구한 소회가 있어 의리상 한 번 말씀을 드려야 하기에 이에 감히 죽음을 무릅쓰고 우러러 아뢰니다. 신이 쇠약하고 정신이 어두워 칩거하느라 일체 외부의 일에 대해서는 귀머거리와 봉사처럼 몰랐습니다. 뒤늦게 격고인(擊鼓人) 이세덕(李世德)의 공사(供辭)를 보니, 신의 스승인 선정신(先正臣) 박세채(朴世采)의 갑자년(1684, 숙종10) 상소[21]와 서한의 내용을 많이 인용하여 그의 스승인 윤증(尹拯)을 위하여 신변(伸辨)하는 증거로 삼았습니다. 그러나 그가 인용한 설은 대부분 임의대로 스스로 버리고 취하여 실로 신의 스승의 본뜻과는 어긋난 점이 있으니, 신이 이에 대해 어찌 대략이나마 변명하지 않을 수 있겠습니까. 이 일의 본말에는 많은 곡절이 있습니다.

윤증이 자신의 스승인 선정신(先正臣) 송시열(宋時烈)과 소원해진 일이 있었는데, 그 조짐이 이미 오래되었고 중간에 또 의서(擬書)에 관한 한 가지 일이 있었으니[22], 신의 스승은 그것이 스승과 제자 사이의 의리를 손상시킬까 염려하여 윤증에게 마음을 다해 사과하도록 권하였습니다. 윤증이 의리에 따라 처신하는 방법을 문의할 때 역시 신의

21 갑자년(甲子年) 상소 : 1684년(숙종10)에 송시열의 문인인 최신(崔愼)이 상소하여 윤증이 송시열을 배반하였다고 비난하였을 때, 박세채가 윤증을 옹호하며 올린 상소이다. 《南溪集 卷14 復請追還職名兼請罪黜疏》

22 의서(擬書)에……있었으니 : 신유의서(辛酉擬書)라고 한다. 1681년(숙종7)에 윤증이 송시열에게 보내려고 썼던 서찰인데, 당시 사류들의 원성을 사고 있는 송시열의 처신에 대해 비판하는 내용이었다. 윤증은 이 편지를 박세채의 만류로 인하여 부치지 않았지만, 송시열의 손자이며 박세채의 사위인 송순석(宋淳錫)이 몰래 베껴서 송시열에게 전하였다. 이것을 본 송시열은 대노하였고 송시열과 윤증 간의 사제 관계는 완전히 끊어졌다. 신유의서로 인한 송시열 측과 윤증 측의 시비는 조정의 논란거리로 떠올랐고 서인이 노론과 소론으로 나뉘게 되는 하나의 구실을 하였다. 《이성무, 한국당쟁사연구 2, 동방미디어, 2002, 57~58쪽》

스승과 편지를 주고받았습니다. 그때 최신(崔慎)이란 자가 갑자기 한 통의 상소를 올려[23] 극력하게 비난하고 배척하였기 때문에 신의 스승이 사직 상소의 끝에다 그 일의 시말을 상세히 말했으니, 이른바 갑자년의 상소가 이것입니다. 이때에는 양가(兩家)[24]의 원한이 그래도 얕았으나, 신의 스승은 이 일이 결국 반드시 세도(世道)에 큰 재앙이 될까 우려하여 드디어 양쪽을 구원하여 화해시키려는 계획을 세워 원한을 풀고 화평한 관계에 이르기를 기약하였습니다.

지금 본래의 상소를 가지고 고찰해보건대 "윤증이 장문의 편지를 올리려 하였으니, 신이 만났을 때에 이를 말린 것이 두세 차례에 그치지 않습니다."라고 하였고, "송시열에게 먼저 대의(大意)를 말하였으니, 신이 또 그의 행동이 너무 경솔함을 애석하게 여겼습니다."라고 하였으니, 이는 간절히 경계하는 말입니다. "그의 장점은 남의 말을 겸허하게 받아들이는 데 있으니, 다시 충고하여 의리(義理)가 균형을 이루게 한다면 반드시 이런 지경에는 이르지 않을 것입니다."라고 하였으니, 이는 구원하고 애석하게 여기는 말입니다. 심지어 또 문경공(文敬公) 김굉필(金宏弼)의 일[25]과 박형(朴衡)과 황신(黃慎)의 일[26]을 인

23 최신(崔慎)이란……올려 : 1684년(숙종10) 5월에 사옹원 직장(司饔院直長) 최신(崔慎)이 윤선거가 강도에서 훼절하였다고 비판하는 상소를 올렸다. 그런데 이 상소는 이른바 왕패의리론(王霸義利論)으로 송시열을 비판한 것에 대한 보복으로 윤증 측에서는 생각하였다. 주된 내용은 윤선거가 강도에서 죽지 않은 것을 비판하고, 윤증이 사감을 가지고 송시열을 비방하고 헐뜯었음을 비난한 것이다. 《肅宗實錄 10年 5月 13日》

24 양가(兩家) : 송시열과 윤증의 두 집안을 말한다.

25 문경공(文敬公) 김굉필(金宏弼)의 일 : 김굉필(金宏弼, 1454~1504)의 본관은 서흥(瑞興), 자는 대유(大猷)이다. 점필재(佔畢齋) 김종직(金宗直)의 문인이다. 본문

용하여 말을 하였는데, 이 세 사람은 스승에 대해 모두 경계한 일이 있으나 모두 은미하고 완곡한 말로 의심나는 부분을 질정한 것이지 애초에 곧바로 스승을 배척한 것이 아니라는 말이었습니다. 그러므로 신의 스승이 상소에 인용하여 말하기를 "비록 윤증의 뜻이라도 진실로 여기에서 벗어나지 않습니다."라고 하였으니, 그 의도는 이를 인용하여 화해를 시키려 하였고, 또 윤증이 그 일을 본받게 하기 위함이었습니다.

결어(結語)에 "신이 송시열에게 비록 수업을 청한 일은 없지만, 그의 문하를 출입한 지가 20여 년입니다. 그리고 윤증에 대해서도 그의 선인(先人 윤선거(尹宣擧)) 때부터 종유하였으니, 부자와의 의리가 매우 깊습니다. 근래에 양쪽이 소원해지려는 우려가 없지 않아 번갈아 면려하여 반드시 피차 스승과 제자 사이에서 중재하여 보합하고자 번번이 그 장문의 편지를 보내지 못하게 말렸습니다. 그런데 뜻밖에도 지금

의 일은 김종직이 연산군 때 이조 참판으로 있으면서 국정에 대해서 건의하는 일이 없자 김굉필이 시를 올려 넌지시 간하였던 일을 말한다.《燃藜室記述 燕山朝故事本末 戊午黨籍》

26 박형(朴衡)과 황신(黃愼)의 일 : 박형은 김정국(金正國 : 1485~1541)의 문인인데, 기묘사화 후에 재상 김안로(金安老)가 친구인 김정국에게 편지를 보내 안부를 물었을 때 김정국이 '삼가 대감의 돌보심 덕분에〔竊託台庇〕'라는 인사말을 쓴 적이 있었는데, 박형이 비굴한 데 가깝다고 하면서 본고(本稿)에서 빼려고 하자, 김정국이 "이것은 서찰에 의례적으로 쓰는 말에 불과하므로 혐의할 것이 없다."라고 말했다 한다. 황신(黃愼)은 성혼(成渾)의 제자인데, 임진왜란 이후 명나라로부터 일본과 통화(通和)하라는 압박을 받은 선조가 연석에서 신하들에게 가부를 물었을 때 성혼이 "우리나라는 자립할 수 없는 형세이니 중국의 뜻을 따라야 합니다."라고 대답하자, 황신은 이를 옳지 않다고 생각하여 성혼에게 몇 차례나 편지를 보내 질정하였다 한다.《老峯集 卷11 附錄 筵中說話》

일이 점차 잘못되어 별도의 낭패를 초래한 것이 이토록 극심한 지경에 이르렀으니, 부끄럽고 한스러워 스스로 해명할 수 없게 되었습니다." 라고 하였습니다.

편지로 말하자면 윤증에게 간절하게 경계한 것이 계축년(1673, 현종14)에서 기사년(1689 숙종15)에 이르기까지 거의 수십 번에 이르렀는데, 의리의 충정(衷情)으로 결단하고 사생(師生)의 분의(分義)로 책망한 것이 누누이 수천 자나 되었습니다. 게다가 "사론(士論)이 무너지고 갈라져 조정에서 분란이 일어난 것은 모두 형에게서 비롯된 것입니다."라고 하며 먼 훗날의 공론(公論)이 두렵다는 뜻으로 부지런하고 간절하게 말하여 감동시키고 깨닫게 하기를 기약했으니, 붕우 사이에 충심으로 말해주는 뜻이 지극하다고 하겠습니다. 송시열에게 역시 이런 뜻으로 미루어 말하면서 전후로 경계한 것이 역시 한두 번이 아니었습니다. 늘 후회하는 단서를 먼저 보여주어 시종일관 온전히 보호하도록 면려하면서 번번이 정자(程子)가 형칠(邢七)에 대해 조처한 것[27]과 주자(朱子)가 양자직(楊子直)과 노덕장(路德章)을 대우한 일[28]을 인용

27 정자(程子)가……것 : 형칠은 송(宋) 나라의 형서(邢恕)로, 정이(程頤)의 제자였다가 뒤에 배사(背師)하였다. 정이가 송 철종(宋哲宗) 소성(紹聖) 4년(1097)에 부주(涪州)로 귀양 가게 되었는데, 문인 사양좌(謝良佐)가 "이 귀양길은 제가 그 연유를 아는데, 곧 족질 정공손(程公孫)과 형서(邢恕)의 소행입니다." 하니, 정이는 "족질은 지극히 어리석어서 꾸짖을 것조차 없고, 고인(故人)은 정이 두터워서 감히 의심하지 못한다."라고 하였다. 《二程全書 卷19, 卷50 伊川年譜》

28 주자(朱子)가……일 : 양자직(楊子直)과 노덕장(路德章)은 모두 주희를 비난하고 원망한 제자들이다. 이들이 매우 원망하고 끝없이 의심하였지만, 주자는 그들에게 오해를 풀어주고 깨우쳐 주었다. 심지어 이전에 보낸 편지에 대해서 비난하자, 그 편지를 잃어버렸으니 다시 베껴서 보내 주면 하나하나 답변을 하여 처분을 받겠다고 까지

하여 평온한 마음으로 잘 처리하도록 권하였으니, 어른에게 권면한 뜻이 이처럼 간절하였습니다.

신의 스승이 예전에 문인에게 보낸 답장에 말하기를 "처음에는 사우(師友) 사이를 화해시켜 잘 처리하려 했기 때문에 상소와 편지의 말뜻이 모두 완곡하기를 힘썼다."라고 하였으니, 이는 위의 일을 말한 것입니다. 신의 스승이 두 사람 사이를 경계하고 권면한 것은 모두 성실하고 안타깝게 여기는 대공지정(大公至正)한 마음에서 나온 것입니다. 비록 그렇지만 신의 스승의 이 일은 모두 기사년(1689, 숙종15) 이전에 있었으며, 기사년 이후에는 일이 또 너무 심각해졌습니다.

선정(先正 송시열)이 후명(後命)을 받게 되어서는 비록 평소에 좋아하지 않던 자들도 참담해하고 애달파하지 않는 경우가 없었으니, 신의 스승은 윤증에게 망곡(望哭)하고 시마복(緦麻服)을 입어 예전의 의리를 조금 펴라고 권하였고, 또 별도로 제문(祭文)을 지어 속마음을 자세히 아뢴 다음 묘소 앞에서 한 번 곡을 하고 고하여 유명(幽明)의 원한을 풀게 하였습니다. 주선하고 잘 인도하려는 뜻이 여전히 정성스럽기 그지없었지만 그 말을 끝내 따라주지 않았기 때문에 그 뒤로 신의 스승의 뜻이 이전과는 달랐졌던 것입니다.

신의 스승이 이리저리 경중(輕重)을 달리한 뜻과 피차를 도와주고 억누른 일이 벗들에게 보낸 편지와 문인들과 문답한 말에 많이 보입니다. 스승이 만년에 저술한 《사우고증(師友攷證)》에서도 그 은미한 뜻이 어디에 있는지 알 수 있습니다.

애석합니다. 윤증이 신의 스승의 말을 갑자년(1684, 숙종10) 무렵에

하였다. 《朱子大全 卷54 答路德章》

받아들였다면 반드시 사림이 무너지는 재앙이 없었을 것이고, 기사년에 받아들였다면 어찌 뒤늦게 허다한 낭패가 있었겠습니까? 그렇다면 원망과 분노가 아직 깊어지기 전에는 정성을 다하여 화해시키려 하였고, 틈이 심하게 벌어진 뒤에는 의리에 의거하여 대놓고 배척한 것은 모두 신의 스승이 일에 따라 조절하여 각기 중도에 맞게 하는 도리였으니, 심사(心事)가 갠 하늘의 밝은 해와 같아서 털끝만큼도 사심에 치우친 것이 없었음을 알 수 있습니다.

그런데 지금 이세덕이 그러한 뜻은 모두 없애버리고 그 사이에서 자신의 스승에게 도움이 되는 말만 단편적으로 취하여 오로지 한쪽 편을 위해서만 말한 것처럼 하면서 신의 스승의 공평하고 정대한 마음으로 하여금 한결같이 어둡게 하여 지금과 후대에 밝혀지지 못하게 하였습니다. 비록 자기 스승을 신변(伸辨)하기에 급급하여 그렇게 한 것이지만 그의 마음씀이 치우치고 말을 교묘하게 꾸며 신의 스승의 본심을 덮어버린 것은 환히 드러나 숨기기 어렵습니다.

신이 글을 지어 올리려 할 즈음에 평안 감사 김유(金楺)의 서본(書本)을 얻어 보았는데, 이 일의 전말이 상세히 기재되어 있고 곡절이 환히 드러나 있었으니, 신이 다시 중첩하여 말할 필요가 없습니다. 다만 신의 도리에 있어서는 시종일관 침묵을 지키면서 신변하는 한마디 말이 없어서는 안 됩니다. 이에 참람됨을 잊고 대략 개요를 아뢰니, 저하를 번거롭게 한 죄는 만 번 죽어도 속죄하기가 어렵습니다. 바라건대 저하께서는 지나치고 참람된 죄를 용서하시고 굽어 살펴주소서.

세 번째 상서[29] 무술년(1718, 숙종44)

三書 戊戌

삼가 아룁니다. 신이 지난번에 감히 쇠약해지고 병들고 변변치 못하여 임무를 감당할 수 없다는 뜻으로 실상에 의거하여 사정을 아뢰며 정성을 다하여 우러러 호소하였습니다. 삼가 생각건대 명철한 저하께서는 어느 곳이든 비추지 않는 곳이 없으니, 신의 사정을 굽어 살피셔서 속히 체직의 명을 내려주시리라 기대하였습니다. 그런데 도신(道臣)이 회유한 영지(令旨)를 받아보니, 사직을 허락하지 않으셨을 뿐 아니라, 또 올라오라고 재촉하게 하여 더욱 부지런히 불러들이고 더욱 융숭하게 대우하였으니, 신이 더욱 황공하여 어찌할 줄을 모르겠습니다.

신이 삼가 생각건대 시강원의 직임은 청선(淸選)[30]이고 사헌부의 자리는 중요한 곳이라 지위와 명망이 아울러 드러나고 직임과 책무가 모두 크니, 결코 사람마다 무턱대고 차지할 수 있는 자리가 아닙니다. 그런데 외람되게도 변변치 못한 신이 이렇게 막중한 임무를 겸하였으니, 가까운 전례를 찾아보아도 실로 들은 적이 없습니다. 이전의 일로 말씀드리자면 문정공(文正公) 신(臣) 송준길(宋浚吉)이 이조 참의로

29 세 번째 상서 : 1718년에 자신에게 내려진 직책인 사헌부 집의와 세자시강원 진선을 거두어 줄 것을 다시 한 번 요청하는 세 번째 상서로, 대리청정을 하고 있던 왕세자에게 올린 글이다.

30 청선(淸選) : 242쪽 주12 참조.

서 찬선을 겸하였을 때, 사직하는 상소에 "한 직임을 감당하기도 어려운데 하물며 두 직임을 어떻게 겸직하겠습니까."[31]라고 하였고, 문순공(文純公) 신(臣) 박세채(朴世采)는 사헌부 집의로서 사업(司業)을 겸하였을 때 여러 차례 상소를 올려 힘써 사양하여 허락을 얻은 뒤에야 그만두었습니다. 두 현신의 학문과 도덕은 한 시대 선비의 으뜸이었는데도 특별한 은전이 거듭 내리고 직명이 거듭될 때에는 역시 모두 머뭇거리고 물러나 피하며 감당하기 어려워하였습니다. 하물며 신은 이미 몹시 노쇠하고 병든 몸으로 재주와 학문이 모두 모자라 일반 사람에 비해도 전혀 미치지 못하는데, 몇 개월 사이에 제수하는 명이 거듭 내려 깨끗한 관직과 아름다운 직책을 편안히 앉아서 모두 차지하였습니다. 비록 세상에서 일체 교묘하게 벼슬자리를 구하는 사람이라도 이와 같지는 않을 터이니, 신이 어찌 감히 수치를 무릅쓰고 편안히 받을 수 있겠습니까.

지금 미천한 사람을 올려 쓰고 뛰어난 사람을 두루 초빙하면 그 사이에 경학과 명망으로 강론의 책임을 감당하고 언론과 풍모로 법을 바로잡는 직임을 맡길 만한 사람이 어찌 없겠습니까. 그런데 신처럼 변변치 못한 사람으로 구차히 머릿수를 채우시니, 신의 불안한 마음은 논할 것도 없고 조정의 조처 역시 잘못을 면할 수가 없습니다.

신이 듣건대 선왕(先王)께서 신하를 부리실 적에는 예(禮)로 나오게 하고 물러나게 하여 병들어 나오기 힘든 사람은 조용하게 편히 지내도록 허락하고, 이미 몹시 쇠약해진 사람은 물러나 쉬도록 허락해주셨다

31 한……겸직하겠습니까 : 《동춘당집(同春堂集)》 권1 〈이조참의 겸 찬선을 사직하는 상소 병신년(1656, 효종7) 2월〔辭吏曹參議兼贊善疏 丙申二月〕〉에 나오는 내용이다.

고 합니다. 그러므로《예기》〈내칙(內則)〉에 이르기를 "칠십이면 벼슬에서 물러난다."라고 하였고, 그 아래 주(註)에 "그 직무를 군주에게 도로 돌려준다."라고 하였습니다. 이는 칠십의 나이가 되면 근력이 이미 쇠하였으니, 비록 평소에 늘 벼슬하던 사람도 오히려 나이를 핑계로 물러나기를 고해야 하는 것입니다. 그런데 지금 신은 병들어 칩거하는 몸으로 미천한 신의 나이가 또 일흔 세 살이니, 어찌 감히 직명을 구차히 차지하여 예경(禮經)의 가르침을 어겨서야 되겠습니까.

또 생각건대 신이 이전에 사직 상서를 올리면서 감히 스승을 위해 신변한 일이 있었던 것은 진실로 생삼사일(生三事一)의 의리[32]가 지극히 중하고 커서 끝내 간과할 수 없었기 때문입니다. 옛날에 주자(朱子)의 문인이 묻기를,

"인륜이 스승에게 미치지 않는 것은 어째서입니까?"

라고 하니, 주자가 말하기를,

"스승을 섬기는 의리는 붕우와 같지만, 분수로는 임금과 아버지와 같다. 붕우는 많지만 스승은 적기 때문에 많은 것을 가지고 말한 것이다."

라고 하였습니다. 관자(管子)가 말하기를,

"선생이 가르침을 베풀면 제자는 이를 본받는다."

라고 하였고, 여씨(呂氏)는 말하기를,

"선생은 부형을 일컫는 말이니, 선생을 부형으로 여기면 배우는 자가

32 생삼사일(生三事一)의 의리 : 부모 · 스승 · 임금을 한결같이 섬기는 의리를 말한다. 진(晉)나라 대부 난공자(欒共子)가 말하기를, "백성은 부모 · 스승 · 임금 밑에서 사는지라 섬기기를 한결같이 한다." 하였다. 《國語 晉語》

자신을 자제에 비유한다. 그러므로 제자라고 일컫는다."

라고 하였습니다. 옛사람이 전한 가르침이 이처럼 분명하니, 신이 돌아가신 스승의 공정한 마음을 눈으로 지켜보고서 남의 무함을 받았는데도 끝내 한 마디 변론하는 말을 하지 않는다면 어찌 주자가 말한 인륜의 가르침과 관자가 말한 제자에 관한 설에 부끄러움이 없겠습니까. 이에 감히 이전 상서의 말미에 대략 진달하였습니다. 삼가 저하께서 굽어 살펴주시어 특별히 휘지(徽旨)를 내리시어 "스승을 위해 신변한 말이 역시 몹시 자세하다."라고 하셨으니, 신이 머리를 조아리고 엄숙히 읽고서 감격과 기쁨이 교차하였습니다. 이미 소회를 말씀드렸으니, 더 이상 유감이 없습니다. 오직 신이 지니고 있는 직명은 결코 구차히 받을 수 있는 이치가 없기에 연이어 사직 상서를 올렸으나 아직까지 윤허를 받지 못했으니, 신이 이에 황공하고 근심하며 답답한 심정을 견디지 못하겠습니다.

또 신이 지난 겨울 한질(寒疾)을 앓아 몹시 위독하였는데, 지금에 이르도록 병세가 그대로이니, 종일 먹는 것이라고는 죽 몇 숟가락뿐입니다. 병든 몸이 날로 쇠약해져 진실로 버틸 수 있는 형세가 아니니, 지금의 상황으로 보자면 다른 일은 논할 것도 없고 이 병세만으로도 실로 스스로 힘써 움직여 삼가 은혜로운 소명에 공경히 나아갈 길이 없습니다.

삼가 바라건대 저하께서는 신의 병세가 이미 깊어졌음을 굽어 살피고 신의 정세가 겸양을 꾸미는 데서 나온 것이 아님을 가련히 여겨 신의 본직과 겸직한 두 직임을 모두 체직시켜 관직을 중히 하고 미천한 분수를 편안히 해주신다면 그보다 더 큰 다행이 없겠습니다.

여섯 번째 사직하며 겸하여 사문이 남에게 모욕을 당한 일을 신구하는 상서[33]

六辭兼伸師門被人侮辱書

삼가 아룁니다. 미천한 신의 나이가 칠십을 넘어 팔십을 바라보니, 죽을 날이 아침이 아니면 저녁이기에 간절한 사정을 아뢰어 굽어 살펴주시기를 기대하면서 전후로 애달피 호소한 것이 네다섯 번에 이르렀습니다. 그런데 삼가 도신(道臣)이 전유(傳諭)한 영지(令旨)를 받들어 보니, "결코 체직할 수 없으니, 그대는 사직하지 말라."라고 말씀하셨습니다. 신이 땅에 엎드려 받들어 읽고는 황송하고 두려워 저도 모르게 이어서 감격의 눈물이 턱으로 줄줄 흘러내렸습니다.

신이 시골에 있는 미천한 몸으로 쇠약하고 병들어 숨만 붙어 있는데, 외람되이 보통을 훨씬 넘어서는 특별한 은전을 입었으니, 영화와 총애가 지극하고 분수에 넘치는 일입니다. 만일 조금이라도 감당할 수 있는 형편이라면 어찌 감히 보답할 생각을 하지 않고 그저 버티기만 하여 스스로 명을 어기고 불경한 죄를 저지르겠습니까.

다만 신은 용렬하고 비루한 자질로 일반 사람들 사이에 끼이지 못하고, 오랫동안 고질병을 앓은 데다 지난겨울에는 거듭 죽을병을 앓아

33 여섯……상서 : 1718년에 자신에게 내려진 직책인 사헌부 집의와 세자시강원 진선을 거두어 줄 것을 다시 한 번 요청하는 여섯 번째 상서로, 대리청정을 하고 있던 왕세자에게 올린 글이다. 송시열 · 송준길과 함께 박세채를 문묘에 종사해야 한다는 유생 윤수준(尹壽俊)의 주장에 대해 박세채의 문묘종사 논의가 공론임을 부정하는 정언 정택하(鄭宅河)의 상소문을 비판하는 내용을 덧붙이고 있다.

몇 달 동안 병이 지속된 결과 모발 하나까지도 손상되지 않은 곳이 없습니다. 예전 모습은 찾아볼 수 없고 정신은 혼미해졌으며, 여위고 약해져 전혀 일을 보지 못한 지가 오래입니다. 비록 은혜에 감동하고 의리를 두려워하여 마지못해 명을 받들려 해도 어찌 그럴 수 있겠습니까. 삼가 바라건대 저하께서는 특별히 애달피 여기고 불쌍히 여겨 신의 직명을 모두 체직하라고 윤허해주시면 그보다 더 큰 다행이 없을 것입니다.

신이 병을 앓아 쓰러져 있던 와중에 삼가 전 정언 정택하(鄭宅河)의 서본(書本)을 보았는데, 문묘(文廟)에 종사(從祀)하는 한 가지 일로 신의 스승 문순공(文純公) 신(臣) 박세채(朴世采)를 현저하게 배척하였습니다.[34] 그가 거만을 떨며 멸시하고 업신여긴 것이 몹시 심하였으니, 신이 이에 대해 통탄하고 놀라 개탄하는 마음을 참을 수가 없었습니다.

아, 선현의 학문의 수준과 도덕의 순정함과 병폐, 조예의 깊이는 세상에서 큰 역량과 큰 안목을 지닌 자가 아니라면 쉽게 논단하기 어려운 점이 있습니다. 그런데 지금 정택하는 나이가 젊은 일개 후진(後進)으로 이미 평소에 학식이 없고 또 큰 지식과 안목이 없는데도 감히 함부로 기이한 논의를 제기하여 힘써 정론(正論)을 막으며 말하기를

"아무개는 이와 같고, 아무개는 저와 같다."

34 정택하(鄭宅河)의……배척하였습니다 : 경기 · 황해도 · 충청도, 3도의 유생 윤수준(尹壽俊) 등이 문정공(文正公) 송시열(宋時烈), 문정공 송준길(宋浚吉), 문순공(文純公) 박세채(朴世采)를 문묘에 종사할 것을 청하였는데, 정언 정택하(鄭宅河)가 상소하여 반대하였다. 《肅宗實錄 44年 2月 26日 · 3月 8日》

라고 하였습니다. 함부로 자신의 의견으로 가벼이 포폄을 하여 문묘에 종사하는 중요한 전례를 제멋대로 판단하여 제멋대로 높이고 낮추면서 조금도 돌아보거나 꺼리지 않았으니, 세도의 변고와 사문의 곤액이 이보다 더 심한 적이 없습니다. 맑은 조정에서 이처럼 불미스러운 일이 벌어질 줄은 생각지도 못하였습니다.

삼가 생각건대 신의 스승은 자질과 품성이 매우 고매하고 덕과 공업을 온전히 갖추었으며, 참되게 알고 실제로 실천하며 도의 본체를 일찍 깨달았습니다. 성실함과 명철함이 모두 지극하고 겉과 속을 꿰뚫었으며, 규모와 기상이 화평하고 시원하였으며 출처와 언행이 광명정대하였으니, 실로 덕을 이룬 군자이며 불세출의 참된 선비입니다. 일생의 공부로 말하자면 글을 짓고 도를 밝혀 사문(斯文)에 공이 있고 후학에게 은혜를 베풀었으니, 또 근세의 유학자들 가운데에도 보기 드문 인물입니다. 이 때문에 문정공(文正公) 신(臣) 송시열(宋時烈)이 나이를 잊고 교제하였으며, 늘 편지를 보낼 적에 '존형(尊兄)'이라 일컬었습니다. 또 남헌(南軒)[35] 같은 사람이라고 신의 스승을 자주 면려하였으며, 죽음을 앞두고 있을 때는 편지를 보내어 신의 스승에게 세도(世道)를 부지하는 책무를 부탁하였으니, 두 현신(賢臣)이 서로 깊이 허여하였음을 여기에 근거하여 알 수 있습니다. 신이 비록 변변치 못하지만 늙어 죽음을 앞둔 나이에 어찌 감히 아부하는 말을 하여 위로 저하를

35 남헌(南軒) : 송나라의 학자인 장식(張栻, 1133~1180)의 호이다. 자는 경부(敬夫)・흠부(欽夫)이다. 이학(理學)에 뜻을 두어 호굉(胡宏)에게 배웠고 주자(朱子)와 교유하였다. 동래(東萊) 여조겸(呂祖謙)과 주희(朱熹), 장식 이 세 사람을 일컬어 동남삼현(東南三賢)이라 부른다.

속이고 아래로 죽은 스승을 속이겠습니까.

지난번에 삼도(三道)의 유생이 문정공 신 송시열과 문정공(文正公) 신(臣) 송준길(宋浚吉)과 함께 신의 스승을 문묘에 종사해야 한다고 청한 일에서 역시 일국의 공론이 어디에 있는지를 알 수 있습니다. 또 정택하가 "윤수준(尹壽俊)[36]의 무리들이 대론이 정해진 뒤에 갑자기 뒤이어 발의하였다."라고 하였는데, 신이 듣기로 정택하는 정민하(鄭敏河)의 친형제입니다. 당초에 정민하가 처음 그 논의를 발의하였는데,[37] 그의 아우 정택하가 이것을 가지고 대론(大論)이 정해졌다고 하였으니, 전혀 염치없기가 또한 심하다고 하겠습니다.

아, 세 현신의 학문과 도덕이 모두 깊고 순수하여 생전에는 한 세상의 모범이 되었고, 사후에는 먼 후세의 사표(師表)가 되었으니, 문묘에 함께 올려 아울러 제향하는 것은 실로 많은 선비들의 공론입니다. 이것이 어찌 얕은 식견을 지닌 후생이 경중을 논할 수 있는 일이겠습니까.

삼가 생각건대 저하께서 한 번 정무를 보신 뒤로 현인을 높이고 도를 중시하는 일에 지극히 하지 않은 적이 없으셨습니다. 지난번에 삼도의 유생들에게 답하는 글에 "세 현인을 종사하자는 요청은 진실로 공의(公議)에서 나온 줄을 알겠다."라고 하셨으니, 영지(令旨)가 내리자 사림

36 윤수준(尹壽俊) : 대본에는 '浚'으로 되어 있는데, 인명(人名)에 의거하여 '俊'으로 바로잡아 번역하였다.

37 당초에……발의하였는데 : 1717년(숙종43) 11월 19일 전라도 유생 정민하(鄭敏河) 등이 선정신 송시열과 송준길을 문묘에 종사할 것을 청한 뒤, 1718년 2월 26일 경기도·황해도·충청도 3도의 유생 윤수준(尹壽俊) 등이 상소하여, 송시열·송준길·박세채를 문묘에 종사할 것을 청하였다. 《肅宗實錄 43年 11月 19日 · 44年 2月 26日》

이 모두 기뻐하면서 춤을 추었습니다. 그런데 뜻밖에 이번에 현인을 무시하고 정도(正道)를 업신여기는 무리들이 그 사이에서 나와 새로 시행하는 정사를 막았으니, 통렬히 분변하고 배척하여 시비의 소재를 명확히 해야지, 너그럽게 포용하는 모습을 보여 말세의 야박한 습속을 조장해서는 안 됩니다. 또 한 사람의 사적인 뜻으로 대체로 같은 공론을 모두 버려서는 안 됩니다.

아, 생삼사일(生三事一)[38]의 의리가 지극히 중대하고 큽니다. 이 때문에 주자(朱子)가 오륜의 가르침을 두었고,[39] 관자(管子)는 제자에 관한 설[40]을 말하였습니다. 지금 신이 문순공의 문하를 출입한 사람으로 죽은 스승이 남에게 모욕을 당하는 모습을 직접 보고도 끝내 한마디 분변하는 말을 하지 않는다면 이는 스승과 제자의 윤리를 폐하는 것이며 제자의 직분이 결여된 것이니, 장차 어떻게 세상에 설 수가 있겠습니까. 이에 참람함을 잊고 감히 이렇게 덧붙여 아뢰니, 저하께서는 그 죄를 용서하고 신의 마음을 헤아려 주소서.

38 생삼사일(生三事一) : 264쪽 주32 참조.

39 주자(朱子)가……두었고 : 《주자대전(朱子大全)》 권81 〈황중본의 붕우설에 쓴 발문〔跋黃仲本朋友說〕〉에 "반드시 군신・부자・형제・부부 관계를 도리에 완전히 부합하여 어그러지지 않게 하고자 한다면, 붕우를 두어 선(善)을 권면하고 인(仁)을 돕지 않는다면 그 누가 그리하게 할 수 있겠는가? …… 붕우의 관계는 그 형세는 가벼운 듯하나 작용은 매우 중하고, 그 관계는 먼 듯하나 친분은 지극히 도타우며, 그 명칭은 작은 듯하나 소임(所任)은 매우 크다."라고 하였다.

40 관자(管子)는……설 : 《관자(管子)》 〈제자직(弟子職)〉에 "선생이 가르침을 베풀면 제자는 이를 본받아 온순하고 공손하며 스스로 겸허하게 하여 받은 바를 극진히 해야 한다."라고 하였다.

여덟 번째 상서[41]

八書

삼가 아룁니다. 근래에 자성(慈聖)[42]의 체후가 편치 않으셔서 상하가 애태우며 경황이 없었는데, 다행히 신인(神人)의 도움에 힘입어 곧바로 소생하여 편안해지셨으니, 신민의 기쁨과 경사를 이루 다 말할 수 없습니다. 이어 생각건대 신은 시골에 있는 천한 몸으로 연이어 소명을 받아 일곱 차례 상서를 올려 사정을 아뢰며 한결같이 명을 어겼으니, 필부의 무례함은 그 죄가 만 번 죽어 마땅하기에 밤낮으로 두려움에 떨며 한창 처벌을 기다리고 있었습니다. 그런데 삼가 저하께서 미천한 신의 정성을 굽어 살피셔서 처벌을 내리지 않으셨을 뿐 아니라, 이어 신이 맡은 사헌부 집의의 직명을 체직하도록 허락하셨고, 은혜로운 비답을 내리셨는데 말뜻이 매우 온화하였습니다. 신은 저하께서 곡진히 인정을 살펴 사물의 성질을 굽히지 않고 온전히 편안히 해주어 생성해주려는 지극함을 우러러 보았습니다. 신은 우러러 큰 은혜를 받고 더욱 두렵고 감동하여 지금부터는 큰 죄를 면할

41 여덟 번째 상서 : 1718년에 자신에게 내려진 직책인 세자시강원 진선을 거두어 줄 것을 다시 한 번 요청하는 여덟 번째 상서로, 대리청정을 하고 있던 왕세자에게 올린 글이다.

42 자성(慈聖) : 자성(慈聖)은 보통 왕후를 가리키는데, 이 당시는 경종이 세자로 대리청정을 하고 있을 때이며, 인현왕후(仁顯王后)는 이 당시 벌써 세상을 떠났으므로, 본문의 자성은 숙종의 계비 인원왕후(仁元王后, 1687~1757) 김씨(金氏)를 가리키는 것으로 보인다.

수 있을 듯하였습니다. 그런데 세자시강원의 아름다운 직함이 여전히 지금까지 머리를 누르고 있으니 미천한 신의 분수를 생각할 때 실로 끝내 감당할 수 없는 점이 있습니다.

아, 서연(書筵)에서 강학을 하는 직임은 그 책무가 몹시 중대한데, 신은 이미 너무 쇠약하고 지업(志業)이 모두 다하여 저하를 일깨우고 보좌하여 인도하는 임무를 감당할 수 없음을 그동안의 사직 상서에서 남김없이 다 아뢰었으니, 삼가 저하께서도 이미 통촉하셨으리라 생각합니다. 그런데도 여전히 버려두지 않고 부르시고 변함없이 맡기시어 선비를 대우하는 예를 베푸시고 현자를 우대하는 자리에 두시며 지금까지 십 개월에 이르도록 허락을 아끼시는 것은 어째서입니까. 신이 삼가 답하신 말씀을 받들어 보니, "굳이 이렇게까지 사양하니, 본직은 체직을 허락한다. 다시 면직을 청하지 말고 곧바로 속히 길에 오르도록 하라."라고 하였습니다. 신은 땅에 엎드려 받들어 읽고는 저도 모르게 감격의 눈물을 흘렸습니다.

신의 한 직책을 체직하시고 그대로 한 직책에 머무르게 하시며, 신을 예로 처우하시고 또 신을 의리로 질책하시니, 이는 실로 보통을 넘어선 특별한 은전입니다. 신이 나아가서 명을 받들자니 재주와 분수가 이미 저와 같이 미치지 못하고, 물러나 분수를 지키자니 분수를 넘는 은혜로운 처우가 또 이와 같으니, 신이 이에 근심스럽고 궁색하며 황공하고 당혹스러워 두렵기도 하고 부끄럽기도 하여 더욱 어찌할 줄을 모르겠습니다.

신이 이어 삼가 생각해보니, 옛사람이 관직을 사양하면서 소명에 나아가 조정에 이르러 배명(拜命)하고 돌아온 경우가 있으니 그 의리가 어찌 관작은 외람되이 감당할 수가 없지만 소명은 저버릴 수 없기 때문이 아니겠습니까. 신처럼 용렬하고 비루하여 변변치 못한 사람은 감히 함부로 옛사람의 일을 흉내낼 수 없습니다. 다만 지금의 정세가 궁하고 위축되어 이러한 지경에 이르러 다시 노쇠하고 병들었다는 이유로 사양할 수가 없었기에 속히 한번 도성으로 나아가 잠시 조정에 올라 신이 몹시 쇠약하고 병이 깊은 실상을 저하께 다 드러낸 뒤에 남은 목숨으로 시골로 돌아가 죽기를 청하려고 하였으니, 이는 신의 부득이한 상황에서 나온 계책입니다. 이에 감히 억지로 지팡이를 잡고 병든 몸을 부축하여 길에 올라 과천(果川)의 경계에 이르렀습니다. 그런데 평소 앓던 산증(疝症)과 현기증(眩氣症)이 더위와 습기로 인해 다시 발병하여 고통에 부르짖다 혼절하여 인사불성이었습니다.

도중에 갑작스레 발생한 일이라 치료할 약이 없어 들것에 실려 길가의 촌가로 들어가 다방면으로 치료하여 비로소 조금 소생하였으나, 병의 증세는 여전히 위중하여 생사가 분명하지 않습니다. 드디어 감히 대궐에 나아갈 생각을 하지 못하고 다시 왔던 길을 찾아 조금씩 물러나 돌아오면서 남산(南山)을 바라보며 다만 스스로 흐르는 눈물을 닦으며 감히 한 통의 상서를 올려 신의 사정을 자세히 아룁니다. 삼가 바라건대 저하께서는 신에게 내린 세자시강원의 직임을 일체 체직하시어 공사(公私)를 편안히 해주신다면 그보다 더 큰 다행이 없을 것입니다.

아홉 번째 사직하고 겸하여《주문초선》을 하사한 것에 대해 감사하는 상서[43]

九辭兼謝賜朱文抄選書

삼가 아룁니다. 신이 그동안 받은 은혜는 일상적인 격식을 넘은 것이라 여러 차례 사직 상서를 올렸으나 아직까지 허락을 받지 못하였습니다. 한 번 명을 어기면 죄가 한 번 더해지니, 분의를 헤아려 볼 때 계속해서 물러나 엎드려 있는 것은 마땅하지 않았습니다. 이에 지난번에 병을 무릅쓰고 길에 올랐으니, 그 뜻은 감히 관직을 감당할 수 있다고 여겨서가 아니며, 특별한 은전을 받을 만하다고 여겨서가 아닙니다. 이는 한 번 은혜로운 명에 감사하고 신의 정황을 아뢰어 관직에서 물러나 돌아오기를 원해서였습니다. 그런데 뜻하지 않게 중도에 이르러 숙병이 갑자기 위독해져 앞으로 나아갈 방법이 없어 상서를 올리고서 지레 돌아왔습니다. 길에서 소나기를 만나 온몸이 젖어 병세가 더욱 심해지고 증세가 더욱 악화되어 숨이 약해져 끊어질 듯하였으니, 이는 신의 목숨이 다하게 될 징후입니다.

당초에 제멋대로 한 번 길에 올라 저하의 명에 공경을 표하려던 계획이 여기에 이르러 상황이 변하여 도리어 명을 태만히 하는 결과가 되었으니, 병석에 누워 신음하면서 슬픔과 두려움이 아울러 지극하였습니

43 아홉……상서 : 1718년에 자신에게 내려진 직책인 세자시강원 진선을 거두어 줄 것을 다시 한 번 요청하는 아홉 번째 상서로, 대리청정을 하고 있던 왕세자에게 올린 글이다.

다. 집에 자리를 깔고 삼가 견책을 기다렸는데 답하는 말씀을 받아보니, 말뜻이 부지런하고 간절하였으며 심지어 "그대가 도성 근처까지 왔다가 병으로 인해 도로 돌아갔음을 알았으니, 내가 서운하다. 병이 차도가 있기를 기다렸다가 즉시 속히 다시 길에 오르도록 하라."라고 하였습니다. 곡진히 은혜로운 용서를 내리시고 두터운 총애가 더욱 융숭하여 온화한 윤음(綸音)으로 엄한 처벌을 대신하셨고, 죽을 죄를 돌려 사는 길에 놓아두셨습니다. 신이 병든 몸을 부축받아 엄숙히 읽으니, 저도 모르게 감동의 눈물이 얼굴을 덮었습니다. 겨우 숨만 붙어 있는 보잘 것 없는 몸이 이렇게 특별한 은혜를 입었으니, 숨이 끊어지기 전에는 감히 다시 신의 병세를 말씀드릴 수가 없습니다.

다만 신이 앓고 있는 병은 실로 우연히 감기에 걸려 발병한 것이 아니니, 근원이 이미 오래되었고 뿌리도 깊습니다. 평소에 일이 없을 때에도 목숨을 보전하지 못할 듯하였는데, 게다가 이번에 길에 올라 손상이 적지 않아 병세가 더욱 악화되어 죽을 날이 머지않았으니, 그 형세가 진실로 애달프고 그 정황도 헤아릴 만합니다. 더구나 신이 직명을 맡은 지 지금 열한 달에 이르러 거의 일 년이 다 되어가니 직분을 저버린 죄가 이미 큽니다. 나라의 체모와 개인적인 의리에 있어 두 가지 모두 마땅하지 않기에 더욱 두렵고 위축되며, 병중에 생각하니 갑절로 두렵습니다. 이것이 신이 감히 만 번 죽음을 무릅쓰고 또 한 번 상서로 아뢰어 참람함을 피하지 않고 신의 요청을 받아들여주시기를 기약하는 이유입니다.

신이 이어 삼가 생각해보니 칠십의 나이에 벼슬을 그만둔다는 가르침이 밝게 예경에 분명히 기록되어 있습니다.[44] 이는 나이가 들어 쇠약해지고 근력이 다하면 비록 부지런히 직분에 종사하여 몸이 부서지도록 일을 하려 해도 형세상 미칠 수가 없었기 때문입니다. 그러므로 아래에 있는 사람이 반드시 나이를 들어 벼슬에서 물러나기를 구하면 위에 있는 사람 역시 예에 의거하여 물러가기를 허락하였으니, 선왕(先王)이 예법을 제정한 것이 어찌 아무 이유 없이 그런 것이겠습니까.

옛날에 주자(朱子)가 경원(慶元) 기미년(1199) 2월에 칠십의 나이로 벼슬을 그만두기를 청하여 허락을 받아 6월에 이르러 글을 지어 가묘(家廟)에 고하고 손자 주감(朱鑑)에게 집안일을 계승하게 하였습니다.[45] 또 우리나라의 유현(儒賢)을 보건대 비록 말단 관직과 낮은 자급이라도 나이가 칠십에 이르면 치사(致仕)를 청하였으니, 연로한 신하일 경우에는 따르기에 합당합니다. 더구나 예경(禮經)의 본뜻은 "칠십에 벼슬을 그만둔다."라고 말하였을 뿐, 사람이 현명한지 아닌지를 가지고 말하지 않았으니, 신이 비록 몹시 용렬하고 보잘 것 없어 굳이 따져볼 만한 것이 없지만 미천한 신의 나이가 이미 일흔 세 살입니다. 신이 올해 봄에 사직을 청하는 상서를 올려 이러한 뜻으로 대략 말씀드렸는데, 저하께서는 과연 기억하고 계십니까. 더구나 지금 병이 점점 악화되어 죽을 날이 가까워 오기에 이에 이전의 간절함을 다시

44 칠십의……있습니다 : 《예기》 〈왕제(王制)〉에 "50세에 벼슬하고, 60세에 직접 배우지 않고, 70세에 치사한다.〔五十而爵, 六十不親學, 七十致政.〕"라고 하였다.

45 주자(朱子)가……하였습니다 : 《주자대전(朱子大全)》 〈치사고가묘문(致仕告家廟文)〉에 "칠십의 나이가 되자 노쇠와 질병이 찾아들어 근력이 떨어졌는데 이미 성은을 입어 치사를 허락받았으니, 집안일을 자손에게 전하는 것이 마땅합니다. 그러나 사자가 이미 죽었으니 어린 손자 주감(朱鑑)이 당연히 다음 대를 이어야 하는데, 아직 나이가 어려 궤전을 감당할 수 없으므로 지금 이미 의논해 결정하기를, 봉사는 그에게 맡기되 두 아들 주야(朱埜)와 주재(朱在)로 하여금 더불어 보좌하도록 하였습니다."라고 하였다.

아뢰어 다시 이렇게 우러러 호소합니다. 삼가 바라건대 저하께서는 굽어 살펴 신의 직명을 속히 체직하라고 명을 내리시어 죽음을 앞둔 신으로 하여금 안심하고 죽게 해주신다면 실로 천지처럼 덮어주고 실어주는 두터운 은혜일 것입니다.

또 신이 삼가 성상께서 하사하신《주문초선》두 책을 받았습니다. 신이 삼가 땅에 엎드려 절을 하고 받으니 두렵고 감격스러운 마음을 이루다 말할 수가 없습니다. 다만 신이 젊어서는 배우지 못하고 늙어서는 더욱 몽매하여 서책의 공부는 포기한 지가 오래입니다. 비록 특별한 은총을 받았지만, 그에 걸맞지 못할까 두렵습니다. 신이 이어 삼가 이 책에서 가려뽑은 내용을 보았더니 모두 몇 편인데, 아름다운 계책과 지극한 이론 및 중대한 요강은 모두 스승과 모범으로 삼을 만하였고, 그 가운데 정일(精一)의 법[46]과 복수 설치(復讐雪恥)의 의리[47]는 더욱 오늘날의 요긴한 도리이며 시급한 업무입니다. 이 두 가지 일은 우리 성상께서 전수한 가법(家法)입니다. 옛날 우리 효종대왕(孝宗大王)께서 액운을 만나 마음속에 지극한 아픔을 품고서 안으로는 성의정심(誠意正心)의 학문을 강구하고, 밖으로는 존왕양이(尊王攘夷)의 공[48]을

46 정일(精一)의 법 : "인심은 위태롭고 도심은 은미하니, 정밀하게 살피고 전일하게 지켜야 진실로 그 중도를 잡을 것이다.〔人心惟危, 道心惟微. 惟精惟一, 允執厥中.〕"라고 한 순(舜) 임금의 16자 심결(心訣)을 가리킨다.《書經 虞書 大禹謨》

47 복수 설치(復讐雪恥)의 의리 : 청나라에 복수하여 침략당한 수치를 씻고, 명나라에 대해 의리를 지키는 것을 말한다.

48 존왕양이(尊王攘夷)의 공 : 중국을 높이고 오랑캐를 배격하는《춘추(春秋)》의 의리(義理)를 말하는데, 뒤에 와서 중국의 천자를 높이고 이적(夷狄)을 배척하는 데 쓰였다. 여기서는 명나라를 높이고 청나라를 배척하는 존명배청(尊明排清)의 의리를 이른다.

도모하셨는데, 하늘이 돕지 않으시어 갑자기 승하하셨으니, 지금까지도 듣는 사람들이 모두 통곡을 합니다.

신이 듣기로 이 초선(抄選)은 문정공(文正公) 송시열(宋時烈)에게서 나왔는데, 성상께서 특명으로 인출(印出)하여 서연(書筵)에서 강독하도록 하셨다고 하니, 성상의 뜻이 무엇인지 거의 우러러 헤아릴 수 있습니다. 그렇다면 이 뒤로 계술(繼述)[49]하는 책임은 바로 우리 저하에게 있지 않겠습니까. 바라건대 저하께서는 깊이 유념하시어 잊지 마소서.

49 계술(繼述) : 252쪽 주17 참조.

열한 번째 상서[50]

十一書

삼가 듣기로 근래에 자성(慈聖)께서 편찮으신데, 병의 증후가 오래 낫지 않아 약원을 옮겨 설치하여 상하가 근심하고 당혹스러워하고 있다고 하였습니다. 신이 병으로 집에 엎드려 있으면서 한 번도 문후를 여쭈는 반열에 달려가 참여하지 못했으니, 분의로 헤아려봄에 그 죄가 만 번 죽어도 마땅합니다.

이어 삼가 생각건대 신이 헛되이 세자시강원의 직임을 지닌 지 이미 일 년이 지났고, 외람되이 사헌부의 직임을 차지한 적이 지금 세 차례에 이르렀으니 실정을 아뢰고 호소하여 마음을 다하여 면직을 바랐습니다. 그러나 아직까지 굽어 살펴주시지 않으시고 번번이 허락하지 않으셨습니다. 보잘 것 없는 신이 성의가 얕아 저하를 감격시켜 마음을 돌리지 못하였으니, 신이 삼가 스스로 슬퍼합니다.

신이 이미 극도로 쇠약해지고 병들어 벼슬할 수 없는 상황은 저하께서도 이미 잘 알고 계시고 세상 사람들도 모두 알고 있습니다. 더구나 생각건대 올해 가을에 기이한 질병을 앓은 뒤로 거의 남은 힘이 없고 정신이 더더욱 없어지며 몇 개월 신음하는 동안 동수(東首)[51]가

50 열한 번째 상서 : 1718년에 자신에게 내려진 직책인 사헌부 집의와 세자시강원 진선을 거두어 줄 것을 다시 한 번 요청하는 상서로, 대리청정을 하고 있던 왕세자에게 올린 글이다.

51 동수(東首) : 죽음이 임박함을 말한다. 《예기》 〈상대기(喪大記)〉에 "병이 심하면……누웠을 때에 북쪽 창문 아래에 머리를 동쪽으로 향하게 하고 침상(寢牀)을 치우

임박하였습니다. 비유하자면 꺼지려고 하는 촛불을 비록 조용한 밀실에 두더라도 오히려 쉽게 불씨가 꺼질까 걱정하는 상황과 같으니, 만약 다시 바람이 부는 곳에 옮겨 둔다면 잠시라도 불씨를 보존할 수 있겠습니까. 이는 신이 말을 꾸며 면직을 바라고 구차히 몸을 편안히 하려는 계책이 아니라 애달프게 호소하는 말이 실로 진실된 마음에서 나온 것입니다. 하늘의 해같은 성상께서 위에 계시니, 어찌 감히 터럭만큼이라도 속일 수가 있겠습니까. 지금 절기가 궁음(窮陰)[52]에 이르러 차가운 날씨가 뼛속 깊이 파고들어 깊숙한 곳에 엎드려 지내며 문을 열지 않은 지가 오래입니다. 은혜로운 소명을 헛되게 하고 달려가 받들 방법이 없으니, 병석에 누워 슬피 신음하며 눈물만 흘릴 뿐입니다.

또 신이 쇠약하고 늙어 정신이 없어 시세에 완전히 어두워 함부로 한 마디 말을 했다가 도리어 비상한 비난을 받았습니다. 당초에 신이 사문(師門)을 위해 신변하려고 했던 일이 결국에는 도리어 사문에 치욕을 더하였으니, 신이 지금 부끄럽고 송구하여 죽고 싶지만 그럴 수 없습니다. 그러니 어찌 감히 다시 신변하고 분석하여 어지러운 상황을 확대하겠습니까. 또 어찌 감히 부끄러움을 참고 염치없이 나아가 다시 한 가지 죄를 더하겠습니까.

신이 나이가 들고 병이 심해져 세상에 살 날이 얼마 남지 않았음을 스스로 알고 있으나 직명을 신의 몸에 지니고 있어 하루도 편할 날이 없습니다. 이에 절실한 마음을 아뢰어 다시 성상을 모시고 탕약을 올리

며, 설의(褻衣)를 철거하고 새 옷을 가하며, 사지를 각각 한 사람씩 붙잡으며, 남녀들이 옷을 갈아입고 솜을 대어서 숨이 끊어지기를 기다린다."라고 하였다.

52 궁음(窮陰) : 음기(陰氣)가 끝까지 찼다는 뜻으로 음력 10월을 가리킨다.

는 저하를 감히 우러러 번거롭게 합니다.

삼가 바라건대 저하께서는 신의 병세를 가련하게 여기고 신의 사정을 불쌍히 여기시어 신의 본직과 겸직을 일체 아울러 체직하도록 허락하고 조정 관원의 명부에서 삭제하여 다시 천거하지 않게 하여 사람들의 말에 답하고 미천한 분수를 편안히 해주신다면 실로 천지처럼 생성시켜주시는 큰 은혜일 것입니다.

승정원 동부승지를 사직하는 상서[53] 기해년(1917, 숙종45)

辭承政院同副承旨書 己亥

삼가 아룁니다. 신이 외람되이 총애받아 선발되었으니, 실로 분수에 넘치는 것이 두려워 감히 한 편의 상서로 아뢰어 우러러 실정을 말씀드렸습니다. 신은 저하께서 필시 신을 불쌍히 살펴주시어 위로는 잘못 등용하였다는 과오가 없고, 아래로는 무턱대고 관직을 받는 죄를 면할 수 있을 것이라 생각하였습니다. 그러나 미미한 정성이 닿지 못하여 끝내 허락하지 않으셨습니다. 신이 한창 두렵고 근심스러워 삼가 지시를 기다렸는데, 뜻밖에 지금 또 은혜로운 전지를 받드니 신을 승정원 동부승지로 삼고 신에게 속히 역말을 타고 올라오게 하는 내용이었습니다. 몇 개월 사이에 특별한 은혜가 거듭 이르고 누추한 집에 소명이 누차 내렸으니, 신이 더욱 송구하여 몸둘 곳을 모르겠습니다.

신이 삼가 생각건대 승지의 직분은 중요하고 긴밀한 데다가 왕명을 출납하는 임무를 전적으로 담당하니, 용렬하고 한가한 직책에 비할 바가 아닙니다. 비록 나이가 젊고 병이 없는 사람에게 맡기더라도 오히려 임무를 감당하기가 어렵습니다. 그런데 지금 신은 칠십을 넘어 팔십을 바라보는 나이로,[54] 여러 차례 죽을병에 걸려 몇 달 동안 앓느라

53 승정원……상서 : 1719년에 자신에게 내려진 승정원 동부승지의 직책을 거두어 줄 것을 요청하는 상서로, 대리청정을 하고 있던 왕세자에게 올린 글이다.

54 칠십을 바라보는 나이로 : 동부승지에 제수될 당시 김간의 나이는 74세였다. 《厚齋集 年譜》

숨만 근근이 쉬고 있으며, 정신이 어둡고 쇠약해져 침상에만 누워 뜰에 내려가지 못한 지가 오래입니다. 비록 힘을 다해 반열에 나아가서 분주히 직무를 보면서 밤낮으로 미천한 신의 노고를 조금이라도 바치려고 한들 어찌 그렇게 할 수가 있겠습니까.

신은 본래 용렬하고 우매하여 한 가지도 볼 만한 것이 없습니다. 학문은 경전을 이해하기 부족하고 재주는 시무를 알기 부족하니, 어느 모로 보나 일개 무능한 필부일 뿐입니다. 그동안 제수하는 명이 이미 극도로 분에 넘쳤는데, 지금 또 노인을 우대하는 은전을 만나고 자급을 뛰어넘는 은혜를 외람되이 받아 공조 참의에 제수되자마자 곧이어 동부승지에 제수되어 우뚝이 하대부의 반열을 차지하였습니다. 두툼한 갖옷을 입고 긴 인끈을 차는 것이 영화롭지 않은 것은 아니지만, 어찌 허술하고 실속없는 신의 몸에 부합하는 일이겠습니까. 높은 자급과 많은 녹봉이 좋지 않은 것은 아니지만, 어찌 노쇠하고 정신이 없어 죽음을 앞둔 사람에게 편안한 일이겠습니까. 분수를 헤아려 보건대 전혀 근사한 점이 없으니, 한편으로는 두렵고 한편으로는 부끄러워 거의 몸둘 곳이 없습니다. 옛사람이 이른바 "물러남으로써 승진을 도모하고, 아랫자리에 있음으로써 높은 자리를 엿보는 혐의"가 신의 입장에서는 거의 더 심한 점이 있습니다. 더구나 지금 성상의 체후가 편찮으시어 오랫동안 조용히 조섭하느라 저하께서 대리하시면서 국사를 분명히 익히시어 날마다 승지들로 하여금 공사(公事)를 가지고 입시하게 하시니, 신이 쇠약하고 병들어 재야에 있는 처지로 헛되이 승직의 직명을 차지하여 다시 직무를 방치한 죄를 더해서는 안 됩니다. 이에 근심스럽고 다급한 심정으로 인자하게 덮어주시는 저하께 우러러 호소합니다.

삼가 바라건대 저하께서는 지극히 중대한 관직을 생각하시고 꾸밈 없는 신의 말을 살피시어 속히 새로 내린 제수의 명을 거두시어 공사(公私)를 편하게 해주신다면 그보다 더 큰 다행이 없겠습니다.

후재집

제3권

소疏

숙종대왕의 연제(練祭) 때에 도성에 들어가 대궐 밖에서 통곡하는 반열에 참여하였다가 삼가 별유를 받들고 사직하고 돌아가기를 고하는 상소[1] 신축년(1721, 경종1)

肅宗大王練祭時入城參闕外哭班伏承別諭辭謝告歸疏 辛丑

삼가 아룁니다. 세월이 흘러 찬수(鑽燧)[2]가 여러 번 바뀌어 선왕(先王)의 1주기가 지금 이미 벌써 지났으니, 우리 서울과 지방의 모든 신민이 추모하는 마음에 울부짖다 기절하기도 하여 더욱 더 처음 상을 당했을 때의 심정과 같습니다. 생각건대 신은 선대의 조정에서 끝없는 천지와 같은 두터운 은혜를 입었으니, 애통한 마음을 더욱 가눌 수가 없어 이렇게 연복(練服)을 받는 날[3]에 맞추어 개탄스러운 애통함을 쏟아내려고 억지로 병든 몸으로 길에 올라 겨우 도성에 이르렀습니다. 천만 뜻밖에 전혀 꿈에서도 생각지 못하였는데 은혜로운 유지(諭旨)가 갑자기 성상에게서 내려졌으니, 말뜻이 간곡하고 총애와 예우가 융숭하며 참으로 간절하고 측은함이 보통을 넘었습니다. 신이 한 줄을 읽을 때마다 한번 눈물을 흘려 멍하니 놀라고 두려워하였

1 숙종대왕의……상소 : 1721년 숙종의 연제(練祭) 때문에 상경하여 곡반(哭班)에 참석하였을 때 경종으로부터 조정에 머물며 경적(經籍) 토론에 참여하라는 별유(別諭)를 받고 올린 상소이다.

2 찬수(鑽燧) : 옛날에 철이 바뀔 때마다 그 계절의 나무를 비벼 새로이 불을 얻던 일인 찬수개화(鑽燧改火)를 의미하는데, 사시(四時)의 변화를 뜻한다.

3 연복(練服)을 받는 날 : 소상(小祥)을 마치고 나서 상복을 연복(練服)으로 갈아입기 때문에 소상(小祥)을 말한다.

으니, 오늘날에 이런 은혜를 받은 이유를 모르겠습니다.

다만 지금은 우리 전하께서 파리한 모습으로 상중에서 근심하고 계시지만, 더욱 스스로 분발하여 정신을 가다듬어 다스림의 방도를 구하고 자나깨나 선왕을 그리워하는 여가에 연로하고 훌륭한 현자들을 초빙할 것을 생각하시어 널리 인재들을 초빙하는 일이 초야에까지 이르렀으니, 보고 듣는 자들이 누군들 공경하여 우러르지 않겠습니까. 그러나 신처럼 용렬하고 비루하며 쇠약하고 졸렬하여 조만간 죽음을 앞두고 있는 사람을 일체 분수에 넘치게 그 사이에 두시니, 어찌 당세의 비판을 야기하고 은거하는 선비들의 수치가 되지 않겠습니까.

신은 어려서부터 선정(先正)[4]의 문하를 출입하였으나 다만 자질이 용렬하고 지기(志氣)가 강하지 못하여 비록 간혹 말단적인 장구(章句)를 공부하였으나 애초에 진실한 경지는 터득하지 못했으니, 시골에 사는 늙고 쓰일 데 없는 일개 필부에 지나지 않습니다. 일상에서 남과 수작할 때에도 오히려 형편없다는 탄식을 많이 하는데, 더구나 이 성상의 유지에서 "경전을 토론하고 다스림의 교화를 아름답게 꾸민다."라고 한 말이 우매하고 천한 신에게 어찌 조금이라도 근사한 점이 있겠습니까. 신은 진실로 부끄러워 몸둘 곳을 모르겠습니다.

게다가 미천한 신의 나이는 지금 일흔 여섯이니, 근력이 다하고 병이 든 몸으로 밤사이에 또 곡하는 반열에 참여하여 한데의 습한 곳에 있었던 터라 평소 앓던 현기증이 갑자기 더 심해졌으니, 숨이 끊어질 상황이어서 실로 잠시라도 보존하기 어려운 실정입니다. 이에 병든 몸을 들것에 싣고서 고향으로 돌아가 살길을 찾고 싶지만 분의상 감히 모른

4 선정(先正) : 작자의 스승인 박세채(朴世采)를 말한다.

체하고 돌아갈 수가 없어 짧은 상소로 대략 아뢰고 이어 고향으로 가는 길에 오릅니다. 행색이 급하고 병으로 생각이 혼미하여 역시 속마음을 다 말씀드리지 못하여 엄려(嚴廬)[5]를 바라보며 그저 눈물을 흘릴 뿐입니다.

삼가 바라건대 명철하신 성상께서는 불쌍히 굽어 살펴주시어 속히 소명을 거두시고 또 신이 지레 돌아간 죄를 다스려 사적인 분의를 편안히 해주신다면 천만다행이겠습니다.

5 엄려(嚴廬) : 상주가 거처하는 여막을 가리키는데, 여기서는 당시 숙종의 상을 당한 경종(景宗)의 거처를 말한다.

별유를 내려 공조 참의로 부르는 명을 사양하는 상소[6]

을사년(1725, 영조1)

辭工曹參議別諭宣召疏 乙巳

삼가 아룁니다. 하늘이 큰 재앙을 내려 나라에 큰 슬픔이 있었는데,[7] 여러 번 계절이 바뀌고 인산(因山)도 지났습니다. 삼가 생각건대 우리 전하께서는 우애가 더욱 깊으셨으니, 애통함을 어찌 감내하시겠습니까. 부모상을 당한 듯한 애통함은 모든 백성이 같습니다만, 더구나 신은 두 조정의 두터운 은혜를 입은 것이 천지와 마찬가지로 끝이 없으니, 애도하며 통곡하는 마음이 더욱 또 어떠하겠습니까.

이어 삼가 생각건대 신은 본래 시골에 사는 몹시 늙고 병든 필부입니다. 몇 년 전부터 남쪽 땅에 유락하여 산골에 살며 시냇물을 마시면서 그럭저럭 미천한 분수에 맞게 편안히 지냈으니, 구구한 신의 소원은 두문불출하고 요양하면서 여생을 마치는 것뿐이었습니다. 그런데 뜻밖에도 얼마 전 공조 참의로 제수하는 명이 전혀 생각지도 못한 데에서 나왔으니, 신은 너무도 황공하여 어찌할 바를 몰랐습니다. 뒤이어 또 하유하신 성지(聖旨)를 공경히 받아 보니, 몇 줄의 윤음(綸音)에 담긴 말씀이 정중하여 신에게 선조(先朝) 때의 옛 은혜를 말씀하시고, 신에게 경연(經筵)의 중임을 맡기며 속히 올라오게 하라는 내용이었습니

6 별유를……상소 : 1725년 공조 참의에 임명되고 경연에 나오라는 별유(別諭)를 받았을 때 이를 사양하는 상소이다.

7 하늘이……있었는데 : 경종(景宗)의 승하를 가리킨다.

다. 신은 병중에 깜짝 놀라 일어나 땅에 엎드려 공경히 받들고 절반도 채 읽기 전에 저도 모르게 턱 위로 눈물이 흘러내렸습니다.

돌아보건대 신은 용렬하고 비루하여 가장 보잘 것 없는 사람으로, 젊어서는 공부를 제대로 못해 아는 것이 없고, 중년에는 기이한 병에 걸려 결국 칩거하는 폐인이 되었습니다. 그런데 무슨 까닭인지 모르겠지만 헛된 명성을 훔쳐 두 조정에 걸쳐서 거듭 지나친 은혜를 입었습니다. 신의 평생을 말하자면 이런 데에 불과하니, 너무나도 참람하고 분에 넘쳐 부끄럽고 두려운 마음이 늘 간절합니다.

지금 우리 성상께서 새로 보위에 오르시어 어진 인재를 찾기에 급급하여 신의 본말과 장단을 살피지 않고 선조 때의 옛사람이니 혹여 조금이라도 취할 만한 장점이 있을까 하여 열성(列聖)의 고사를 잘못 끌어와 이런 격식을 넘어서는 특별한 은전을 내리셨으니, 지금이 바로 신이 선왕의 특별한 대우를 추념하여 전하께 보답하고 싶은 때입니다. 신은 한편으로는 슬프고 한편으로는 감격하여 마음을 가눌 수가 없습니다. 하지만 신의 지업(志業)이 황폐해지고 쇠약함과 혼미함이 또 심하여 특별한 소명을 비록 부지런히 내리셨지만 받들 길이 없으니 어찌하겠습니까. 신은 이에 갈피를 잡지 못하고 부끄럽고 위축되어 곧장 땅을 파고 들어가고 싶지만 그럴 수도 없습니다. 더구나 경연에 참석하는 이 직임은 실로 군주의 덕을 성취하게 할 책무가 있으니, 진실로 학술에 능통하고 견해가 고명하여 자문에 대비하고 잘 인도할 수 있는 사람이 아니라면 필시 그 직임을 감당하지 못한다는 비난을 초래할 것입니다. 이것이 어찌 신처럼 병만 있고 학식은 없는 사람이 감당할 수 있는 직임이겠습니까.

신이 삼가 듣건대 전하께서는 상중(喪中)에도 학문에 부지런히 힘쓰시고 옛 신하들을 등용하여 날마다 경연에 나가시어 학문을 좋아하는 정성이 어떤 임금보다 더 대단하시다고 하니, 이를 보고 들은 사람 중에 기뻐하지 않는 이가 없습니다. 만약 신이 터럭만큼이라도 감당할 만한 상황이라면 마땅히 성상의 하교를 받들어 곧장 명에 달려가야 하니, 경연의 말석에 참석하여 성학(聖學)의 성취를 보는 것이 미천한 신의 분수에 있어 실로 영광스러운 일입니다. 어찌 이런 기회를 만나고서 스스로 성상을 뵐 수 있는 길을 막아 위로는 명철한 성상의 성대한 뜻을 저버리고 아래로는 어리석은 신의 죄를 더해서야 되겠습니까. 게다가 신은 평소 산증(疝症)과 현기증 두 가지 병증이 있는데, 봄이 되면서 다시 심해졌고 근래에는 또 설사, 감기 등의 병을 심하게 앓아 몸이 피폐해져 골골하며 다 죽어가 숨만 붙어 있는 시신일 뿐이니, 관 속으로 들어갈 날이 머지않았습니다. 이렇게 쇠약하고 병든 근력으로 비록 힘을 다해 소명에 달려가고자 한들 또 어찌 그럴 수 있겠습니까. 이에 감히 속마음을 다 쏟아 성상께 호소합니다. 삼가 바라건대 자애로운 성상께서는 허술한 신의 실상을 살피고 신이 몹시 늙고 병들었다는 점을 헤아려 소명을 도로 거두어들이시고 이어 신의 직명을 체차해 주소서. 그리하여 조석을 기약할 수 없는 다 죽어 가는 목숨이 편안한 마음으로 산골에서 죽을 수 있게 해 주신다면 실로 처음부터 끝까지 낳아주고 길러주는 천지 부모와 같은 은덕일 것입니다.

찬선을 사직하는 상소[8]

辭贊善疏

삼가 아룁니다. 신은 이달 13일에 우승지가 성첩한 서장(書狀)을 삼가 받들었는데, 신을 승진시켜 시강원 찬선으로 삼고 신으로 하여금 속히 역마를 타고 올라오게 하라는 내용이었습니다. 신은 북쪽을 바라보며 절하고 받고는 너무나 놀랍고 두려워 몸둘 바를 몰랐습니다. 이어 삼가 생각건대 하늘이 종묘사직을 도와 우리에게 원자(元子)를 주셨습니다. 훌륭한 자질이 어려서부터 드러나고 세자의 덕성이 일찍 이루어졌으니, 조종(祖宗)께서 돌보시고 귀신과 사람이 의지하며 떠받들고 있습니다.

지금 삼가 듣건대 책례(冊禮)를 막 거행하여 서울과 지방의 사람들이 목을 늘이고 바라보았다고 하니, 이는 실로 억만년토록 우리 동방의 끝없는 경사입니다. 마땅히 반듯하고 정직하며 도덕과 학문을 갖춘 박학한 선비를 잘 선발하여 좌우에 배치하고 옛 성현의 격언과 지론(至論)을 날마다 앞에서 진달하여 부지런히 학문을 강론하고 차례차례 잘 인도하여 예의(禮義)의 가르침이 가슴속에 배어들고 인효(仁孝)의 설이 귀와 눈에 젖어들게 한다면 기질을 함양하고 덕성을 훈도(薰陶)할 수 있을 것입니다. 훗날 성군(聖君)이 되는 기틀은 실로 여기에 근본하니 그 임무가 이처럼 중차대합니다. 이것이 어찌 아무나 감당할

8 찬선을 사직하는 상소 : 1725년 세자시강원 찬선에 임명되었을 때 이를 사양하는 상소이다.

수 있는 일이겠습니까.

신이 들으니 옛날 인조(仁祖) 때에 문정공(文正公) 신(臣) 김상헌(金尙憲)이 문경공(文敬公) 신(臣) 김집(金集)을 위하여 찬선의 관직을 설치하자고 청하였으며, 그 후 이 선발에 발탁된 자들은 모두 산림(山林)의 덕망 있는 큰 선비나 경학(經學)으로 중망을 받던 사람들이었으나 오히려 주저하고 사양하며 감당하기 어려워하였다고 합니다. 지금 신은 지업(志業)이 허술하고 질병이 골수에 스며든 데다 나이가 팔십을 꽉 채워 근력이 쇠잔하고 정신이 혼미하니, 비록 평범한 한직도 오히려 감당하지 못할까 걱정인데 하물며 시강원의 청선(淸選)[9]이며, 세자를 가르치고 이끄는 중요한 이 직임이야 말할 것이 있겠습니까. 신의 마음이 부끄러운 것은 우선 버려두고 논하지 않더라도 명철한 성상께서 후세 자손을 위하여 계획하는 방도를 이처럼 허술하게 해서는 안 됩니다.

신이 삼가 살펴보건대 정자(程子)의 〈경연(經筵)을 논한 첫 번째 차자〉[10]에 "주공(周公)이 성왕(成王)을 보좌할 때 어려서부터 익숙하게 하였으니, 반드시 바른 것만 보게 하고 반드시 바른 말만 듣게 하며 전후좌우에 모두 바른 사람을 두었습니다. 그래서 습관이 지혜와 함께 자라나고 교화가 마음과 함께 이루어졌습니다."라고 하였습니다. 또 아뢰기를 "조정에서 현명하고 덕 있는 선비를 신중히 선발하여 강학을

9 청선(淸選) : 242쪽 주12 참조.

10 정자(程子)의……차자 : 송(宋)나라 철종(哲宗)이 즉위한 이듬해인 1086년에 대신 사마광(司馬光)이 정이(程頤)를 숭정전 설서(崇政殿說書)로 추천했을 때, 정이가 선인태후(宣仁太后)에게 경연을 열 것을 청하며 올린 차자이다. 《二程文集 卷7 論經筵第一箚子》

권면하는 데 대비하기를 바랍니다."라고 하였습니다.

신이 또 살펴보건대 주자(朱子)의 〈무신봉사(戊申封事)〉에, "사부(師傅)와 빈객(賓客) 등의 관원을 별도로 두어 아침저녁으로 함께 지내도록 하십시오."라고 하였고, 또 아뢰기를 "찬선대부를 두어 간관을 모방하여 잘못을 경계시키도록 하십시오."라고 하였으며, 또 아뢰기를 "폐하께서도 응당 때때로 태자를 부르시어 평소 폐하를 모시며 차분하게 가르쳐서 인도한다면 폐하께서 마음으로 전하는 묘법을 터득하여 종묘사직의 편안함과 제업(帝業)의 굳건함이 영구하고 무궁하게 될 것입니다."라고 하였습니다. 그 말이 매우 간절하고 절실하니, 예로부터 신하가 세자를 가르치고 양육하는 방도를 말한 것이 이보다 더 나은 것이 없었습니다.

신이 삼가 생각건대 오늘날 세자를 가르치고 이끌어 갈 방도는 필시 남김없이 세세하게 갖추어져 있을 것입니다. 그런데 용렬하고 미천하여 한 가지도 취할 것이 없는 신과 같은 사람을 외람되이 그 사이에 끼워 한 사람의 인원수를 채웠으니, 신은 식견이 있는 선비가 틀림없이 손가락질하고 비웃으면서 "저 사람도 이런 관직을 맡았는가."라고 할까 걱정이니, 어찌 처음으로 시행하시는 정사에 누를 끼치고 정자와 주자의 가르침에 부끄럽지 않겠습니까.

신이 받은 경연의 직임이 아직도 신의 머리를 누르고 있는데, 지금 또 이렇게 서연(書筵)에서 시강하라는 명을 내리셨습니다. 이는 모두 중요한 선발이어서 한 가지도 맡기 어려운데 하물며 겸하여 맡을 수 있겠습니까. 신이 자신에 대해서 아는 것이 분명하니 전혀 이 직임에 어울리지 않습니다. 명을 들은 이후로 밤낮으로 근심하고 두려워하며 누웠다가도 다시 일어나고 밥상을 앞에 놓고도 먹는 것을 잊어버리며 갈피를 잡지 못하고 부끄럽고 위축되어 마치 큰 죄를 저지른 사람 같습니다.

또 신은 새로 중병을 앓은 데다 숙병까지 도져서 실낱같은 남은 숨이 금방 끊어질 듯하여 지척에 있는 뜰에도 발걸음을 내딛지 못한 지도 오래되었습니다. 궁료(宮僚)의 몸으로 이런 큰 경사를 만났으나 병세가 이와 같아 하례하는 반열의 말석에 달려가 참석하지 못하였으니 신의 죄가 이에 이르러 더욱 큽니다.

삼가 바라건대 명철한 성상께서는 신이 노쇠하고 병들기가 몹시 심하다는 점을 살피시고 신의 학업이 서툰 점을 헤아리시어 경연과 서연의 두 직임을 특별히 체차하시고 감당할 수 있는 사람으로 바꾸어 제수하시어 관직을 중히 하시고 사적인 분수를 편안하게 해 주신다면 천만다행이겠습니다.

대사헌을 사직하는 상소[11]

辭大司憲疏

삼가 아룁니다. 신이 외람되이 분수에 맞지 않는 직임을 맡아 여러 차례 소명(召命)을 받았으나 병이 깊어 한 번도 삼가 받들지 못하고 왕세자 책례(冊禮)에도 반열에 나아가지 못하였습니다. 그래서 외람되이 한 통의 상소를 올려 위태롭고 간절한 사정을 대략 토로하고는 사가(私家)에서 석고대죄하며 삼가 문책을 기다렸습니다. 신의 상소가 도달하지도 않았는데 또 이달 3일에 좌부승지가 성첩(成貼)한 서장(書狀)을 8일에 삼가 받아 보니, 신을 사헌부 대사헌으로 제수하는 내용이었습니다. 두 달 사이에 특별한 은전이 거듭 내려 옛 직임이 체차되지도 않았는데 새로 제수하는 명이 연이어 이르렀습니다. 아, 신이 어떤 사람이기에 죄가 있는데 총애를 받고 면직을 구하였는데 도리어 관직을 얻는 것입니까. 신은 더욱 놀라 몸둘 바를 모르겠습니다.

신이 듣기로 남에게 은혜를 입는 자는 자신의 분수에 맞으면 편안하게 여기고 지나치면 불안해하며 지나침이 심하면 머뭇거리고 사양하며 감히 받지 않는다고 하였습니다. 이는 하늘이 만물에 성(性)을 부여하여 각각 양심을 갖추고 있으므로 얻지 말아야 할 것에는 수치스런 마음이 자연히 생겨나기 때문입니다.

11 대사헌을 사직하는 상소 : 1725년 세자시강원 찬선을 사양하는 자신의 상소문이 임금에게 전해지기도 전에 다시 사헌부 대사헌에 임명한다는 새로운 교지를 받고 이를 사양하는 상소이다.

신은 본래 녹록하고 쓸모없는 보통 사람입니다. 젊었을 때 선정(先正)의 문하에 출입한 적이 있으나[12] 자질이 보통 이하이고 지기(志氣)가 굳세지 않아 비록 간혹 장구(章句)의 말단적인 일에 종사하기는 했으나, 애초에 착실한 경지를 터득한 것이 없습니다. 지금 머리가 허옇게 세어 죽을 날이 가까운 나이가 되었는데도 여전히 옛날의 미숙한 모양새를 하고 있습니다. 또 어려서 기이한 병에 걸려 특히 쇠약해졌으며, 숨이 곧 넘어갈 듯하여 늘 조만간 죽을 듯하니, 이 모두가 신의 실상입니다. 지식과 근력이 보통 사람에 비해 턱없이 모자라는데도 이번에 맡은 직임은 책임이 매우 중하고 지위와 명망이 자별하니, 미천한 신의 분수로 볼 때 이른바 지나침이 심한 경우입니다. 신이 비록 불초하지만 한 조각 수치심만은 본심에 뿌리를 두고 있어 절로 사라지지 않으니, 어찌 감히 태연히 무턱대고 이 자리를 차지할 수 있겠습니까.

지금 정치와 교화가 새로워지고 징토(懲討)가 엄정하게 시행되고 있으니, 임금의 부족한 부분을 보충하고 무너진 기강을 진작할 수 있는 자를 조정에서 찾는다면 절로 적임자가 있을 것입니다. 그런데 신처럼 용렬하고 비루하며 쇠약하고 혼미한 자로 구차히 머릿수를 채우니, 이는 종묘의 희생을 원거(鶢鶋)에게 먹이고[13] 장보(章甫)의 문물

12 젊었을……있으나 : 김간(金榦)은 젊어서 송시열(宋時烈)과 박세채(朴世采)의 문하에서 수학하였다. 《直菴集 卷18 厚齋金先生行狀》

13 종묘의……먹이고 : 아무리 좋은 것이라 하더라도 그것을 받는 대상과 맞지 않으면 아무 소용이 없다는 뜻이다. 바다에 사는 원거(鶢鶋)라는 새가 노(魯)나라 교외에 날아와 앉았는데, 노나라 임금이 신기한 새로 여겨서 순(舜) 임금의 소악(韶樂)을 연주하고 소, 양, 돼지고기로 대접하였지만 그 새는 사흘 만에 죽었다고 한다. 《莊子 至樂》

을 월(越)나라 사람에게 베푸는 것[14]과 다르지 않습니다. 어찌 전혀 이치에 합당하지 않은 일이 아니겠습니까. 신이 단지 사사로운 분의에 있어 낭패로 여길 뿐 아니라, 실로 조정의 관직을 위하여 애석하게 여깁니다.

신이 명을 들은 이후 침식을 전폐하고 있으며 하늘이 두렵고 남들에게 부끄러워 몸둘 곳이 없습니다. 이에 간절한 마음으로 엄숙한 여막에 계신 성상께 우러러 호소합니다. 삼가 바라건대 자애로우신 성상께서는 신의 그릇이 걸맞지 않음을 살피고 신이 병 때문에 억지로 나아가기 어려움을 헤아려 신에게 새로 제수하신 직명을 속히 체차해 주시고 겸임하고 있는 경연과 찬선의 직임도 모두 환수해 주소서. 그리하여 미천한 신의 분수를 편안히 해주고 남은 목숨을 연명하게 해주신다면, 실로 천지가 처음부터 끝까지 만물을 낳고 길러주는 은덕과 같을 것입니다.

14 장보(章甫)의……것 : 송(宋)나라 사람이 장보관(章甫冠)을 팔려고 월(越)나라에 갔는데, 월나라 사람들은 머리를 깎고 문신을 하고 있어서 아무 소용이 없었다고 한다. 《莊子 逍遙遊》

비답을 받든 뒤에 사관을 소환하기를 청하고 겸하여 소회를 아뢰는 상소[15]

承批後請召還史官兼陳所懷疏

삼가 아뢰니다. 신이 병이 들어 깊은 산골짜기에 칩거하면서 인사(人事)를 일절 끊어버렸기에 뒤늦게야 비로소 남을 통해 소식을 들었습니다. 근래에 세자 저하의 체후가 편치 못하셨는데 하늘의 도움에 힘입어 곧바로 원기를 회복하였다고 하니, 이는 실로 종묘사직과 신민(臣民)의 경사입니다. 옛날에 송(宋)나라 황제가 창진(瘡疹)을 앓았는데, 정자(程子)가 황제에게 병이 있는 줄 몰랐다는 이유로 재신(宰臣)들을 꾸짖었습니다.[16] 지금 신은 명색이 궁료의 자리에 있어 다른 관원과는 처지가 다른데, 세자 저하의 환후를 몰랐을 뿐만 아니라 또 뒤늦게야 소식을 들었습니다. 신의 죄가 이 지경에 이르렀으니, 만 번 죽는다 해도 속죄하기가 어렵습니다.

이어 삼가 생각건대 신은 이번에 죽을병에 걸려 전혀 가망이 없었습니다. 천지처럼 낳아주고 길러주신 성상의 은덕을 입어 목숨을 보전하

15 비답을……상소 : 1725년에 속히 도성으로 올라오라는 영조의 전교가 도신(道臣)을 통해 전해지고 이어서 사관(史官)이 그를 데려가기 위해 내려왔을 때 올린 상소이다.

16 옛날에……꾸짖었습니다 : 송나라 철종(哲宗)이 창진(瘡疹)에 걸려서 여러 날 동안 이영각(邇英閣)에 나오지 못하자, 시강(侍講) 정이(程頤)가 재상에게 나아가 안부를 묻고 또 "상께서 어전에 나오지 않으셨으니, 태후께서 혼자 앉아 있어서는 안 됩니다. 또 군주가 질병이 있으신데 대신이 몰라서야 되겠습니까."라고 하니, 다음 날 재상 이하가 비로소 문병하기를 주청하였다. 《宋史 卷427 道學列傳 程頤》

였지만, 실낱같은 남은 목숨이 잠깐 사이에 끊어질 듯하여 은혜로운 소명이 내렸는데도 공손히 달려가지 못하고 감히 위급한 심정을 아뢰어 간절한 마음으로 소장(疏章)을 봉해 올려서 명철한 성상께서 가엾게 여겨 굽어살펴 주시기를 우러러 바랐습니다.

방금 또 도신(道臣)이 전유한 성상의 비답을 공경히 받들었는데, 융숭한 은혜와 예우가 이전에 비해 더하였고 "어찌 올라와서 나의 얼굴을 한번 보지 않는가."라고 하교까지 하셨으니, 말뜻이 간절하여 미물도 감격시킬 만하였습니다. 신이 비록 지극히 어리석지만 역시 한 가닥이나마 지식이 있기에 머리를 조아려 받들어 읽으니 저도 모르게 눈물이 줄줄 흘렀습니다.

신처럼 불초한 자가 얼마나 보잘것없습니까. 그런데 지금 전하께서 신에게 베풀어 주신 은혜가 이와 같은 데에 이르렀으니, 신이 반복해서 생각해 보아도 성상의 조정에서 이러한 은혜를 받게 된 까닭을 모르겠습니다. 곤궁하고 위축된 정세가 이 지경에 이르렀으니, 숨이 끊어지기 전에는 감히 신의 병을 말해서는 안 되기에 속히 성상 앞에 한 번 나아가 우러러 용안을 뵙고서 평소의 지극한 소원을 이루고, 이어 학문이 어설프고 노쇠한 실상을 직접 아뢴 뒤에 즉시 사직을 청해서 물러나 시골에서 죽어 세상을 속이고 임금을 압박하는 죄를 면할 수 있기를 바랐습니다. 다만 지금의 병세로는 결코 혼자 힘으로 움직일 수 있는 가망이 없으니, 이 때문에 신이 황공하고 당혹스러워 어찌할 줄 모르는 것입니다. 만일 명철하신 성상께서 사관을 소환하고 기일을 조금 늦추어 신이 편안한 마음으로 조섭하여 몇 개월 더 연명하게 해 주신다면, 날씨가 조금 시원해지기를 서서히 기다려 병든 몸을 이끌고 우선 고향으로 돌아가 도성에서 가까운 곳으로 가서 근력을 시험해 보고 형편을 보아 나아갈 작정입니다. 삼가 바라건대 자애로우신 성상께서는 특별히 가엾게 여겨 주소서.

또 생각건대 신은 초야에 묻혀 사는 소원하고 미천한 자로, 조만간에 죽을 몸이라서 조정의 일에 대해 아는 것이 없지만, 구구한 소회가 있어 감히 참람함을 잊고 대략 덧붙여 아뢰니다. 신이 삼가 듣건대 전하께서 즉위하신 이후로 모든 정령과 조처가 모두 인자한 마음에서 흘러나와 인자하다는 명성이 미치는 곳마다 기뻐하지 않는 자가 없다고 합니다. 증자(曾子)가 말하기를 "임금이 되어서는 인(仁)에 그친다."라고 하였으니, 임금이 정사를 살피는 도리가 어찌 '인' 한 글자보다 더 큰 것이 있겠습니까.

다만 삼가 생각건대 인(仁)이 발현되지 않고 마음속에 있을 때에는 혼연한 하나의 이치로 순전히 선하여 잡된 것이 없습니다. 그러다가 사물에 감응하여 겉으로 발현될 때에는 바르게 나오면 측은하고 자애로운 마음이 되고, 제멋대로 나오면 구차하고 고식적인 마음이 되니, 이는 곧 주렴계(周濂溪)가 이른바 "기미에서 선과 악으로 나뉜다.〔幾善惡〕"라는 것입니다.[17] 만약 항상 분기점을 정밀히 살펴서 명백하게 분변하지 못하면 구차하고 고식적인 것을 측은하고 자애로운 것이라 여겨 강경히 조처해야 할 때에 강경하게 조처하지 못하여 일마다 나약할 것이니, 그 폐해가 마침내 어진 자와 간사한 자를 분변하지 못하고

17 주렴계(周濂溪)가……것입니다 : 염계 주돈이(周敦頤)의 《통서(通書)》에 "성은 작위함이 없고, 기미에서 선과 악으로 나뉜다.〔誠無爲, 幾善惡.〕"라고 하였는데, 성(誠)은 '진실하고 망녕됨이 없는 것〔眞實無妄〕'으로, 미발의 상태이기 때문에 '무위'라 한 것이며, 기(幾)는 기미로 정(情)이 이미 발하여 선과 악의 기미가 있음을 말한다.

상과 벌을 분명히 하지 못하는 지경에 이르게 될 것입니다. 어진 자와 간사한 자를 분변하지 못하면 어진 자를 반드시 등용하지는 못하고 간사한 자를 반드시 내치지는 못하며, 상과 벌을 분명히 하지 못하면 억울한 자가 반드시 신원되지는 못하고 죄를 지은 자가 간혹 요행히 벌을 면하게 될 것이니, 삼가지 않을 수 있겠습니까.

신이 멀리 궁벽한 시골에 있으면서 듣자니, 전하께서 요사이 처분하신 것이 측은하고 자애로운 마음에서 나온 것이 진실로 많지만 구차하고 고식적인 데에서 나온 것도 간혹 있다고 합니다. 삼가 생각건대 총명하고 지혜로운 전하께서는 미세한 것도 밝게 헤아리지 않음이 없으신데, 오히려 이러한 일이 있음을 면하지 못하는 것은 어째서입니까. 신의 생각으로는 전하께서 허명(虛明)한 마음으로 사물에 응하는 곳에 혹 털끝만큼이라도 미진한 부분이 있어 일에 임하여 발현하여 적용할 때에 시비에 현혹되고 득실에 미혹되어서 그렇게 된 듯합니다. 만일 격물치지를 힘써 공부하여 내 마음의 온전한 본체와 중대한 작용이 밝아지지 않음이 없게 하고, 모든 사물의 표리(表裏)와 정추(精粗)에 도달하지 못하는 경우가 없게 한다면 사(邪)와 정(正)을 분별하고 공(功)과 죄(罪)를 구분하기가 하나와 둘을 세고 흰 것과 검은 것을 분별하는 것처럼 쉬워서 측은하게 여겨야 할 때에는 측은하게 여기고 자애로워야 할 때에는 자애로워, 굳세게 결정하고 과감하게 결단을 내려서 구차하고 고식적인 폐단이 저절로 없어질 것입니다.

신은 병중에 정신이 혼미하여 두서없이 아뢴 몇 마디 말이 진실로 성상의 마음에 들지 않을 줄 압니다. 그러나 미천한 나무꾼이 어쩌다 한 옳은 말도 성인께서 또한 취하셨으니, 삼가 바라건대 명철하신 성상께서 살펴주소서.

고산에서 돌아와 사천에 이르러 사관이 서계한 뒤에 거듭 사관을 소환해 달라고 청하는 상소[18]

自高山歸到沙川史官書啓後申請召還史官疏

삼가 아룁니다. 신이 엄한 왕명에 쫓겨 병든 몸을 끌고 고향으로 돌아왔으나, 며칠 동안 힘든 여정에 시달린 나머지 기력이 극심하게 쇠하여 정신을 잃고 집에서 쓰러지는 바람에 즉시 공경히 달려가지 못하였으니, 행적은 임금을 압박하는데 가깝고 명령을 어기고 태만히 하는 죄를 쌓았습니다. 곧바로 사관(史官)이 사실에 근거하여 아뢴 일로 인해 엄벌을 내리지 않고 더욱 부지런히 회유하시니, 왕명을 받들고 온 사람을 소환해 주시기를 바라던 간절한 마음은 모두 헛된 겉치레가 되었고, 시강원의 직임을 체차해 주기를 청하던 진실한 마음을 한결같이 살펴주시지 않으셨습니다. 신의 황공한 마음이 이에 더욱 깊어집니다.

신이 비록 몹시 어리석지만 역시 한 조각의 떳떳한 본성은 있으니, 지극히 감격스러운 마음에 어찌 생사를 따지 않고 병든 몸을 끌고서라도 한강(漢江)을 건너 도성 밖에서 대죄하고 싶지 않겠습니까마는 넉 달 동안 지키고 있던 사관이 또 이렇게 머물러 있고, 결코 맡을 수 없는 직명을 아직까지도 체차해 주지 않으시니, 두렵고 민망하고 다급한 마음에 몸둘 바를 모르겠습니다. 만일 명철하신 성상께서 위태로운

18 고산에서……상소 : 1725년 전라도 고산(高山)에서 고향인 경기도 광주 사천(沙川)으로 돌아온 뒤 사관(史官)이 서계(書啓)를 올렸을 때 서둘러 써 보낸 상소이다.

신의 처지를 굽어살펴 속히 윤허를 내려 신이 앞으로 나아갈 길을 열어 주신다면 신이 비록 길가에서 쓰러져 죽는 한이 있더라도 삼가 연제(練祭)[19]에 맞춰 기어서라도 나아갈 것입니다.

삼가 바라건대 자애로우신 성상께서는 가엾게 여기시어 재결하여 주소서. 신이 사정을 진달하기에 급하여 감히 현(縣)과 도(道)를 통하여 부치지 못하고 아이 종을 시켜 직접 승정원에 올리니, 참람한 죄를 더욱 피할 길이 없습니다. 신은 너무도 간절하고 두려운 마음에 엎드려 대죄합니다.

19 연제(練祭) : 연제는 소상(小祥)으로, 죽은 후 1년이 지나서 지내는 제사이다. 본문에서는 경종(景宗)의 소상을 말한다.

입대한 뒤에 돌아가기를 고하는 상소[20]

入對後告歸疏

삼가 아룁니다. 세월이 빨리 흘러 연제(練祭)가 어느새 지나갔습니다. 삼가 생각건대 전하께서는 추모하고 통곡하는 마음을 어찌 견딜 수 있겠습니까. 이어 삼가 생각건대 신이 전후로 분수에 넘치게 받은 은혜는 모두 신이 감당할 수 없는 일이었습니다. 찬선(贊善)의 직임으로 말하자면 더욱 전혀 걸맞지 않으니, 이것이 신이 시종일관 힘써 사양하며 감히 함부로 나아가지 못하는 까닭입니다. 다행히 명철하신 성상께서 위태로운 심정을 굽어살펴 흔쾌히 체차해 주시고 대궐로 들어오게 하였으니, 성은이 이에 이르러 다시 더할 것이 없습니다.

신이 이에 사적인 의리를 돌아보지 않고 쇠약하고 병든 몸을 헤아리지 않고서 감히 비루하고 천한 자질로 궁궐을 더럽히게 되었습니다. 몸은 빛나는 성상을 가까이하고, 손에는 어향(御香)이 스미고, 위엄 있는 용안을 지척에서 뵈니, 옥음(玉音)이 부드럽고 자상하였습니다. 시종일관 머물도록 권면하신 뜻이 지극히 간절하여 어진 아비가 사랑하는 자식을 가르쳐 주는 정도에 그치지 않았으니, 은혜와 영광이 지극하고 신하의 분의를 다하였습니다. 신이 비록 물러나 궁벽한 시골에서 죽는다 하더라도 여한이 없을 것입니다. 다만 입대하였을 때 명철하신 성상께서 이전에 맡았던 시강원의 직책을 다시 제수하시고, 또 들어와

20 입대한……상소 : 1725년에 찬선의 직책을 체직하게 하겠다는 영조의 말을 믿고 부름에 응해 입대한 뒤 물러나서 올린 상소이다.

내정(內庭)에서 제사지내는 반열에 참여하게 하시며 돈독히 권면하는 하교를 내려 자상하게 거듭 타이르셨습니다. 신의 생각으로는 시강원의 직임은 본디 이전부터 스스로 맡을 수 없다고 한계를 그은 직임이지만, 제사지내는 반열은 신하들이 추모하는 곳이니 이 일과 저 일은 서로 관련이 없다고 여겼습니다. 그러므로 마침내 들어가 참석하겠다는 뜻으로 우러러 대답하였으니, 그 직임에 사은숙배하지 않으면 내정으로 들어갈 수 없다는 규례는 실로 알지 못하였습니다.[21]

잠깐 사이에 드디어 이렇게 잘못 대답하고 물러나와 생각해보니 끝내 차지해서는 안 될 직책에 염치를 무릅쓰고 나아가 숙배하기는 어려웠기에 궐 밖의 산반(散班)에 참여하려고 하였습니다. 그런데 밤이 깊어 제사지내는 시간이 임박하여 근시(近侍)가 다시 와서 면대했을 때 승낙하였다고 책망하고, 성실히 해야 한다는 뜻으로 타이르기에 일이 임박하고 시간이 촉박하여 거듭 번거롭게 아뢰기 어려워 염치없이 달려나가 엄명을 삼가 받들었습니다. 그러나 끝내 감히 직명으로 자처할 수 없어 단지 처음에 받은 군함(軍銜)으로 서반(西班)에 참여했다가 물러났으니, 격례(格例)에 어긋나고 처의(處義)가 모순된 것이 이에 이르러 극에 달하였습니다. 어설프고 그릇된 실수는 처음 임금을 뵙던 날에 이미 드러났으니, 황공하고 부끄러운 마음이 아직까지 사라지지 않습니다.

21 직임에……못하였습니다 : 《육전조례》 청추조(請推條)에 "이미 궐 안에 들어와 있는데 사은숙배하지 않은 자는 추고하기를 청한다.〔旣入闕中, 不爲肅謝者, 請推.〕"라는 내용이 보이고, 《은대조례(銀臺條例)》 숙배조(肅拜條)에 "이미 궐 안에 들어와 있는데 사은숙배를 하지 않았으면 찰추한다.〔旣入闕中, 不爲肅謝, 察推.〕"라는 내용이 있다.

신이 이미 맡기 어렵다는 이유로 명을 사양하였는데, 지금 다시 이 직임으로 명에 응한다면 사리로 헤아려 볼 때 어찌 이런 일이 있을 수 있겠습니까. 신이 만약 엄명에 쫓겨 오직 서둘러 받드는 것만을 공손함으로 여긴다면 이는 신이 성실하게 전하를 섬기는 것이 아닙니다. 전하께서도 이미 직임을 체차하고 입시하도록 윤허하셨는데, 하룻밤 사이에 다시 신에게 이 직임을 맡도록 요구하신다면 이는 전하께서도 성실하게 신을 대우하는 것이 아닙니다.

더구나 엉성하고 쓸모없으며 쇠하고 병들어 정신이 흐릿한 신의 정황은 비록 잠깐 동안 대화하는 사이였지만, 삼가 생각건대 전하께서 이미 남김없이 통촉하셨을 것입니다. 만약 명철하신 성상께서 굽어살펴 가엾게 여기시어 직명을 해직하여 물러나 돌아가기를 허락해 주신다면 이는 역시 천지와 부모처럼 시종일관 낳아주고 길러주는 성상의 은덕일 것입니다.

게다가 신이 억지로 병든 몸으로 제사에 참석하여 밤새 찬 곳에 있었던 터라 평소에 앓던 산증(疝症)과 현기증이 갑절이나 더 심해져 이번에 원릉(園陵)에 행차하실 때에 또 도로에서 공경히 맞이하지 못하였으니, 신하의 분의가 과연 어디에 있습니까. 여관에 쓰러져 누워 실낱 같은 숨이 붙어 있는데, 만일 여러 날을 지체하게 되면 증세가 더욱 심해질 것입니다. 인사(人事)는 기약하기 어려우니 하루아침에 죽는다면 신이 식견이 있는 자들에게 비난을 받을 뿐만 아니라, 역시 반드시 맑은 조정에 누를 끼치게 될 것입니다. 자리에 누워 신음하며 백방으로 생각해 보아도 '돌아간다〔歸〕'는 한 글자 외에는 달리 좋은 계책이 없습니다. 성상의 은혜가 지극히 무거운데 하나도 보답하지 못하였고, 임금의 명이 지극히 엄한데 끝내 공경히 받들지 못했으니, 신의 죄가 이에 이르러 이루 다 속죄할 수 없습니다. 병든 몸을 이끌고 돌아가는 길에 나서며 멀리서 궁궐을 바라봄에 마음과 정신이 그곳으로 날아가니, 땅에 엎드려 눈물을 흘리며 아뢸 바를 모르겠습니다.

집으로 돌아온 뒤에 또 사관을 소환하기를 청하는 상소[22]

歸家後又請召還史官疏

삼가 아뢰옵니다. 신은 죽음을 앞둔 백발 늙은이로 억지로 병든 몸을 부축받아 소명에 달려간 것은 단지 위로는 용안을 뵙고 아래로는 개인적인 바람을 이루려 했기 때문입니다. 그런데 생각지도 않게 성상의 돌보심이 우악하시고 특별한 은전이 상례를 뛰어넘어 옥음(玉音)이 귓가에 가득하고 어향(御香)이 손에 스미었으니, 신이 비록 온몸이 가루가 된다 하더라도 전혀 보답할 길이 없습니다. 다만 생각건대 은혜와 예우가 무거워질수록 받들어 감당하기는 더욱 어렵고, 부끄러움과 두려움이 절실할수록 처지는 더욱 위축됩니다.

가령 신이 부질없이 성상의 은혜를 입어 자신의 분수를 헤아리지 못하고 뻔뻔스럽고 염치없이 미적거리며 떠나지 않는다면 이는 신이 하루를 머무는 것이 도리어 하루 동안 죄를 짓는 것이 되니, 은혜에 보답하려는 구구한 마음이 은혜를 저버리는 결과가 될 것입니다. 분의를 헤아려 보니 진실로 죄를 짓는 일임을 알지만, 이치가 궁하고 형세가 극에 달하여 결국 함부로 떠났으니, 신의 사정이 슬프다고 하겠습니다. 예전에 신의 스승인 문순공(文純公) 박세채(朴世采)가 처음 대궐에 들어가 등대(登對)하였을 때에 예우가 몹시 남달랐는데도 곧바로 귀로에 올라 조금도 지체하지 않았으니, 의롭지 않은 일을 어찌 선정

22 집으로……상소 : 1725년에 경기도 광주 사천(沙川)의 고향집으로 내려온 뒤 올린 상소이다.

(先正)이 했겠습니까. 이는 사리에 있어 필시 할 만하여 한 것입니다.

신이 이어 삼가 생각건대, 칠십의 나이에 치사(致仕)하는 것은 예법의 중대한 한계이니, 연로한 나이가 되어 근력이 소진되면 비록 힘써 반열에 나아가 몸과 마음을 다해 직무에 종사하려고 해도 형세상 미치지 못합니다. 그래서 아랫사람은 반드시 나이를 들어 물러나기를 구하고, 윗사람도 예에 의거하여 물러나도록 허락해 주는 것입니다. 지금 미천한 신의 나이가 마침 팔십이 되었으니, 치사해야 할 나이보다 이미 열 살이나 많습니다. 비록 조정에서 늘 벼슬하던 사람이라도 오히려 물러나 돌아가기에 겨를이 없어야 할 터인데, 더구나 신은 초야에 있는 미천한 몸이니, 어찌 몸소 성인의 훈계를 어겨 스스로 예경(禮經)의 죄인이 되는데 빠지겠습니까.

게다가 신은 노쇠와 질병이 이미 극심하여 정신이 갑자기 소진되었으니, 용렬하고 보잘것없는 자질로는 결코 성조(聖朝)에 보탬이 될 수가 없습니다. 다만 신이 올린 일곱 조목의 설(說)[23]은 실로 하찮은 것이라도 바치려는 미천한 정성에서 나온 것이니, 가령 신이 날마다 가까운 자리에서 모신다 하더라도 아뢸 말은 이와 같은데 불과할 것입니다. 혹여 명철하신 성상께서 유념해 주신다면 이는 신이 좌우에 머물

23 신이……설(說) : 이해 8월 24일 진수당(進修堂)에서 김간(金榦)을 인견하고 찬선의 직책을 도로 제수하니, 김간이 수차(袖箚)를 올렸다. 그 내용은 성학(聖學)을 강론(講論)하여 밝히고, 동궁(東宮)을 보필(輔弼)하여 인도하고, 대의(大義)를 명백히 게시(揭示)하며, 이륜(彝倫)을 펴서 바로잡고, 선왕(先王)의 뜻을 계술(繼述)하며, 인재(人材)를 배양(培養)하고, 아랫사람을 접할 때에 성심으로써 하라는 일곱 조목이었는데, 영조가 "격언(格言)이 되는 것이다. 마땅히 조용히 살펴보겠다." 하고, 그대로 가지고 있겠다고 하였다.《英祖實錄 1年 8月 24日》

러 있는 것보다 더 나을 것입니다.

신이 길을 가느라 시달리고 고생한 나머지 숙병이 갑절이나 위중해졌고, 또 어제부터 오한이 나서 몹시 아팠는데, 증상이 학질과 흡사합니다. 이는 필시 노쇠하여 기력이 달린 것이 빌미가 된 것인데 병상에 드러누워 움직일 길이 없으니, 신이 저지른 죄를 논하자면 만 번 죽어도 속죄하기 어렵습니다. 또 사관이 머물 곳이 아닌 곳에 머무는 일은 더욱 황송하니, 삼가 바라건대 성상께서는 속히 명을 내려 소환하여 일의 체모를 중하게 하시고 미천한 신의 분수를 편안하게 해 주신다면 그보다 더 큰 다행이 없겠습니다.

재앙으로 신하들의 의견을 구한 뒤에 교지에 따라 올린 봉사[24]

災異求言後應旨封事

삼가 아뢰옵니다. 신이 지난 9월 무렵에 독한 학질을 심하게 앓았는데, 이어 혹독한 추위가 닥쳐 또 한질(寒疾)을 앓아 여위고 지쳐 병석에 누워 신음하느라 정신과 근력이 초가을과 비교하면 현저하게 떨어진 정도에 그치지 않으니, 모자란 것은 그저 '죽음〔死〕'이라는 한 글자뿐입니다.

삼가 생각건대 뛰어난 자질을 지닌 성상께서는 학문을 좋아함이 정성스럽고 독실하여 날마다 경연에 나아가 경전을 강론하고 토론하시니, 이는 진실로 큰일을 해 볼 수 있는 기회입니다. 그러나 신의 학문은 이치를 밝히기에 부족하고 식견은 옛 것을 널리 알기에 부족합니다. 나이는 팔십을 채우고 또 고질병에 걸렸는데, 잘못된 은혜를 입어 보답할 길이 없으니, 이것이 신이 밤낮으로 방황하며 부끄러워 죽고 싶은 이유입니다. 삼가 바라건대 자애로운 성상께서는 쇠약하고 병들어 쓸모없는 신의 실상을 굽어살펴 속히 세자시강원의 직명을 체차하라고 명하시어 관직을 중시하고 신의 사적인 분수를 편안히 해주신다면 그보다 더 큰 다행이 없을 것입니다.

신이 병을 앓으며 정신이 어두운 와중에 삼가 10월 30일에 사관(史

24 재앙으로……봉사 : 1725년에 동절기 때 아닌 천둥과 번개가 치는 기상 이변이 발생하여 영조가 구언(求言)의 교지를 내렸을 때 이에 응해 올린 봉사(封事)이다.

官)이 선포한 별유(別諭)를 보니, 겨울에 우레가 친 변고로 인해 이를 그치게 할 방도를 듣고자 하신다고 합니다. 생각건대 신이 숙묘조(肅廟朝)부터 외람되이 은혜와 예우를 받았고, 올해 3월 이후로는 더욱 일상적인 격식을 벗어난 전하의 특별한 은전을 받았으니, 몹시 감격하여 죽을 곳을 모르겠습니다. 지난번에 소매에서 꺼내 올린 몇 조목의 차자(箚子)는 세상에 드문 성상의 은혜를 갚고 물방울이나 티끌과 같은 어리석은 신의 보답을 바치고자 한 것인데, 삼가 몇 달을 기다려도 명을 듣지 못했습니다. 삼가 생각건대 당시에 말한 내용이 성상의 마음에 들지 않은 듯하여 이 때문에 부끄러워하고 두려워하여 오랫동안 편안하지 못했습니다. 그런데 뜻밖에도 전하께서 이렇게 비상한 재앙을 만나 이렇게 비상한 별유를 선포하셨으니, 앞뒤의 백여 자가 모두 자신을 자책하고 허물을 반성하는 뜻이었습니다. 이는 전하께서 재앙으로 인해 경계하고 두려워하셔서 이렇게 간절하고 슬퍼하는 하교를 내리신 것이니, 이는 진실로 성상의 선한 단서가 발현된 것이고, 재앙이 상서로움으로 바뀔 계기입니다.

지금 이렇게 우레와 번개가 치는 변고가 겨울철에 발생하였으니, 그 소리가 놀랍고 그 빛이 번뜩여 진동이 굉장하여 여름철의 우레보다 심했습니다. 신이 삼가 《주역》을 살펴보건대 5월은 천풍구괘(天風姤卦)[25]에 해당하니, 하나의 음(陰)이 처음 생겨날 때입니다. 이 이후로는 음이 달마다 생장하여 9월에는 산지박괘(山地剝卦)[26]가 되니, 단지

25 천풍구괘(天風姤卦) : 하지(夏至)가 되면 하나의 음이 처음으로 생겨 땅속에 잠복해 있으므로 모든 양기가 지상으로 밀려나오는 형상을 말한다.

26 산지박괘(山地剝卦) : 《주역》 〈산지박괘(山地剝卦)〉 상구(上九)에 "큰 과일은 먹

상구(上九)에 하나의 양(陽)만 있습니다. 10월에 이르면 중지곤괘(重地坤卦)[27]가 되니, 양이 다 소진되어 순수하게 음만 남습니다. 또 우레는 음이 안에 있고 양이 밖에 있어 양이 부딪혀 발생하며, 번개는 충격이 일어날 때에 서로 부딪혀 발생합니다. 지금은 순음(純陰)에 해당하는 달인데, 이렇게 충격이 발생하여 소리가 나고 서로 부딪혀 빛이 번뜩였으니, 일상적인 도리를 심하게 잃었습니다. 이 얼마나 큰 변이(變異)입니까. 전하께서 두려워하고 놀라 위태롭게 여기는 것이 당연합니다. 이미 간언을 구하는 하교를 내리시고 또 이렇게 조만간 죽음을 앞둔 신에게 하문하셨으니, 도움을 구하는 정성이 이렇게 부지런합니다. 심지어 성상의 과오와 조정의 이해를 하나하나 아뢰라고 말씀하셨습니다. 지금 전하께서 과오를 말하라고 하셨는데 신이 만일 두려워하며 말을 하지 않고, 조정의 이해를 말하라고 하셨는데 신이 만약 입을 다물고 아뢰지 않는다면 이는 신이 전하를 저버리는 것이니, 그 죄가 큽니다.

신이 삼가 생각건대 올해는 전하께서 즉위하신 원년입니다. 즉위하신 초기부터 새벽에 일어나고 밤늦게 수라를 드셨으며, 정신을 가다듬어 다스림을 도모하셨습니다. 엄숙하고 공손하며 공경하고 두려워하여 하늘을 공경하는 정성이 지극하셨고, 불쌍히 여겨 슬퍼하고 안타까워하여 백성들을 걱정하는 생각이 깊으셨습니다. 그러나 다스림의 교

히지 않는다.〔碩果不食〕"라고 하였는데, 이는 다섯 개의 효(爻)가 모두 음(陰)인 상태에서 맨 위의 효 하나만 양(陽)인 것을 석과로 비유한 것으로, 하나 남은 양의 기운이 외로운 것처럼 보이지만 결코 끊어지지 않고 계속 이어진다는 뜻을 보인 것이다.

27 중지곤괘(重地坤卦) : 육효(六爻)가 모두 음효(陰爻)이고 양효(陽爻)가 하나도 없는 형상을 말한다.

화가 아직 드러나지 않았고 효과는 더욱 아득하니, 아래에서는 백성들이 원망하고 위에서는 하늘이 진노하였습니다. 많은 재앙이 발생한 것으로 말하자면 근래보다 심한 적이 없으니, 원릉(園陵)에서 발생한 화재의 변고가 이미 지극히 놀랍고, 그 나머지는 여름 가뭄에 농작물이 피해를 입고 겨울철 날씨가 따뜻해 눈이 내리지 않으며, 우박이 장맛비처럼 내리고 흉한 별이 재앙을 알린 것과 같은 경우입니다. 지금 또 이렇게 우레와 번개의 변이가 발생하였으니, 모르겠습니다만 어떤 재앙의 기미가 캄캄한 가운데 잠복해 있다가 이렇게 놀랍고 괴이한 현상을 만들어 내는 것인지 모르겠습니다. 주자(朱子)가 말하기를 "겨울 날씨가 너무 온화하고 천둥 번개가 치니 새해의 일이 오히려 걱정됩니다."라고 하였습니다. 그렇다면 지금 이러한 변이가 일어난 것은 혹여 새해에 근심거리가 있기 때문인 듯합니다.

신이 듣건대 하늘과 인간 사이에 하나의 이치가 관통하여 상하의 차이가 없다고 합니다. 그러므로 정성을 쌓아 하늘을 감동시키니, 비록 하늘을 감동시키기가 어렵지만 이렇게 감동시킬 수 있습니다. 덕을 닦아 재앙을 극복하니, 비록 재앙을 그치게 하기가 어렵지만 이렇게 그치게 할 수 있습니다. 신이 전하께서 하늘을 감동시키고 재앙을 극복하실 수 있는 여섯 가지 일을 전하를 위해 말씀드리겠습니다.

이른바 '여섯 가지 일〔六事〕'이란 강령(綱領)이 하나이고, 조목(條目)이 다섯 가지입니다. 이른바 '한 가지 강령〔一綱〕'은 임금의 한결같은 마음입니다. 마음은 한 몸의 주재이면서 만사의 강령입니다. 그러므로 임금의 마음이 한번 바루어지면 천하의 일 중에 바루어지지 않는 것이 없고, 임금의 마음이 바루어지지 않으면 천하의 일이 하나도 올바름을 얻을 수 없습니다. 이는 옛날의 성스럽고 명철한 제왕들이 천하에 그 덕을 밝히려 하면서 모두 마음을 바루는 것을 급선무로 여긴 까닭입니다. 요(堯)임금과 순(舜)임금과 우(禹)임금은 천하의 위대한 성군(聖君)인데, 제위(帝位)를 주고받을 때에 "인심은 오직 위태롭고 도심은 오직 은미하니, 정밀하고 전일하게 하여 진실로 그 중도를 잡으라.〔人心惟危, 道心惟微, 惟精惟一, 允執厥中.〕"라고 하였으니, 이는 만세(萬世)에 이어지는 심학(心學)의 근원입니다. 지금 《대학(大學)》의 순서로 말씀드리자면 '정일(精一)'은 바로 '격물치지(格物致知)'의 일이고, '집중(執中)'은 '성의정심(誠意正心)'의 일입니다. 이는 요임금과 순임금 이후로 공자(孔子)와 안자(顔子), 증자(曾子)와 맹자(孟子)가 서로 전한 요결(要訣)입니다. 그러므로 두 분의 정부자(程夫子)[28]가 《대기(戴記)》 49편[29] 속에서 《대학》 1책을 드러내어 공씨(孔氏)의 유서(遺書)이자 덕(德)에 들어가는 올바른 문이라고 하였으니,[30] 이는 진실로 지극히 옳은 말입니다.

삼가 생각건대 우리 전하께서는 춘추(春秋)가 한창이시고, 학문에 더욱 독실하여 지속적으로 하는 공부가 조금도 끊이지 않아 성취하는 효과가 넉넉히 고명(高明)한 경지에 들어가셨으니, 근본을 바르게 하

28 두 분의 정부자(程夫子) : 송나라의 유학자 정호(程顥)와 정이(程頤) 형제를 말한다.

29 대기(戴記) 49편 : 《대기(戴記)》는 《예기(禮記)》를 말한다. 서한(西漢)의 대덕(戴德)이 정리한 《대대기(大戴記)》 85편을 그의 종자(從子)인 대성(戴聖)이 재차 49편으로 재정리한 것이 《소대기(小戴記)》인데, 이 《소대기》가 《예기》이다.

30 공씨(孔氏)의……하였으니 : 《대학장구》 경(經) 1장의 서두에, "정자(程子)가 이르기를, '대학은 공씨가 남긴 책으로 초학자가 덕에 들어가는 문이다.' 하였다."라는 말이 보인다.

여 정치로 표출한 것이 거의 광명하고 통철하여 모두 올바름을 얻었습니다. 다만 겉을 가지고 속을 보고, 드러난 것을 통해 은미한 것을 살피면, 총명이 너무 지나쳐 침착하고 굳센 도량이 부족하고, 영기(英氣)가 드러나 때때로 이기는 데 힘쓰는 병통이 있습니다. 세세한 것을 들추어내는 것을 명철함이라 여기고, 큰 죄를 용서해주는 것을 관대함이라고 여기시니, 신의 생각에 전하께서 마음을 바로잡는 공부가 여전히 정일집중(精一執中)의 수준에 이르지 못한 듯합니다.

삼가 바라건대 전하께서는 이미 능숙한 것에 스스로 만족하지 마시고 아직 능숙하지 못한 곳에 더욱 스스로 면려하시어 이치를 궁구하여 앎을 지극히 하고 경(敬)을 지켜 근본을 세우며, 몸소 행하여 실천하소서. 아직 발현되지 않았을 때에 마음에 보존한 것을 더욱 깊고 두텁게 하며, 이미 발현된 뒤에 성찰하는 것을 더욱 정밀하게 하여 밤낮으로 부지런히 힘써 시종일관 한결같이 하신다면, 위대한 중도(中道)의 근본을 세워 사방의 모범이 되고, 사물에 응하는 근원을 맑게 하여 온갖 변화에 응수하여 일상생활에서 전하가 하시고 싶은 대로 하셔도 뜻대로 되지 않는 일이 없을 것입니다. 진실로 이와 같다면 마음을 바루는 효과를 전하 스스로 얻으실 뿐만 아니라, 사람들의 마음을 바르게 하는 방법도 여기에 있습니다.

이른바 '다섯 가지 조목〔五目〕' 가운데 첫 번째는 자신의 사사로움을 제거하는 것입니다. '사(私)'는 '공(公)'의 반대입니다. 공정하면 인욕(人欲)이 깨끗이 사라지고 하늘의 이치가 유행하여 임금과 신하가 서로 믿으며, 정과 뜻이 통하여 마음을 함께하고 덕을 함께하는 아름다움을 이룹니다. 사사로우면 마음이 좁고 식견이 어두워 눈으로 보는 것 이외에는 역시 가로막히게 되어 한쪽 편만 사랑하고 한쪽 편의 말만 듣는 잘못이 있습니다. 이 때문에 공정한 마음이 어두워지고 사사로운 뜻이 시행되니, 한 가지 생각이 싹트면 여러 가지 폐단이 뒤따릅니다. '사(私)'가 인재의 등용에 영향을 미치면 인재의 등용에 해를 끼치고, '사'가 일을 듣고 결정하는데 영향을 미치면 일을 듣고 결정하는데 해를 끼칩니다. 백성의 고통을 구휼하고자 해도 '사'가 해를 끼치면 구휼할 수가 없고, 인륜을 밝히려 해도 '사'가 해를 끼치면 밝힐 수가 없습니다. 비록 형벌을 신중히 시행하려고 해도 사사로운 뜻이 가리면 요행히 면하려는 우환이 반드시 생겨나고, 비록 참소를 없애려 해도 사로운 뜻이 가리면 믿고 따르기만 하는 폐단이 반드시 발생할 것입니다. 이뿐만이 아니라 명성과 명예를 좋아하고 고원하고 이기기에 힘쓰는 일과 같은 크고 작은 병통이 모두 '사' 한 글자에서 비롯됩니다. 처음에는 그 단서가 몹시 미미하지만, 결국에는 반드시 인욕(人欲)이 방자해지고 천리(天理)가 사라지는데 이르니, 위태롭고 망하는 재앙을 모면할 수가 없게 됩니다. 맹자(孟子)가 이른바 "그 마음에서 생겨나서 그 정사에 해를 끼치고, 그 정사에 발현되어 그 일에 해를 끼친다."[31]라는 말과 주자가 이른바 "세상에 둘도 없는 큰 공은 세우기 쉽지만 지극히 은미한 본심은 보존하기 어렵고, 중원 땅의 오랑캐는 쫓아내기 쉽지만 내 한 몸의 사사로운 생각은 없애기 어렵다."[32]라는 말이 바로 이를 말한 것입니다.

그러나 이는 전하로부터 반드시 먼저 그 마음을 바루어 한 칼에 베어

31 그……끼친다 : 《맹자》〈공손추 상(公孫丑上)〉에 나오는 말이다.

32 세상에……어렵다 : 주자(朱子)가 1188년에 올린 〈무신봉사(戊申封事)〉에 보인다. 《朱子大全 卷11 戊申封事》

버리듯 사사로운 뜻을 제거하여 터럭만한 싹도 가슴속에 남지 않게 해야 합니다. 그런 뒤에 미루어 신하들에게 요구한다면 반드시 위에서 시행하면 아래에서 본받아 표단영직(表端影直)[33]의 효험이 있을 것입니다. 만일 혹 그렇지 않아 좋아하는 것과 반대로 명령을 내리시면 아래에서는 본받아 지키지 않고 사람들은 필시 따르지 않을 것입니다. 이는 필연적인 이치이니, 사람들의 마음이 흩어지고 조정의 논의가 제멋대로 결정되는 것을 전하께서는 이상하게 여기지 마십시오. 혹자는 오늘의 일은 다만 마땅히 피차를 구분하지 않고 시비를 따지지 않고서 오직 균일하고 화평하게 하는 도(道)를 시행하면 거의 진정될 가망이 있을 것이라 하니, 그 말이 공정한 듯하지만 실제로는 역시 사사로움 입니다.

신이 삼가 살펴보니 주자가 말하기를 "근래에 모든 일이 대부분 포용하는 데 힘쓰고 곡직과 시비를 모두 따지지 않습니다."[34]라고 하였습니다. 성상께서는 이와 같이 처치해야 균일하고 화평하다고 여기시지만, 신은 여기에 의문이 있습니다.

옛날에 화평함을 이루고자 하는 사람은 반드시 사물의 대소(大小)와 고하(高下)를 가늠하여 시행을 많거나 적게 하고 후하거나 박하게 한

33 표단영직(表端影直) : 임금의 몸가짐이 훌륭하면 그 효험이 바로 백성에게 미친다는 뜻이다. 《역대명신주의(歷代名臣奏議)》에 송나라 예부 시랑(禮部侍郎) 원섭(袁燮)이 황제에게 상주한 말로, "임금이 몸소 행하면 아래 백성의 풍속이 바뀌니, 윗물이 맑으면 아랫물이 맑고 모습이 단정하면 그림자도 곧아서, 그 효험이 본시 이와 같습니다."라고 하였다.

34 근래에……않습니다 : 주자가 1188년에 올린 〈무신봉사(戊申封事)〉에 보인다. 《朱子大全 卷11 戊申封事》

뒤에 화평함을 얻었습니다. 만일 시비와 곡직을 따지지 않고 동일하게 대우한다면 선한 자는 늘 뜻을 펴지 못할 것이고, 악한 자는 도리어 요행히 벌을 면할 것인데, 이를 화평함이라 여기니 이것이 크게 불평함이 되는 까닭입니다. 이로 보자면 혹자의 말 역시 사사로움에서 나온 것이니, 따를 수 없음이 분명합니다.

삼가 생각건대 우리 전하께서는 지혜를 타고나시고 청명함을 몸에 갖추어 지극히 공정하고 밝은 마음으로 몹시 중도에 맞고 바른 도(道)를 행하시니, 보고 느끼는 사람은 누구나 기뻐합니다. 그러니 누가 감히 터럭만큼의 사사로운 뜻이 성상의 몸에 있다고 생각하겠습니까. 다만 일을 시행하는 데 드러난 것으로 보자면 말할 만한 것이 없지 않습니다.

인륜을 어기는 죄는 국법으로 반드시 토벌해야 하고 나라 사람들이 함께 분노하는 일은 전하께서 사적으로 할 수 있는 일이 아닙니다. 신이 삼가 듣건대 전하께서 근래에 징토해야 한다는 신하들의 요청에 그때마다 "의도하는 바가 있다."라는 하교를 내렸다고 하니, 신은 모르겠습니다만 전하의 이런 뜻은 과연 '공(公)'입니까, '사(私)'입니까? 만일 '공(公)'이라면 마땅히 윤음으로 분명히 게시하고 그 이유를 명확히 말하여 온 나라의 신민으로 하여금 푸른 하늘과 밝은 해와 같은 위대한 성인의 지극히 공정한 뜻을 훤히 알게 해야 합니다. 그러면 그간 쟁론한 저 사람들 역시 사사로움에 치우친 죄를 스스로 자복할 것입니다. 그런데 지금은 그렇지 않아 가장자리만 맴돌고 핵심을 드러내지 않고 말하는 듯하면서도 말하지 않아 마치 덮어주고 옹호하는 듯하여 애매하여 분명하지 않은 상황을 면하지 못하고 있습니다. 이것이 신하들이 답답해하면서 전하의 뜻이 '공(公)'이 아니라 '사(私)'라고 의심하지 않을 수 없는 까닭입니다.

사친(私親)이 낳아주고 길러준 은혜는 전하께서 보답하려는 정성에 있어서 지극한 방법을 다하지 않아서는 안 됩니다. 다만 신이 듣건대 사우(祠宇)를 건립하는 공역이 너무 크고, 높이고 받드는 도가 지나치다고 합니다. 진실로 이 말대로라면 애당초 '대(大)' 자를 굳게 막은 뜻과 석역(石役)을 우선 중지한다는 하교와 어찌 그리 다른 것입니까. 성인이 예법을 제정함에 중도를 얻는 것을 귀하게 여겼으니, 예(禮)가 중도를 잃으면 비록 온 나라의 힘을 다하여 시행하더라도 실제로는 도리어 높이고 받드는 도에 어긋납니다. 풍녜(豐昵)를 경계한[35] 옛사람의 말을 어찌 생각하지 않으십니까.

궁가(宮家)의 절수(折受)에 관한 일은 민간의 큰 폐단이 된지 오래입니다. 신이 듣건대 근래에 이 일 가운데 새로 나온 것이 점점 더 증가하여 그 수량이 지나치게 많은데다 궁노(宮奴)의 무리들이 도처에서 횡포를 부려 먼 지방에 사는 백성들의 원망이 날로 심해지고 있는데, 수령과 방백은 성상이 듣기 싫어할까 염려하여 감히 소상히 밝히지 않는다고 합니다. 그 사이에 한두 번 아뢴 내용도 대부분 전달되지 않았으니, 전하께서 깊은 궁중에 계시면서 어찌 그 정황을 다 아시겠습니까. 지금 전하께서는 귀하기로는 일국의 군주인데, 무엇 때문에 자녀의 굶주림을 근심하여 이렇게 백성들의 원망을 초래하는 일을 하십니까. 지난번에 액정서(掖庭署)의 하인(下人)이 야행(夜行)의 금지를 어

35 풍녜(豐昵)를 경계한 : '풍녜'란 〈고종융일〉에 "제사를 거행함에 있어 오직 아비 사당에만 풍성하게 하지 마소서.〔典祀無豐于昵〕"라고 한 데서 온 말로, 영조가 다른 선조들은 염두에 두지 않고 자신의 부친인 숙종과 친모만 존숭한 것을 경계한 것이다.

겼는데 전하의 처분 역시 마땅한지를 모르겠습니다. 야행을 금지하는 것은 그 법이 매우 엄격하니, 이광(李廣)은 옛날에 장군을 역임했는데도 남전위(藍田尉)에게 욕을 당하였습니다.[36] 더구나 이 사람은 미천한 액예(掖隷)이니, 금위영(禁衛營)에서 체포하여 그의 죄를 다스리는 것은 바로 그 직분일 뿐입니다. 그런데 전하께서 사인(私人)으로 여겨 지나치게 옹호하시어 곤장을 치는 중형이 순라하는 군교에게 재차 미쳤습니다. 신은 이후로 비록 간악한 소인들이 밤을 틈타 도성의 저자를 돌아다니더라도 두려워하고 위축되어 감히 누구인지 묻는 사람이 없어 그 폐해가 장차 국법을 폐하고 야행 금지가 시행되지 않는 데 이를까 두려우니, 신은 전하를 위해 이러한 거조를 안타깝게 생각합니다.

'사(私)'가 끼치는 피해는 사람들이 쉽게 볼 수 있으니, 명철하시고 성스러운 전하께서는 이와 같은 일을 필시 자세히 살피시어 분명히 아실 것이라 생각됩니다. 그러나 시행하는 때에 간혹 이러한 경우를 면치 못하는 것은 전하께서 자신의 사욕을 제거하는 공부에 미진함이 있어서 그런 것이 아니겠습니까.

아, 군주가 작은 몸으로 깊은 구중궁궐에 거처하여 그 마음의 공사(公私)와 사정(邪正)을 엿볼 수 없을 듯하지만, 그 징험이 겉으로 드러

36 이광(李廣)은……당하였습니다 : 후한(後漢)의 명장 이광이 흉노(匈奴)와의 싸움에서 크게 패하여 그 벌로 서인(庶人)으로 폐기되어 패릉정(覇陵亭) 부근 남전(藍田)의 남산에서 몇 년 동안 사냥으로 소일하며 지냈다. 한 번은 저녁에 말을 타고 사냥을 나가 한밤중에 돌아오다 상릉정(霸陵亭)에 이르렀는데, 술에 취한 상릉정 교위가 이광의 통행을 저지했다. 수행하는 사람이 "옛날의 이광 장군이오."라고 하였으나, 교위가 "지금의 장군도 야간 통행을 할 수 없거늘, 더구나 옛날 장군이 어찌 통행할 수 있는가?" 하고 이광을 말에서 내려 상릉정 아래에 묵고 가게 했다. 《史記 卷109 李廣列傳》

나 가릴 수 없는 것이 이와 같으니, 두려워하지 않을 수 있겠습니까. 신이 듣건대 하늘은 사사로이 덮어주는 경우가 없고 땅은 사사로이 실어주는 경우가 없으며, 해와 달은 사사로이 비추어주는 경우가 없다고 합니다. 삼가 바라건대 명철하신 성상께서는 사사로움이 없는 이 세 가지를 받들어 지극히 올바른 도(道)를 행하시고 중화(中和)의 공을 이루신다면 확연히 크게 공정해져 사물이 와서 순리대로 응하여 임금이 바루어지고 신하가 바루어져서 조정이 바루어지게 될 것이며, 형체가 조화를 이루고 기운이 조화를 이루어 천지가 조화를 이루어 응할 것이니, 지극한 교화가 사방에 펴져 재이(災異)가 절로 사라질 것입니다.

두 번째는 궁금(宮禁)을 엄정히 하는 일입니다. 신이 삼가 살피건대 옛글에 이르기를 "집안이 다스려진 뒤에 나라가 다스려진다."라고 하였으니, 집안을 가르치지 못하고서 남을 가르칠 수 있는 자는 없습니다. 이 때문에 옛날의 성왕(聖王)들은 집안을 다스리는 것을 나라를 다스리는 근본으로 여기지 않는 사람이 없었습니다. 집안을 다스리는 도는 궁금을 엄정히 하는 것보다 앞서는 것이 없습니다. 안팎에 제한이 있고 남녀의 구분이 있으며, 규문(閨門)에 의심스럽고 가로막는 단서가 없고 적서(嫡庶)에 존비(尊卑)의 구분이 있는 것이 궁금이 엄정한 것입니다. 후비(后妃)에게는 관저(關雎)의 덕[37]이 있고 후궁에게는 성색(盛色)의 비판[38]이 없으며, 뇌물이 이르지 않고 청탁이 행해지지 않는

37 관저(關雎)의 덕 : 〈관저〉는 《시경》의 편명으로, 후비의 덕이 아름다움을 칭송하는 시인데, 그 시에 이르기를 "구욱구욱 물수리 강가 모래섬에서 우니, 아름다운 아가씨는 군자의 좋은 짝이다."라고 하였다.

것이 궁금이 엄정한 것입니다. 예컨대 환관이 뇌물을 받는 길을 열고 권간(權奸)이 은밀한 길을 열어 궐 안의 말이 밖으로 나가고 외부의 말이 안으로 들어오는 경우가 궁금이 엄정하지 않은 것입니다. 피부에 와 닿는 참소가 좌우에서 시행되고 교묘하고 참혹한 계획이 은밀한 가운데 자행되어 임금의 마음을 현혹시키고 국가의 일을 망치는 것은 궁금이 엄정하지 않은 것입니다. 두 가지 사이에 득실이 분명하지만, 옛날부터 중간 정도 이하의 지혜를 지닌 군주는 한결같이 당하면서도 깨닫지 못하여 결국에는 위태롭고 멸망하는 재앙이 뒤따라 곧장 이르렀습니다. 이임보(李林甫)가 몰래 임금의 뜻을 엿보고,[39] 왕덕용(王德用)이 몰래 두 여인을 바친 일[40]은 지금 말하더라도 충분히 한심합니다. 대체로 환관과 첩들은 원래 국가에 간여할 일이 없고 단지 궁중에서 심부름하는 임무를 맡을 뿐입니다. 다만 임금을 가까이서 모셔 그 정분이 친숙하므로 그 가운데 간사하고 교활한 자가 임금의 마음을 헤아려

38 성색(盛色)의 비판 : 궁궐 안에 미모가 아름다운 후궁이 많음을 경계하는 것이다. 전한(前漢)의 가연지(賈捐之)가 원제(元帝)에게 올린 대책문(對策文)에서 "대체로 후궁에 미색이 많으면 현자가 숨어서 나오지 않게 되고, 말 잘하는 아첨꾼이 나랏일을 제멋대로 처리하면 간쟁하는 신하가 입을 다물게 됩니다.〔夫後宮盛色, 則賢者隱處, 佞人用事, 則諍臣杜口.〕"라고 하였다.

39 이임보(李林甫)가……엿보고 : 이임보는 당 현종(唐玄宗) 때의 간신으로, 아첨을 일삼고 유능한 관리들을 배척하여 세상에서 "입에는 꿀이 있지만, 뱃속에는 칼이 있다."라는 평가를 받았다. 두보의 〈봉증선우경조이십운(奉贈鮮于京兆二十韻)〉에 "지난 정권 만나 간담이 깨졌으니, 은연중 홀로 권력 잡으려 도모했네."라고 하였다.

40 왕덕용(王德用)이……일 : 송 인종(宋仁宗)때 왕덕용(王德用)이 외번(外藩)에서 두 명의 여인을 인종에게 진헌하자 왕소(王素)가 극간(極諫)하여 인종이 눈물을 흘리며 두 여인을 내보낸 일이 있다. 《宋史 卷320 王素傳》

알고서 임금의 마음이 재화에 있으면 재화로 유혹하고, 임금의 마음이 여색에 있으면 여색으로 유혹하며, 사냥에 있으면 사냥으로 유혹하고 연회에 있으면 연회로 유혹하여 온갖 계책으로 임금의 욕구를 맞춥니다. 임금은 그가 기쁘게 해주는 것을 기쁘게 여기고 자신의 뜻에 순응하는 것을 즐겁게 여겨 날마다 서로 친하게 지내며 말한 것은 모두 따릅니다. 그런 뒤에 감히 안으로 임금의 총애를 믿고 밖으로는 권간과 결탁합니다. 저 권간은 그에게 의지하여 권세를 부리고 그의 마음을 기쁘게 하는데 힘써서 금과 비단을 가지고 그의 집으로 달려가고, 구슬과 옥을 그 사람에게 보내어 몰래 서로 내통하고 은밀히 사주를 받아 그 사람의 호오가 임금의 호오가 되도록 만들고 그 사람의 기쁨과 분노가 임금의 기쁨과 분노가 되도록 만듭니다. 그리하여 자신이 느낀 기쁨과 분노가 임금의 기쁨과 분노가 되도록 만들고, 자신이 느낀 호오(好惡)가 임금의 호오가 되도록 만드니, 자신의 뜻대로 하지 못하는 일이 없습니다. 지난 역사를 살펴보면 대체로 이와 같습니다.

삼가 생각건대 우리 전하의 덕은 천지와 부합하고 밝음은 일월과 나란하며, 가법(家法)을 준수하고 궁금을 몹시 엄정히 하였습니다. 처음의 처분은 번번이 사리에 합당하여 간악한 환관이 흉악한 사람과 한 편이 되는 것을 싫어하여 의금부로 보내고, 권간이 내시와 결탁하는 것을 병통으로 여겨 한두 명의 괴수(魁殊)를 목 베었으니, 한 번 호령하는 사이에 안팎이 엄숙해졌습니다. 비록 그렇지만 궁금에 대해서는 으레 정이 늘 위엄을 이기고 은혜가 늘 의리를 덮어 처음에는 삼가도 반드시 끝까지 삼가지는 못하고, 잠시 동안 시행해도 반드시 오랫동안 시행하지는 못하니, 경계하지 않을 수 있겠습니까. 《예기》〈혼의(昏義)〉에 이르기를 "남자의 가르침을 닦지 않으면 견책이 하늘에 드러나

일식이 나타나고, 부인의 순함을 닦지 않으면 견책이 하늘에 드러나 월식이 나타난다."라고 하였습니다. 이로 보자면 임금이 집안을 제대로 다스리지 않으면 역시 천문의 변고를 일으킬 수 있습니다. 삼가 바라건대 명철하신 성상께서는 먼저 자신을 수양하여 집안을 바로잡아 일체의 행동이 다 예(禮)에 부합하게 하시고, 한 가지 정사까지도 모두 도(道)를 따라 사람들로 하여금 공경하고 두려워하여 집안의 도가 엄정해지게 하면 어찌 한 사람이라도 사사로운 은혜를 믿고서 일상적인 법도를 어지럽히고, 뇌물을 받고서 조정을 어지럽히는 일이 있겠습니까. 장차 안으로는 궁중으로부터 밖으로는 조정에 이르기까지 모두 올바르게 되어 사악한 기운이 그 사이를 범할 수 없을 것이고, 모든 재앙이 사라져 수많은 상서로운 일이 발생할 것입니다.

세 번째는 언로(言路)를 열어주는 것입니다. 신이 삼가 살피건대 《서경》〈중훼지고(仲虺之誥)〉에 탕왕(湯王)이 말하기를 "스스로 지혜를 쓰면 작아지고, 묻기를 좋아하면 넉넉해진다."라고 하였습니다. 만백성은 지극히 많고 임금의 업무는 극도로 번잡한데, 한 사람의 총명은 한계가 있고 천하의 일은 변화가 무궁하니, 만일 널리 언로를 열어 여러 사람들의 논의를 널리 채택하지 않으면 임금의 과오와 정치의 병폐를 어떻게 상세히 알아서 잘 처리할 수 있겠습니까. 이 때문에 옛날의 제왕들은 진선(進善)의 깃발[41]을 설치하고 비방(誹謗)의 나무[42]

41 진선(進善)의 깃발 : 요(堯) 임금이 나라의 정치를 바르게 하기 위해 사통팔달의 네거리에 깃발을 단 깃대를 세워놓고, 정사에 유익한 말을 할 사람은 그 아래에 서 있게 하였다. 《사기(史記)》 10권 〈효문본기(孝文本紀)〉에, "옛날 천하를 다스릴 때 조정에는 선한 말을 간언하는 깃발이 있었다."라는 기록이 있다.

42 비방(誹謗)의 나무 : 백성들이 정치의 잘못을 써 놓도록 길에 세워 놓은 나무로,

를 세워 자신이 미처 듣지 못한 것을 들리게 하고, 자신이 미처 몰랐던 것을 알리게 하여 천하의 밝음을 합쳐 자신의 밝음으로 삼고 천하의 선(善)을 다하여 자신의 선으로 삼았으니, 그런 뒤에야 여러 사람의 뜻이 통하고 많은 공적이 빛났습니다. 삼가 생각건대 우리 전하께서 즉위하신 뒤로 다스림의 교화가 새로워졌으며, 정승이 소매에서 꺼낸 차자를 너그러이 받아들이고 대각의 공론(公論)을 잘 따르시어 원통한 자들은 모두 신원되고 쫓겨났던 사람들은 모두 돌아왔습니다. 그런데 얼마 지나지 않아 점점 처음과 같지 않아 크고 작은 일에 대해 말한 것을 대부분 받아들이지 않았습니다. 신하들의 마음이 의심하고 가로막혀 성상의 의중이 어디 있는 줄 알지 못하여 영의정은 먼저 이미 물러나 은둔하였고, 우의정이 이어 또 교외로 나갔으며, 얼마 전에는 좌의정이 이미 사직 상소를 올렸다고 들었습니다. 그밖에 권성(權惺), 이재(李縡), 조관빈(趙觀彬)이 또 모두 차례대로 돌아갔으니, 전하의 조정이 거의 텅 비지 않았습니까.

신이 듣건대 근래에 어떤 대신(臺臣)의 상소가 성상의 뜻을 크게 거슬러 그간 이조(吏曹)가 의망(擬望)하였으나 한결같이 모두 낙점하지 않으셨다고 합니다. 아, 전하께서는 어찌 사람들에게 관대하지 못한 모습을 보이신 것입니까. 가령 그의 말에 지나치고 어리석은 부분이 있다 하더라도 전하께서 간언을 듣는 도리에 있어서 오직 쓸 만하면 쓰고 쓸 수 없으면 버릴 뿐입니다. 그런데 지금 만일 멀리하고 도외

순(舜) 임금이 이를 통해 정치의 잘못을 반성하였다고 한다. 《대대례(大戴禮)》 3권 〈보전(保傳)〉에 "옳은 것을 말하는 깃발이 있고, 비방하는 나무가 있으며, 감히 간하는 북이 있었다."는 기록이 있다.

시하는 얼굴빛과 싫어하고 박대하는 뜻을 드러나게 보이시면 누가 다시 우레와 같은 위엄을 범하고 역린(逆鱗)을 건드리면서 전하를 위해 간언을 올리겠습니까. 진실로 이와 같다면 비록 오늘 전하께서 구언(求言)하는 하교를 내리시고, 내일 또 구언하는 하교를 내리시더라도 신은 실용적인 부분에는 도움이 없고 다만 겉치레로 귀결될까 염려됩니다.

옛날에 우리 선조대왕(宣祖大王)께서 경연에 납시어 묻기를 "나는 옛날의 어느 임금에게 비할 수 있는가?"라고 하니, 정언 김성일(金誠一)이 대답하기를 "요순(堯舜)이 될 수도 있고, 걸주(桀紂)가 될 수도 있습니다. 전하께서는 타고난 자질이 고명하시니, 요순과 같은 임금이 되는 것은 어렵지 않습니다. 다만 스스로 성인인 체하시어 간언을 거부하시는 병폐가 있으니, 이것이 걸주가 망한 까닭입니다."라고 하였는데, 선조께서 얼굴빛이 변하였습니다. 당시에 임금과 신하 사이에 진언(進言)을 하던 강직함과 간언을 수용한 덕(德)을 사람들이 지금까지 칭송합니다. 옛날의 임금은 수레에 있을 때에는 호위하는 군사가 간언하는 규례가 있고, 조정에 있을 때에는 관사(官師)가 간언하는 법이 있으며, 안석에 기대어 있을 때에는 송훈(誦訓)이 간언하고, 침소에 들었을 때에는 설어(暬御)가 충고하며, 일에 임해서는 고사(瞽師)가 인도하고 편안히 거처할 때에는 악공(樂工)이 낭송하였으니,[43] 모두

43 수레에……낭송하였으니 : '설어'는 임금을 가까이에서 모시는 신하로, 임금이 침소에 들었을 때 잠언을 올리는 역할을 하였고, '고사'는 악사(樂師)와 사관(史官)으로, 임금이 군사 일이나 제사에 임했을 때 풍자하거나 지도하는 역할을 하였다. 이는 좌사(左史) 의상(倚相)이 신공(申公) 자미(子亹)에게 간언을 올릴 때, 옛날에 95세의 고령에도 모든 조정 신료들에게 경계의 말을 요청한 위 무공(衛武公)의 고사를 들면서 이야

일에 따라 결점을 보완하고 임금을 인도하여 도(道)에 맞게 하려는 뜻입니다. 후세에는 이러한 법들이 모두 폐기되어 오직 강론하고 토론하는 직임은 경연에 있고, 규찰하고 단속하는 책임은 대각에 있으니, 그 직임이 무겁다고 할 만합니다. 그러나 들어보니 근래의 강관(講官)은 경연이 있는 날에 한 차례 읽고 지나가는데 지나지 않고 풀이하고 경계하는 도움이 없으며, 간관(諫官)은 호소하는 일이 있을 때 전례에 따라 계사를 전하기만 하고 직언으로 간곡히 간언하는 풍도가 없으니, 어찌 임금의 마음을 바로잡고 임금의 마음을 돌릴 수 있겠습니까. 비록 그렇지만 이 역시 꼭 선(善)을 즐기고 간언을 좋아하지 못하는 전하의 태도에서 비롯되지 않았다고 할 수 없으니, 만일 임금이 선한 말에 절을 하는 정성[44]이 있으면 신하가 말을 다하는 충성을 보이지 않겠습니까.

붕당(朋黨)의 재앙은 옛날부터 있었으니, 한(漢)나라의 남북부(南北部)[45], 당(唐)나라의 우이(牛李)의 당(黨)[46], 송(宋)나라의 천당(川

기한 내용이다. 《國語 卷17 楚語上》

44 선한……정성 : 《서경》 〈고요모(皐陶謨)〉에 "우(禹)가 선한 말에 절을 하며 너의 말이 옳다고 하였다.〔禹拜昌言曰兪〕"라고 하였다. 여기서는 하나라 신하의 처지에서 이러한 점을 하례하는 내용으로 상정하여 지으라는 것이다.

45 남북부(南北部) : 후한(後漢) 환제(桓帝)가 예오후(蠡吾侯)로 있을 때 감릉(甘陵)의 주복(周福)에게서 수학하였는데, 즉위하기에 미쳐 주복을 상서(尙書)로 삼았음. 당시에 하남윤(河南尹) 방식(房植)이 주복과 동군(同郡) 사람으로 조정에 명성이 있었는데, 양가(兩家)의 빈객(賓客)이 서로 헐뜯고 비평하여 마침내 각각 붕도(朋徒)를 이루어서 점점 더욱 틈이 벌어졌으므로 감릉 땅에 남북부가 있게 되니, 당인(黨人)의 의논이 여기에서 시작되었다.

46 우이(牛李)의 당(黨) : '우이'는 우승유(牛僧孺)와 이종민(李宗閔)을 말한다. 당

黨)과 낙당(洛黨)과 삭당(朔黨)[47], 명(明)나라의 동림(東林)과 서림(西林)[48]은 계속해서 근심이 되었습니다. 처음에는 한 사람의 사사로운 뜻에서 생겨났으나 결국에는 반드시 사직(社稷)이 황폐화되고 백성들이 도탄에 빠지는 데 이르렀으니, 이것이 어찌 오랜 역사에 걸쳐 나라를 소유한 자들의 밝은 귀감이 아니겠습니까. 우리나라는 붕당이 생긴 지가 오래인데, 100여년 이래로 서로 겨루어 한 번 내쳐졌다가 한 번 들어왔을 뿐인데, 그 재앙이 몇 해 전의 참혹한 살육에 이르러 극에 달하였습니다. 4년간 국청을 설치하여[49] 오로지 주륙(誅戮)을 일삼아

문종(唐文宗) 때 두 사람이 붕당을 이루어 싫어하는 사람들을 모두 배척하고 권세가 온 세상에 진동하자 당시 사람들이 '우이'라고 불렀다. 《新唐書 卷174 楊嗣復列傳》

47 천당(川黨)과 낙당(洛黨)과 삭당(朔黨) : 송 철종(宋哲宗) 무렵의 세 당파로, 천당의 대표적인 인물은 소식(蘇軾)·여도(呂陶) 등이고, 낙당의 대표적인 인물은 정이(程頤)·주광정(朱光庭) 등이고, 삭당의 대표적인 인물은 유지(劉贄)·유안세(劉安世) 등이다.

48 동림(東林)과 서림(西林) : 동림은 송(宋)나라 학자인 양시(楊時)의 위패를 모신 동림서원(東林書院)으로, 명 신종(明神宗) 때 태자를 세우는 문제로 좌천을 당한 고헌성(顧憲成)이 그의 아우 고윤성(顧允成)과 함께 재건하여 동지인 고반룡(高攀龍) 등과 강학을 하며 재야의 학자 등을 규합하여 시정(時政)을 논하고 인물을 품평하였다. 그리하여 이들을 동림이라 지칭하게 되었는데, 당시 반대편에서 권력을 전횡하던 위충현(魏忠賢)을 위시한 서림을 배척하다가 당화(黨禍)를 당하였다. 《明史 卷231 顧憲成列傳》

49 4년간 국청을 설치하여 : 신임사화(辛壬士禍) 때부터 영조가 즉위하기 전까지 소론이 집권한 시기를 말한다. 신임사화는 신축년(1721, 경종1)과 임인년(1722)에 걸쳐서 왕위 계승 문제를 둘러싸고 노론(老論)과 소론(少論) 사이에 벌어졌던 당쟁의 화옥(禍獄)이다. 연잉군(延礽君)이 세제(世弟)로 책봉되었는데, 그 뒤 왕세제(王世弟)의 대리청정(代理聽政)을 둘러싸고 소론 김일경(金一鏡), 목호룡(睦虎龍) 등의 공격을 받아 노론 사대신인 김창집(金昌集), 이이명(李頤命), 이건명(李健命), 조태채(趙泰采) 등이 극형을 당하고 소론이 집권하게 되었다.

독류(獨柳)의 아래에 흐른 피[50]가 냇물을 이루었고, 형벌을 벗어난 사람이 거의 없었으니, 그 재앙이 극심하다고 할 만합니다.

신이 생각건대 전하께서는 당쟁의 화를 깊이 징계하시고 화평한 도(道)로 탕평(蕩平)의 정치를 펼치셨으니, 이번 감제(柑題)[51]에서 성상의 뜻이 어디 있는지를 알 수 있었습니다. 비록 그렇지만 사람을 등용하고 내치는 데에 중도(中道)를 얻기가 어려우니, 만일 현우(賢愚)를 구분하지 않고 훈유(薰蕕)[52]를 섞어 등용하면서 오직 서로 균등하게 하고 서로 참여하는데 뜻을 둔다면 그 폐단은 군자를 소인으로 여기고 소인을 군자로 여기지 않는 경우가 드물 것입니다.

아, 만일 군자라면 그 당여가 많다고 근심하지 않아도 되지만, 만일 소인이라면 한 명의 소인이 역시 다른 사람의 조정을 어지럽힐 수 있으니, 더군다나 당여는 말할 나위가 있겠습니까. 천하의 일은 모두 당연한 이치가 있으니, 군주가 이러한 상황에 처하면 그 일이 어떤가를 따지지 않고 다만 그 이치의 시비(是非)만을 보아서 그 말이 옳으면 제때에 취하지 못할까 염려해야지 그들이 당파를 만든다고 근심해서는 안 됩니다. 그 말이 옳지 않다면 오직 엄정히 배척하지 못할까 근심해

50 독류(獨柳)의……피 : 역적이 참형을 당하는 것을 말한다. 당 헌종(唐憲宗) 원화(元和) 2년(807) 11월에 "이기(李錡)를 독류수(獨柳樹) 아래에서 참수(斬首)하고, 그의 족속들을 삭적(削籍)하였다."라는 기록이 《구당서(舊唐書)》 권14 〈헌종본기 상(憲宗本紀上)〉에 나온다.

51 감제(柑題) : 황감시(黃柑試) 로, 해마다 제주도에서 진상하는 황감을 성균관 및 사학(四學)에 내리고 거행하는 과거이다.

52 훈유(薰蕕) : 훈은 향내 나는 풀, 유는 악취 나는 풀인데, 선인과 악인 또는 군자와 소인을 비유한다.

야지 치우칠까 근심해서는 안 됩니다. 만약 그렇게 하지 않고서 먼저 '당(黨)'이라는 글자가 마음속에 가로놓여 한 마디 말을 듣고 한 가지 일을 볼 때 그때마다 '당'인가 의심하면 장차 상하가 서로 막히고 궁중(宮中)과 부중(府中)이 한 몸이 되지 않을 것이니, 이렇게 하고서 나라를 다스릴 수 있겠습니까. 이 일이 비록 신하들이 성의로 임금의 마음을 감동시키지 못한 데에서 비롯되었지만, 또 임금이 성의를 미루어 신하를 대우하는 도에 어긋나기 때문이기도 한 듯합니다.

아, 하늘이 비록 높지만 낮은 곳까지 들어주고 이치가 비록 은미하지만 감응하면 반드시 통합니다. 이 때문에 태무(太戊)가 덕을 닦으라는 이척(伊陟)의 가르침을 받아들여 요사스러운 뽕나무가 말라죽었고[53] 무정(武丁)이 임금을 바로잡으라는 조기(祖己)의 경계를 따르자 꿩이 우는 재앙이 그쳤습니다.[54] 지금 전하께서 재이(災異)를 만나 두려워하여 널리 직언을 구하시니, 위의 조정과 아래의 재야에 어찌 하늘을 감동시켜 재이를 그치게 할 좋은 말과 좋은 계책이 없겠습니까. 삼가

53 태무(太戊)가……말라죽었고 : 태무는 은(殷)나라 중종(中宗)이다. 이때 수도인 박읍(亳邑) 뜰에서 뽕나무[桑]와 닥나무[穀]가 함께 붙어서 자라는 괴상한 나무가 돋아났는데 하루 만에 두 손아귀에 찰 만큼 자라는 괴변이 있었다. 중종이 두려워하며 정승 이척(伊陟)에게 조언을 구하니, "요괴는 덕을 이기지 못하니 임금께서는 덕을 닦으소서."라고 하였다. 중종이 이척의 말대로 선왕의 훌륭한 정사를 본받아 덕을 닦자 이틀 만에 요괴한 뽕나무가 말라 죽었으며, 왕실이 부흥하고 제후들이 귀순하였다. 《史記 卷3 殷本紀》

54 무정(武丁)이……그쳤습니다 : 무정은 은나라 고종(高宗)이다. 무정이 성탕(成湯)에게 제사를 올릴 때 꿩이 날아와 솥귀에 올라가 우는 재이(災異)가 있었는데, 신하 조기(祖己)가 "먼저 임금님을 바로잡으면 그 일도 바로잡힐 것입니다."라고 하면서 덕을 닦기를 권면하였다. 그 결과 은나라가 중흥하였다고 한다. 《書經 高宗肜日》

바라건대 명철하신 성상께서는 좋은 말을 받아들이는 도량을 확충하고 아울러 듣는 도(道)를 넓히셔서 자신의 사욕을 극복하여 새롭게 하여 아침저녁으로 반성하고 살피시고, 또 서울과 지방의 대소 신료들을 신칙하여 동인협공(同寅協恭)[55]하여 밤낮으로 모의하여 하늘의 뜻이 어디 있는지를 찾아 서로 수양하게 하시면 재해가 날마다 사라지고 복록이 날마다 이를 것입니다.

네 번째는 수령을 선발하는 일입니다. 신이 삼가 살펴보니, 주자가 "백성들의 행복과 불행은 수령이 현명한지 아닌지에 달려 있다."라고 하였습니다. 수령이 청렴하고 현명하면 온 경내가 그 덕택에 편안해지고, 수령이 탐욕스럽고 포학하면 백성이 살 수가 없으니, 그 직임이 긴요하고 중하기가 이와 같습니다. 한 선제(漢宣帝)가 "나와 함께 다스릴 사람은 오직 어진 이천석(二千石)[56]이다."라고 말하고 당 태종(唐太宗)이 먼저 외직에서 시험하여 그가 능력 있는지 여부를 안 뒤에 차례대로 선발한 것은 이 때문입니다.

신이 삼가 살펴보건대 옛적 우리 성종(成宗) 때에는 잘 다스리지 못하는 수령이 있으면 임금께서 친히 돈화문(敦化門)에 행차하시어 큰 도로에서 매질을 하여 그의 마음을 부끄럽게 하시고 그대로 임소로 돌려보내 훗날 효과를 내도록 요구하였습니다. 그러므로 그 당시의 수령은 모두 위엄을 두렵게 여기고 은혜에 감동하여 대부분 순량(循

55 동인협공(同寅協恭) : 신하가 공경히 임금을 섬기면서 다 함께 훌륭한 정사를 이루기 위해 협력한다는 뜻이다. 《서경》 〈고요모(皐陶謨)〉에 "군신(君臣)이 공경함을 함께하고 공손함을 합하여 만물이 올바름을 얻게 한다.〔同寅協恭 和衷哉〕"라고 하였다.

56 이천석(二千石) : 한(漢)나라 때 한 군(郡)을 담당한 태수(太守)의 연봉이 2,000석이었던 데서 유래한 말로, 지방 수령을 일컫는다.

良)[57]이라고 일컬어졌습니다.

또 듣건대 조종조(祖宗朝)부터 청렴한 관리를 선발하여 궁궐 뜰에 들어오게 하여 특별히 잔치를 열고 풍악을 울리게 하여 포상하여 가상히 여기고 한 번이라도 그 선발에 참여했던 사람은 후세의 자손 역시 모두 녹용(錄用)하였습니다. 그 법이 명종(明宗)과 선조(宣祖) 두 임금의 조정에서 성행하였으며, 인조(仁祖) 때에 이르러서는 한 번 시행하고서 다시 들은 적이 없으니, 아마도 병자호란과 정묘호란을 겪고 난 뒤에 폐기되어 시행되지 않은 듯합니다. 이때부터 이루어진 법이 무너지고 권면하고 징계하는 도를 잃어 조정의 기강이 해이해지고 탐욕스럽고 더러운 풍조가 이루어졌습니다.

몇 해 전 신의 스승 문순공(文純公) 신(臣) 박세채(朴世采)가 조정에 있을 때 선대 조정의 옛법을 따라 선한 사람을 상주고 악한 사람을 벌주는 방도를 보이려고 하여 조령(條令)을 이미 갖추었는데, 다른 논의가 어지럽게 일어났고 또 얼마 뒤에 도성을 떠나 일이 마침내 이루어지지 못했으니, 안타까운 심정을 금할 수 있겠습니까.

삼가 생각건대 우리 전하께서는 잠저(潛邸) 시절부터 민간의 질고를 깊이 아셨고, 즉위하신 뒤에는 더욱 백성의 일에 유념하여 정령(政令)으로 시행하고 윤음으로 드러낸 것이 모두 백성을 걱정하는 뜻이었습니다. 부정한 방법으로 재물을 취하다가 적발된 경우에는 영원히 금고(禁錮)시켰으니, 우리 임금께서 백성을 사랑하는 마음을 공경하고 우

57 순량(循良) : 순리(循吏)와 양리(良吏)의 합칭으로, 법을 잘 지키고 백성들을 보살피는 지방관을 이르는데, 《사기》 권119에 〈순리열전(循吏列傳)〉이 보인다.

러러보지 않는 자가 없습니다. 그러나 은택이 아래에까지 다 이르지 못하여 백성들이 혜택을 입지 못하였으니, 이는 실로 제대로 된 수령을 얻지 못하였기 때문입니다. 백성을 가까이하는 관리로는 수령보다 더 긴밀한 사람이 없습니다. 그러나 신이 삼가 보건대 근래의 수령은 고을에 부임한 뒤에 오로지 가혹하게 세금을 거두기만 하여 백성들의 살갗과 뼈를 발라내고 백성들의 고혈을 짜내며, 널리 토지와 가택을 점유하고 아첨하여 권귀(權貴)를 섬기니, 애달픈 우리 궁핍한 백성들이 어떻게 살 수가 있겠습니까. 고려 사람 정이오(鄭以吾)의 시에 "길가에 붉은 옷을 입은 사람들을 보라. 모두 백성들의 피로 물들어 그렇게 된 것이니.〔試看路上衣紅者, 盡是生民血染成.〕"라고 하였으니, 그 말이 통탄스럽다 하겠습니다.

제대로 된 감사(監司)를 얻지 못한 경우에는 도(道) 전체가 피해를 입고, 제대로 된 곤수(閫帥)[58]를 얻지 못하면 삼군(三軍)의 마음이 떠나니, 원성(怨聲)이 하늘에 이르러 화기(和氣)를 손상하기 충분합니다. 지금의 재이(災異)가 여기에서 비롯된 것이 아니라고 어찌 장담하겠습니까. 탐오(貪汚)의 폐단은 온 세상이 모두 그러하니, 그 중에 비록 뜻과 행실이 밝고 깨끗하여 굳게 지조를 지키는 사람이 있더라도 역시 적습니다. 신이 몇 년 동안 호남(湖南)에 우거하면서 삼가 백성들이 함께 칭송하던 사람들을 들었으니, 전 고산 현감(高山縣監) 이도현(李道顯)은 교화가 맑고 간명하여 도내에서 으뜸이었습니다. 그 후에

58 곤수(閫帥) : 병마 절도사(兵馬節度使)와 수군 절도사(水軍節度使)를 예스럽게 부르던 말이다. 조선 시대에는 특히 함경·평안 양도의 병마 절도사와 수군 절도사를 이르는 말이었다.

모친이 병이 들어 관직을 버리고 집으로 돌아갔는데, 온 경내에서 그를 그리워하여 자애로운 어머니처럼 사모하였습니다. 함열 현감(咸悅縣監) 이상화(李相華)는 지성으로 백성들을 어루만지고 치적이 크게 드러났으며, 전주 판관(全州判官) 이병정(李秉鼎)은 업무를 능숙히 처리하고 피폐한 백성들을 소생시켜 명성이 사방에 자자합니다. 마땅히 조정에서 별도로 등용하여 표창하는 뜻을 보여 다른 사람들을 권면한다면 반드시 보고 느껴 흥기하는 방도가 있을 것입니다.

신이 보고 들은 것이 넓지 못하여 들은 자들은 단지 이 몇 명에 지나지 않으니, 만일 다른 도(道)를 가지고 논한다면 어찌 그런 사람이 없겠습니까. 신이 듣건대 대신(大臣)이 지난번에 연로(沿路)에서 듣고서 잘 다스린 수령 몇 명을 천거하였는데, 모두 포상하는 은전을 받았다고 하니, 역시 한 세상을 면려할 수 있습니다.

아, 탐오(貪汚)의 풍습이 세상의 고질병이 된지 오래입니다. 만일 크게 변통하지 않는다면 갑자기 개혁하기는 어렵습니다. 더구나 지금 눈앞에는 이전에 없던 흉년이 닥쳤는데 삼남(三南 충청도·전라도·경상도)이 더욱 심하여 늙은이들의 시체가 도랑과 구덩이를 메우고, 젊은이들은 떠나서 도적이 되니, 이러한 때에 백성을 자식처럼 돌봐주는 관리를 더욱 가려서 선발하지 않아서는 안 됩니다.

삼가 바라건대 명철하신 성상께서는 선대 조정의 아름다운 법을 잘 따라 법률을 엄정히 하시고 선발을 정밀히 하시어 청렴한 자로 하여금 권면받게 하시고 탐욕스러운 자로 하여금 두려움을 알게 하시며, 또 별도로 명망과 위엄과 은혜를 갖춘 사람을 선발하여 관찰사의 임무와 곤수의 직임을 맡기시면 팔도(八道)의 백성들이 거의 다시 소생할 가망이 있을 것입니다. 이와 같이 한 뒤에 백성들의 원망이 사라지고 하늘의 노여움이 풀릴 수 있을 것입니다.

다섯 번째는 절약과 검소를 숭상하는 것입니다. 신이 삼가 살피건대 옛사람이 말하기를 "사치는 크나큰 악(惡)이고, 검소함은 공손한 덕(德)이다."라고 하였습니다. 악한 일이 한둘이 아니지만 반드시 사치가 큰 악이고, 덕을 숭상하는 방법이 한둘이 아니지만 반드시 검소함을 공손함으로 여기니, 그 뜻이 어찌 우연이겠습니까. 예로부터 제왕은 덕을 쌓고 인(仁)을 축적하여 후대 자손에게 넉넉함을 남겨주기를 공손함과 검소함에서 시작하지 않는 경우가 없었는데, 후손이 제대로 지키지 못하여 위태롭고 망하는 결과에 이르는 것은 역시 사치와 방종에서 말미암지 않은 경우가 없으니, 지나간 역사를 고찰하면 분명히 알 수 있습니다.

대체로 인심(人心)의 욕구는 무궁하고 천지가 낳은 만물은 유한합니다. 욕구가 무궁하니 천하로 한 사람을 봉양하여도 충분하지 못하고, 낳은 만물이 유한하니, 한 사람이 천하를 다 써도 부족합니다. 백성들의 재물을 다 고갈시켜 백성들이 원망하고, 하늘의 물건을 다 소진하여 하늘이 진노합니다. 옛날에 이른바 "사치의 피해가 하늘의 재앙보다 심하다."라는 말은 진실로 옳은 말입니다.

삼가 생각건대 우리 전하께서는 즉위하신 뒤로 비용을 절약하고 백성을 사랑하며, 검소함을 숭상하고 사치를 제거하여 안으로는 애용하는 병통이 없고 밖으로는 화려하고 사치한 습관을 제거하였습니다. 좋아하는 것은 학문이고 사랑하는 것은 훌륭한 인재이니, 이는 성덕(盛德)의 일입니다. 다만 사치에서 검소로 들어가기는 어렵고, 검소에서 사치로 들어가기는 쉬우니, 이는 또 전하께서 생각하시지 않아서는 안 됩니다.

신이 근래에 도로에서 전하는 말을 들으니, 대내(大內)에서 군문(軍門)의 은화(銀貨)와 지부(地部 호조(戶曹))의 명주와 베를 들이라고 명하였는데, 그 수량이 지나치게 많다고 합니다. 모르겠습니다만 그런 일이 있습니까? 진실로 그런 일이 있다면 신은 모르겠습니다만 전하께서 어디에 쓰셨습니까. 우리 조정에서 내수사(內需司)를 설치한 것은 임금에게 사사로운 재물이 없는 도리에 어긋나는데, 지금까지 잘못을 답습하며 여전히 혁파하지 못하여 진실로 정치에 누가 되었습니다. 그러나 전하께서는 궐내에서 필요한 것을 여기에서 마련하시니, 오래된 전례를 그대로 따른 것은 오히려 크게 이상한 일은 아닙니다. 그런데 지금 공공연히 군문의 저축과 지부에 저장된 물건을 가져와서 결국 낭비하고 사치를 부리는 결과를 면하지 못하였으니, 서울과 지방에서 불어나는 의혹을 괴이하게 생각할 것이 없습니다.

옛날 선조(宣祖) 때에 조정에서 의영고(義盈庫)에서 황납(黃蠟) 5백 근(斤)을 들이라는 명을 내렸습니다. 그 당시에 선정신(先正臣) 이이(李珥)가 간언하는 직책을 맡아 여러 차례 쟁론하고 고집하여 비록 편치 못한 하교를 받았지만 조금도 주저하거나 꺾이지 않았으니, 결국에는 해당 관사로 돌려주었습니다. 신이 모르겠으나 지금 간언의 책임을 맡은 사람들 중에 과연 이이처럼 다투어 고집하는 사람이 있으며, 전하 역시 선조 임금을 본받아 돌려줄 수 있습니까.

신이 예전에 삼가 보건대 숙종(肅宗) 때에 만일 흉년을 만나면 반드시 내탕고(內帑庫)의 은전(銀錢)을 풀어서 진휼하는 자금으로 보탰습니다. 또 금원(禁苑)에서 친히 도토리를 주워 진휼청에 내려 주었으니, 실질적인 은혜로 백성에게 믿음을 준 것이 피부에 스미고 골수를 적실 뿐만이 아니었습니다. 그러므로 지금까지 남아 있는 백성들이 그리워하며 울부짖는 것입니다.

그런데 지금 전하께서는 비록 내탕고에 저장된 물품을 풀어서 굶주린 백성들을 진휼하지는 못하더라도 공적인 물건을 사적인 용도로 써서야 되겠습니까. 이렇게 큰 흉년을 만나 비록 재물을 아껴서 한뜻으로 구휼하고 헛된 비용을 줄여서 정성을 다하여 먹여도 오히려 목숨이 끊어질 백성들을 구하지 못할까 근심인데, 더구나 유사(有司)의 재물을 도리어 명목 없는 비용으로 쓰면서도 꺼리지 않아서야 되겠습니까.

송(宋)나라의 신하 이항(李沆)이 말하기를 "《논어(論語)》의 '비용을 절약하여 백성을 사랑하라.'는 한 마디 말은 종신토록 암송해야 한다."[59]라고 하였으니, 신은 다만 신하가 이와 같이 할 뿐 아니라, 임금이 종신토록 암송해야 한다고 생각합니다. 근래 민간에 사치스러운 풍속이 성행하여 역관(譯官)의 집에서 모두 수놓은 옷을 입고 천한 광대들이 모두 비단옷을 입으며, 한 번 연회에 드는 비용이 많게는 백 금(金)에 이르며, 한 번 혼례를 치르는데 드는 비용이 만 전(錢)을 밑 돌지 않으니, 재물이 고갈되어 물가가 치솟고, 조정의 고관이 간청하고 수령이 탐욕을 부리는 것은 모두 여기에서 비롯되었습니다. 이런데도 금지시키지 않으면 그 폐해를 막기 어려우니 임금이 되어 통렬히 개혁할 방도를 생각하지 않아서야 되겠습니까. 비록 그렇지만 이는 반드시 성상께서 몸소 먼저 검약을 실천하여 모범이 된 뒤에야 바

59 이항(李沆)이……한다 : 이항(李沆)이 재상이 되어서도 늘 《논어》를 읽었는데, 누군가 그에 대해 묻자 그는 "나는 재상이 되었지만 《논어》 가운데 '비용을 절약하여 백성을 사랑하며 농한기에 백성을 부려야 한다.'와 같은 구절은 여전히 시행하지 못하고 있으니 성인의 말씀은 종신토록 암송해야 한다."라고 답했다고 한다. 《宋史 卷282 李沆列傳》

람이 불면 풀이 눕는 효과[60]가 있을 것입니다.

옛날에 한 문제(漢文帝)가 백금(百金)의 비용을 아껴서 노대(露臺)를 짓지 않았고[61], 명나라 태종황제(太宗皇帝)는 조정에서 정사를 볼 적에 해진 소매가 곤룡포 속에서 나왔습니다. 우리 태조대왕(太祖大王)께서는 궁중에 계실 때에 늘 여장(藜杖)을 짚고 마혜(麻鞋 미투리)를 신었으며, 옹주(翁主)에게 집을 내리실 때는 20여 칸에 불과하였으며 초가지붕으로 된 곳이 절반을 넘었습니다. 성종대왕(成宗大王)은 갈옷과 명주이불이 해져도 바꾸지 않았으니, 아! 성대한 일입니다. 윗자리에 있는 사람이 이처럼 검소한 덕이 있었기 때문에 당시에 교화가 널리 시행되어 백성들의 풍속이 두터워졌으니, 모두 한 세상을 태평시대로 만들고 나라의 복이 끝없이 이어져 후세의 모범이 되었습니다.

삼가 바라건대 명철하신 성상께서는 멀리 한 문제와 명 태종을 모범으로 삼으시고, 가까이는 우리 태조와 성종을 본받아 마음과 정신을 깨끗이 하고 기호와 욕심을 줄여 안으로는 본성을 기르는 효과가 있고 밖으로는 재물을 축내는 근심을 없앤다면, 자연스레 은택이 백성에게 미치고 하늘이 위에서 감동할 것입니다.

아, 지금의 일 가운데 말할 만한 것이 많지만, 신은 다른 것을 말할

60 바람이……효과 : 백성은 위정자(爲政者)의 덕화에 쉽게 감화된다는 뜻이다. 계강자(季康子)가 정치에 대해 묻자 공자가 "군자의 덕은 바람과 같고 소인의 덕은 풀과 같다. 풀 위에 바람이 불면 반드시 눕는다.〔君子之德風, 小人之德草, 草上之風, 必偃.〕" 하였다. 《論語 顔淵》

61 한 문제(漢文帝)가……않았고 : 한문제가 노대(露臺)를 지으려다가 백금의 비용이 든다는 말을 듣고는 "백금은 중등 생활을 하는 열 집의 재산에 해당한다.〔百金, 中人十家之産也.〕"라고 하면서 그만두게 하였다. 《漢書 卷4 文帝紀 贊》

겨를이 없어 이 한 가지 강령과 다섯 가지 조목을 말하였으니, 진실로 오늘날의 급선무이며 느슨히 해서는 안 되는 것이 여기에 있기 때문입니다. 만일 한 가지 강령에 종사하여 그 도(道)를 다할 수 있다면 이른바 다섯 가지 조목은 다만 한 번 들어서 놓는 방법일 뿐입니다. 장차 강(綱)을 들면 목(目)이 펼쳐져 감동시키면 반드시 응하여 백성들은 모두 혜택을 입고 상제(上帝)와 귀신(鬼神)은 위엄과 진노를 도로 거두는 모습을 보게 될 것인데, 어찌 꺼려서 하지 않고 다만 이렇게 두려워하십니까.

신은 본래 우매하고 나이가 또 노쇠하니, 십여 일이 지나면 미천한 신의 나이가 여든 하나입니다. 게다가 근래에 연달아 무거운 질병을 앓아 혈기가 더욱 상하고 정신이 더욱 혼미하여 기진맥진해 죽을 것 같아 일을 주관하고 생각을 할 수가 없기에 밝은 명이 내렸는데도 지체하여 지금에 이르렀습니다. 지금 비로소 대략 보잘 것 없는 말을 아뢰었으나, 말이 또 비루하고 졸렬하여 성상께서 도움을 구하시는 정성에 만에 하나라도 우러러 부응하기에는 부족하기에 황송하여 죄를 기다리니, 스스로를 용납할 곳이 없습니다.

또 신이 구구한 소회가 있어 감히 외람됨을 잊고 상소의 말미에 덧붙여 아룁니다. 신의 스승 문순공 박세채가 예전 숙종 때에 정자와 주자가 임금께 아뢴 말 중에 임금의 덕과 다스림의 도에 관련된 내용을 모아 기록하여 한 편의 책으로 엮었습니다. 또 각 조목 아래에 자기의 뜻으로 그 설을 부연하고 지극히 정밀하게 요약하여《경연고사(經筵故事)》라고 이름 붙이고는 사직 상소와 함께 베껴 올렸는데, 그 당시에 숙종께서 크게 칭찬하셨습니다. 지금에 이르러 세월이 이미 오래되었으니, 그 책이 아직 궁궐 안에 있는지 모르겠습니다. 그러므로 이에 감히 다시 한 통을 써서 삼가 이렇게 봉하여 올립니다. 삼가 바라건대 명철한 성상께서 자세히 살펴보시고 본받아 시행하신다면 덕을 기르는 방법과 다스리는 방도에 반드시 큰 도움이 될 것입니다.

찬선을 사직하고 겸하여 《맹자차기》 〈등문공〉이상을 올리는 상소[62] 병오년(1726, 영조2)

辭贊善兼進孟子箚記滕文公以上疏 丙午

삼가 아룁니다. 미천한 신의 나이가 80세를 넘어 90세를 바라보고 있으며 고질병이 날이 갈수록 더욱 심각해지고 있습니다. 게다가 봄이 된 이후로 상한(傷寒)과 설리(泄痢) 등의 증상을 심하게 겪은 터라 지금 몇 달이 지나도록 병석을 떠나지 못하고 문을 닫고 칩거한 채 두건을 두르고 죽을 날을 기다리고 있습니다. 삼가 듣건대 왕대비전의 환후가 한 달 내내 차도가 없으며, 우리 전하께서도 편찮으신지 여러 날이 되어 문후하는 반열이 연달아 설행되고 백관이 근심하고 다급하다고 합니다. 그런데 신은 조만간 죽을 목숨으로 신하로서 문안하는 예를 펴지 못하고 신하된 도리를 전혀 모르고 시골에 누워 있으니, 국법으로 따지자면 만 번 죽어 마땅한 죄입니다.

신이 이어 삼가 생각건대, 관직을 위하여 인재를 고르는 것은 국가를 소유한 군주의 급선무이고, 분수와 의리를 헤아리는 것은 신하의 일상적인 도리입니다. 이 때문에 예로부터 윗사람은 현인을 찾는 데 정성을 다하지 않은 적이 없지만, 인재를 등용하는 데 신중을 기하지 않은 적도 없습니다. 아랫사람은 도를 행하는 데 마음을 두지 않은 적이

62 찬선을……상소 : 1726년에 노령과 숙환을 이유로 찬선의 직책에서 물러나게 해 줄 것을 요청하면서 자신이 편술한 《맹자차기》 〈등문공〉이상의 부분을 필사하여 임금에게 진상한다는 내용의 상소이다.

없지만 자신을 헤아리기를 자세히 하지 않은 적도 없습니다. 이것이 윗사람은 함부로 제수하는 우환이 없고, 아랫사람은 염치를 무릅쓰고 나아간다는 비난이 없는 까닭입니다.

신이 몸은 야위고 기운은 없으며 지각은 어둡고 학문은 황폐하여 세상에 쓰이는 것을 감당하지 못하는 실상은 신이 그동안 사직하는 상소에 숨김없이 다 아뢰었을 뿐만이 아니라 삼가 생각건대 지난 가을 어전에 나아갔을 때에 명철하신 성상께서도 반드시 남김없이 통촉하셨을 것입니다. 더구나 신이 맡은 직책은 책임이 막중하여 하루라도 자리를 비워두어서는 안 되는데, 일 년 동안 헛되이 직함만 차지한 채 한 번도 직무를 수행하지 못하였습니다. 필부로서 감히 임금의 명을 어기고 시골에 거처하면서 멀리서 조정의 직함을 지니고 있으니, 사적인 의리가 편안치 못한 것은 우선 놓아두고 논하지 않더라도 조정의 처분도 구차하기 짝이 없습니다.

삼가 바라건대, 자애로운 성상께서는 신의 본말이 엉성하고 부실함을 살피고 신의 간절한 마음이 형식적인 사양에서 나온 것이 아님을 헤아려 신의 직명을 속히 체차하도록 윤허하여 사적인 분수를 편안히 해 주시고 관직을 중하게 하시면 그보다 더 큰 다행이 없을 것입니다.

또 신이 삼가 듣건대 전하께서 근래에 《맹자(孟子)》를 강독하시면서 날마다 연신(筵臣)과 함께 의리를 강론하신다고 합니다. 배우기를 좋아하는 정성이 역대 제왕보다도 훨씬 뛰어나니, 아, 성대합니다. 그러나 이 책을 읽는 사람은 반드시 먼저 전체 7편의 주의(主意)가 어디에 있는지를 파악한 뒤에야 차례대로 이해하여 수용할 수가 있습니다. 이른바 '주의'는 '인욕을 막고 천리를 보존한다.〔遏人慾存天理〕'라는 여섯 글자뿐입니다. 《중용(中庸)》의 관점에서 말하자면, 인욕을 막는 것은 혼자 있을 때를 삼가는 일이고, 천리를 보존하는 것은 경계하고 두려워하는 일입니다. 이는 학문을 하는 자가 경계하고 살펴야 할 일일 뿐만 아니라, 임금의 입장에서는 더욱 자세히 음미하고 깊이 체득하지 않으면 안 되는 일입니다.

인욕이 막히면 사사로운 마음이 싹트지 못하고 천리가 보존되면 공정한 도리가 널리 행해집니다. 삼가 바라건대, 전하께서는 이 여섯 글자를 가지고 공부에 힘써서 한갓 그 책을 외울 뿐만 아니라 몸에 체득하시고, 한갓 몸에 체득할 뿐만 아니라 정령을 시행하는 사이에 미루어 행하소서. 그렇게 하신다면 일상의 조처가 반드시 모두 공정한 천리에서 흘러나오고 털끝만큼의 사사로운 인욕도 절로 없을 것입니다.

신이 예전에 이 책을 읽었으나 지식이 어두워 비록 장구(章句)와 훈고(訓詁)의 말단적인 것조차도 까마득하여 제대로 이해하지 못하였으니, 더구나 정밀하고 자세한 의리가 함축된 부분에 대해서는 더욱 어찌 드러내어 밝힌 점이 있겠습니까. 그러나 일찍이 제 자신을 헤아리지 못하고 감히 고금의 경전과 사서, 제자서의 학설 중에 이 책의 의미를 밝힌 것을 수집하여 각 조목의 아래에 낱낱이 수록하고, 간혹 신의 짧은 소견으로 논변한 부분이 있으면 '안(按)'이라는 한 글자를 써서 구별하였으니, 강습하는 데 도움이 되고 잊어버리는 데 대비하기 위한 것이었습니다. 《맹자차기(孟子箚記)》로 이름을 붙였는데, 초고를 책상자 속에 보관한 지도 여러 해가 되었습니다. 이번에 명철하신 성상께서 《맹자》를 강론하신다는 말을 들었으니, 두서없는 사적인 기록을 성상께 번거롭게 보이기는 합당하지 않지만, 구구한 신의 충정은 야인(野人)이 미나리를 바친 정성[63]을 금할 수 없어 감히 참람함을 잊은 채 어리석음을 무릅쓰고 써서 올립니다.

다만 시골집에서 종이와 붓을 구하기가 쉽지 않아 일시에 베껴 쓸 수가 없으므로 〈양혜왕(梁惠王)〉, 〈공손추(公孫丑)〉, 〈등문공(滕文公)〉 3책을 먼저 쓰고 이 이하는 조만간 도구를 마련하여 쓰는 대로 바칠 것이니, 번거롭게 해드린 죄는 면하기 어렵습니다. 또 신이 눈이 어둡고 정신이 혼미하여 남에게 부탁하여 베꼈는데 잘못 쓴 곳을 수정한 흔적이 많아 또한 몹시 불경하니, 황공한 마음을 금할 수 없습니다.

삼가 바라건대, 명철하신 성상께서는 참람함을 용서하시고 죄를 사면하시어 혹여 진강하실 때에 참고용으로 갖추시고 혹여 한가하신 여가에 때때로 마음을 가라앉히고 완미하신다면 희미한 반딧불 같은 빛이 해와 달처럼 밝은 성상의 총명에 보탬이 없지는 않을 것입니다.

63 야인(野人)이……정성 : 변변치 못하나 순박한 정성을 이른다. 고대 송(宋)나라의 어느 시골 농부가 혼자만 미나리 맛을 즐길 수 없어 윗사람에게 바쳤다가 편잔을 받고 부끄러워했다는 고사에서 온 말이다. 《列子 楊朱》

대사헌과 찬선을 사직하고 겸하여《맹자차기》〈이루〉이하를 올리는 상소64

辭大司憲贊善兼進孟子箚記離婁以下疏

삼가 아뢰니다. 신이 봄여름 이후로 노쇠함과 질병이 점점 심해져서 병석에 쓰러져 누운 채 죽음을 곁에 두고 있었는데, 전혀 뜻밖에 삼가 도신(道臣)이 전유한 성지(聖旨)를 받들었으니, 신에게 다시 사헌부 대사헌의 직임을 내리고 신으로 하여금 속히 올라오게 하라는 내용이었습니다. 신이 병든 몸을 부축하여 억지로 일어나 겨우 삼가 받들고 땅에 엎드린 채 감격하고 황송하여 몸둘 바를 몰랐습니다.

신이 삼가 생각하건대 사헌부 수장은 지위와 명망이 남달라서 조정에 우뚝 서 강직한 풍도를 지켜 위로는 잘못을 바로잡아 우리 임금을 허물이 없는 경지에 이르게 하고, 아래로는 정도(正道)를 부지하고 사기(邪氣)를 억눌러 무너진 조정의 기강을 진작하여 임금의 덕을 날로 새롭게 하여 사방에서 눈을 씻고 보게 하는 자리입니다. 그 직임이 이렇게 중차대하니, 이 자리가 어찌 사람마다 감당할 수 있는 자리이겠습니까.

신이 지난 가을에 외람되이 성상 가까이 다가가는 은혜를 입었는데

64 대사헌과……상소 : 1726년 사헌부 대사헌에 임명한다는 교지를 받고 올린 상소이다. 새롭게 내린 대사헌의 직책과 겸임하고 있는 찬선의 직책을 노령을 이유로 모두 거두어 줄 것을 요청하면서 자신이 편술한《맹자차기》〈이루〉이하 부분을 필사하여 임금에게 진상한다는 내용이다.

융숭한 대우와 간곡한 만류는 요사이 신하에게 드물게 있는 일이었습니다. 신이 그때 말할 수 없이 감격하여 눈물이 흘러 이미 나라를 위하여 목숨을 바칠 마음이었습니다. 지금 새로 내린 명은 또 보통을 넘은 것이니, 신하된 도리로 감히 공경히 달려가지 않겠습니까. 다만 신이 자신을 돌이켜보면 실로 감히 함부로 맡을 수 없는 점이 있습니다. 이는 지업(志業)이 꺾였고 재능도 허술하며 늙고 혼미함이 또 심하기 때문이니, 실상이 환히 드러나 모르는 사람이 없습니다. 그런데 신이 만약 특별한 은총을 입은 것만 알고 감당하기 어려운 막중한 책임을 생각하지 않고서 본래 맡고 있던 자리처럼 보고 버젓이 자처한다면 신이 수치스런 마음이 드는 것은 말할 것도 없고 성상을 속이는 죄가 도리어 크지 않겠습니까.

아, 칠십의 나이에 치사(致仕)하는 것은 《예기(禮記)》의 밝은 가르침인데 지금 신의 나이가 여든 하나이니, 옛사람이 치사한 나이와 비교하면 이미 열한 살이나 많습니다. 신처럼 용렬하고 비루한 사람이 감히 고례(古禮)로 자처할 수는 없지만 스스로 근력을 헤아려 보면 거의 여지가 없으니, 맡은 직무가 한가하든 바쁘든 참으로 힘을 내어 조정의 반열에 나아갈 가망이 원래 없습니다. 더구나 대사헌의 직임은 너무나 긴요하고 막중하니, 하루라도 헛되이 맡아서는 안 될 것입니다. 이에 간절한 마음으로 아랫사람을 헤아려 주시는 성상께 우러러 번거롭게 아룁니다.

삼가 바라건대 자애로운 성상께서는 신의 간절한 마음이 겸양을 꾸미는 데에서 나온 것이 아님을 살펴 주시고, 신의 노쇠함과 질병이 이미 힘쓰기 어려운 지경에 이르렀음을 헤아리시어 신에게 새로 제수하신 직명을 속히 체차하시고 겸하여 서연(書筵)에서 시강하는 직임도 체차해 주시어 관직을 중시하고 신의 분수를 편안하게 해 주신다면 그보다 더 큰 다행이 없을 것입니다.

또 신이 지난번 4월 초에 감히 참람됨을 잊고 《맹자》 〈등문공〉이상에 대한 차기(箚記)를 외람되이 올렸습니다. 〈이루〉 이하를 즉시 이어 올렸어야 하는데 궁벽한 시골에 칩거하기에 글을 베껴 쓰는데 필요한 도구가 구비되지 않아 자연스레 지체되어 이제야 비로소 올립니다. 게다가 눈이 어둡고 정신이 혼미한 탓에 남에게 부탁하여 베꼈는데 일을 부탁한 사람도 한 사람이 아니고 베껴 쓸 때 잘라내고 긁어낸 흔적이 많아 성상께 올리는 문자가 몹시 불경하니 이것도 신의 죄입니다. 신의 노쇠함이 극에 달하여 조만간 죽기를 기다리는 처지이나 나라에서 받은 두터운 은혜는 보답할 길이 없어 감히 약간의 사사로운 기록을 가지고 보잘것없는 정성을 바치고자 하였습니다. 한가할 때 살펴보시면서 만일 터럭만큼이라도 끊임없이 강학하는 공부에 보탬이 된다면 신이 비록 죽더라도 한이 없을 것입니다.

신이 상소를 작성하여 올리려 할 때 삼가 성상께서 특별히 사관을 보내어 멀리까지 별유(別諭)를 전해주시고 이어 사관과 함께 들어오라고 명을 내리셨습니다. 별유에 말씀하신 내용이 융숭하고 '내가 지키는 것은 조종(祖宗)께서 전하신 나라이고, 경이 배운 것은 선배들이 전해준 도이다.'라는 말씀까지 하시어 권면하는 뜻이 귀신을 감동시킬 정도였습니다. 신이 받들어 다 읽기도 전에 저도 모르게 너무 놀라 혼비백산하여 두려움으로 등줄기에 땀이 흘렀습니다.

아, 선왕께서 세상을 다스리실 때는 산림의 덕 있는 선비가 성군을 만나 세상에 나와 도를 행하고 조정에 줄지어 서서 교화를 도와 이루었으니, 참으로 성상의 말씀처럼 성대하게 모여 있었습니다. 지금 우리 전하께서는 어진 사람을 높이고 도를 즐기는 정성이 선왕에 짝할 만합니다. 다만 노쇠하고 쓸모없는 미천한 신은 선배들의 심부름을 하기에도 한참 부족합니다. 만일 두루 인재를 구하려는 생각으로 제대로 초빙하는 방도를 다한다면 초야에 있는 선비들 중에 어찌 명에 응하여 일어날 사람이 없겠습니까. 그런데 도리어 감당하지 못할 하교를 연로하여 죽을 날만 기다리는 용렬한 사람에게 받게 하셨으니, 신이 이에 황공하고 깜짝 놀라 이렇게 된 연유를 모르겠습니다.

모든 일이 예상 밖에서 나오면 듣는 사람은 놀라 웃고, 본분을 지나치면 받는 사람은 부끄럽고 두려워합니다. 지금 신이 실상은 없으면서 성상께서 내리신 하유를 외람되이 받고 적임자가 아니면서 특별한 은혜를 그릇되게 받았으니, 온 사방에서 놀라고 비웃는 자들이 장차 뭐라고 하겠습니까. 깊은 골짜기에 떨어진 듯 마음이 부끄럽고 두려운데 죽으려 해도 죽을 수 없고 도망치려 해도 길이 없으니, 신의 정세가 궁하고 위축되었다고 하겠습니다.

간절히 바라건대 명철하신 성상께서는 속히 처분을 내려 사관과 함께 오라는 명을 도로 거두어 이렇게 죽음을 앞두고 숨만 붙어 있는 신이 편안한 마음으로 죽을 수 있게 해주신다면 실로 천지와 부모처럼 만물을 낳아주고 길러주는 은덕일 것입니다.

대사헌과 찬선을 사직하고 겸하여 《소학차기》를 올리는 상소[65]

辭大司憲贊善兼進小學箚記疏

삼가 아룁니다. 신하와 임금의 관계는 아들과 아버지의 관계와 같습니다. 아들이 몹시 아프면 반드시 아버지를 부르고 신하가 위태로운 사정이 있으면 그때마다 임금에게 하소연합니다. 이는 모두 진실하고 간절한 마음에서 나온 것이니, 터럭만큼의 꾸밈이나 거짓도 없습니다. 신이 용렬하고 쇠약하여 세상을 위해 쓰일 수 없는 사정은 신 자신이 매우 잘 알고 있을 뿐 아니라 전하께서도 밝게 살피시어 이미 통촉하시리라 생각됩니다. 더구나 초가을에 독한 종기를 앓고부터 정신과 근력이 거의 소진되었으며, 한겨울이 된 뒤로는 또 한질(寒疾)을 앓았으니, 한 차례 조금 더 움직이면 한 차례 통증이 심해지는 것은 아흔을 바라보는 나이에 당연한 일입니다.

여러 차례 간곡한 소명(召命)을 받았으나 한 번도 공경히 달려가지 못하였으니 필부로서 무례하여 저절로 큰 죄를 지었습니다. 일반적인 형벌로 논하자면 만 번 죽어도 속죄하기 어려우니, 이것이 신이 밤낮으로 황송하여 어찌할 바를 모르는 이유입니다. 이에 위태롭고 절박한 마음을 인자하게 감싸주시는 성상께 우러러 호소합니다. 삼가 바라건

65 대사헌과……상소 : 1726년에 노령과 숙환을 이유로 자신이 맡고 있는 대사헌의 직책과 겸임하고 있는 찬선의 직책에서 물러날 수 있도록 해줄 것을 요청하고 자신이 편술한 《소학차기》를 올리면서 그 내용을 설명하는 상소이다.

대 자애로우신 성상께서는 신의 사정을 살펴서 신의 본직과 겸직 두 직임을 체차하시어 신으로 하여금 시골에서 분수를 지키며 죽기를 기다리게 해주신다면 실로 천지와 부모처럼 낳아주고 길러주는 은덕일 것입니다.

신이 병으로 누워있던 동안 삼가 듣건대 미천한 신의 손자 치후(致垕)가 외람되이 성은을 입어 요행히 과거에 장원급제하여[66] 성상께서 특별히 인견하셨으며, 이어 영광스레 집으로 돌아오는 날에 신에게 조정으로 들어오라고 말하라는 명을 내리시면서 말씀이 간곡하고 뜻이 간절하셨다고 하니, 이는 실로 세상에 드문 특별한 은전입니다. 미천한 신의 손자가 집으로 돌아와 성상의 말씀을 구두로 전하였는데, 성상의 사랑이 망극하여 서로 마주보고 감격의 눈물을 흘렸습니다.

이어 생각건대 신은 가문이 쇠퇴하고 복이 없어 거듭 상화(喪禍)를 당했으니, 지금 죽음을 앞둔 나이에 서로 목숨을 의지할 사람이라고는 다만 미천한 신의 손자 한 사람뿐이기에 처지가 외로워 항상 두려워하였습니다. 그런데 뜻밖에 작년과 금년 이후로 조부인 신과 신의 손자가 거듭 융숭한 은혜를 입었기에 너무나 감격하여 죽을 곳을 모르겠습니다. 신은 늙어 보답할 길이 없기에 오직 '나라를 위하여 충성을 다하여 죽은 뒤에야 그만둔다.'라는 말로 밤낮으로 미천한 손자를 가르쳤으니, 성상의 은혜의 만에 하나라도 보답하기를 바랍니다.

또 신이 삼가 들으니, 왕세자의 아름다운 자질이 어려서부터 드러나 학문이 날로 진보하여 강하던 《효경(孝經)》을 이미 끝내고 또 이어

66 손자……장원급제하여 : 심산의 손자 김치후(金致垕)는 1726년(영조2) 병오년(丙午年) 알성시(謁聖試) 갑과(甲科)에 장원을 차지하였다. 《文科榜目》

《소학(小學)》을 강하려 한다고 합니다. 신이 삼가 생각건대 이 책은 〈내편(內篇)〉과 〈외편(外篇)〉이 있는데, 거기에 실린 내용은 임금에게 충성하고 부모에게 효도하며 스승을 존경하고 벗과 친하게 지내는 도리가 아닌 것이 없습니다. 사람들에게 그 책을 읽히면 뭉게뭉게 감발하여 흥기하는 효과가 생겨나니, 이는 바로 정자(程子)가 말한 '그 덕성을 훈도(薰陶)한다.'[67]라는 것이며, 주자(朱子)가 말한 '사람을 사람답게 만드는 틀'[68]이라는 것입니다. 주해(注解)로는 하사신(何士信)의 《소학집성(小學集成)》, 오눌(吳訥)의 《소학집해(小學集解)》, 진조(陳祚)의 《소학집해정오(小學集解正誤)》, 진선(陳選)의 《소학증주(小學增注)》,[69] 정유(程愈)의 《소학집설(小學集說)》, 선정신(先正臣) 이이(李珥)의 《소학집주(小學集註)》 등 제가(諸家)의 학설이 있으니, 그 뜻을 빠짐없이 자세하게 밝혔다고 할 수 있습니다.

다만 어린아이가 처음 배울 때는 여전히 이해하기 쉽지 않은 부분이 있습니다. 그러므로 신이 젊어서 이 책을 읽을 때 경(經), 전(傳), 자(子), 사(史) 및 우리나라 여러 유학자의 학설로 이 책을 이해하는

67 그 덕성을 훈도(薰陶)한다 : 정이(程頤)의 어록 《이정유서(二程遺書)》 권18에 "어진 선비와 대부를 가까이하는 시간을 많이 가지고 환관과 궁인을 가까이하는 시간을 적게 가짐으로써 기질을 함양하고 덕성을 닦는다.〔親賢士大夫之時多, 親宦官宮人之時少, 所以涵養氣質, 薰陶德性.〕"라고 하였다.

68 주자(朱子)가……틀 : 《주자어류(朱子語類)》 권7 〈학일(學一) 소학(小學)〉에 "후생초학들은 우선 《소학》을 보아야 하니, 이 책은 사람을 만드는 틀이기 때문이다.〔後生初學且看小學之書, 那是做人底樣子.〕"라고 하였다.

69 소학증주(小學增注) : 진선이 지은 《소학증주》라는 이름의 책은 찾을 수 없으며, 《사고전서총목제요(四庫全書總目提要)》에 주희(朱熹)가 찬(撰)하고 진선이 주(注)를 단 《소학집주(小學集注)》라는 책이 있는데, 이 책을 말하는 것으로 보인다.

데 도움이 될 만한 것을 널리 수집하고 빠짐없이 일일이 채록하되, 글자의 음과 뜻까지도 자세하게 하여 어린 학동이 쉽게 이해하도록 하였습니다. 간혹 신 자신의 의견도 덧붙였으니, 이는 신 스스로 잊어버리지 않도록 하기 위한 자료에 불과합니다.

지금 들으니 서연(書筵)에서 장차 이 책을 진강한다고 합니다. 생각건대 세자를 보양(輔養)하고 교도(教導)하는 사람들이 반드시 이끌어 도와 권강(勸講)하는 방도를 다할 것이므로, 보잘것없는 신의 사사로운 기록은 그 사이에서 있으나마나 한 것임을 스스로 알고 있습니다. 그러나 농부가 미나리를 바치는 정성[70]이 마음속에 스스로 간절하여 감히 참람됨을 잊고 상소에 첨부하여 올립니다.

삼가 바라건대 명철하신 성상께서는 이 책을 동궁에게 주시어 강독의 자료로 삼도록 하거나 혹은 시강원에 내려 참고하도록 하신다면 가르치고 개발하는 방도에 혹 조금이나마 보탬이 없지 않을 것입니다. 신은 쇠약하고 혼미함이 날로 심해져 평소 희미하게나마 알고 있던 장구(章句)의 훈고(訓詁)와 같은 말단적인 것도 지금은 모두 잊어버리고 기억하지 못하니, 설령 신이 매일 강연(講筵)에서 시강(侍講)하더라도 조금도 보탬이 되지 못할 것입니다. 이에 사적으로 차기(箚記)한 내용을 감히 대신 올리니, 명철하신 성상께서 헤아려 살펴주소서.

70 농부가……정성 : 347쪽 주63 참조.

또 본직과 겸직 두 직책을 사직하는 상소[71] 정미년(1727, 영조3)
又辭本兼兩職疏 丁未

삼가 아룁니다. 신이 연이어 노쇠함과 병든 실상을 들어 간절한 마음을 아뢰었습니다. 그러나 미미한 정성이 성상의 마음을 움직이지 못하여 윤허를 받지 못하였을 뿐만 아니라 도리어 이어 소명을 받았습니다. 성상의 은혜가 더욱 융숭하고 점점 더해가니, 신은 더욱 황공하여 몸둘 바를 모르겠습니다. 특별한 은전이 상례를 넘어서고 임금의 명이 지엄하니, 신하의 도리로 보아 기어서라도 길에 올라 궁궐 아래에 나아가 명철한 성상께서 불쌍히 굽어 살피시고 불쌍히 여겨 물러나 쉬도록 허락해 주시기를 바라야 합니다. 그런 뒤에 고향으로 돌아가 죽는다면 신의 분수와 바람이 완전히 충족될 것입니다.

다만 신의 병은 애당초 일시적으로 우연히 발병한 것이 아닙니다. 구십을 바라보는 나이에 또 한 살을 더 먹고 독한 종기를 앓은 뒤에 다시 한질(寒疾)을 앓았으니, 근력이 쇠약해지고 정신이 없는 것은 이치상 당연합니다. 삼가 생각건대 명철한 성상께서도 필시 굽어 헤아리셨을 것입니다. 예로부터 신하가 의리상 편치 못한 점이 있으면 으레 병을 핑계대어 면직을 청하였기 때문에 허실(虛實)이 뒤섞이고 경중이 구분되지 않았으나, 지금 신은 그렇지가 않습니다. 나이가 많고 고질병

71 또……상소 : 1727년에 노령과 숙환을 이유로, 자신이 맡고 있는 대사헌의 직책과 겸임하고 있는 찬선의 직책에서 물러날 수 있도록 해 줄 것을 다시 한 번 요청하는 상소이다.

이 들어 자리보전하고 누워 아침저녁으로 죽을 날을 기다리고 있으니, 감히 사실이 아닌 것을 꾸며 전하를 속이지 못합니다. 이에 사사로운 속마음을 토로하여 인자하게 감싸 주시는 전하께 우러러 호소합니다. 이는 실로 걱정스럽고 다급하여 지극히 간절한 마음에서 나온 것이니, 어찌 그만둘 수 있는데 그만두지 않는 것이겠습니까. 삼가 바라건대 자애로운 성상께서는 특별히 불쌍히 여기시어 신이 맡고 있는 사헌부의 직임과 시강원의 겸임[72]을 아울러 체차해 주시어 신의 사적인 분수를 편안히 해주신다면 그보다 더 큰 다행이 없겠습니다.

신이 병석에 누워 있어 정신이 어둡고 기운이 다하여 두건을 두르고 죽을 날을 기다리고 있으니, 모든 생각이 다 사라졌습니다. 그러나 임금을 사랑하는 한 조각 마음은 여전히 계속해서 사라지지 않고 있습니다. 사람이 죽을 때에는 그 말이 선한 법이니, 이에 감히 소략하게 몇 마디 말을 상소의 말미에 부쳐 아룁니다.

신이 듣건대 제왕이 나라를 다스리는 방도는 반드시 학문을 중하게 여기니, 이른바 '학문의 공부'는 외우고 말하는데 있을 뿐만이 아니니, 요점은 강론하여 밝히고 체득하여 실행하는데 있습니다. 진실로 옛날 성인의 격언과 지론을 지금 얼굴을 대면하고 귀로 듣는 듯이 여겨 덕성을 함양하고 기질을 변화시켜 엄격하고 사나운 성격을 화평하게 만들고 거칠고 굳센 성격을 점점 순수하고 성숙하게 만들 수 있다면 이것이 바로 참된 변화입니다. 만일 그렇지 않으면 행동과 배움이 상반되어 비록 일을 처리하는 것이 중도를 얻었다고 스스로 생각하더라도 꼭

72 사헌부의……겸임 : 사헌부의 직임과 시강원의 겸임 : 김간(金榦)은 대사헌으로 있으면서 시강원 찬선(贊善)을 겸임하고 있었다.

중도에 맞지는 않을 것이고, 마음가짐이 지극히 공정하다고 스스로 생각하더라도 꼭 공정하지는 않아 명령을 내리고 말을 하는 사이에 곳곳에서 나타날 것입니다. 이는 평소에 함양 공부가 미진하고 혈기의 쓰임이 지나친 데에서 비롯된 것이니, 이와 같다면 어찌 학문을 귀하게 여기겠습니까. 설령 뜻에 거슬리는 일이 있더라도 조용히 처리하여 지극히 마땅하게 귀결되도록 힘쓴다면 어찌 음성과 안색을 지나치게 엄하게 하고 잘못된 행동을 하는데 이르겠습니까.

옛날 송나라 유학자 여조겸(呂祖謙)이 성질이 거칠고 사나워서 뜻에 맞지 않는 일이 있으면 집안의 살림살이를 때려 부수곤 하였는데, 그 뒤에 《논어》의 '자기를 책망함은 후하게 하고 남을 책망함은 적게 한다.'라는 대목을 본 뒤에는 문득 생각이 한순간에 평온해짐을 깨달았으며, 죽을 때까지 이러한 일이 없었다고 하는데, 주자(朱子)가 기질을 잘 변화시켰다고 하였습니다.[73] 이것이 바로 학문에서 가장 중요한 방법이니, 명철하신 성상께서 체득하여 유념하신다면 실로 다행일 것입니다. 신이 이미 너무 쇠약해져 아침저녁으로 죽음을 기다리니, 만일 죽기 전에 성상의 학문이 날마다 높아지고 성상의 덕이 날마다 융성해지는 모습을 볼 수 있다면 신은 눈을 감고 땅 속으로 들어갈 것입니다.

73 송나라……하였습니다 : 《심경부주(心經附註)》 권1 〈징분질욕장(懲忿窒慾章)〉에 주희가 친구인 그에 대해서 "그는 젊었을 적에 성질이 거칠고 사나워서 음식이 마음에 안 들면 언짢게 여겨 집안의 살림살이를 때려 부수곤 하였는데, 뒷날 오래도록 병을 앓으면서 단지 《논어》 한 책을 가지고 조석으로 익히 보다가 '자기를 책망함은 후하게 하고 남을 책망함은 적게 한다.'라는 대목에 이르러 홀연히 마음속 생각이 한순간에 평온해짐을 깨달았으며, 그 뒤로는 죽을 때까지 분노를 폭발하는 일이 없었다고 하였다. 이는 기질을 변화시키는 법으로 삼을 만하다."라고 평한 말이 실려 있다.

후재집

제4권

소 疏

주차 奏箚

서계 書啓

수의 收議

왕세자의 입학에 나아가지 못하여 대죄하고 겸하여 소회를 덧붙이는 상소[1]

未赴王世子入學待罪兼附所懷疏

삼가 아룁니다. 하늘이 왕세자를 내려주시어 그 자질이 일찍 성숙되었고, 고례(古禮)를 잘 준수하여 입학할 시기가 되었습니다. 종묘사직의 무궁한 복이 이보다 클 수는 없으니, 나라 안의 모든 사람들이 즐거워하고 축하하며 목을 빼고 기대하지 않는 자가 없습니다. 더구나 신은 오랫동안 궁료(宮僚)로 있으면서 외람되이 특별한 대우를 받았으니, 사랑하고 떠받드는 일념은 다른 사람보다 만 배는 더합니다. 마땅히 죽음을 무릅쓰고 길을 나서 반열에 참석하여 평소의 지극한 바람을 이루는 것이 신의 개인적인 분수에 있어 지극한 영예와 은총입니다.

1 왕세자의……상소 : 1727년에 세자의 태학 입학례에 참석하지 못한 자신의 죄를 물어 자신이 맡고 있는 대사헌의 직책과 겸임하고 있는 찬선의 직책에서 해임시켜 줄 것을 요청하면서 아울러 세자의 보양을 위해 널리 인재를 찾아 불러들일 것을 조언하는 내용이다.

다만 미천한 신의 나이가 여든 둘이고 병이 심해져 실낱같은 숨만 붙어 있어 지척 거리의 마당도 마음대로 걸어 다닐 수 없어 궁벽한 집에 엎드려 있느라 성대한 의식에 참석하지 못했습니다. 다행히 오늘날과 같은 때를 만났는데도 미천한 신의 정성을 펴지 못하였으니, 이는 신이 직분을 저버린 죄일 뿐만 아니라 역시 신의 운명이 궁하고, 복이 없어 그런 것입니다. 이는 신이 침상에 누워 서글피 울면서 밤낮으로 마음 아파하며 한탄하는 까닭입니다.

신이 삼가 생각건대 시강원의 직임은 지극히 중하고 긴요하니, 황상(黃裳)이 말한 제일인자[2]처럼 당대의 연로하고 덕이 높은 사람을 잘 선발해야 합니다. 그런데 신처럼 노쇠하고 병들어 한 가지도 잘 하는 것이 없는 사람이 외람되이 맨 윗자리를 차지하고 있은 지가 거의 두 해가 넘었습니다. 여러 차례 소명(召命)을 받았는데 한 번도 공경히 나아간 적이 없으며, 지금 또 이런 대례(大禮)를 만나서도 역시 나아가 참석하지 못하였습니다. 죽음을 앞둔 신의 근력으로는 형세상 그럴 수밖에 없지만, 나라의 정해진 법으로 논하자면 만 번 죽음을 당해도 오히려 가벼울 것입니다.

삼가 바라건대 자애로우신 성상께서는 신이 맡고 있는 시강원의 직임과 사헌부의 직명을 일체 개차(改差)하시고, 이어 유사(有司)로 하

2 황상(黃裳)이 말한 제일인자 : 주희(朱熹)를 가리킨다. 황상은 남송 광종(南宋光宗) 시절에 뒷날 영종(寧宗)이 되는 황태자 가왕(嘉王)의 익선(翊善)을 맡았다. 어느 날 광종이 가왕의 학문적 성취에 대해 칭찬하자, 황상이 사례하고 아뢰기를, "만약 덕을 쌓고 학업을 닦아 옛 철왕(哲王)을 뒤따르게 하고자 하신다면, 모름지기 천하의 제일인자를 찾아 모셔야 합니다."라고 하니, 그런 사람이 누구냐는 광종에 물음에 황상은 주희라고 대답하였다. 《朱子年譜 卷4 光宗紹熙5年條》

여금 예의도 없고 의리도 없는 신의 죄를 다스리도록 하여 신하로서 태만히 명(命)을 어기는 자들의 경계로 삼으신다면 그보다 더 큰 다행이 없을 것입니다.

아, 신은 이제 늙어 죽을 날이 머지않았습니다. 아침저녁으로 죽기만을 기다리니 온갖 생각이 다 사라졌지만, 늘 동궁에 대한 그리움은 잊은 적이 없습니다. 옛날의 선왕들이 가르치고 인도하던 법이 모두 서책에 실려 있으니, 삼가 생각건대 세자가 하루에 세 번 문안드릴 때 명철한 성상께서 부지런히 말씀해 주시고 심법(心法)의 묘리(妙理)를 전하는 방법을 반드시 극진히 하시어 조금도 부족함이 없을 것입니다. 그러나 잘 이끌어주어 성취하게 하는 효과로 말하자면 법도 있는 집안의 보필하는 현사(賢士)가 사부(師傅)로서 훈계하는 도움에 의지하지 않을 수 없으니, 지금의 급선무는 세자를 보도(輔導)할 직임에 적임자를 얻는 것보다 더한 일이 없습니다. 그러나 이렇게 가려 뽑을 때에는 다만 그 사람만을 살펴볼 뿐이지, 그런 사람이 많다고 꺼릴 필요가 없으니, 많으면 많을수록 좋습니다.

삼가 바라건대 특별히 밝은 명(命)을 내리시어 별도로 천거하게 하여 학문하는 선비를 널리 구해 권강(勸講)[3]의 직임을 맡겨주소서. 그리하여 강연(講筵)에 참석하게 할 뿐만 아니라, 또 날마다 동궁을 모시고 아침저녁으로 함께 거처하며 좌우에서 세자의 질문에 대비하게 한다면, 덕성(德性)을 훈도하고 총명을 계발하는 방도에 필시 대단히 도움이 될 것입니다. 옛날에 정자(程子)가 신료 집안의 자제 가운데서 단정

3 권강(勸講) : 임금이나 세자를 모시고 경전의 강의하는 일이나 그 일을 맡은 사람을 지칭한다.

하고 영특한 자를 뽑아 날마다 어린 군주와 함께 거처하기를 청하였습니다.[4] 지금 신의 말은 실로 정자가 남긴 뜻에서 나온 것이니, 명철한 성상께서는 유념하소서.

4 정자(程子)가……청하였습니다 : 이 말은 북송 철종(哲宗)이 즉위한 원년에 정자가 수렴청정 하던 철종의 조모인 선인태후(宣仁太后)에게 글을 올리면서 한 말이다. 《伊川先生文集 卷2 上太皇太后書》

본직과 겸직을 사직하고 겸하여 소회를 아뢰는 상소[5]

辭本兼職兼陳所懷疏

삼가 아룁니다. 신이 외람되이 사헌부의 직임을 차지한 지 이제 열 달 남짓 되었고, 강관(講官)의 직임을 헛되이 맡은 지는 이미 두 해가 넘었으니, 바로 중요한 조정의 관직을 마치 본래 자기의 것인 양 여기는 것입니다. 이 어찌 신의 개인적인 분수에 감히 편안히 여길 수 있는 일이겠습니까. 더구나 전후로 내리신 성상의 비답에서 번번이 정성이 부족하다고 하유하셨으니, 신이 늘 한차례 엎드려 읽을 때마다 너무나 죄송스러운 마음을 더욱 금치 못하겠습니다.

신이 성조(聖祖)에서 얼마나 남다른 은혜를 받았으며 얼마나 융숭한 덕음(德音)을 받들었습니까. 그렇다면 신이 비록 몹시 용렬하고 미욱하지만 어찌 성상께서 신을 처우하신 것이 실로 성의에서 나온 줄을 모르겠습니까. 은혜에 감사하는 지극한 마음은 몸이 가루가 되어도 감수할 것입니다. 다만 뜻과 공업(功業)이 허술하여 하나도 취할 만한 것이 없고, 늙고 병들기가 고질이 되어 스스로 힘으로 움직이기 어려워 시골집에 누워 줄곧 태만하게 명을 어기며 아직까지 성상의 성의에 만분의 일도 보답하지 못하고 있으니, 이 점이 신이 지극히 부끄럽고 두려워 어찌할 줄 모르는 까닭입니다.

5 본직과……상소 : 1727년에 오랫동안 자신이 직무를 보지 못하고 있는 대사헌의 직책과 겸임하고 있는 찬선의 직책에서 해임시켜 줄 것을 요청하면서 《명사(明史)》에 잘못 수록된 인조(仁祖)에 대한 기록을 바로 잡게 된 일에 대해 경하하는 내용이다.

신이 삼가 듣건대 근래 늙고 병든 조정의 신하 중에 그 직임에 오래 머물던 자가 만약 연달아 소장(疏章)을 올려 면직해 주기를 청하면, 성상께서 은혜로운 뜻을 우악하게 보이시며 그의 청을 허락해 주신다고 합니다. 여기에서 성상께서 예(禮)로 신하를 부리고 사람의 본성을 굽히게 하지 않는 성대한 덕을 볼 수가 있습니다. 지금 신은 실낱같은 숨만 붙어 있어 죽을 날이 멀지 않았는데, 외람되이 이 직임을 차지한 지 오랜 세월이 흘러 여러 차례 간곡한 심정을 아뢰었건만 유독 불쌍히 여겨 보살펴 주시지 않으셨습니다. 간절하고 답답한 개인적인 심정은 더 이상 말할 것도 없고 직무가 폐기되는 것이 더욱 염려됩니다. 삼가 바라건대 자애로운 성상께서 신의 본직과 겸임한 직책을 아울러 체차하도록 허락하여 미천한 분수를 편안하게 해주신다면 엎드려 바라는 마음을 가눌 수 없을 것입니다. 또 신이 구구한 소회가 있어 참람됨을 잊고 사직을 청하는 상소에 대략 덧붙여 아뢰니, 바라건대 명철한 성상께서는 살펴주소서.

신이 삼가 듣기로 국가에서 인조대왕(仁祖大王)이 무함을 받은 일에 대해 새로 신변(伸辨)하는 일이 있다고 하니, 저들이 새로 간행한 역사책이 추후에 도착하면 백여 년간 씻지 못한 치욕을 지금에 비로소 씻게 될 것입니다.[6] 우리나라의 신민들 중에 누군들 기뻐하면서 손뼉을 치며

6 국가에서……것입니다 : 이 일의 자세한 내용이 《도곡집》 권30 〈임자연행잡지(壬子燕行雜識)〉에 다음과 같이 보인다. "청나라에서 편찬한 《명사(明史)》 속에 인조반정(仁祖反正)의 일이 사실과 다르게 기록되어 있었는데, 복창군(福昌君) 이정(李楨)과 복선군(福善君) 이남(李柟)이 현종(顯宗) 때 연경에 사신으로 갔다가 돌아와서 변무(辨誣)할 것을 청하였으나, 조정의 논의가 통일되지 못해 그대로 버려두고 시행하지 못했었다. 갑인년(1674, 숙종 즉위년) 뒤에 이정의 무리가 다시 먼저 말을 꺼내자,

경하하지 않겠습니까. 다만 어리석고 얕은 신의 견해로 대의(大義)를 헤아려 보자면 말할 만한 것이 없지 않습니다.

생각건대 옛날 선조(宣祖) 때 일어난 임진왜란에 팔도가 쑥대밭이 되고 어가(御駕)가 도성을 떠나 난리를 피하였는데, 다행스럽게도 신종황제(神宗皇帝)께서 천하의 군사들을 움직여 구원해 준 덕택에 종묘사직이 다시 안정되고 나라의 복이 이어졌으니, 이는 만세토록 잊을 수 없는 은혜입니다. 우리 인조(仁祖) 때에 이르러서는 지성으로 대국을 섬겼는데, 불행하게도 병자호란과 정묘호란을 만나 한 조각의 외로운 성에 갇혀 사세가 매우 위급하였는데도 여전히 정월 초하루 아침에 망궐례(望闕禮)[7]를 거행하고 임금과 신하가 서로 마주보며 눈물을 흘렸습니다. 이치가 궁하고 힘이 다하여 정말 부득이한 상황에 이르러 끝내 임시방편의 방도를 내었으나 늘 성절(聖節)을 만날 때마다 후원(後苑)에서 신하들을 이끌고 북쪽을 바라보며 통곡하여 비오듯 눈물을

권세 있는 간신들이 그 말을 따라 청나라에 사신을 보내 변무하였다. 그러나 청나라에서는 이를 허락하지 않을 뿐 아니라, 어떻게 해서 금서(禁書)를 볼 수가 있었느냐고 힐문하기까지 하였다. 우리나라에서는 감히 다시 말을 하지 못하고, 그대로 묻어 두고 있은 지가 근 50년이 다 되었다. 을사년(1725, 영조1)에 이르러 조문명(趙文命)이 서장관으로 갔다 돌아와서 다시 변무하지 못한 것을 개탄하는 말을 일기(日記)에 써서 아뢰었다. 왕이 이것을 보고 마침내 사신을 보내어 변무하게 하였다. 청나라에서는 비록 개정하겠다고 허락했지만 미루기만 하고 행하지 않은 지가 또 6, 7년이 되었는데, 지난해에 절사(節使)가 가서 또 간행하여 반포하기를 청했더니, 청나라에서는 개정(改正)한 책을 전사하여 보여 주었다. 우리나라에서는 이것을 은혜롭게 여겨 이번에 사신을 보내게 된 것이다."

7 망궐례(望闕禮) : 정월 초하루와 동지(冬至) 등에 임금이 신하들을 거느리고 의정부에 나아가서 궐자패(闕字牌)를 모셔 놓고 절을 하는 의식이다. 궐자패는 궐패(闕牌)라고도 하는데 중국 황제를 상징한다.

흘렸습니다. 비록 나라가 작고 힘이 다하여 갑자기 강하고 포학한 적을 상대할 수는 없지만, 북극성(北極星)을 향하는 정성[8]과 반드시 보답하고자 하는 뜻은 귀신에게 질정하여도 의심의 여지가 없으니, 지금도 듣는 자들이 주먹을 불끈 쥐고 통곡을 하면서 한 번 죽고자 하여도 그렇게 할 수가 없습니다. 효종(孝宗) 때에 이르러서는 선정신 송시열(宋時烈), 송준길(宋浚吉)과 함께 큰일을 도모하여 은밀한 계획을 세워 경인년(1650, 효종1)에 육사(六使)[9]가 나왔을 때 대장(大將) 이완(李浣)으로 하여금 사신을 죽이게 하려는 거사를 하고자 하였습니다. 또 예전에 시를 지어,

나는 십만 병사를 멀리 몰아	我欲長驅十萬兵
가을바람에 구련성[10]의 큰 진영을 치려하네	秋風雄鎭九連城
지휘하여 천교자[11]를 짓밟은 다음	指揮蹙踏天驕子

8 북극성(北極星)을 향하는 정성 : 여러 별들이 북극성을 향하는 것처럼 덕정(德政)을 펼치는 중국의 황제에게 충성을 다 바친다는 뜻이다. 《논어(論語)》 〈위정(爲政)〉에 이르기를, "덕정(德政)을 펴면, 제자리에 머물러 있는 북극성 쪽으로 여러 별들이 향하는 것처럼 될 것이다.〔北辰居其所, 而衆星拱之.〕"라고 하였다.

9 육사(六使) : 청나라에 나온 여섯 명의 사신을 뜻한다. 효종이 김집(金集), 송준길(宋浚吉), 송시열(宋時烈), 이유태(李惟泰), 유계(兪棨) 등 오신(五臣)에게 밀지(密旨)를 내렸는데 그 후 신면(申冕)·김식(金鉽)·정명수(鄭命壽) 등이 청 나라에 밀고해서 육사(六使)가 나와 문제를 삼았는데 신면, 김식 등은 바로 처형되었다.

10 구련성(九連城) : 의주의 압록강 맞은편, 현재의 요령성(遼寧省) 단동(丹東)에 있던 한 취락이다. 대청과 대명 사행 노정의 출발이 되는 지점이다.

11 천교자(天驕子) : 하늘이 낸 교만한 자라는 뜻으로, 중국에서 북방의 오랑캐를 부르는 말이다. 《한서(漢書)》 권94 〈흉노전(匈奴傳)〉에 "북방 오랑캐는 하늘이 낸 교만한 자들이다.〔胡者, 天之驕子也.〕"라고 하였다.

노래하고 춤추며 돌아와 옥경[12]에서 배알하리라[13] 歌舞歸來拜玉京

라고 하셨으니, 찬란한 임금의 시문에서 성조의 뜻을 볼 수 있습니다.

숙종(肅宗) 때에 이르러서는 선정신(先正臣) 박세채(朴世采)와 은밀히 대의(大義)를 강구하여 큰일을 하려고 하였으니 대보단(大報壇)[14]을 건립한 일에서 성고(聖考)의 마음을 볼 수 있습니다. 지금 전하께서는 인조의 성손(聖孫)으로 열성(列聖)의 대통을 계승하셨으니, 제양공(齊襄公)이 9대조의 원수를 갚은 일[15]과 한 무제(漢武帝)가 평성(平城)의 수치를 보복했던 일[16]은 바로 우리 전하에게 달려 있습니다. 이는 군신 상하가 서로 와신상담(臥薪嘗膽)하여 피눈물을 흘리며 함께

12 옥경(玉京) : 백옥경(白玉京)으로, 도가에서 일컫는 천제(天帝)가 사는 곳인데, 일반적으로 황제가 사는 왕경(王京)을 뜻한다.

13 나는……배알하리라 : 이 시는 효종(孝宗)이 지은 시로 《열성어제(列聖御製)》 권8에 〈제목을 잃어버리다〔失題〕〉라는 제목으로 실려 있다.

14 대보단(大報壇) : 임진왜란 때 원군을 보내 준 명나라 신종(神宗)의 은혜를 기리기 위해서 숙종(肅宗) 30년(1704)에 창덕궁 금원(禁苑) 옆에 세운 제단(祭壇)으로, 뒤에 영조(英祖) 25년(1749)부터는 명나라 태조(太祖)와 마지막 임금인 의종(毅宗)까지 함께 제사 지냈다.

15 제 양공(齊襄公)이……일 : 9대 선조의 원수를 갚기 위해 기(紀)나라를 멸망시켰을 때, 《춘추》에서는 그저 "기후가 영원히 그 나라를 떠났다."라고만 하였는데, 멸망시킨 제 양공의 이름을 기록하지 않은 것에 대해 《춘추공양전》에서는 어진 이를 위해서 피휘를 해 준다."라고 하였고, 또 "양공의 어떤 점을 어질게 여겼는가? 원수를 갚은 것을 말한다."라고 하였다. 《春秋公羊傳 莊公4年》

16 한 무제(漢武帝)가……일 : 한 고조(漢高祖)가 흉노(匈奴)를 토벌하러 평성에 이르렀다가 묵돌(冒頓)에게 7일 동안 포위되어 안팎의 연락이 끊어지고 먹을 것이 떨어져 크게 곤욕을 치렀던 일을 가리키는데, 무제(武帝) 때에 이르러서 수차에 걸쳐 흉노를 정벌, 흉노 수십만 명을 잡아 죽였다.

원수를 갚는 의리를 보이는 것이 마땅합니다.

신이 듣건대 지난번에 어떤 사람이 열성(列聖)의 마음을 전혀 모르고 소장(疏章)에 올려 성조(聖祖)의 무함을 신원하기를 청하여 많은 폐백을 가져가 비루한 말로 성조(聖祖)의 원수가 되는 조정에 애걸하였는데, 요청을 허락받고 돌아오자 온 조정이 얼굴빛을 바꾸고 서로 하례하면서 부끄러워하지 않았습니다. 신은 모르겠습니다만 하늘에 계시는 성조(聖祖)의 혼령이 기꺼이 받고서 편안하시겠습니까. 하물며 이 일이 황조(皇朝)의 야승(野乘)과 소설(小說)[17]에서 나왔다는 말을 들었으니, 지금에 이르러 결백을 밝히는 것은 더욱 구차한 일입니다. 하늘의 도(道)는 순환하여 가면 돌아오지 않음이 없으니, 조용히 기다린다면 어찌 적당한 때가 없겠습니까.

신이 기억하기로 예전에 어떤 종척(宗戚)이 연경(燕京)에 사신으로 가서 처음 이 일을 듣고 돌아왔는데, 그 당시에도 신변(伸辨)하자는 논의가 있었으나 끝내 시행되지는 못했으니,[18] 시의(時義)가 불가했기 때문입니다. 지금 일이 이미 이루어졌으니, 굳이 뒤늦게 말을 할 필요

17 황조(皇朝)의 야승(野乘)과 소설(小說) : 1672년(현종13)에 사행(使行)이 돌아올 때 연도(沿途)에서 우연히 《황명십육조기(皇明十六朝記)》라는 책자(冊子)를 얻었는데, 그 속에 인조반정을 찬역(簒逆)이라고 기록하였으며, 그 밖의 오멸(汚衊)함이 낭자하였다고 하였다. 《英祖實錄 2年 1月 27日, 2月 8日》

18 예전에……못했으니 : 숙종 2년(1676)에 복선군 (福善君) 등이 명 나라의 야사(野史)에 인조반정의 일이 사실과 다르게 기록되어 있으니 그것을 바르게 고쳐야 한다고 주청(奏請)하여 변무(辨誣)에 대한 논의를 하게 되었는데 거의 모든 사람이 변무사를 청(淸) 나라에 보내어 바르게 고칠 것을 요청해야 된다고 하였다. 이때 장선징(張善瀓)은 그리하는 것이 불가함을 말하였다. 조정에서는 듣지 않고 변무사를 파견하였으나 아무 성과 없이 국고만 축내고 돌아왔다. 《燃藜室記述 卷33 奏請辨仁祖之誣》

가 없습니다. 다만 신이 함부로 생각하기에 앞으로의 일은 그다지 크게 벌이지 않고 조금 수치를 보존하여, 팔도(八道)에 경사(慶事)를 반포하고 과거시험을 시행하는 일은 모두 그만두고 시행하지 말아서 한 줄기 대의(大義)가 완전히 어두워지는 데 이르지 않게 한다면 우리 전하의 계술(繼述)[19]하는 뜻이 여기에서 빛날 것이고, 역시 천하 후세에 할 말이 있을 것입니다.

신이 병든 몸으로 궁벽한 산촌에 있으면서 뒤늦게 비로소 이 일을 들었습니다. 다만 이 일은 밖으로 억압을 받는 점이 있어 감히 현(縣)과 도(道)를 통해 상소를 올리지 못하고 서질(庶姪) 김홍로(金弘魯)로 하여금 승정원에 직접 올리게 하니, 참람되고 망령된 죄를 더욱 피할 길이 없습니다.

19 계술(繼述) : 252쪽 주17 참조.

본직과 겸직을 사직하고 겸하여 《중용차기》를 올리는 상소[20]

辭本兼職兼進中庸箚記疏

삼가 아룁니다. 전후로 올린 소장에서 간절한 마음으로 사직을 청하였으나 미천한 정성이 성상을 감동시키지 못해 체직될 기약이 없으니, 신은 더욱 황송하고 두려워 어찌할 줄을 모르겠습니다. 시골에 있는 미천한 신이 다시 성상을 번거롭게 해서는 안 되지만, 생각건대 곧 죽을병에 걸려 제힘으로 일어나기 어렵고 막중한 직임은 오래도록 비워둘 수 없으니, 역시 어찌 감히 죄가 두렵다고 침묵한 채 자애로우신 성상께 다시 호소하지 않을 수 있겠습니까.

신은 본래 성품이 용렬하고 지식도 몽매하여 보통 사람에 비해 턱없이 모자라고, 지금 구십을 바라보는 나이에 죽을병을 거듭 앓아 끊어질 듯한 쇠잔한 목숨이 한 가닥 머리카락처럼 위태롭습니다. 이 때문에 오랫동안 시골집에 엎드려 있으면서 멀리서 조정의 직함만 지닌 채 이전에 없던 은혜로운 예우를 받고서도 끝내 공경히 받들지 못하였고, 직무가 몹시 긴요한데도 줄곧 방치하고 말았습니다. 분의(分義)가 완전히 어그러지고 공적으로나 사적으로 모두 방해가 되니, 신의 정세가 어찌 근심스럽고 절박하지 않겠습니까. 근래에 또 역병을 피해 나갔다

20 본직과……상소 : 1727년에 대사헌의 직책과 겸임하고 있는 찬선의 직책에서 해임시켜 줄 것을 요청하면서 자신이 편술한 《중용차기(中庸箚記)》를 함께 올리며 그 내용을 설명하고 있는 상소이다.

가 거처하는 곳이 비좁고 습하여 더위와 습기에 몸을 상하는 바람에 증세가 더 심해졌습니다. 혹시 죽기 전에 이 무거운 짐을 내려놓을 수만 있다면 신은 편안한 마음으로 죽어 눈을 감고 지하에 들 수 있을 듯하니, 이 역시 모두 아랫사람을 제 몸처럼 헤아리시는 성상의 한결같은 성덕입니다. 삼가 바라건대 자애로운 성상께서는 불쌍히 여겨 굽어 살피시어 신의 본직과 겸직을 모두 체차하시어 미천한 분수를 편안히 해주시면 천만다행이겠습니다.

신이 삼가 듣건대 전하께서 근래 《맹자(孟子)》를 다 강하시고 이제 막 이어서 《중용(中庸)》을 강하신다고 합니다. 신이 삼가 살펴보건대 이 책은 바로 성인의 문하에서 전수되어 온 요지로, "인심은 위태롭고 도심은 은미하니, 정밀히 살피고 한결같이 지켜야 진실로 중(中)을 잡을 수 있다.〔人心惟危, 道心惟微, 惟精惟一, 允執厥中.〕"[21]는 도(道)는 요순(堯舜) 이래로 그 연원이 오래되었습니다.

삼가 생각건대 우리 전하께서는 지혜를 타고나 성학(聖學)이 고명하시며 날마다 연신(筵臣)들과 강론하고 토론하시어 '정일집중(精一執中)'의 도리에 대해서는 이미 깊이 완미하여 묵묵히 이해하실 터이니, 신은 성인의 문하에서 전수되어 온 심법(心法)이 자연히 돌아갈 곳이 있다는 것을 진실로 알겠습니다. 비록 그렇지만 의리(義理)는 무궁하고 식견에는 한계가 있습니다. 그러므로 정자(程子)와 같은 큰 현인도 《역전(易傳)》을 지을 때 통(桶)을 메우는 사람의 말에 도움을 받았으

21 인심(人心)은……있다 : 순(舜) 임금이 우(禹) 임금에게 왕위를 물려주면서 한 말로, 《서경(書經)》 〈대우모(大禹謨)〉에 실려 있으며, 〈중용장구서(中庸章句序)〉에 인용되어 있다.

니[22] 어찌 내 학문이 이미 지극하다고 생각하여 더욱 진보할 방도를 생각하지 않아서야 되겠습니까.

신이 생각건대 '중(中)'이란 사리(事理)의 당연한 준칙으로, 발현되지 않았을 때 치우치거나 기울지 않는 것은 '마음속에 있는 중〔在中之中〕'이며, 이미 발현되었을 때 지나치거나 모자람이 없는 것은 '때에 맞는 중〔時中之中〕'입니다. 어느 때 어느 곳이나 '중(中)'이 없는 데가 없어 하나의 물건에는 그 물건의 중이 있고 하나의 일에는 그 일의 중이 있어, 마땅하게 처리해야 아주 적절하고 좋으니, 《대학(大學)》에서 이른바 '지선(至善)'이 바로 중(中)의 다른 명칭입니다.

다만 여기에 이르는 데에는 원래 방법이 있습니다. 반드시 남들이 보지 않고 듣지 않는 곳에서 경계하고 두려워하며, 보이지 않고 드러나지 않는 때에 신독(愼獨)을 하여 마음을 다잡아 보존하고 성찰하는 공부를 내 몸에 직접 체험한 뒤에야 중도(中道)를 지키는 효과를 얻을 수 있습니다. 만일 정밀히 살피지 못하고 전일하게 지키지 못하여 혹 지나쳐 중도를 잃거나 혹 못 미쳐 중도가 되지 못한다면 날마다 이 책을 읽고 날마다 천 번을 암송한다 하더라도 자신에게 절실한 공부와는 조금도 상관이 없을 것이니, '책은 그저 책이고 나는 나일뿐이다.'라는 병통이 있을 것입니다.

신처럼 학문에 어두운 사람도 예전에 이 책을 읽었지만 막연하여

22 정자(程子)와……받았으니 : 송(宋)나라의 정이(鄭頤)가 부주(涪州)에서 《주역(周易)》을 읽고 있을 때 통(桶)에 대테를 메우는 사람이 찾아와 화수미제괘(火水未濟卦)에 대해 물었는데, 정이가 대답을 못하자 그 뜻을 상세히 풀어주었다고 한다. 《朱子語類 卷77 易13》

깨닫는 바가 없었습니다. 그리하여 고금의 여러 유자(儒者)들의 설(說)을 모아 각 장(章)의 각 조목 아래 나열해 기록하여 그 뜻을 밝히고, 그 사이에 혹 한두 가지 신의 소견이 있으면 역시 개인적으로 덧붙여 기록해 스스로 잊을 때를 대비하는 자료로 삼았습니다. 방금 성상께서 이제 막 이 책을 강하신다는 말을 듣고 보잘 것 없는 정성이 마음속에 절로 간절하여 이에 참람됨을 잊고 한 통을 베껴 감히 외람되고 난잡한 개인의 기록으로 우러러 구중궁궐에 계신 성상의 안목을 더럽힙니다. 분의를 범한 죄는 만 번 죽어 마땅하니, 명철하신 성상께서 너그러이 살펴주소서.

대처분이 내려진 뒤에 퇴출된 신하들과 같은 죄로 처벌하기를 청하는 상소[23]

大處分後請與退黜諸臣同罪疏

삼가 아룁니다. 신은 병으로 칩거하며 죽음을 앞둔 상황에서 삼가 성상께서 대처분(大處分)을 내리셨다는 소식을 들었습니다. 그동안 역적을 토벌하여 임금의 원수를 갚아야 한다고 말했던 여러 신하들을 모두 파직하고, 세 신하를 출향(黜享)하도록 맨 먼저 주장한 사람을 삭출하도록 특별히 명하셨으니,[24] 신은 이에 지극히 황송한 마음을 금치 못하였습니다.

신이 삼가 생각건대 이 두 가지 일은 본디 명의(名義)와 관계있는 일이니, 징벌하고 토죄(討罪)하는 법이 엄하지 않아서는 안 됩니다. 그러므로 신이 지난해에 어전(御前)에 나아갔을 때 소매에서 꺼내 올린 차자에 감히 이에 대해 언급한 일이 있었습니다. 지금 조정의 신하

23 대처분이……상소 : 1727년에 신임옥사(辛壬獄事)에 대한 책임을 물어 김일경(金一鏡)과 목호룡(睦虎龍) 등을 처단하는 정미대처분(丁未大處分)이 내려졌을 때 이 문제를 공개적으로 처음 제기했던 이의연(李義淵)과 관련된 조정의 신하들이 처벌되자 1725년에 자신이 시민당(時敏堂)에 입대여 경종에게 올린 수차(袖箚)에 남구만(南九萬)의 숙종묘정(肅宗廟庭)에서의 출향(黜享) 등 이의연이 제기한 문제를 주장하였던 적이 있다는 사실을 들어 동일한 책임을 자신에게도 물어 줄 것을 요청하는 상소이다.

24 세……명하셨으니 : 영조는 수원 부사(水原府使) 홍우전(洪禹傳)이 세 신하의 출향(黜享)을 맨 먼저 논하였다고 하면서 그를 처벌하는 비망기를 내린다. 세 신하는 숙종의 묘정(廟庭)에 배향되어 있던 남구만(南九萬), 윤지완(尹趾完), 최석정(崔錫鼎)을 말한다. 《承政院日記 英祖 3年 7月 1日》

가 이로 인해 죄를 얻었는데 신만 홀로 요행히 모면하였으니, 국법으로 헤아려 볼 때 결코 이런 이치는 없습니다. 더구나 이른바 '맨 먼저 출향(黜享)을 논계(論啓)한 자'는 신의 뒤를 이어 발의하였으니, 저지른 죄를 논하자면 신이 실로 수범(首犯)입니다. 신은 지금 신의 처소에서 거적을 깔고 공경히 엄한 처벌을 기다리고 있습니다. 삼가 바라건대 자애로운 성상께서는 신이 맡고 있는 시강원의 직명을 속히 삭직하고 이어 신의 죄를 다스려 동일한 죄에 처벌을 다르지 않게 해주신다면 그보다 더 큰 다행이 없겠습니다.

또 신이 근래 삼가 《대학연의(大學衍義)》[25] 〈제가(齊家)〉 한 편을 번역하여 올리라는 명을 받들었습니다. 신이 삼가 그 책을 보니, 모두 후비(后妃)가 모범으로 삼고 경계할 만한 것이었습니다. 이는 실로 큰일이니, 응당 마음을 다해야 하기에 죽음을 무릅쓰고 초고(草稿)를 작성하고, 이어 정서(正書)하여 공역을 겨우 마쳤습니다. 그러나 이런 중죄(重罪)를 지니고 있기에 감히 태연히 올릴 수 없으니, 명철하신 성상께서 맡기신 성대한 뜻을 저버리게 되었습니다. 신의 죄가 여기에 이르렀으니, 만 번 죽어도 더욱 마땅합니다.

25 대학연의(大學衍義) : 《대학장구(大學章句)》의 뜻을 부연(敷衍)한 책으로, 모두 43권이다. 체재는 위치지요(爲治之要)와 위치지서(爲治之序)를 앞에 놓은 다음 격물치지(格物致知), 성의정심(誠意正心), 수신(修身), 제가(齊家)의 네 개의 대강(大綱)으로 나누어 각강(各綱)의 아래에 44개의 자목(子目)을 두었다. 전통 시대 제왕학(帝王學)에 관한 주요 저서로, 조선 시대 경연(經筵)에서 주로 사용되었다. 《四庫全書簡明目錄 卷9 子部1 儒家類》

나라에 역적의 변고가 생겼다는 소식을 듣고는 병든 몸을 일으켜 달려가 분문[26]하고 역당을 토벌하여 평정한 뒤에 돌아가기를 고하는 상소[27] 무신년(1728, 영조4)

聞國有逆變扶病奔問討平逆黨後告歸疏 戊申

삼가 아룁니다. 나라의 운수가 불행하여 역적이 기회를 틈타 일어나 안팎에서 서로 호응하고 치밀하게 계획하여 위급한 재앙이 눈앞에 닥쳤습니다. 다행히도 하늘이 돕고 성상께서 계책을 묵묵히 운용한 덕택에 일이 일어나기 전에 체포하여 흉적의 우두머리를 안에서 주살하였고, 장수에게 명하여 군대를 출동시켜 하늘의 토벌을 밖에서 행하였습니다. 성상의 빛나는 위엄이 미쳐 승전보가 곧이어 올라오고 단문(端門)[28]에 포로를 들여 온 나라 사람들이 기뻐 날뛰니, 이는 실로 종묘사직의 무궁한 경사입니다.

신은 심한 감기에 걸려 자리에 쓰러져 누워 있다가 변란이 일어났다는 소식을 들은 뒤에 병든 몸을 들것에 싣고 허둥지둥 길을 떠났는데, 한강(漢江)을 건너자마자 병세가 더 심해지고 기력이 소진되어 촌가(村家)에 들어가 머무느라 대궐을 지척에 두고도 성상께 나아가 엎드

26 분문(奔問) : 난리를 당한 임금에게 달려가서 문후(問候)하는 것을 말한다.

27 나라에……상소 : 1728년에 이인좌(李麟佐)의 무리가 난을 일으켰다는 소식을 듣고 분문(奔問)하여 서강(西江)에 머물다가 난이 평정되었다는 소식을 들은 뒤 악화된 숙환으로 임금을 만나 뵙지 못하고 급히 귀향하면서 올린 사죄의 상소이다.

28 단문(端門) : 궁궐의 정전(正殿) 앞에 있는 정문을 이른다.

릴 도리가 없었습니다. 신의 죄가 여기에 이르렀으니, 만 번 죽어도 속죄하기 어렵습니다.

방금 들으니 영외(嶺外)의 남은 도적[29]이 차례대로 주살되어 변고가 차츰 진정되고 근심이 거의 누그러졌다고 합니다. 다만 신의 병세는 여관에서 오래 머문 나머지 갑절이나 심해져서 한 가닥 남은 목숨은 아침에 저녁 일을 보장할 수 없는 상황이기에 고향집으로 돌아가 죽기에 급급하여 방금 다시 고향을 향해 길에 올랐습니다. 힘줄과 뼈만 겨우 남아 스스로의 힘으로는 나아갈 수가 없어 결국 대궐로 나아가 보잘것없는 신의 정성을 펴지 못하였습니다. 하늘을 바라봄에 다만 슬피 눈물만 흐르니, 분의에 있어 죄를 더욱 피하기 어렵습니다. 삼가 바라건대 명철하신 성상께서는 속히 유사(有司)에게 명하여 불충한 신의 죄를 다스리게 하여 조정의 기강을 엄숙히 하신다면 그보다 더 큰 다행이 없을 것입니다.

29 영외(嶺外)의 남은 도적 : 이인좌의 난이 일어났을 때, 경상도 거창(居昌)에서 호응한 정희량(鄭希亮) 등의 세력을 말한다. 정희량은 이인좌의 난에 공모하여 역모를 일으켰다가 거창에서 선산 부사(善山府使) 박필건(朴弼建)과 곤양 군수(昆陽郡守) 우하형(禹夏亨) 등에게 체포되어 참수되었다.

왕세자의 상(喪)을 당한 뒤에 병으로 달려가 곡을 하지 못하여 대죄하는 상소[30]

王世子喪後病未奔哭待罪疏

삼가 아룁니다. 나라가 하늘의 도움을 받지 못하여 세자 저하께서 갑자기 동궁(東宮)을 버리셨으니, 신민의 애통함이 어찌 끝이 있겠습니까. 삼가 생각건대 우리 전하께서는 자애로움이 융숭하고 깊으시니, 비통하고 참담한 마음을 어찌 견뎌내시겠습니까. 신이 지난번에 병석에 누워 죽음을 앞두고 있을 때에 세자께서 편찮으시다는 말을 듣고 삼가 짧은 상소를 써서 현(縣)과 도(道)를 통하여 올렸는데, 며칠이 지나지 않아 부음(訃音)이 갑자기 이르렀습니다. 신은 북쪽을 바라보며 울부짖고 애통해하면서 오장(五臟)이 찢어지는 것 같았습니다.

이어 삼가 생각건대 신이 궁료(宮僚)의 자리에 이름을 올린 지 지금 여러 해가 지났습니다. 비록 한 번도 서연(書筵)에 나아가서 세자 저하의 모습을 우러러 뵙지 못하였으나, 우러러 사모하고 목숨을 바치려는 충정은 절로 다른 사람들보다 갑절이 됩니다. 분의상 마땅히 생사를 돌아보지 않고 곡하는 반열에 참석해야 합니다. 다만 신이 죽을병을 앓은 나머지 여전히 차도가 없어 실낱같은 남은 숨을 이어가며 야윈 몸으로 자리보전을 하고 있는 형편이라 직접 산반(散班)의 말석에 나

30 왕세자의……상소 : 1728년에 효장세자(孝章世子, 1719~1728)의 상(喪)에 중병으로 분곡(奔哭)하지 못하게 되었을 때 올린 사죄의 상소이다.

아가 추모하는 애통한 마음을 다할 길이 없었습니다. 신의 죄가 여기에 이르렀으니, 만 번 죽어도 오히려 가볍습니다. 삼가 바라건대 성상께서는 속히 유사(有司)에게 명하여 신의 죄명을 감률하여 불충(不忠)하고 불의(不義)한 신하의 경계로 삼으소서.

그리고 신이 삼가 생각건대 수명의 길고 짧음에 정해진 운수가 있으니 인력으로 어떻게 할 수가 없고, 절도를 넘어 지나치게 슬퍼하는 것은 예경(禮經)에서도 경계하였습니다. 하물며 전하께서는 위로 자성(慈聖)을 모시고 아래로 만기(萬機)[31]를 총괄하고 계시니, 감정을 억누르고 슬픔을 절제하여 성상의 몸을 보호하는 방도를 생각하지 않아서야 되겠습니까. 삼가 바라건대 명철하신 성상께서는 깊이 스스로 위로하여 이치로 떨쳐내시어 한편으로는 동조(東朝)[32]의 마음을 위로하시고 한편으로는 아랫사람들의 바람에 부응하소서. 이것이 신이 밤낮으로 기원하는 일입니다.

31 만기(萬機) : 왕이 매일 처리해야 하는 번다한 정무를 형용한 말이다.

32 동조(東朝) : 왕후나 대비(大妃)를 가리키는 말이다. 본문에서는 대왕대비 인원왕후(仁元王后, 1687~1757) 김씨(金氏)를 말하는 것으로 보인다.

왕대비의 국상(國喪) 뒤에 병으로 달려가 곡하지 못하여 대죄하는 상소[33] 경술년(1730, 영조6)

王大妃國恤後病未奔哭待罪疏 庚戌

삼가 아룁니다. 하늘이 돌보지 않으시어 왕대비께서 갑자기 세상을 떠나셨으니, 신민이 애통하게 울부짖음에 어찌 끝이 있겠습니까. 삼가 생각건대 우리 전하께서는 지극한 성품을 타고나셨으니, 애달파하고 사모하는 마음을 어찌 억누를 수 있겠습니까. 신은 실낱같이 남은 숨이 비록 끊어지지 않았지만, 삼 년 동안 시체처럼 쓰러져 있었으니 사람이 아니라 귀신입니다. 이렇게 온 나라 사람이 슬피 울부짖는 때에 들것에 실려 궐밖에 나아가서 한 번 슬픔을 쏟아내지도 못하고, 또 부축하여 고을 관아에 가서 성복(成服)을 하지도 못하고 그저 병석에 누운 채 상복을 입었으니, 사람의 도리가 모두 사라졌고 신하의 절개를 다 잃었습니다. 한 줄기 숨이 끊어지기 전에 실로 용서받을 수 없는 큰 죄이니, 나라의 법으로 감률하면 만 번 죽는다 해도 오히려 가볍습니다. 삼가 목구멍에서 나오는 미미한 소리로 불러서 짧은 소장(疏章)을 짓고 감히 석고대죄하여 명을 기다리는 심정을 말씀드립니다. 삼가 바라건대 자애로운 성상께서는 속히 신의 죄를 다스리시어 불충한 신하들의 경계로 삼으소서.

33 왕대비의……상소 : 1730년에 왕대비 선의왕후(宣懿王后, 1705~1730)의 상(喪)에 중병으로 분곡(奔哭)하지 못하게 되었을 때 올린 사죄의 상소이다.

왕대비의 인산 때에 병으로 인해 달려가 참석하지 못한 일을 대죄하고 겸하여 소회를 아뢰는 상소[34]

王大妃因山時病未趨參待罪兼陳所懷疏

삼가 아룁니다. 세월이 어느덧 흘러 왕대비의 인산(因山)이 이미 지났으니, 따라가려 해도 미치지 못하는 신민의 아픔이 어찌 끝이 있겠습니까. 삼가 생각건대 우리 전하께서는 새로 상(喪)을 당한 것처럼 슬퍼하고 사모하실 터이니, 어떻게 마음을 가누실 수 있겠습니까. 신은 남은 숨이 곧 넘어갈 듯하여 곧 한 구의 시체와 같으니, 이렇게 능침(陵寢)이 영원히 닫히는 날에도 결국 스스로 한 걸음 나아가 붙잡고 통곡하는 신하의 슬픔을 조금도 펴지 못하였으니, 사람으로서의 도리가 다 사라졌습니다. 한 가닥 숨이 끊어지기 전에 실로 용서받을 수 없는 죄를 지었으니, 삼가 바라건대 명철하신 성상께서는 속히 신의 죄를 다스리시어 불충한 신하들의 경계로 삼으소서.

또 신이 지난번에 별유(別諭)를 받으니, 시기에 맞지 않은 우와 번개의 변고로 인해 구언(求言)하는 조처가 있었습니다. 신이 처음에는 정신이 조금 맑아지기를 기다렸다가 죽음을 앞둔 말로 충성을 다할 계획이었습니다. 그런데 근래 며칠 동안 어지럼증이 갈수록 심하여 손이 떨려 붓을 잡을 수가 없고, 정신이 혼미하여 생각을 정리할 수가

34 왕대비의……상소 : 1730년에 왕대비 선의왕후(宣懿王后)의 인산(因山)에 중병으로 참여하지 못하게 되었을 때 올린 사죄의 상소문으로, 겸하여 정치에 대한 자신의 소회를 아뢴 상소이다.

없었습니다. 비록 보잘 것 없는 견해를 다 바쳐 재해를 그치게 할 방도를 돕고자 하나 형세상 어찌할 수가 없습니다. 성상께서 이처럼 도움을 구하시는데도 미천한 신이 이렇게까지 저버렸으니, 황공하고 부끄러워 죽어도 눈을 감을 수가 없습니다.

다만 바라건대 성상께서는 궁리격물(窮理格物)과 성의정심(誠意正心)의 학문에 열심히 공부를 하시어 반드시 '극기(克己)' 두 글자를 시종일관 제일 급선무로 삼으소서. 생각과 언행이 조금이라도 권모술수와 관련된 것은 반드시 맹렬하게 성찰하여 통렬히 끊어내어 마음으로 하여금 밝고 시원하며 순수하게 한결같이 정대함에서 나오게 하소서. 함양하고 성찰하여 내면과 외면을 서로 닦아 명령을 간략히 하여 위의(威儀)를 무겁게 하고, 경계하고 두려워하여 안일을 경계하소서. 자신을 대단하게 여기고 남을 하찮게 대하지 말며, 자신을 뽐내고 남에게 거만하게 대하지 마소서. 검소를 숭상하고 사치를 버리며 비용을 아끼고 백성을 사랑하여 호령(號令)을 시행할 적에는 나약하고 게으른 습관을 경계하고, 신하들의 말을 받아들이고 사람을 등용할 적에는 순종하여 명을 따르고 거스르며 명을 어기는 사이를 판별하소서. 이를 한결같이 게을리하지 않아 확충해 나간다면 겉치레로 대응하는 결과로 귀결되지 않아 위세를 떨치며 노여워하는 하늘을 기쁘게 할 수 있을 것입니다.

군주가 구중궁궐 안에 거처하면서 마음을 오묘하게 운용하면 남들이 엿볼 수 없을 듯합니다. 그러나 증험에 드러난 것으로 보자면 마치 열 개의 손가락이 지목하고 열 개의 눈이 바라보는 듯하여 가릴 수가 없습니다. 사람도 속일 수가 없는데 하물며 하늘이겠습니까. 전하께서 만일 대궐에서 두려워하고 반성하시면 평소의 일이 의리에서 나왔는지 이익에서 나왔는지, 공적인 마음에서 나왔는지 사적인 마음에서 나왔는지를 절로 알게 될 것입니다. 알고서 고칠 수 있다면 곧 이는 재앙을 상서로 바꾸는 방법이니, 힘쓰지 않을 수 있겠습니까. 신은 입으로 부르다가 기운이 다하여 조목을 부연하여 아뢰지 못하고 다만 대략적인 개괄만 써서 올립니다. 삼가 바라건대 명철한 성상께서는 신의 죄를 용서하시고 충정을 살펴주소서.

공조 판서를 사직하는 상소[35] 신해년(1731, 영조7)

辭工曹判書疏 辛亥

삼가 아룁니다. 신이 지난번에 위태롭고 간절한 심정을 아뢰어 염치를 무릅쓰고 사직 상소를 올리고는 성상께서 반드시 밝게 살펴주시어 하루가 가기 전에 체차하는 명을 내려 주시리라 생각하였습니다. 그런데 이전의 사직도 허락받지 못한 상태에서 뜻하지 않게 지금 또 공조 판서에 제수한다는 새로운 명이 뒤이어 내려졌으니, 신은 놀랍고 두려워 더욱 어쩔 줄을 모르겠습니다.

저 육조(六曹)의 장관은 지위가 높고 명망이 무거우니, 만일 인품과 명망이 여론의 인정을 받는 자가 아니라면 그 자리에 앉아서는 안 됩니다. 더구나 품계를 올리고 관직을 제수하는 일은 정사의 체모가 더욱 중요하니, 반드시 공로가 드러나고 노고가 많아야 베풀어도 지나치지 않고 받아도 과분하지 않습니다.

신은 쓸모없고 비루하여 전혀 남들에 미치지 못합니다. 비록 수십 년 동안 조정에서 힘썼다 하더라도 오히려 나아가 육경(六卿)의 반열을 차지하여 외람되이 옛날 사공(司空)[36]의 직임을 담당하기에는 적합하지 않습니다. 하물며 지금 미천한 신의 나이는 이미 구십을 바라보고

35 공조……상소 : 1731년에 공조 판서에 임명되었을 때 능력부족과 노환 등의 이유로 내려진 관직을 거두어 줄 것을 요청하는 내용의 상소이다.

36 사공(司空) : 주나라 때 육경(六卿)의 하나로, 동관대사공(冬官大司空)이라 하였는데, 공정(工程)을 담당하였다. 본문에서는 공조 판서를 가리킨다.

꼬박 4년 동안 고질병을 앓아 곧 죽을 듯 자리에 누워 반걸음 조차 움직일 수 없습니다. 무릎은 휘고 힘줄은 움츠러 들었으며 살은 빠지고 뼈만 앙상하니, 육체와 정신의 기력이 거의 이 세상 사람이 아니니, 지금 이렇게 외람되이 간택을 받은 것은 끝내 무슨 연유인지 모르겠습니다. 공조가 비록 한산한 부서라지만 병을 요양하는 곳이 아닌 것은 분명합니다. 하루라도 헛되이 직임을 맡는 것은 더욱 황송한 일이니, 이에 자애롭게 덮어주시는 성상께 다시 이렇게 호소하지 않을 수가 없습니다. 삼가 바라건대 명철하신 성상께서는 속히 신이 맡고 있는 직명을 삭직하시어 관직을 가볍게 하지 마시고 직무를 비워두지 않게 하시며, 죽음을 앞둔 병든 신 역시 분수를 편안히 여기며 죽음을 기다리게 해주시면 매우 다행이겠습니다.

인조대왕의 산릉을 옮겨 봉안할 때에 병으로 달려가 곡을 하지 못하여 대죄하는 상소[37]

仁祖大王山陵遷奉時病未奔哭待罪疏

삼가 아룁니다. 원릉(園陵)을 이장할 자리를 다시 정하고 상설(象設)[38]을 새롭게 만들어 성조(聖祖)를 옮겨 모시는 기일이 이미 다가왔으니, 삼가 생각건대 우리 전하께서는 추모하고 슬피 사모하는 마음이 또 어떠하겠습니까.

신은 죽은 사람이나 귀신처럼 지낸 지 여러 해가 되어 그저 아침저녁으로 죽기만을 기다리니, 더 이상 산 사람의 일상적인 도리가 없습니다. 이렇게 검석(劍舃)[39]을 이장(移藏)하고 흠위(廞衛)[40]를 새로 만들어 어가(御駕)가 멀리 행차하여 모든 관원들이 바삐 일하는 날에 끝내 기운을 내어 스스로 힘으로 산관(散官) 반열의 말석에 나아가 한번 통곡하는 정성을 조금이나마 펼 길이 없으니, 신하의 분의(分義)와 정례(情禮)가 땅을 쓴 듯이 사라졌습니다. 신의 죄가 여기에 이르렀으

37 인조대왕의……상소 : 1731년에 인조의 능인 장릉(長陵)의 천봉(遷奉)에 병으로 분곡(奔哭)하지 못하게 되었을 때 올린 사죄의 상소이다.

38 상설(象設) : 묘(墓) 앞에 나란히 세우는 돌로 만든 양이나 말 따위의 석상(石象)을 가리킨다.

39 검석(劍舃) : 왕의 유품을 이른다. 황제(黃帝) 헌원씨(軒轅氏)가 죽어 교산(喬山)에 묻혔는데, 산이 무너지면서 관이 텅 비고 칼과 신만 관에 남았다는 고사에서 나온 말이다. 《列仙傳》

40 흠위(廞衛) : 제왕의 장례 행렬에 쓰는 여러 가지 기구를 말한다.

니, 만 번 죽더라도 오히려 가벼울 것입니다.

아, 지금의 신민이 누군들 자식처럼 길러 주신 성조(聖祖)의 은혜를 입지 않았겠습니까. 명문 사대부 집안과 세신(世臣)의 후손은 물론이고 비록 천한 종과 중이라도 오히려 흙을 지고 역사(役事)에 종사하여 스스로 그 정성을 펴고, 또 교외에서 울부짖다가 아련히 다시 뵙는 듯한 사람도 있을 것입니다.[41] 그런데 유독 신은 몸에 몹쓸 병이 들어 한 발짝도 움직일 수 없고 정신이 혼미하여 무딘 목석과 같아 다만 스스로 고개를 들고 서쪽을 바라보며 피눈물을 닦을 뿐이니, 그러고도 어찌 스스로 사람 축에 끼이겠습니까. 아, 슬픕니다. 삼가 몇 줄의 글로 고개를 들고 견책을 청합니다. 삼가 바라건대 자애로운 성상께서는 속히 신의 죄를 다스려 불충한 신하의 경계로 삼으소서.

41 아련히……것입니다 : 고인의 모습이 어렴풋이 보인다는 뜻으로, 《예기(禮記)》 〈제의(祭義)〉에 "제사하는 날에 방으로 들어가면 애연히 그 자리에 계시는 것을 반드시 본다.〔祭之日入室, 僾然必有見乎其位.〕" 하였다.

음식물을 내려주신 것을 사양하는 상소[42] 임자년(1732, 영조8)

辭賜食物疏 壬子

삼가 아뢰옵니다. 신이 구십의 나이로 여러 해 고질병을 앓아 한 가닥 남은 숨을 헐떡이며 죽음만 기다리고 있습니다. 그런데 이번에 자애로운 성상께서 신의 어렵고 궁색한 처지를 불쌍히 여겨 명을 내려 음식물을 내려주셨으니, 신은 놀랍고 황송하며 감격스럽고 부끄러워 감히 스스로 편안할 수가 없습니다. 신이 참으로 사리에 어둡고 졸렬하여 본래 스스로 먹고 살 계책이 없어 젊어서부터 노년에 이르기까지 궁핍하지 않은 날이 없었는데, 지금 흉년을 만나 쌀독의 남은 곡식마저 다 떨어졌습니다. 게다가 이가 빠지고 장이 약해서 음식을 삼키면 곧장 체하기 때문에 평소에 자주 먹는 채소 뿌리나 겨와 싸라기도 씹지 못하고, 미음을 먹고 있는데 이마저 곡식이 떨어져 자주 먹지 못하여 염려했습니다.

그런데 지금 보통을 훨씬 벗어나 은혜롭게 길러 주시는 성상의 은택을 입었으니, 어찌 굶어서 죽을 지경에 이른 이웃 친척들과 함께 성상의 특별한 은총을 만끽하고 성상의 은택을 함께 받으려 하지 않겠습니까. 다만 신은 지극히 어리석고 비루한데도 여러 조정에서 끝없는 은총을 받아 그대로 직임을 옮기다 보니, 가만히 앉아서 경대부의 반열에 이르렀습니다.

42 음식물을……상소 : 1732년에 영조로부터 음식물을 하사받았을 때 내려진 식물을 거두어 줄 것을 요청하는 상소이다.

묵묵히 평생을 돌아보면 털끝만큼도 보답한 일이 전혀 없으니, 한밤중에 가만히 생각해 보아도 이미 슬프고 부끄럽습니다. 더구나 지금 큰 흉년의 여파로 백성들의 고통스러운 신음 소리가 길에 가득한데 구휼하는 정사가 홀아비와 과부를 우선으로 하지 않고 도리어 신처럼 은혜를 저버리고 형편없는 사람이 큰 은택을 받았으니, 영화와 은총이 비록 깊지만 부끄럽고 두려운 마음을 어찌 견디겠습니까.

신이 감기를 앓은 뒤라 정신이 더욱 흐릿하여 죽음을 참고 병을 견디고 있습니다. 쾌청한 아침에 기운이 조금 맑아질 때마다 조금씩 글자를 써 모아 여러 날에 걸쳐 대충 한 통의 상소를 이루어 우러러 성상께 아룁니다. 삼가 바라건대 명철하신 성상께서는 신의 지극히 간절한 마음을 헤아리시어 내리신 명을 거두어 미천한 신의 분수를 편안히 해주소서.

주차奏箚[43]

탑전에서 올린 주차[44] 을사년(1725, 영조1)
榻前奏箚 乙巳

삼가 아뢰옵니다. 미천한 신의 나이는 이미 팔십을 가득 채워 귀는 먹고 눈은 어두워 제대로 보고 듣지를 못하며, 이는 빠지고 혀는 어눌해 말소리도 분명하지 않습니다. 게다가 또 노쇠하고 혼미하기가 이미 심하여 기억력이 전혀 없어 비록 약간의 소회가 있더라도 예전의 생각은 잊어버리고 새로운 생각도 흐릿하여 분명히 갖추어 아뢰기가 결코 어렵습니다. 이에 감히 몇 줄의 글로 대략 우러러 아룁니다. '성학(聖學)을 강론하여 밝힐 것', '춘궁(春宮)을 보좌하여 이끌 것', '대의(大義)를 분명히 내걸 것', '인륜을 펴서 바로잡을 것', '선조의 뜻을 계승할 것', '인재를 양성할 것', '아랫사람을 성의로 대할 것' 이

43 주차(奏箚) : 차자(箚子)의 일종이다. 신하가 천자를 대면하는 경우, 미리 쓴 차자를 휴대하고 천자를 만난 자리에서 직접 읽기 때문에 주차(奏箚)라고 한다.

44 탑전에서 올린 주차 : 1725년에 시민당(時敏堂)에 입대했을 때 올린 수차(袖箚)로, '성학(聖學)을 강론하여 밝힐 것', '춘궁(春宮)을 보좌하여 이끌 것', '대의(大義)를 분명히 내걸 것', '이륜(彛倫)을 펴서 바로잡을 것', '선지(先志)를 계술(繼述)할 것', '인재를 양성할 것', '아랫사람을 성의로 대할 것' 등 7조목으로 구성되어 있다.

일곱 가지는 지금에 있어 하나도 빠트려서는 안 되니, 삼가 바라건대 명철하신 성상께서는 살펴주소서.

이른바 '성학을 강론하여 밝히는 것'은 다음과 같습니다. 신이 삼가 살펴보건대 옛날 성왕(聖王)의 학문은 성의(誠意), 정심(正心), 격물(格物), 치지(致知)를 우선하지 않는 경우가 없었습니다. '마음〔心〕'이란 모든 교화의 근본이니, 한 번이라도 바르지 않으면 천하의 일이 올바름을 얻을 수 없습니다. 이는 요임금과 순임금 이후로 전수한 정일(精一)의 법[45]입니다. 그러나 정심(正心)의 공부는 역시 반드시 격물(格物)과 치지(致知)를 착수하고 힘쓸 단서로 삼습니다. 지금 일상생활에서 수응하는 일이 천 갈래 만 갈래인데, 사물마다 각기 당연한 법칙이 있습니다. 만일 사물에 나아가 그 이치를 궁구하지 않으면 이치를 궁구하지 않은 곳에는 곧바로 앎이 가려집니다. 앎이 이미 가려지면 가려진 곳에서 발현되는 것이 어찌 모두 당연한 법칙에 한결같이 부합하겠습니까. 반드시 여기에 대단한 공부를 해야 하니, 오늘 한 가지 이치를 궁구하고 내일 한 가지 이치를 궁구하여 궁구하고 더욱 궁구하여 결국 환하게 관통하는 경지에 이르면[46] 나의 앎이 절로 지극해질

45 정일(精一)의 법 : 《서경》 〈대우모(大禹謨)〉에 "인심은 위태롭고 도심은 은미하니, 정하게 하고 한결같이 해야 진실로 그 중도를 잡을 것이다.〔人心惟危, 道心惟微, 惟精惟一, 允執厥中.〕"라고 한 것을 가리키는데, 이는 순(舜) 임금이 우(禹) 임금에게 제위를 선위하면서 경계한 말로, 도통(道通)을 전수하는 요결로 일컬어진다.

46 환하게……이르면 : 《대학장구》 전(傳) 5장 주희(朱熹)의 주에 "그리하여 힘쓰기를 오래해서 하루아침에 확연하게 관통하는 데 이르게 되면, 모든 사물의 표리와 정추가 이르지 않음이 없게 되고 내 마음의 전체와 대용이 밝지 않음이 없게 될 것이니, 이것을 '물격'이라 이르며, 이것을 '앎의 지극함'이라고 이른다.〔至於用力之久而一旦豁然貫通焉, 則衆物之表裏精粗無不到, 而吾心之全體大用無不明矣, 此謂物格, 此謂知之至也.〕"

것입니다. 이를 통해 성의(誠意) 공부를 하고, 정심(正心)과 수신(修身) 공부를 하여 집안이 가지런해지고 나라가 다스려지며 천하가 공평하게 다스려지는데 이르는 것은 모두 이것을 들어서 적용하는 것뿐입니다.

삼가 생각건대 우리 전하께서는 하늘이 낳은 세상에 드문 자질로, 총명예지(聰明叡智)[47]의 성품을 지니셨으니, 사물의 이치에 거의 밝지 않은 곳이 없을 것입니다. 그러나 오히려 스스로 만족하는 마음을 먹은 적 없이 날마다 유신(儒臣)과 자주 경연(經筵)에 납시어 서로 강론하고 토론하시니, 사물을 관찰하고 이치를 궁구하는 공부에 역시 부지런하다고 하겠습니다. 다만 이른바 '궁구한다〔窮〕'라는 것은 혹여 4~5푼만 궁구하고 5~6푼을 궁구하지 않으면 궁구하지 않은 5~6푼에는 나의 앎이 도달하지 못합니다. 혹 6~7푼만 궁구하고 3~4푼을 궁구하지 않으면, 궁구하지 않은 3~4푼에는 나의 앎이 도달하지 못합니다. 신은 모르겠습니다만 전하께서 궁리(窮理)하고 격물(格物)하는 방도에 과연 10푼 모두 흠이 없으며, 정사하는 사이에 과연 하나하나 이치에 합당합니까.

옛날에 주부자(朱夫子 주자(朱子))가 입대하여 올린 주차(奏箚)에 "《대학(大學)》의 도(道)는 격물(格物)을 통해 치지(致知)에 이르는데 있습니다. 대체로 이런 사물이 있으면 반드시 이런 이치가 있으나,

라는 내용이 보인다.

47 총명예지(聰明叡智) : 《중용장구》 제31장에 "오직 천하에 지극한 성덕을 지닌 분이라야 총명하고 예지로워서 백성의 위에 군림할 수가 있는 것이다.〔唯天下至聖 爲能聰明睿智 足以有臨也〕"라는 말이 나오는데, 주희(朱熹)가 해설하기를 "총명예지는 태어나면서부터 아는 자질을 말한다.〔聰明睿智, 生知之質.〕"라고 하였다.

이치는 형체가 없어 알기가 어렵고, 사물은 자취가 있어 보기가 쉽습니다. 그러므로 이 사물에 의하여 구하여 그 이치로 하여금 마음과 눈에 또렷하게 하여 터럭만큼의 차이도 없게 한다면 사물에 응할 때 절로 터럭만큼의 오류도 없게 될 것입니다. 폐하께서 비록 태어나시면서 아는 성품과 세상에서 빼어난 행실을 갖고 계시지만, 일에 따라 이치를 살피신 적이 없기 때문에 천하의 일에 살피지 않은 경우가 많으며, 이치에 나아가 일에 응하신 적이 없기 때문에 천하의 일에 아직 밝지 않은 경우가 많습니다. 이 때문에 행동을 하시는 사이에 걸핏하면 의심하시니, 치국과 평천하의 효과가 아직 드러나지 않은 까닭입니다."[48]라고 하였습니다.

주자(朱子)와 같은 위대한 현인도 입대하여 군주를 알현하던 날에 반드시 이러한 내용을 말했으니, 어찌 먼저 격물(格物)과 치지(致知)를 한 뒤에 천하의 모든 일을 할 수 있다고 생각했기 때문이 아니겠습니까. 바라건대 명철하신 성상께서 유념하신다면 그보다 더 큰 다행이 없겠습니다.

이른바 '동궁(東宮)을 보좌하여 이끈다.'는 것은 다음과 같습니다. 신이 삼가 살펴보건대 가의(賈誼)의 〈보부전(保傅傳)〉[49]에 "천하의 운

48 《대학(大學)》의 ……까닭입니다 : 이 내용은 송나라 효종 즉위년인 융흥 원년(계미, 1163, 34세) 11월 6일 수공전에 입대해서 올린 주차의 일부이다. 융흥 원년은 효종이 소흥 32년에 고종에게서 제위를 물려받고 연호를 개정한 첫 해였고, 의욕에 넘치던 젊은 효종의 대금 정책이 1년 사이에 주전론에서 화의론으로 급격한 변화를 보인 해였다. 동시에 이 해 11월은 금과의 화의가 한창 진행되던 중이었다. 이런 시국에 주자는 세 통의 주차를 올리면서 제일 먼저 정심, 성의, 격물, 치지의 학문을 논하고 도교와 불교 등 이단의 학문을 반대하였다. 《朱子大全 卷13 癸未垂拱殿奏箚》

명은 태자(太子)에게 달려 있다. 태자의 선(善)은 조기에 교육하여 깨우치고 주변 인물을 가려서 선발하는데 달려 있다. 교육이 제대로 되고 주변 인물들이 올바르면 태자가 바르게 된다."라고 하였으니, 이는 실로 천하의 지극히 올바른 의론입니다. 조기에 교육하고 깨우치면 이미 스스로 말하고 먹을 때부터 올바른 말과 올바른 일을 가르쳐서 동작과 위의(威儀)의 규칙을 날마다 익히고 인효(仁孝)와 예의(禮義)에 관한 말이 골수에 젖어들어 오래될수록 절로 편안해지고 익숙하여 마치 천성(天性)과 같아지니, 그 후에 비록 다른 말이 동요하거나 미혹하더라도 통하지 않습니다. 주변 인물의 선발은 반드시 단정하고 방정한 선비를 잘 가려 뽑아 그들로 하여금 아침저녁으로 함께 지내도록 하여 인도하고 일깨워주는 사이에 자주 경계하고 성찰하도록 하며, 말을 하고 행동할 때에 보고 느끼는 점이 있도록 하여 기질을 함양하고 덕성을 도야하게 한다면 자연히 교화가 마음과 함께 이루어지고 습관이 지혜와 함께 성장할 것이니, 그 일이 중요하지 않습니까.

삼가 생각건대 우리 세자 저하는 어린 나이에 명(命)을 받아 동궁(東宮)의 지위에 오르시고 뛰어난 자질이 일찍부터 이루어져 온 나라 백성들이 기대하고 있습니다. 종묘사직을 맡길 데가 여기에 있고 서울과 지방에 있는 신하와 백성들의 바람이 여기에 있으니, 교육하고 깨우치는 방도를 조기에 시행하지 않아서는 안 되고, 주변 인물을 가려서

49 보부전(保傅傳) : '보부'의 뜻은 스승의 덕을 지킨다는 것이다. 한(漢)나라 가의가 지은 것으로 알려진 《신서(新書)》의 편명이나, 《신서》는 작자의 진위문제가 논란이 되고 있다. 또 《대대례기》 제48편의 편명이기도 한데, 〈보부편〉은 주로 고대 왕태자에게 가르치던 예를 기술하고 있다.

선발하지 않아서는 안 됩니다. 만일 혹 그렇게 하지 않아 동궁의 관료들이 인원수만 채우고 있을 뿐 위엄 있는 스승이 없고, 강독하는 예만 갖출 뿐 경계하는 유익함이 없으면 바로 주자(朱子)가 이른바 "명월주(明月珠)를 큰길가에 버려두는 격."[50]이라는 경우입니다.

신이 듣건대 우리 중종(中宗) 임금 때에는 별도로 보양관(輔養官)을 설치하자 선정신(先正臣) 조광조(趙光祖)가 그 선발에 참여하였으며, 인조(仁祖) 임금 때에는 익선(翊善)의 직임을 설치하자 선정신 송시열(宋時烈)이 그 선발에 참여하였다고 하니, 제대로 가르치고 신중히 선발하기가 이와 같았습니다. 신은 모르겠습니다만 오늘날 세자 저하를 가르치는 방도가 과연 모두 올바른 방도를 얻었으며, 선별한 주변 인물이 모두 올바른 사람을 얻었습니까.

옛날에 주부자(朱夫子)가 경연에서 진강할 때에 임금에게 아뢰기를 "천하가 다스려지던 고대에는 천하에 배우지 않은 사람이 없었고 왕의 자제들은 더욱 긴밀하게 가르쳤으니, 그들이 어린 시절부터 가르침이 이미 시행되었습니다. 바깥의 스승에게 나아갈 때가 되면 또 소학(小學)의 학문이 있었고, 서연(書筵)에 참여할 나이가 되면 또 대학(大學)의 학문이 있었습니다. 본원을 함양하고 그 지식을 열고 인도하는 방법이 이미 자식노릇하고 신하노릇하는 시기에 미리 익숙했기 때문에 안팎이 엄숙하고 사려가 통달한 효과가 천하에 군림하는 날에 드러났습

50 명월주(明月珠)를……격 : 주자의 《회암집(晦庵集)》 12권 〈기유의상봉사(己酉擬上封事)〉에 "앞으로는 조종들이 국가를 창건한 간난신고가 있고, 뒤로는 자손들이 장구하게 유지해나갈 계획이 매여져 있습니다. 보양하는 준비들이 이처럼 소략하니, 이것은 집안에 있는 명월주와 야광벽을 큰길가나 도적이 들끓는 곳에 버려두는 격입니다. 어찌 위태롭지 않겠습니까?"라고 하였다.

니다. 이 때문에 근본과 요체를 지키고 옳은 것을 취하고 그릇된 것을 버렸으며, 간사하고 사특한 말이 그 마음을 어지럽힐 수가 없었습니다."[51]라고 하였습니다. 아, 그 말이 명백하고 절실하니, 세자 저하를 보양(輔養)하는 중요한 방도이며 오늘날의 급선무라 하겠습니다. 바라건대 명철하신 성상께서 유념하신다면 그보다 더 큰 다행이 없겠습니다.

이른바 '대의(大義)를 분명히 내건다'라는 것은 다음과 같습니다. 신이 삼가 살펴보건대 춘추시대(春秋時代)의 초(楚)나라는 오랑캐 족속으로 중국(中國)을 자주 침범하여 제 환공(齊桓公)이 토벌하였는데, 후대에 전하는 자들이 훌륭하게 여겼습니다. 중국을 침범하는 행위도 오히려 정벌할 수 있는데, 하물며 군주의 철천지원수는 같은 하늘 아래에 살 수 없는 의리가 있는데, 해마다 황금과 비단을 바치며 위아래가 전도되는 치욕을 당한 경우야 말할 나위가 있겠습니까.

삼가 생각건대 우리나라는 황조(皇朝 명나라)에 대하여 겉으로는 군신(君臣)의 의리를 정하였고, 안으로는 부자(父子)의 친함으로 결속하였습니다. 임진년(1592, 선조25)의 난리 때에 신종황제(神宗皇帝)가 천하의 병력을 일으켜 구원해 주었으니, 이는 실로 우리나라가 만세토록 잊어서는 안 되는 은혜입니다. 지난번에 연경(燕京)이 함락되고 명나라가 망하였을 때 〈비풍(匪風)〉과 〈하천(下泉)〉[52]을 읊으며 뜻있

51 천하가……없었습니다 : 《주자대전(朱子大全)》 권15〈경연강의(經筵講義)〉에 나오는 내용이다.

52 비풍(匪風)과 하천(下泉) : 〈비풍〉과 〈하천〉은 모두 《시경(詩經)》의 편명이다. 〈비풍〉은 주(周)나라 왕실이 쇠미하게 되자 문왕, 무왕, 주공의 정치를 그리워하며 지은 시이고, 〈하천〉은 주나라 왕실이 쇠망해 감에 따라 조나라 같은 작은 나라가 점점

는 선비들이 흐느끼며 눈물을 흘렸는데, 남한산성(南漢山城)에서 항복한 뒤로는 한결같이 억세고 포악한 청나라에 제압당하여 수모를 참고 치욕을 견디면서 문관들은 안일하고 무관들은 즐기기만 하였으며, 만리 길에 산 넘고 물을 건너 옥과 비단을 끊임없이 바쳤으니, 이것이 어찌 우리 신민(臣民)이 마음에 편안하겠습니까.

생각건대 우리 효종대왕(孝宗大王)께서는 마음에 지극한 아픔을 품고 와신상담(臥薪嘗膽)하려는 뜻이 절실하여 문정공(文正公) 신(臣) 송시열(宋時烈)과 가장 먼저 대의(大義)를 높이 걸고 계책을 치밀하게 세웠으나 불행히도 하늘이 돕지 않아 갑자기 승하하셨으니, 천고의 통한이 되기 충분합니다. 우리 숙종대왕(肅宗大王)에 이르러서는 이전의 공열(功烈)을 잘 계승하시어 한결같이 선조의 뜻을 따라 문순공(文純公) 신(臣) 박세채(朴世采)와 은밀하게 대의(大義)를 강구하여 큰일을 이루실 듯하였는데, 다만 시운(時運)이 여전히 어렵고 나라 안에 일이 많아 미치지 못하였습니다. 그러나 대보단(大報壇)은 성고(聖考)의 마음을 충분히 밝힐 수 있습니다.

지금 우리 전하께서는 두 성군의 정통을 크게 이어받았으니, 두 성군의 뜻을 체득하셔야 합니다. 이후로 계승하는 책임은 우리 성상께 있지 않겠습니까. 신이 문정공의 상소를 얻어 보니, 그 대략에 "임진왜란 때 팔도가 왜적에게 짓밟혀 어가(御駕)가 갈 곳이 없어 내부(內附)할 계책[53]을 이미 결정하였습니다. 다행히 황제께서 크게 노하시어 대규

살기가 어려워지므로 이를 한탄하여 노래한 시이다. 모두 나라가 쇠미하거나 멸망한 것에 대한 슬픈 감회를 주제로 하고 있는데, 본문에서는 명나라의 멸망을 슬퍼한다는 의미이다.

모 병력을 거듭 출동시켜 흉악한 왜적들의 예봉(銳鋒)을 깨끗이 쓸어 버린 덕택에 종묘사직이 안정되고 백성들이 소생하였으니, 우리나라는 터럭 하나 초목 하나까지 황제의 은덕을 입지 않은 것이 없습니다. 우리 선조(宣祖) 임금은 충성스러운 성인으로 명나라가 있는 서쪽을 등지고 앉으신 적이 없었고, 또 '재조번방(再造藩邦)'이라는 네 글자를 크게 써서 사모하는 정성을 담았습니다.[54] 인조(仁祖) 임금 때에 이르러서는 불행히도 병자년과 정축년의 난리[55]를 만나자 계책이 궁하고 힘이 모자라 어쩔 수가 없었으므로 권도(權道)를 냈습니다. 그러나 그 위급한 때를 당해서도 오히려 정월 초하루에 망궐례(望闕禮)[56]를 거행하셨으니, 군신 상하가 서로 바라보면서 피눈물을 닦았습니다. 이때부터 성절(聖節 황제의 생일)을 만날 때마다 후원(後苑)에서 은밀히 정성과 예의를 펴고 북쪽을 바라보며 비통해하면서 빗줄기 같은 눈물을 흘리셨습니다. 효종대왕(孝宗大王)에 이르러서는 성심(聖心)이 이 대의(大義)에 청천백일(青天白日)처럼 환하게 밝으셨으니, 정승

53 내부(內附)할 계책 : '내부'는 중국에 들어가 의탁하는 것을 말한다. 의주(義州)까지 파천(播遷)한 선조(宣祖)는 압록강을 건너 요동(遼東)으로 들어가려 하여 중국의 의사를 타진하고, 대신들과도 여러 차례 이 일을 의논하였다

54 재조번방(再造藩邦)이라는……담았습니다 : 1598년(선조31) 겨울에 남쪽 변방에 남아 있던 적군이 다 달아난 뒤, 태평관(太平館) 서편에 명나라의 병부 상서(兵部尙書) 형개(邢玠)를 제사 드리는 생사당(生祠堂)을 세웠는데, 선조가 크게 '재조번방(再造藩邦)'이라는 네 글자를 써서 금으로 칠하려 걸어 놓았으며, 어필로 사당 현판을 써서 걸었다.

55 병자년과 정축년의 난리 : 병자호란을 가리킨다. 병자년(1636, 인조14)과 이듬해 정축년에 걸쳐 있었으므로 이렇게 말한 것이다.

56 망궐례(望闕禮) : 367쪽 주7 참조.

이경여(李敬輿)의 상소에 답하기를 '지극한 아픔이 마음속에 있는데 날은 저물고 갈 길은 멀다.'라고 하셨으니, 만약 하늘이 수명을 더 빌려 주셨더라면 비록 중원(中原)을 깨끗이 청소하지는 못하더라도 관문(關門)을 닫고 화친을 끊는 것은 넉넉히 하셨을 것입니다."라고 하였습니다.

문순공의 차자(箚子)에 대략 이르기를 "삼가 생각건대 효종대왕께서는 마침 천운(天運)이 어려운 때를 만나 거의 십 년 동안 북방에서 타향살이 하며 근심하셨고,[57] 즉위하신 뒤에는 가볍고 약한 나라의 형세를 헤아리지 않으시고, 대의(大義)를 부르짖는 것을 자신의 임무로 여기셨습니다. 먼저 원로들을 기용하고 군사들을 훈련시켜 아침저녁으로 근심하시어 저 청나라와는 나란히 서지 않기로 맹세하셨습니다. 그런데 뜻하지 않게 하늘이 돌보지 않으시어 큰 공훈을 이루지 못하였습니다. 그러나 큰 뜻과 우뚝한 공업은 역시 천하 만세에 드러나 빛날 수 있었습니다. 우리 전하에 이르러서는 참으로 이른바 '짐(朕)에게 평성(平城)의 근심을 남기셨다.'[58]는 경우이니, 삼가 바라건대 명철하신 성상께서는 우러러 선대 임금의 뜻을 체득하여 반드시 계승하는

57 거의……근심하셨고 : 효종대왕이 봉림대군 시절 소현세자(昭顯世子)와 함께 청나라 수도인 심양에 인질로 머물렀던 시기를 말한다.

58 짐(朕)에게……남기셨다 : 인조(仁祖)가 남한산성(南漢山城)에서 청군(淸軍)에게 포위당한 수치(羞恥)를 회상(回想)하는 일을 가리킨다. 평성(平城)은 지금의 산서성(山西省) 대동현(大同縣) 동쪽에 있는 지명(地名)이다. 한(漢)나라 고조(高祖)가 흉노(匈奴)에게 포위되어 큰 고통을 받다가 진평(陳平)의 비계(秘計)로 겨우 빠져 나온 곳인데, 무제(武帝)가 흉노를 치면서 고조(高祖)가 치욕을 당한 일을 회상(回想)하면서 한 말이다. 《通鑑節要 卷11 漢紀 世宗孝武皇帝下》

공업에 유념하셔야 합니다. 그러나 형세를 헤아리지 않고 갑자기 이것을 가지고 적국에게 대항하기를 바라지는 않으니, 요점은 대의에 어둡지 않고 힘을 비축하여 기회를 엿보면서 훗날의 계책을 잘 세우는 데 있습니다. 만일 그렇게 할 수 없다면 이는 관과 신이 자리를 바꾸어[59] 강상(綱常)이 끊어지는 결과를 초래하여 나라는 나라꼴이 되지 않고 사람은 사람답지 못하게 될 것입니다."라고 하였습니다.

아, 당시 임금과 신하의 마음을 이에 근거하여 알 수 있으니, 지금 읽어도 사람으로 하여금 눈물을 떨구게 합니다. 게다가 오랑캐의 운수는 백년을 넘지 못하니, 치욕을 씻는 계책은 오직 어떻게 스스로 강해지는가에 달려 있습니다.

삼가 바라건대 전하께서는 이를 제일가는 의리로 삼으셔서 비록 편안하고 한가로우며 일이 없을 때에도 반드시 정사를 다스리고 외적을 물리치는 방도를 다 강구하시어 한번 치욕을 씻겠다는 마음을 잊지 않아야 합니다. 바라건대 명철하신 성상께서 이를 유념하신다면 그보다 더 큰 다행이 없겠습니다.

이른바 '인륜을 펴서 바로잡는다.'는 것은 다음과 같습니다. 신이 삼가 《서경(書經)》 〈홍범(洪範)〉을 살펴보니 "하늘이 우(禹) 임금에게 〈홍범구주(洪範九疇)〉[60]를 내려 주시니, 인륜이 펴지게 되었다."라

59 관과……바꾸어 : 원문의 관구(冠屨)는 머리에 쓰는 관과 발에 신는 신으로 상하(上下)나 존비(尊卑)를 비유하는 말로 쓰인다. 이의현(李宜顯)이 초하구(草河溝)를 지나며 효종(孝宗)의 〈청석령(靑石嶺)〉 노래의 가사를 번역하고, 이어서 지은 노래에서 "강어(强圉 정축년)의 해에 국운이 기우니 관과 신이 도치되어 천지가 어두워졌네.〔强圉之歲國步蹶, 冠屨倒置乾坤晦.〕"라고 하였다.

60 홍범구주(洪範九疇) : 《서경(書經)》 〈주서(周書) 홍범(洪範)〉에 기록되어 있는

고 하였습니다. '인륜'이란 주자가 이른바 하늘의 법도이고, 땅의 의리이며, 사람의 질서입니다. 만일 여기에 하나라도 어긋남이 있으면 반드시 삼강(三綱)이 무너지고 구법(九法)[61]이 망할 것이니, 몹시 두려워할 만합니다.

아, 신이 모르겠습니다만 지금의 인륜은 올바릅니까? 올바르지 않습니까? 신이 삼가 듣건대 지난번에 흉인들이 윗사람을 범하고 임금을 업신여긴 일은 실로 고금에 없던 큰 변고이니, 명분을 바루고 분수를 엄정히 하는 방도를 급히 강구하지 않아서는 안 됩니다. 삼가 생각건대 명철하신 전하께서 저들의 죄악을 어찌 터럭만큼이라도 밝게 알지 못하겠습니까마는 아직도 명쾌한 처분을 내리시어 의리를 바로잡지 않는 것은 무엇 때문입니까. 지금 전하께서 이미 그들의 죄를 알면서도 여전히 비호해 주시며, 그들의 악행을 알면서도 아직도 덮어주려 하시어 한결같이 용서해주어 의심을 지니고 결단하지 않으시니, 어찌 성상의 밝은 덕에 누가 되지 않겠습니까.

군신 사이의 대의는 천지 사이에 도피할 곳이 없습니다. 그러므로 《춘추》의 의리에 따르면 임금의 원수를 토벌하지 않으면 온 나라의 신하와 백성이 모두 임금을 업신여기는 죄에 빠지게 됩니다. 더구나 지금의 토죄(討罪)는 전하께서 토죄하는 것이 아니라, 나라 사람들이

우(禹) 임금이 정한 정치 도덕의 아홉 원칙으로, 오행(五行)·오사(五事)·팔정(八政)·오기(五紀)·황극(皇極)·삼덕(三德)·계의(稽疑)·서징(庶徵)·오복(五福)·육극(六極)을 가리킨다. 맨 처음 하우씨(夏禹氏)가 낙수(洛水)에서 나온 신귀(神龜)에게서 얻은 것인데, 이것이 대대로 전해져 기자에 이르렀고 기자가 무왕(武王)의 물음에 대답한 이후로 세상에 알려졌다고 한다.

61 구법(九法) : 《서경》의 홍범구주(洪範九疇)를 말한다.

토죄하는 것입니다. 정자(程子)가 말하기를 "순임금이 사흉(四凶)을 주벌할 적에 죄가 사흉에게 있었으니, 순임금이 어찌 관여하겠는가." 라고 하였습니다. 그렇다면 전하께서 이 일에 대해서 마땅히 한결같이 대의로 결단하여 혹여 사심이 개입되지 않도록 하시고, 한결같이 왕법(王法)을 주장하여 혹여 개인적인 뜻으로 좌지우지하지 않도록 할 뿐입니다. 만일 그렇게 하지 않는다면 신은 세도가 날로 더욱 무너지고 인심이 날로 더욱 어두워져 국시(國是)가 밝아지지 못하고 백성의 뜻이 정해지지 않아 결국에는 난리와 멸망이 뒤따라 이르러 바로잡을 수 없는 지경에 이르게 될까 염려됩니다. 이와 같은 상황에서 오히려 인륜이 펴져서 바로잡히기를 바랄 수 있겠습니까. 바라건대 명철하신 성상께서 이를 유념하신다면 그보다 더 큰 다행이 없겠습니다.

이른바 '선조의 뜻을 계승한다.'는 것은 다음과 같습니다. 신이 삼가 살피건대 전(傳)에서 주공(周公)을 공통으로 칭찬하는 효자라고 일컬으면서 반드시 뜻을 잘 계승하고 일을 잘 서술하는 것[62]을 말하였으니, 이는 문왕(文王)이 뜻을 두고 성취하지 못한 것을 무왕(武王)과 주공(周公)이 뒤이어 이루었기 때문입니다. 선왕(先王)이 성취하지 못한 뜻도 오히려 계승해야 하는데, 더구나 선왕(先王)이 이미 결정한 일을 따라서 시행하지 않아서야 되겠습니까.

삼가 생각건대 우리 숙종대왕(肅宗大王)께서는 일을 처음 시작하는

62 전(傳)에서……것 : 《중용장구(中庸章句)》 제19장에 "공자가 말하기를 '무왕과 주공은 누구나 공통으로 칭찬하는 효이시다. 효는 부모의 뜻을 잘 계승하며, 부모의 일을 잘 서술하는 것이다.〔子曰, 武王周公 其達孝矣乎! 夫孝者, 善繼人之志, 善述人之事者也.〕'하였다."라고 하였다.

교화와 집안을 바로잡는 덕이 천고에 탁월하셨으니, 갑술년(1694, 숙종20)[63] 이후로 인륜이 다시 바로잡혀 온 나라의 신민이 기뻐하며 춤을 추었습니다. 그러나 그 당시에 다른 논의를 주장하는 일종의 무리들이 '강호(降號)를 슬퍼한다'는 말로 창도하자[64] 그에 호응하여 사람들의 마음이 쏠려 태반이 빠져들었습니다. 만일 문순공 박세채가 대의를 밝혀 힘써 배격하지 않았다면 세도(世道)의 재앙이 어찌 끝이 있었겠습니까. 이 이후로 숙종 임금이 명분과 의리를 범하는 사람을 몹시 미워하고 통렬히 배척하여 엄정하게 막지 않은 것은 아니었으나, 오직 사설(邪說)이 한 번 일어나 그 해독이 점점 불어나 의리가 점점 어두워지고 인륜이 밝아지지 못하게 된 것은 실로 여기에서 비롯되었으니, 그 무리들이 호응하고 붙어서 그렇게 된 것입니다.

묘정(廟庭)에 배향하는 일이 얼마나 중차대한 일인데, 명분과 의리에 죄를 얻은 사람을 배향하는 반열에 뒤섞어 나란히 올렸으니, 난잡하고 구차하기가 극심하다고 하겠습니다. 그런데 전하께서 지금 또 대수롭지 않게 보시고 바로잡지 않으시니,[65] 여기에서 계승하는 방도를 다

63 갑술년 : 1689년(숙종15) 기사환국으로 집권한 남인(南人)이 폐비 민씨의 복위 운동을 꾀하던 일파를 제거하려다 도리어 물러나게 된 갑술환국(甲戌換局)을 가리킨다. 이를 계기로 남인계는 와해되고 소론계가 집권하게 되었으며, 정계는 노론과 소론의 양립 국면으로 전환하였다.

64 당시에……창도하자 : 숙종이 영의정 남구만(南九萬)을 인견한 자리에서 희빈(禧嬪) 장씨(張氏)가 강호(降號)된 일에 대해 남구만이 "신하의 마음은 기사년과 다르지 않습니다."라고 답했던 일을 말한다. 기사년(1689)은 인현왕후가 폐위된 해이다. 《肅宗實錄 20年 4月 17日》

65 전하께서……않으시니 : 1726년 4월 2일에 대사간 홍우전(洪禹傳) 등이 계사를 올려서 숙종에게 죄를 지은 소론의 최석정(崔錫鼎), 남구만(南九萬), 윤지완(尹趾完)

하지 않았음을 볼 수 있습니다.

사문(斯文)의 일로 말하자면 병신년(1716, 숙종42)의 처분(處分)[66]이 지극히 엄정하고 명확하셨으며, 존경하고 사모하는 정성은 서원의 편액을 써서 내려 주셨을 때[67] 볼 수 있었으며, 굳게 지켜 흔들리지 말라는 하교[68]는 자손에게 계책을 남겨 줄 때 미치기까지 하였으니, 시비가 확실히 정해져 먼 훗날에도 의혹이 없을 것입니다. 그런데 지난번에 여러 간흉(奸凶)들이 조정에 있으면서 차마 선왕(先王)의 본뜻이 아니라는 말로 성상의 귀를 현혹시켜서 한결같이 선왕께서 이루어 놓은 법을 뒤집었으니, 통탄을 견딜 수 있겠습니까.

지금에 와서 서원(書院)의 배향(配享)이 겨우 회복되고 무함과 날조가 조금은 신원되었으나, 예전에 선조(先朝)에게 죄를 받은 사람은

을 숙종의 묘정(廟庭)에서 출향(黜享)하기를 청하였으나 윤허하지 않은 일을 말한다. 《承政院日記 英祖 2年 4月 3日》

66 병신년의 처분(處分) : 병신년에 윤선거(尹宣擧)의 문집에 효종을 비난한 부분이 있다는 노론의 주장을 받아들여 윤선거의 문집 판본을 없애게 한 것을 말한다. 《承政院日記 肅宗 42年 7月 25日》.

67 서원의……때 : 1716년(숙종42) 문정공 송시열과 문정공 송준길 두 선정의 사액서원(賜額書院)인 청주(淸州)의 화양서원(華陽書院)과 상주(尙州)의 흥암서원(興巖書院)에 임금이 병중에 서원의 편액을 친히 써서 내려 주었다. 그리고 이때 "반드시 친히 써서 판자에 새겨 내리려 하는 것은 내가 존경하는 마음을 붙이기 위함이다. 아, 임금이 어진 이를 존경하는 것이 지극한 정성에서 나온다면 또한 선비의 추향을 정하여 부정한 학설을 그치게 할 수 있을 것이니, 내 뜻이 어찌 우연이겠는가."라고 하교하였다. 《肅宗實錄 42年 10月 14日》

68 굳게……하교 : 숙종이 사문(斯文)의 시비에 대해 병신년(1716, 숙종42)의 처분을 내리면서 "나의 자손들은 모름지기 이 뜻을 준수하여 굳게 지켜 흔들리지 말라.〔爲我子孫者, 須遵此意, 堅持勿撓可也.〕"라고 한 말을 가리킨다. 《肅宗實錄 附錄 行狀》

작질(爵秩)이 그대로이고 시호(諡號)가 예전과 변함이 없으니, 의리가 흐릿하고 시행이 구차하기가 이보다 심한 경우가 없습니다. 그런데 전하께서는 숙종 임금의 처분을 한결같이 따를 방법을 생각하지 않으시고 도리어 양편을 모두 온전히 해주려고 생각하시니, 이는 또 계승하는 데 그 방도를 다하지 못한 것입니다. 바라건대 명철하신 성상께서 이 점에 유념하신다면 이보다 더 큰 다행이 없을 것입니다.

이른바 '인재를 배양한다.'는 것은 다음과 같습니다. 신이 삼가《맹자(孟子)》를 살펴보건대 "만약 제대로만 기른다면 자라지 않는 것이 없을 것이고, 제대로 기르지 못한다면 사라지지 않는 것이 없을 것이다."라고 하였습니다. 사람의 자질이 비록 좋은 덕을 타고났다 하더라도 만일 가르치고 길러 확충하는 일이 없으면 그 재주를 이룰 수가 없으니, 이는 요임금과 순임금 때에 사도(司徒)의 직책과 전악(典樂)의 관직을 설치한 까닭입니다. 신이 굳이 멀리서 옛일을 인용할 필요가 없으니, 조종조(祖宗朝)의 일로 말해보자면 옛날 우리 중종(中宗) 임금 때 윤탁(尹倬)이 대사성이 되었을 때, 성상께서 승지 한충(韓忠)을 보내어 어찬(御饌)을 나누어주어 성균관에 가서 스승과 유생들을 먹이도록 하였는데, 다음날 모두 대궐에 이르러 전(箋)을 올려 사은(謝恩)하였고, 성상은 정전(正殿)에 거둥하여 유생들을 인견하여 앞에서 글을 강론하였습니다. 9월에 성상이 문묘(文廟) 참배를 마치고 명륜당(明倫堂)에 거둥하여 유생들에게 명하여《상서(尙書)》등의 책을 강론하게 하였는데, 그 당시에 성대한 일로 전해졌습니다. 성상이 또 한충에게 이르기를 "유생(儒生)을 접견하는 것은 규례를 벗어난 일로 고무시키고 진작시키기를 원해서이다."라고 하시고, 곤룡포를 입고 사정전(思政殿)에 거둥하시니, 유생 이세명(李世銘), 박광좌(朴光佐), 김경란(金景鸞) 등이 순서대로 들어와 강하였습니다. 한충이 아뢰기를 "근래에 적임자인 사장(師長 대사성)을 얻었기 때문에 많은 선비들이 흥기하여 분위기가 크게 변하였습니다."라고 하였습니다.

유숭조(柳崇祖)는 중종(中宗) 임금 때에 대사성을 역임하였는데, 신미년(1511, 중종6) 3월에 성상이 시학(視學)[69]하고 선성(先聖)을 알현하고는 그대로 명륜당으로 거둥하여 경서(經書)를 펼치고 논란하였으며, 신하들에게 사서이경(四書二經)을 나누어 진강하도록 명을 내렸습니다. 유숭조가 먼저《대학(大學)》을 강론하고 마음을 보존하고 다스림을 내는 요점을 반복하여 논변하니, 성상이 경청하셨습니다. 다음 날 유숭조가 유생들을 이끌고 대궐에 나아와 전(箋)을 올려 사은(謝恩)하니, 상이 특명으로 가선대부로 자급을 올려주고 금대(金帶) 하나와 표리(表裏) 한 벌을 하사하시고는 "경은 오랫동안 성균관을 관장하여 인재를 육성하여 나의 다스림을 도왔으니, 상을 받을 만한 공이 있다."라고 하였습니다.

김반(金泮)은 경학(經學)에 정밀하였으며, 세종(世宗) 임금 때에 40여 년 동안 성균관을 맡았는데, 가르침을 게을리하지 않아 그의 문하에서 명사(名士)들이 많이 배출되었습니다. 윤상(尹祥)은 세종 임금 때에 16년 동안 성균관 대사성을 맡았는데, 학문이 더욱 정밀하여 우리나라 스승의 으뜸가는 모범이었습니다. 인조(仁祖) 임금 때에는 정엽(鄭曄)이 대사성을 역임하였는데, 경재(卿宰)의 반열에 올라서도 늘 겸임하여 인재를 교육하고 양성하는 일을 전적으로 맡았습니다. 그러므로

69 시학(視學) : 임금이 성균관을 시찰하는 일이다. 이때는 임금이 직접 주관하여 유생들을 시취(試取)하는 것이 상례(常例)이다.

권장하고 성취시킨 일을 지금까지 칭송합니다. 이는 모두 열성조(列聖朝)의 성대한 일로 실로 후세에 모범이 될 만합니다.

그런데 전하께서 즉위하신 뒤로는 진작하여 성취시킨 방도가 선조(先朝)에 미치지 못할 뿐만 아니라, 곧은 절개가 있고 과감하게 말하는 선비들을 처벌하기도 하고 굴욕을 주기도 하였습니다. 삼백 년 동안 인재를 배양하던 기풍이 꺾이어 남은 것이 없으니, 이것이 어찌 태평성대에 바라는 일이겠습니까. 더구나 인재가 모자라기가 지금보다 심한 적이 없습니다. 인재를 배양하는 방도는 더욱 시급히 해야 할 일이니, 바라건대 재주와 학문을 겸비한 사람을 정밀히 선발하여 성균관에서 가르침을 주관하는 관직을 맡기고 그 직책을 오랫동안 맡게 하여 윤상(尹祥) 등처럼 효과를 내도록 요구하소서. 역시 바라건대 전하께서도 중종 임금 때의 옛 규례를 본받아 자주 정전(正殿)에 거둥하시어 대사성으로 하여금 유생들을 이끌고 대궐에 나오게 하여 경서를 강론하고 토론하게 하소서. 또 혹 때때로 명륜당에 거둥하시어 유생들을 불러 앞으로 나오게 하여 경서를 펼치고 논란하시어 만일 능력이 있는 자가 있으면 상을 내려 권면하시고, 그 가운데 혹여 글 뜻을 밝게 통달하고 성리(性理)를 훤히 깨달은 자가 있으면 특별히 수용하여 격려하고 권장하는 바탕으로 삼으소서. 재야의 선비도 역시 모두 널리 찾아 성심을 다하여 초청하여 다스림의 방도를 물으시면 선비들의 풍습이 크게 변하고 인재가 융성하여 반드시 대단히 진작되는 효과를 보게 될 것입니다. 바라건대 명철하신 성상께서 이 점에 유념하신다면 그보다 더 큰 다행이 없을 것입니다.

이른바 '아랫사람을 성의로 대한다.'는 것은 다음과 같습니다. 신이 삼가 살피건대 《중용(中庸)》에 이르기를 "성(誠)은 사물의 시종을 이루니, 성실하지 않으면 사물이 성립될 수 없다."라고 하였습니다. 군주와 신하 사이에 성의로 서로 믿으면 상하가 화합하여 모든 공적이 다 넓어지게 됩니다. 순임금 조정의 도유우불(都兪吁咈)[70]과 상(商)나라 조정의 유화유일(惟和惟一)[71]에서 군주와 신하가 서로 만났을 때에 성의가 융성한 기상을 볼 수 있습니다.

신이 삼가 듣건대 전하께서는 다시 정사를 시작하였을 때 대신(大臣)을 예우하여 믿고 의심하지 않았으며, 대각(臺閣)의 간언을 너그러이 수용하여 물이 흐르듯 순리대로 들어주셨는데, 모두 성심에서 나온 것이라 조금의 허위도 없었다고 합니다. 이는 실로 제왕의 성대한 절조(節操)이니, 고금에 드문 일입니다. 다만 처음에 지키던 것을 꼭 끝까지 성실하게 하지는 못하고, 외면에 시행한 것을 꼭 내면에 진실하지는 못하셨습니다. 총명이 너무 지나쳐서 스스로 성인인 체하는 병통이 있고, 영특한 기질이 너무 드러나 독단적으로 처리하려는 마음이 있었으니, 명령은 겉치레를 면하지 못하여 결국 절실함이 모자라며, 하시는 일은 대부분 사사로운 뜻과 관련되어 공적인 이치를 따르지 않았습니다. 대신을 예우하는 성의는 간혹 처음만 못하시고, 대각의 간언을

70 도유우불(都兪吁咈) : 도유(都兪)는 찬성을, 우불(吁咈)은 반대를 뜻하는 말이다. 요 임금이 군신(群臣)과 정사를 의논할 때에 쓴 말로, 전(轉)하여 군신간에 정사를 논하고 문답하는 것이 조화롭고 화목함을 뜻하는 말로 쓰인다. 《書經 益稷, 堯典》

71 유화유일(惟和惟一) : 조화롭게 한결같이 한다는 뜻이다. 이윤(伊尹)이 치사(致仕)할 때 군주인 태갑(太甲)에게 경계한 말 가운데 "관직을 맡기되 현자와 재능이 있는 자로 하시며, 좌우에 오직 훌륭한 사람을 등용하소서. 신하는 위를 위해서는 덕을 위하고 아래를 위해서는 백성을 위해야 하니, 어렵게 여기고 신중히 하시며 조화롭게 한결같이 하소서."라고 한 말이 있다. 《書經 咸有一德》

너그러이 수용하시는 성의는 때때로 간혹 조금 나태해졌습니다. 심지어 이익과 녹봉으로 마구 부리고, 엄한 명령으로 속박하고 억제하여 신하들의 마음이 점점 느슨해지고 나랏일이 날로 그릇되니, 전하께서 사람을 쓰는 성의에 혹 미진한 바가 있는 것입니까. 가뭄과 홍수가 잇따르고 재앙과 흉사가 겹치니, 전하께서 하늘에 응하는 성의에 혹 미진한 바가 있는 것입니까.

전하께서는 총명하고 지혜로운 성인으로, 성심을 미루면 뜻대로 되지 않는 일이 없을 터인데, 도리어 이렇게 처음과 끝이 어긋난다는 탄식이 있는 것은 무엇 때문입니까. 조금도 끊임이 없는 것이 '성(誠)'이며, 진실하여 망령됨이 없는 것이 '성'입니다.

삼가 바라건대 성상께서는 성의에 나아가 공부를 하시어 한 마디 말을 하고 한 가지 정사를 시행함에 모두 성실을 위주로 하신다면 하나의 성의가 있는 곳에 모든 일이 크게 호응할 것이고, 공부를 오래도록 하여 처음과 끝을 한결같이 하시면 군주와 신하 사이에 막힘이 없고 궁중(宮中)과 부중(府中)이 일체가 되는 효과를 보시게 될 것입니다. 바라건대 명철하신 성상께서 이점에 유념하신다면 그보다 더 큰 다행이 없을 것입니다.

신이 지극히 용렬하고 비루한 몸으로, 늙고 병들어 죽음을 앞두고 있는데, 일상적인 격식을 넘어서는 특별한 은전(恩典)을 거듭 받았습니다. 그러나 뜻과 공업이 허술하여 보답할 길이 없습니다. 구구한 신의 어리석은 정성으로 인해 감히 참람됨을 잊고 이렇게 분수를 벗어나고 의리를 범하는 일을 하였으나, 뜻이 부족하고 말이 졸렬하여 성상의 눈으로 보시기에 부족합니다. 신은 지극히 황송함을 견딜 수 없어 죄를 기다립니다.

서계書啓

가주서 권세칭이 상소에 대한 비답을 전한 뒤 올린 서계[72]

을사년(1725, 영조1)

假注書權世秤傳疏批後書啓 乙巳

신이 얼마 전 소지(召旨)를 받았으나 병으로 나아가지 못하였기에 정성을 다해 상소를 올려 성상의 지시를 공손히 기다렸습니다. 방금 사관(史官)이 멀리까지 와서 전해준 성상의 비답을 받았는데, 비답의 말뜻이 융숭하니, 신은 더욱 두려운 마음에 어찌할 줄을 모르겠습니다.

삼가 생각건대, 신은 쇠약하고 병들어 죽음을 앞둔 엉성하고 쓸모없는 일개 필부입니다. 그런데 성상께서 신에게 하유하신 내용을 보니, 심지어 "나의 부족함을 채워 주고, 나의 아들을 보필하라."라고 하교하셨습니다. 은혜가 분수에 넘치고 일상적인 예에서 크게 벗어난 일이니, 이는 실로 신하에게 드문 특별한 예우입니다. 신하의 분의로 볼 때 조금도 지체하지 말고 때맞춰 달려나가 가까이서 성상을 뵙고 이어서

72 가주서……서계 : 1725년에 사관(史官)을 통해 영조의 소비(疏批)가 내려왔을 때 올린 서계이다. 노령과 악화된 숙환으로 세자시강원 찬선의 직책을 수행할 수 없다는 뜻을 전하고 있다.

성대한 의식을 본 뒤에 사정을 아뢰어 사직하고 물러나 고향으로 돌아와 죽는 것이 신의 간절한 바람입니다.

다만 신은 여든의 나이로 고질병이 있는데다 근래 설사와 감기 등의 병증을 심하게 앓고는 밥을 제대로 먹지 못한 지 벌써 몇 달이 되었습니다. 평소 앓던 현기증이 이때를 틈타 다시 심해졌는데, 증상이 중할 때는 갑자기 정신이 혼미해져 제대로 숨을 쉬지 못하니, 아침저녁으로 죽기만을 기다리고 있습니다. 이런 병든 몸으로는 실로 제 힘으로 길에 오를 형편이 안 되어 근시(近侍)를 그냥 돌려보내 은혜로운 명령을 욕되게 하였으니, 신의 죄는 만 번 죽어도 용서받기 어렵습니다. 두려운 마음에 땅에 엎드려 눈물만 흘릴 뿐입니다.

가주서 조태언이 상소에 대한 비답을 전한 뒤 올린 서계[73]

假注書趙泰彦傳疏批後書啓

신이 삼가 성상의 특별한 은혜를 입어 두 달 사이에 두 차례나 근시(近侍)를 보내시어 성상의 비답을 전하였는데,[74] 말씀이 간절하고 뜻이 융숭하여 결코 신처럼 어리석고 미천한 자가 감당할 수 있는 일이 아니기에 받들어 읽고는 머뭇거리며 어찌할 줄을 몰랐습니다. 신의 속마음은 이전의 상소에 이미 모두 말씀드렸으니,[75] 신은 명철한 성상께서 남김없이 통촉하시리라 여겼는데, 오히려 불쌍히 여겨 살펴주시지 않고 격식을 벗어나고 이전에 없던 은전(恩典)을 베풀지 말아야 할 곳에 거듭 베푸시니, 신은 근심스럽고 답답합니다.

지극히 어리석고 비루하여 한 가지도 취할 만한 점이 없는 신의 실상은 사우(士友)들이 알뿐 아니라 온 조정의 신하들이 모두 익히 들은 바입니다. 그런데 유독 성상께서 권장하여 발탁하고 총애하여 하유하는 것이 지난날 어진 선비를 예로써 부르고 원로를 우대한 일과 모양새

73 가주서……서계 : 1725년에 영조가 다시 사관(史官)을 보내 소비(疏批)를 내렸을 때 올린 서계이다. 임금의 거듭된 은혜에 감사하며 노령으로 세자시강원 찬선의 직책을 수행할 수 없다는 뜻을 간곡히 진술하고 있는 내용이다.

74 두……전하였는데 : 이해 3월 6일과 3월 28일에 김간(金榦)을 시강원 찬선과 대사헌에 제수하고, 가주서 권세칭(權世秤)과 조태언(趙泰彦)을 각각 보내 전유(傳諭)하였다.《承政院日記 英祖 1年 3月 6日·21日·28日, 4月 20日》

75 신의……말씀드렸으니 : 김간(金榦)은 이해 3월 10일과 4월 8일에 상소하여, 자신에게 새로 제수한 시강원 찬선의 직임을 체차해 달라고 청하였다.

가 똑같으니, 신은 당황스럽고 놀라 참으로 무슨 까닭인지 모르겠습니다. 어찌 근래 산림(山林)에서 덕이 있는 선비들이 차례로 죽고 신만 노쇠한 옛사람으로 지금까지 살아남아 있기에, 비록 신이 거칠고 실속이 없음을 알면서도 헛되이 명목을 빌리고 은혜를 잘못 내려 이로 인해 권면하고 흥기시켜 옛사람이 이른바 '먼저 곽외(郭隗)부터 시작한다.'라는 뜻[76]과 같이 하려는 의도가 아니겠습니까.

그러나 특별한 총애는 요행으로 얻어서는 안 되고 과분한 예우는 염치없이 받아서는 안 됩니다. 사사로운 의리에 편치 않음은 우선 논하지 않더라도 조정의 조처 역시 마땅하지 않으니, 어찌 청명한 조정에 욕을 끼치고 사방에 웃음거리가 되지 않겠습니까. 그리고 임금의 덕이 미치지 못하는 것을 보좌하고 서연(書筵)에서 가르치고 인도하는 일을 담당하는 것이 어떤 직책이며, 어떤 자리입니까. 그런데도 이렇게 간절하게 두 차례나 하유하시니, 이것이 어찌 학업이 허술하고 거칠며 이가 빠지고 고질병에 걸린 신과 같은 사람에게 논의할 수 있는 일이겠습니까. 신이 돌아보고 스스로 반성하니 부끄러워 죽고 싶습니다. 게다가 근래 어지럽고 쇠약하기가 날로 심해져 한 가닥 숨만 붙어 있는 시체와 다름없어 일어나 움직일 수가 없으니, 이렇게 보나 저렇게 보나 모두

76 먼저……뜻 : 전국 시대 연 소왕(燕昭王)이 현사(賢士)를 얻기를 희망하여, 곽외(郭隗)에게 현사를 천거해 주면 그를 사사(師事)하겠다고 말하였다. 그러자 곽외가 옛사람이 천리마(千里馬)를 얻기 위하여 죽은 말의 뼈를 500금(金)을 주고 샀더니 그로부터 1년도 안 되어 천리마가 세 마리나 이르렀다는 고사를 인용하며, 우선 대단치 않은 곽외 자신부터 대우를 잘하면 현사들이 절로 찾아올 것이라고 하였다. 그리하여 연 소왕이 곽외를 위해 궁전을 개축하여 그를 모시고 사사하니, 그 후로 악의(樂毅), 극신(劇辛) 등 현사들이 몰려왔다. 《戰國策 燕策1》

공경히 나아가기가 어렵습니다. 성상의 은덕을 저버렸으니 만 번 죽어도 속죄하기 어렵습니다. 땅에 엎드려 눈물을 흘리며 삼가 처벌을 기다립니다.

사관을 소환하기를 청하는 서계[77]

請召還史官書啓

신이 외람되게도 소원하고 미천한 자로 염치없이 상소를 올려 구구하고 위태로운 심정을 우러러 아뢰었습니다.[78] 의리를 범하고 분수를 넘었으니, 만 번 죽어 마땅한 죄입니다. 사가(私家)에서 석고대죄하며 밤낮으로 두려워하고 있었는데, 삼가 자애로운 성상께서 심한 병을 앓고 있는 신을 불쌍히 여겨 엄한 소명을 우선 늦추어 날씨가 서늘해진 뒤에 올라오도록 하시어 죽음을 앞둔 목숨을 조금이나마 잇게 되었습니다. 살리기를 좋아하는 지극한 인(仁)을 신에게 유독 깊이 베풀어 주셨으니, 신이 너무나 감격스러워 눈물을 흘리며 죽을 곳을 모르겠습니다.

오직 사관(史官)을 불러들이는 일은 아직 허락을 받지 못하였으니, 신이 답답한 마음을 가누지 못하겠습니다. 사관이 이곳에 머무른 지 거의 두 달이 되었는데, 도내(道內)의 열읍(列邑)에서 번갈아 음식을

77 사관을……서계 : 1725년에 두 달째 자신의 곁에 머물고 있는 사관(史官)을 소환해 줄 것을 요청하고 있는 서계이다. 도내의 여러 고을에서 사관을 위해 교대로 음식을 공급하는 등 농번기에 여러 가지로 민폐가 되고 있는 점 등을 사관 소환을 요청하는 이유로 제시하고 있다.

78 상소를……아뢰었습니다 : 1725년(영조1) 6월 12일에 장령 이휘진(李彙晉)이 상소하여 김간(金榦)을 불러들여 경연에 입시하게 하라고 청하였다. 이에 영조가 김간을 불러들이자 김간은 17일에 상소하여 사정(邪正)과 상벌(賞罰)을 분변하라는 내용을 개진하고, 영조의 부름을 완곡히 사양하였다. 《承政院日記 英祖 1年 6月 12日, 17日》

제공하고 먼 길을 오가느라 그 폐단이 끝이 없고, 지금과 같은 농번기에 백성들의 원망도 많으니, 이 또한 신의 죄입니다.

삼가 바라건대 명철하신 성상께서는 굽어살피시어 속히 불러들이는 명을 내리시어 공적으로나 사적으로나 편리하게 해 주신다면 더없이 다행이겠습니다. 신이 사사로운 의리가 편안하지 못한 이유로 다시 감히 성상의 귀를 번거롭게 하였으니, 비록 전하께서 베풀어 주신 지극한 은덕을 믿지만, 신이 저지른 죄에 대해서는 나라에 정해진 형벌이 있습니다. 황공한 마음으로 땅에 엎드려 삼가 형벌이 내리기를 기다립니다.

돌아와 사천에 도착하였는데 사관 이징하가 고산에서 따라온 뒤에 올린 서계[79]

歸到沙川史官李徵夏自高山隨至後書啓

신이 몹시 쇠하고 정신이 흐릿한데다 병까지 심하게 들어 여러 차례 소명을 받았습니다만, 공경히 직임에 달려갈 길이 없어 상소를 올려 실상을 진달한 것이 다섯 차례이고, 사관(史官)을 불러들이도록 청한 것이 세 차례이니, 불경한 신의 죄는 만 번 죽어도 속죄하기 어렵습니다. 그런데 성상께서는 넓은 도량으로 포용해주어 엄한 형벌을 내리지 않으시고, 도리어 온화한 비답을 내려 신의 병세를 염려하며 조리하도록 허락해 주셨습니다. 심지어 날이 선선해지면 올라오라는 하교를 내리셨으니, 말뜻이 간곡하여 마치 아버지가 아들에게 말하듯 하였습니다. 신은 감격하여 눈물을 흘리며 죽을 곳을 모르겠습니다.

신은 병이 조금 나아지기를 기다려 소명에 한번 달려가고자 하였으나, 한 달이 넘도록 치료하여도 끝내 효험을 보지 못하였는데, 이렇게 시간을 보내던 중에 갑자기 날씨가 선선해졌습니다. 분의가 지엄하고 성상의 하교를 저버리기 어려워서 정말 어쩔 수 없이 죽을듯한 고통을 참고 길을 떠나 조금씩 힘들게 움직여 지금 막 고향 집까지 실려 왔는

79 돌아와……서계 : 1725년에 전라도 고산(高山)에서 고향인 경기도 광주 사천(沙川)으로 돌아온 뒤 올린 서계이다. 노령과 숙환으로 심신이 쇠약해진 자신의 상황을 진술하며 관직에 나갈 수 없다는 뜻을 간곡히 전하면서 4개월 째 자신 곁에 머물고 있는 사관을 소환하고 자신에게 내려진 직책을 거두어 줄 것을 거듭 요청하는 내용이다.

데, 산 넘고 물 건너 먼 길을 온 나머지 숙병인 어지럼증이 다시 심해지고 여독까지 겹치는 바람에 때때로 혼절하여 인사(人事)를 살피지 못합니다.

처음에는 선왕(先王)의 연제(練祭)[80]에 맞추어 궐 밖에서 산관(散官)의 반열에 참석한 다음 한 번 용안을 뵙고 물러나와 초야에서 죽고자 하였는데, 지금 병세가 위독하여 몸을 일으켜 움직일 방도가 없습니다. 일이 이 지경에 이르니 신 역시 어찌할 줄을 모르겠습니다.

또 생각건대 사관이 먼 곳에서 체류한 지 거의 넉 달이 되어 가니, 이런 은혜가 신하에게 내려지는 것은 실로 드문 일이라 너무나도 황송한 나머지 또 하나의 병이 생깁니다. 삼가 바라건대 자애로운 성상께서는 사관을 소환하시고 이어서 신의 직명을 체차하시어 미천한 신의 분수를 편안하게 해 주시고 일의 체모를 중하게 하신다면 너무도 다행이겠습니다. 신은 매번 '쇠병(衰病)'이라는 두 글자로 인해 누차 태만하게 왕명을 어기는 죄를 지었으니, 사가(私家)에서 석고대죄하며 공경히 엄한 처벌을 기다립니다.

80 선왕(先王)의 연제(練祭) : 경종(景宗)의 연제(練祭)를 말한다.

주서 송수형이 전유한 뒤 올린 서계[81]

注書宋秀衡傳諭後書啓

신이 외람되이 한 통의 상소를 올려 감히 위급한 정황을 아뢰었는데, 삼가 자애로운 성상께서 굽어살피시어 사관(史官)을 소환하여 미천한 분수를 편안히 해주셨습니다. 신이 이에 참으로 두 손 모아 감축하는 지극한 마음을 가눌 길이 없습니다.

다만 회유(回諭)하신 말뜻이 점점 더 융숭해져 심지어 당(唐)나라 신하의 일을 인용하여 불초한 소신에게 견주셨으니,[82] 이는 초야에 있는 미천한 신하가 감히 들을 말이 아닙니다. 성상의 은총이 이렇게까지 융숭하고 선왕(先王)의 연제(練祭)[83]가 점차 다가오고 있으니, 신이

81 주서……서계 : 1725년에 경종(景宗)의 연제(練祭)에 참석하기 위해 상경하던 중 영조가 승지를 통해 보낸 전유(傳諭)를 받고 올린 서계이다. 행로에 숙환이 악화된 상황을 설명하며 몇 일간의 조섭을 통해 몸을 회복한 뒤 선왕의 연제에 참여하여 곡하고 나서 집으로 돌아갈 수 있도록 해 줄 것을 요청하고 있다.

82 당(唐)나라……견주셨으니 : 김간이 올린 상소에 대한 비답에 영조가 이필(李泌)의 고사를 인용하여 "중국 당(唐)나라 때 숙종(肅宗)이 이필(李泌)에게 비록 관직을 제수하지는 못하였지만 경연에서 계책을 운용하게 하여 마침내 나라를 중흥하는 위업을 달성하였으니, 이것 역시 당나라 왕조의 아름다운 일이다. 그렇지만 이필로 하여금 재상의 자리를 사직하여 끝내 그가 지니고 있는 모든 능력을 다 발휘하지 못하게 하였으니, 이것이 어찌 지극한 정성으로 도움을 구하는 뜻이란 말인가. 내심 개탄스러웠지만, 이것은 내가 옛일을 거울삼아 스스로 힘써야 할 부분일 뿐이다."라고 한 일을 말한다. 《承政院日記 英祖 1年 8月 17日》

83 선왕(先王)의 연제(練祭) : 420쪽 주80 참조.

만일 하루를 물러나 있으면 하루치의 죄가 더해질 것이므로 개인적인 의리를 돌아보지 않고 생사를 따지지 않은 채 부축을 받고 들것에 들려 간신히 도성 밖에 도착하여 막 위급하고 간절한 마음을 다시 아뢰어 우러러 견책을 청하고자 하였습니다.

그런데 참으로 뜻밖에 승정원에서 외람되이 아뢰어 사관(史官)이 찾아왔는데, 성상의 하교가 보통을 훨씬 넘어섰고, 이어서 당일에 바로 함께 들어오라고 명하셨습니다. 신이 명을 듣고는 황공하여 감격의 눈물을 흘리며 어찌할 줄을 몰랐습니다.

그렇지만 신이 이미 도성 근처에 와 있고 남다른 은총을 입었으니, 어찌 용안을 한 번 뵌 뒤에 돌아가 골짜기에 묻히고 싶지 않겠습니까. 하지만 한낱 숨만 붙어 있는 여든의 늙은이가 오던 길에 병이 악화되는 바람에 여관에서 혼절하여 밤새도록 신음하며 고통에 시달렸으니, 비록 성상의 뜻을 우러러 받들어 정성을 이루고 싶어도 어찌할 수 없는 형편입니다. 보잘것없는 신의 바람은 그저 다시 근시(近侍)를 불러들이시고 이어서 처분을 내리시어 신으로 하여금 편안한 마음으로 조리하며 며칠 머물러 있다가 연제(練祭)를 올리는 날 우러러 곡을 한 다음 돌아가게 해 주시는 것뿐입니다. 엎드려 죄를 기다리면서 아뢸 바를 모르겠습니다.

돌아가기를 고하는 상소에 대해 한림 이도원이 비답을 전한 뒤 올린 서계[84]

陳告歸疏 翰林李度遠傳批後書啓

신은 몹시 노쇠하고 질병도 심합니다. 밤에 제사지내는 반열에 참여하느라 바깥에서 찬바람을 쐰 탓에 고질병인 산증(疝症)이 갑자기 심해지고 현기증이 갑절이나 위중해져서 돌아와 여관에 누워 종일 고통에 신음하니, 실로 살아서 길을 나섰다가 죽어서 돌아가게 될 염려가 있었습니다. 속마음을 다 말씀드리지 않을 수 없었기에 상소를 올려 하직을 고하고 들것에 실리고 부축을 받으며 겨우 한강(漢江)을 건너 강변 마을에 묵었습니다. 그런데 뜻밖에 사관(史官)이 야심한 시각에 뒤따라 도착하여 성상의 비답을 전해 주었는데, 비답의 내용이 지극히 간절하여 정성스런 뜻으로 깨우쳐 주시고, 면유(面諭)했을 때의 일을 거듭 말씀하시면서 심지어 함께 들어오라고 다시 명하셨습니다. 신이 어떤 사람이기에 늘 이렇게 남다른 예우를 받는 것입니까. 신이 비록 분골쇄신하더라도 베풀어 주신 은혜의 만분의 일도 보답할 수 없습니다. 신이 만약 전혀 불편한 정세가 없고 조금이라도 억지로 움직일 수 있다면 어찌 감히 차마 영결하고 물러나 성상의 망극한 은혜를 저버리겠습니까.

84 돌아가기를……서계 : 1725년에 입대한 뒤 물러나와 고향으로 돌아가겠다는 뜻을 전하는 상소를 올리고 길을 나서 한강을 건넜을 때 영조가 승지를 보내 전유를 통해 귀향길을 만류하자 올린 서계이다.

생각건대 신은 초야의 소원하고 미천한 사람으로 다행히 한 번 용안을 우러러 뵈었으니 뜻과 소원을 모두 이루었습니다. 신의 본분을 다하였으니 돌아가서 시골에서 죽는 일도 큰 은덕에 우러러 보답하는 한 가지 방법입니다. 또 신이 지난날에 입대했을 때 감히 늙고 병들어 머물기 어렵다는 뜻을 대략 우러러 아뢰었으니, 삼가 성상께서도 필시 기억하시리라 생각합니다. 신의 정세가 곤궁하고 급박한 탓에 비록 함께 들어오라는 명이 있었으나 우러러 받들 길이 없으니 황공하고 두려워 몸둘 곳을 모르겠습니다. 만일 자애로운 성상께서 굽어살펴 불쌍히 여겨 직명을 체차해 주시고 사관을 소환해주신다면 공적으로나 사적으로나 실로 모두 다행일 것입니다. 신이 성상의 은혜를 저버리고 달아나는 것처럼 하면서 남산(南山)을 돌아보니 흐르는 눈물을 이루 닦을 수가 없습니다. 죽을 죄를 지었다는 말 밖에 달리 아뢸 말이 없습니다.

문학 이정박의 상소로 인하여《대학연의(大學衍義)》의 〈중비필(重妃匹)〉한 편을 번역하여 올리라는 특명을 내리자 겸사서 신로가 선유한 뒤에 올린 서계[85] 정미년(1727, 영조3)

因文學李挺樸疏特命大學衍義重妃匹一篇翻譯以進兼司書申魯宣諭後書啓 丁未

삼가 생각건대 세자 저하는 뛰어난 자질이 일찍부터 이루어져, 간택(揀擇)이 장차 거행되고 대혼(大婚)[86]이 뒤따라 시행될 것입니다. 삼가 생각건대 하늘이 성녀(聖女)를 낳아 이 대례(大禮)에 응하였으니, 이는 실로 종묘사직의 무궁한 경사입니다. 진덕수(眞德秀)의 《대학연의》[87]는 집안을 다스리는 요체를 자세히 논하였는데, '중비필(重妃匹)' 한 가지 일에 더욱 뜻을 다하였습니다. 그 내용은 모두 후비(后妃)가 모범으로 삼고 경계할 만한 것이니, 궁관(宮官)이 상소를 올려 번역하고 으레 강론하는 《소학(小學)》과 일체로 전수(傳授)해야 한

85 문학……서계 : 1727년에 혼례를 올린 왕세자와 왕세자비를 위해 《대학연의》〈중비필(重妃匹)〉 편을 언문으로 번역해 올리라는 왕명을 받고 올린 서계이다. 노령과 숙환으로 혼미해진 정신과 쇠약해진 체력 때문에 왕명을 수행하기 어렵다는 뜻을 전하고 있다.

86 대혼(大婚) : 영조의 맏아들인 효장세자(孝章世子)의 혼례를 말한다. 이해 9월 29일에 효장세자의 혼례가 있었는데, 이듬해인 1728년(영조4) 11월 16일 10세의 나이로 세상을 떠났다. 《承政院日記 英祖 4年 11月 16日》

87 대학연의(大學衍義) : 377쪽 주25 참조.

다고 요청한 말은 실로 합당합니다.[88]

신이 본래 용렬하고 비루하여 아는 것이 없지만, 지금 우리 성상께서는 신의 불초함을 모르시고 신으로 하여금 외람되이 그 일을 맡도록 하셨습니다. 이는 매우 성대한 일이니, 미천한 신에게 있어 큰 영광과 행운입니다. 다만 신이 이미 극도로 쇠약하고 병이 들어 정신이 혼미하고 기력이 다하여 인사(人事)를 살피지 못하는 지경입니다. 게다가 평소에 언서(諺書)에 익숙하지 않으니, 이와 같은 큰일에 비록 힘을 쓰고 싶어도 그렇게 할 수가 없습니다. 궁관(宮官)이 멀리에서 왔고 성상의 하유(下諭)가 특별하지만, 신의 실상이 위에서 아뢴 바와 같아 이전에 없던 특별한 은전을 저버리고 말았으니, 황송한 마음에 땅에 엎드린 채 그저 엄중한 처벌을 기다립니다.

88 궁관(宮官)이……합당합니다 : 이정박이 상소를 올려 "세자빈의 가례(嘉禮)가 이미 정해졌으니 《소학》을 내려주고《대학연의》의 '중비필(重妃匹)' 한 조항은 제가(齊家)하는 요체를 깊이 얻었으니, 유신(儒臣)으로 하여금 미리 번역하게 하여 《소학》과 더불어 일체로 전수(傳授)하게 하소서."라고 한 내용을 가리킨다. 《英祖實錄 3年 6月 1日》

가주서 조진세가 상소에 대한 비답을 전한 뒤에 올린 서계[89]

假注書趙鎭世傳疏批後書啓

신의 죄명이 매우 중하니 엄한 처벌을 받아야 마땅하기에 감히 짧은 상소로 절박한 심정을 대략 아뢰었습니다. 그런데 성상의 비답을 받들고 보니 말뜻이 온화하고 자상하였으니, 신이 받들어 읽고 나서 몸 둘 곳을 몰랐습니다. 다만 신이 저지른 죄는 애초부터 예사롭지 않았습니다. 같은 죄를 저지른 사람은 이미 중벌을 받았는데,[90] 신은 수범(首犯)임에도 홀로 요행히 벗어났습니다. 다만 신이 마음으로 부끄럽게 여길 뿐만 아니라 실로 지엄한 국법에도 어긋납니다. 이에 감히 성상을 번거롭게 해 드리는 것을 무릅쓰고 다시 우러러 아뢰니, 신의 죄는 죽어 마땅합니다. 《대학연의(大學衍義)》의 번역은 감히 성상의 명을 받들었기에 죄를 기다리는 중에도 염치없이 받들어 올립니다. 땅에 엎드려 황송한 마음에 아뢸 말을 모르겠습니다.

89 가주서……서계 : 1727년에 신임옥사(辛壬獄事)에 대한 책임을 묻는 정미 대처분(丁未大處分)이 내려졌을 때, 1725년 시민당(時敏堂)에 입대하여 영조에게 올린 수차(袖箚)에서 남구만(南九萬)의 숙정묘정(肅宗廟庭)에서의 출향(黜享) 등을 주장했던 것을 이유로 자신에게도 죄를 물을 것을 요청하는 상소를 올렸고 이에 대해 영조가 조정의 처분은 산림(山林)의 선비에게 관계되지 않는다는 내용의 비지(批旨)를 내리자 다시 올린 서계이다.

90 다만……받았는데 : 홍우전(洪禹傳)의 일을 말한다. 405쪽 주65 참조.

수의收議

국상(國喪)에 성복(成服)한 뒤에 조정의 신하들이 아침저녁으로 곡림(哭臨)[91]하는 것과 파산관(罷散官 파직자(罷職者)와 산관(散官))과 관학(館學)의 유생들이 초하루와 보름에 모여서 곡을 하는 것과 조정의 신하에게 상장(喪杖)을 주는 것과 빈전(殯殿)에 상식(上食)을 할 때에 소찬(素饌)을 쓰는 것이 타당한지에 관한 논의[92]

경자년(1720, 경종1)

國恤成服後朝臣朝夕哭臨罷散官館學生朔望會哭及朝臣授杖及殯殿上食用素當否議 庚子

91 곡림(哭臨) : 제왕의 상(喪)에 신하들이 한곳에 모여 곡읍(哭泣)하는 것을 말한다. 여기서는 효장세자의 상에 곡림하는 것이다.

92 국상(國喪)에……논의 : 1720년에 지평 홍현보(洪鉉輔)가 상소하여 능침(陵寢)에 소제(素祭)를 올리는 것이 부당하니, 지금부터 빈전(殯殿)의 조석전(朝夕奠)과 그 나머지 사전(祀典)에 모두 육선(肉膳)으로써 설행할 것과 삭망(朔望)의 성대한 제수를 올리는 날에 파산관(罷散官) 및 관학 유생(館學儒生)이 외반(外班)에서 망곡(望哭)하는 절차는 성복의 의식처럼 함이 마땅하다고 아뢰자, 이에 대신들에게 의견을 구하였는데, 예제(禮制)에 대해 자신의 의견을 피력하고 있는 수의(收議)이다. 《국역 경종실록 즉위년 6월 17일》

신이 병석에 누워 죽음을 앞두고 있는데, 예조의 낭관이 또 예절을 하문하는 일로 의젓하게 왕림하였습니다. 다만 신이 근래에 이미 몹시 쇠약해지고 혼미한데다 예학(禮學)을 평소 강론하지 못했으니, 지금 이렇게 막중한 나라의 예를 어찌 함부로 논하겠습니까. 다만 신이 삼가 대각(臺閣)의 상소에서 요청한 내용을 보건대 "성복(成服)한 뒤에 조정의 신하들이 아침저녁으로 곡림(哭臨)한다."라는 내용과 "초하루와 보름에 은전(殷奠)을 올릴 때 파산관(罷散官)과 관학(館學)의 유생들이 외반(外班 곡반(哭班)의 바깥 줄)에서 망곡(望哭)한다."라고 하였으니, 그 말에 진실로 소견이 없지 않습니다.

신이 삼가 살펴보니 《예기》〈증자문(曾子問)〉에 이르기를 "'임금이 붕어하여 이미 빈소를 설치했는데 신하가 부모의 상을 당하면 어떻게 합니까?'라고 하니, 공자가 대답하기를 '집으로 돌아가 거상(居喪)하되, 은사(殷事)가 있을 때만 임금의 빈소에 가고 조석으로는 가지 않는다.'"라고 하였습니다. 그 주(註)에 "은사는 초하루와 보름, 천신(薦新)의 전(奠)이다. 임금에게 이런 일이 있으면 임금의 빈소에 가고 조석으로는 가지 않는다."라고 하였습니다. 또 이르기를 "대부의 내자(內子)는 은사(殷事)가 있으면 남편과 마찬가지로 또한 군주의 빈소로 가고, 조석에는 가지 않는다."라고 하였는데, 그 주(註)에 "내자는 경대부(卿大夫)의 적처(適妻)이다. 남편의 군주를 위해서는 시부모를 위해 자최복(齊衰服)을 입는 것과 동일하게 하므로 역시 군주의 빈소로 간다."라고 하였습니다. 사적인 상(喪)의 상복을 입은 경우, 대부의 내자가 초하루와 보름의 은전(殷奠)을 올리는 때가 되어도 오히려 가서 곡을 하는데, 더구나 이전에 관직의 직함이 있던 부류야 말할 나위가 있겠습니까. 신의 생각으로는 예법대로 시행하는 것이 옳을 듯합니다.

비록 그렇지만 이는 관직이 있는 자의 경우를 말한 것입니다. 관학(館學)의 유생의 경우는 관직이 없는 사람에 해당하는데, 역시 이러한 예를 행하는 것은 고금의 예서 어디에도 보이지 않습니다. 만일 "이렇게 하는 것이 후한 쪽을 따르는 도리에 해가 되지 않는다."라고 말한다면 신이 한때의 억측으로 어찌 감히 대번에 단정할 수가 있겠습니까. 조정의 모든 관원이 날마다 조석에 곡림하는 일로 말하자면 신은 예의 취지가 어떠한지는 모르겠으나, 일의 형세에 있어서는 반드시 몹시 구애됨이 있어 시행하기가 어렵다고 여깁니다. 황조(皇朝 명나라)에서 3일 동안 조석으로 곡림하고 7일 동안 아침에 곡림하는 제도[93]는 역시 어디에서 뜻을 취했는지 모르겠습니다만, 신의 생각으로는 빈전(殯殿)의 관원과 대궐에 입직하여 곁에서 모시고 있는 신하들만 시행하게 하는 것이 근거가 있는 듯합니다.

상장(喪杖)을 주는 한 가지 일은 신이 삼가 살펴보니 《의례(儀禮)》 〈상복(喪服)〉 참최장(斬衰章) 신위군조(臣爲君條) 아래에 "공(公)의 상(喪)에는 여러 달관의 장(長)이 지팡이를 짚는다."라고 하였습니다. 그 소(疏)에 이르기를 "달관(達官)은 군주의 명을 받은 나라의 경대부(卿大夫)와 사(士)이니, 만일 군주의 상(喪)을 당하면 최복(衰服)을 갖추어 입는다. 군주에게 그 이름이 도달하지 않은 사람이란 부사(府

93 황조(皇朝)에서……제도 : 이러한 제도가 명시되어 있는 서책은 미상이지만, 이정귀(李廷龜)의 〈만력황제대행의(萬曆皇帝大行儀)〉에 다음과 같은 내용이 보인다. "경사(京師)에 있는 문무 관원들은 22일에 상(喪)을 듣고부터 백포 원령(白布圓領)을 입고……24일, 25일, 26일에는 각자 참최복(斬衰服)을 입고 사선문(思善門) 밖에 나아가 조석으로 3일 동안 곡림한다. 또 7일 동안 조림(朝臨)하여 각각 열다섯 번 소리 내어 곡하고 그친다."

史)[94]와 같은 부류이니, 미천하여 명을 받지 못하였기 때문에 참최복을 입지 않고, 단지 삼개월의 자최복(齊衰服)을 입는다. 그러므로 《의례》 〈상복〉 자최삼월장(齊衰三月章)에 '서인(庶人)이 나라의 임금을 위하여'라는 말이 있는데, 바로 이 경우가 '이름이 군주에게 도달하지 않은 사람'이다…….”라고 하였습니다. 또 살펴보건대 《의례》 〈상복〉 자최삼월장(齊衰三月章)의 '서인이 나라의 임금을 위하여〔庶人爲國君〕'라는 부분의 소에 “서인은 부사서도(府史胥徒)로, 관직에 있는 자를 겸하여 말한 것이다. 천자의 기내(畿內)에 사는 백성도 역시 이와 같다. ……”라고 하였습니다. 이 자최삼월장의 소에서 말한 '부사서도로 관직에 있는 자'는 바로 참최장의 소에서 말한 '군주에게 그 이름이 도달하지 않은 부사와 같은 부류'입니다.

또 《의례》 〈상대기(喪大記)〉 성복조(成服條)에 “5일에 관장(官長)이 복을 입는다.”라고 하였는데, 그 주에 이르기를 “관장은 대부(大夫)와 사(士)이다.”라고 하였으며, 소에는 이르기를 “대부와 사는 상장(喪杖)을 짚는다.”라고 하였으니, 여기에서 이른바 “관장이 상장을 짚는다.”라는 것은 《의례》 〈상복〉의 소에서 이른바 “달관(達官)의 장(長)이 최복을 입고 상장을 짚는다.”라는 내용과 서로 뜻이 맞습니다.

지금 전후 소(疏)의 뜻으로 보자면, 경대부와 사 가운데 군주의 상을 당한 사람은 모두 최복을 갖추어 입고 상장을 짚는 것이 분명합니다. 더구나 《의례》 〈상복〉 한 편에 대한 주와 소의 설은 이미 주자의 감정

94 부사(府史) : 각 관부의 장관 밑에서 물품을 관리하고 문서를 작성하는 벼슬아치를 말한다. 참고로 부사(府史)와 서도(胥徒)는 원래 《주례》 천관(天官)에 규정되어 있는 하급 관직들이다. 서도는 이서(吏胥)와 도예(徒隷)를 말한다.

(勘定)을 거친 내용입니다.

신이 또 살펴보건대 주자의 〈군신복의(君臣服議)〉[95]에 이르기를 "예문(禮文)에 '군주의 상에 모든 달관(達官)의 장(長)들은 상장을 짚는다.'라고 하였는데, 이른바 '달관'이란 전적으로 담당하는 관원을 말한 것으로서 지금으로 치면 내직의 경우 각 성(省), 조(曹), 시(寺), 감(監)의 장관(長官)들과 외직의 경우 감사(監司)와 군수(郡守)이니, 한 관아의 장관으로 시종(侍從) 이상의 직임을 거쳐 일을 전담하여 상주할 수 있는 자를 말한다. 지금 상장을 짚지 않는 제도를 요좌(僚佐) 이하에게 적용하는 것은 맞는 일이다."라고 하였습니다. 신이 모르겠습니다만, 이른바 '요좌'는 《의례》 〈상복〉의 소(疏)에 이른바 '부사서도로 관직에 있는 부류'이거나 아니면 지금 여러 조(曹)의 낭료(郎僚)와 같은 부류일 것입니다.

그 아래에 또 종합하여 논하기를 "반드시 그 근본을 따라 크게 바로잡으면 다음과 같다. 참최 삼년복은 아버지와 임금을 위하여 입는다. 그 복제는 포관(布冠), 포삼(布衫)에다 최(衰), 벽령(辟領), 부판(負版), 엄(掩), 임(衽)을 단 친삼(襯衫), 포군(布裙), 마요질(麻腰絰), 마수질(麻首絰), 관구(菅屨), 죽장(竹杖)으로서 천자(天子)로부터 서인(庶人)에 이르기까지 신분의 귀천에 따라 가감하지 않는다."라고 하였습니다. 지금 주자가 크게 바로잡은 논의로 보자면 질장(絰杖)[96]의

95 군신복의(君臣服議) : 주자가 1187년 고종(高宗)의 상(喪) 때 지은 것으로, 군왕(君王)의 상중(喪中)에 임금과 신하의 복제(服制)에 관해 서술한 것이다. 《朱子大全 卷69》

96 질장(絰杖) : 상복을 입을 때 머리에 쓰는 수질(首絰)과 허리에 감는 요질(腰絰)과 짚는 지팡이를 말한다.

부류는 비록 서인이라도 모두 착용할 수 있으니, 이는 주자가 고금을 절충하고 인정과 예절을 참작하여 크게 바로잡아 후세에 가르침을 남겨 사람들로 하여금 의거하여 따르게 하려고 한 것입니다. 가난하여 온전히 갖추도록 요구할 수 없는 서인과 군리(軍吏)의 경우에는 주자 역시 단지 백지(白紙)로 관을 만들어 써도 된다고 하였습니다. 이를 보면 온전히 갖추도록 요구할 수 있는 서인과 군리의 경우에는 최복(衰服)의 제도를 갖추게 했음을 알 수 있습니다.

《의례》〈상복〉의 주와 소의 설이 저와 같고 주자가 크게 바로잡은 논의가 이와 같으니, 이는 모두 참작하여 채용할 수 있습니다. 만일 고금에 마땅함이 다르고 일의 형세에 구애됨이 있어 어렵다고 한다면, 우선 대각의 상소에서 논한 대로 예전에 시종신을 거친 사람은 모두 상장을 짚도록 하고, 그 나머지는 직위와 품계의 고하로 제한하여 당상관 이상 동반(東班)으로 실직(實職)이 있는 사람은 지금 그 관직에 있거나 예전에 그 관직을 거쳤는지를 따지지 말고 역시 모두 상장을 짚도록 하는 것이 헤아려 변통하는 방도가 될 것입니다. 만일 상장을 짚도록 한다면 관직을 옮긴 사람은 새 관직을 따르고, 관직이 강등된 사람은 강등되기 전의 관직을 따른다는 주자의 설을 따라야 할 듯합니다.

빈전(殯殿)의 조석전(朝夕奠)과 상식(上食)할 때에 소찬(素饌)을 쓰는 일이 언제부터 시작되었는지는 모르겠지만, 그 일은 올바른 예의 취지에 어긋나는 듯합니다. 신이 삼가 살피건대 《의례속통해(儀禮續通解)》[97] 〈상대기(喪大記)〉 소렴전조(小斂奠條) 아래에 "봉인(封人)은

97 의례속통해(儀禮續通解) : 《의례경전통해속(儀禮經傳通解續)》을 가리킨다. 주

상사(喪事)가 있을 때 우생(牛牲)을 세척하고, 우인(牛人)은 전우(奠牛)를 갖추며, 유인(囿人)은 산 짐승과 죽은 짐승을 갖추고, 수인(獸人)은 죽은 짐승과 산 짐승을 갖추며, 석인(腊人)은 포와 말린 고기를 갖추고, 어인(𩵋人)은 싱싱한 생선과 마른 생선을 갖추며, 해인(醢人)은 올릴 제수를 갖춘다."라고 하였습니다. 조석전조(朝夕奠條)에는 "《주례》〈사복(司服)〉에 '대상(大喪)에 그 전(奠)을 갖춘다.'"라고 하였는데, 부주(附註)에 "소렴전조(小斂奠條)에 봉인(封人)이 우생(牛牲)을 세척하는 등 7개의 관직이 있으니, 그 후의 모든 전(奠)에 통용한다."라고 하였습니다. 삭월월반은전조(朔月月半殷奠條)에는 "변인(籩人)은 상사(喪事)가 있을 때 천변(薦籩)과 수변(羞籩)을 갖춘다."라고 하였는데, 부주(附註)에 "소렴전조(小斂奠條)에 봉인(封人) 등 7개의 관직이 있으니, 그 후의 은전(殷奠)에는 통용한다."라고 하였습니다. 이 사실로 보자면 소렴전(小斂奠)부터 삭망전(朔望奠)에 이르기까지 모두 어육(魚肉)을 사용했음을 알 수 있습니다. 비록《의례》〈사상례(士喪禮)〉의 내용으로 보더라도 조석전조(朝夕奠條)에 "전(奠)으로 단술, 술, 포(脯)·해(醢)를 쓴다."라고 하였고, 삭월전조(朔月奠條)에 "수퇘지 한 마리와 생선과 포를 쓴다."라고 하였으니, 이 또한 방증으로 삼을 만합니다.

조석의 상식은《의례》에 이른바 '하실(下室)에서 음식을 올린다.'라는 따위입니다.《가례(家禮)》로 고찰해보면 조석전(朝夕奠)에는 포(脯)와 해(醢)를 올리고 상식은 조전(朝奠)의 의식과 같다고 하였으

희가《의례(儀禮)》를 경문(經文)으로 삼고《예기(禮記)》나 기타 예서(禮書)를 전(傳)으로 삼아 편집한《의례경전통해(儀禮經傳通解)》를 황간이 보완하여 만든 책이다.

니, 고기를 사용하는 것이 또한 분명합니다. 그러므로 옛날부터 길흉의 제사에 소찬을 차려 제사를 지낸다는 말은 들어보지 못했습니다. 지금은 성상께서 즉위하신 초기이니, 복제(服制)를 올바르게 고치는 일을 계기로 한결같이 고례(古禮)를 따라 바로잡아 고쳐 이전의 바르지 않은 습속을 통렬히 개혁하는 일을 진실로 그만두어서는 안 됩니다.

능침(陵寢)에 제사지내는 일은 진(秦)나라 이후에 시작되었으므로 옛 경전에는 보이지 않습니다. 한(漢)나라 건무(建武) 연간에 이르러 대뢰(大牢)[98]의 제도를 사용하였고, 당(唐)나라 개원(開元) 시기에 이르러 진귀한 음식을 더 올렸습니다. 만일 옛 경전에 의거하여 제사를 지내지 않으면 그만이지만, 과연 제사를 지낸다면 한나라와 당나라의 고사(古事)에 의거하여 시행하는 것이 예의 취지와 일의 증거에 있어 합당할 듯합니다. 만약 "이는 조종조(祖宗朝) 수백 년간 준행하던 제도라 하루아침에 갑자기 그만두는 것은 편안하지 못한 듯하다."라고 한다면 다시 널리 물어 잘 처리하여 훗날의 의론이 없게 해야 할 것입니다.

신이 본래 초야의 미천한 사람인데다 노쇠하고 병들고 혼미하여 아는 것이 없으니, 조정의 대례(大禮)에 감히 참여해 들어서는 안 됩니다. 그러나 하문을 받았기에 끝내 잠자코 있을 수가 없어 감히 얕은 견해로 대략 답변을 드리니, 참람한 짓을 저지른 벌을 어찌 피할 수가 있겠습니까. 땅에 엎드린 채 황공한 마음에 그저 스스로 죄를 기다립니다.

98 대뢰(大牢) : 제사를 지내거나 연향을 베풀 때 대뢰(大牢)·중뢰(中牢)·소뢰(小牢)의 세 등급이 있는데, 대뢰는 소·양·돼지 세 가지 희생을 모두 잡아 바치는 가장 성대한 예이다.

국상(國喪)에 성복(成服)한 뒤에 새로 직명에 제수된 자가 추복(追服)을 하는 것이 타당한지에 관한 논의[99]

國恤成服後新授職名者追服當否議

국상(國喪)에 성복(成服)한 뒤에 새로 직명에 제수된 자가 추복(追服)을 해야 하는지 여부에 관해서는 신이 노쇠하고 혼미하며 예법에 밝지 못하니, 어찌 감히 함부로 논의하겠습니까. 다만 신이 삼가 보건대 주자의 〈군신복의(君臣服議)〉[100]에 "관직이 올랐으면 새로 오른 관직을 기준으로 하며, 폄직(貶職)을 당한 경우에는 폄직되기 이전의 관직을 기준으로 한다."라고 하였으니, 이른바 '관직이 올랐으면 새로 오른 관직을 기준으로 한다.〔遷官者從新〕'는 다섯 글자는 추복에 미루어 사용해도 될 듯합니다. 이와 같이 한 뒤에야 어디든 모두 통하여 막히는 근심이 없을 것입니다. 신의 견식이 고루해서 달리 고찰할 데가 없기에 하문을 받았으나 상세히 답변을 드리지 못하니, 너무나도 황공하여 대죄하는 마음을 견디지 못하겠습니다.

99 국상(國喪)에……논의 : 1720년에 숙종의 상례 예제(禮制)에 자신의 의견을 피력하고 있는 수의(收議)이다. 성복한 뒤에 새로이 직명을 제수 받은 사람의 최복(衰服) 추복(追服) 여부에 대해 주희의 견해인 '벼슬이 바뀐 사람은 바뀐 관직에 따른다〔遷官者從新〕'에 따를 것을 주장하는 내용이다.

100 군신복의(君臣服議) : 주자(朱子)가 1187년 고종(高宗)의 상(喪)을 당하였을 때 지은 것으로, 군왕(君王)의 상중(喪中)에 임금과 신하의 복제(服制)에 관해 서술한 저술이다. 《朱子大全 卷69 君臣服議》

국상(國喪)에 조정 신하들의 연거복(燕居服 평상복)과 상중(喪中)에 있는 사람이 출입할 때의 복제에 관한 논의[101]

國恤時朝臣燕居服及喪人出入時服制議

연거복(燕居服)에 포대(布帶)를 착용하는 것은 주자의 설이니[102], 포대를 착용하는 것은 과연 근거가 있습니다. 다만 신은 주자의 시대에 임금의 상에 최마복(衰麻服)을 입는 제도에 고례(古禮)를 모두 회복하지 못했기 때문에 이런 설이 있었던 것인지, 아니면 오늘날처럼 고례를 모두 회복했는데 여전히 포대를 착용하는 것을 옳다고 여긴 것인지 모르겠습니다. 포대를 착용하는 것은 자최복(齊衰服)이고, 마대(麻帶)를 착용하는 것은 참최복(斬衰服)입니다. 이번에 신하들이 입은 상복은 참최복이니, 참최복을 입고서 자최복의 대를 착용하는 일이 예의 취지에 비추어 어떠한지 모르겠습니다.

신이 지난번에 궐 밖에서 곡하는 반열에 있을 때 삼가 보건대 조정의 제도에 "마대(麻帶)를 착용하고 삼년상을 끝마친다."[103]라고 하였으니,

101 국상(國喪)에……논의 : 1720년에 숙종의 상례 예제(禮制)에 자신의 의견을 피력하고 있는 수의(收議)이다. 조정 신하들의 연거복(燕居服)과 사가(私家)의 상(喪)을 당한 사람들의 대궐 출입 시의 복제에 대한 내용이다.

102 연거복(燕居服)에……설이니 : 주자가 이미 벼슬을 떠난 뒤 그의 문인 여정보(余正甫)와 주고받은 논설(論說)에서 "한가하게 거처할 때의 복제에는 백견건(白絹巾)·백양삼(白涼衫)·백대(白帶)를 착용하고, 선인(選人) 및 소사신(小使臣)은 부제(祔祭)를 지낸 뒤에는 최복(衰服)을 벗고 조건(皂巾)·백양삼(白涼衫)·청대(青帶)를 착용하여 삼년상을 마치며, 서인(庶人)과 이졸(吏卒)은 3년 동안 홍색(紅色)과 자색(紫色)의 의복을 착용하지 않는다."라고 하였다. 《晦庵集 卷63 答余正甫》

이는 이미 시왕(時王)의 제도[104]가 되었습니다. 공자(孔子)는 주(周)나라를 따르겠다는 말을 하였고,[105] 주자는 송나라의 복제령(服制令)[106]을 따랐으니, 만약 공자와 주자가 지금 세상에 있더라도 시왕의 제도를 따를 것임은 미루어 알 수 있을 듯합니다.

국상(國喪) 중에 사가(私家)의 상(喪)을 당한 사람이 출입할 때의 복제에 관해서는 고금의 예서에 하나도 보이지 않으니, 신의 얕은 견해로 어찌 감히 쉽게 억측으로 단정할 수 있겠습니까. 하문하셨는데 상세히 답변을 드리지 못하니, 땅에 엎드린 채 황공하여 대죄할 뿐입니다.

103 조정의……끝마친다 : 《영조실록(英祖實錄)》 즉위년 8월 30일 기사에 "숙종 대왕(肅宗大王) 국휼(國恤) 때에 예조(禮曹)에서 복제(服制)에 관한 절목(節目)을 올렸는데, 유생(儒生)은 마대(麻帶)로 3년을 마치도록 마련하였고, 백관(百官)의 연거복(燕居服)은 애당초 논의되지 않았으며 포대(布帶)이건 마대(麻帶)이건 각자가 임의로 행하였다. 대사헌(大司憲) 이희조(李喜朝)가 상소하여, 주자(朱子)와 여정보(余正甫)의 평상시에는 백대(白帶)를 쓴다는 말을 인용하여 참고해서 마련하도록 명할 것을 계청(啓請)하니, 대신(大臣)들과 의논하게 했다. 영의정(領議政) 김창집(金昌集)이 굳이 고칠 필요가 없다고 하여 그대로 따르게 했는데, 이때에 와서 해조(該曹)에서 다만 생포대(生布帶)를 쓰기로 마련하여 계하(啓下)했다."라는 내용이 있다. 《英祖實錄 卽位年 8月 30日》

104 시왕(時王)의 제도 : '시왕'은 당시의 왕이라는 뜻으로, 시왕의 제도란 당시 제도라는 의미이다.

105 공자(孔子)는……하였고 : 《중용장구》 제28장에 "내가 하(夏)나라 예를 말할 수 있으나 기(杞)나라가 충분히 증거해 주지 못하며, 내가 은(殷)나라 예를 배웠는데 그 후손인 송(宋)나라가 있지만 내가 주(周)나라 예를 배웠는데 지금 이것을 쓰고 있으니, 나는 주나라 예를 따르겠다."라고 하였다.

106 복제령(服制令) : 송나라에 '복제령'이라는 별도의 서책은 없다. 다만 일이 있을 때마다 왕이 그에 관한 조령을 내리는데 복제에 관해 내린 조령을 '복제령'이라고 한다.

국상(國喪)의 연제(練祭)를 지낼 때 교대(絞帶)의 포(布)를 마전할지의 여부에 관한 논의[107] 신축년(1721, 경종1)

國恤練時絞帶布練與不練議 辛丑

신이 노쇠하고 병들어 죽음을 앞두고 있으니, 정신이 흐릿하고 막혀 일상적인 응대에도 오히려 착오가 많습니다. 더구나 이런 상복(喪服)을 변제(變除)하는 중대한 예를 어찌 감히 논의할 수 있겠습니까. 다만 신이 삼가 살피건대 《상복도식(喪服圖式)》[108]에 "교대(絞帶)는 우제(虞祭)를 지낸 뒤에 마(麻)를 포(布)로 바꾸어 입는데, 칠승포(七升布)를 사용한다."라고 하였습니다. 또 살펴보건대 《의례》 〈상복(喪服)〉 참최장(斬衰章)의 전(傳)에 "관(冠)은 육승포로 만들며, 베를 다듬을 적에 잿물을 쓰지 않는다."라고 하였는데, 소(疏)에 "베를 다듬을 적에 잿물을 쓰지 않는다〔鍛而勿灰〕는 것은 물에 씻고 잿물을 사용하지 않을 뿐이니, 육승포에 잿물을 쓰지 않으면 칠승포 이상에는 본디 잿물을 쓴다."라고 하였습니다.

또 살펴보건대 《예기(禮記)》 〈간전(間傳)〉에는 "참최의 상(喪)에서

107 국상(國喪)의……논의 : 1721년에 숙종의 연제(練祭) 때 임금의 복제에 대해 자신의 의견을 피력하고 있는 수의(收議)이다. 요질 · 갓끈 · 관의 승수 및 관 · 교대에 연포를 사용할 것인가의 문제에 대한 내용이다.

108 상복도식(喪服圖式) : 《의례상복도식(儀禮喪服圖式)》을 말한다. 상복제도와 상복복식에 관하여 도와 표로 설명한 책이다. 황간(黃榦)이 찬술하다가 완성하지 못하고 죽자 양복(楊復)이 뒤이어 완성하고 《의례경전통해속(儀禮經典通解續)》 뒤에 부록하였다.

우제(虞祭)와 졸곡(卒哭)을 지낸 뒤에 칠승포로 만든 관을 쓴다."라고 하였습니다. 이 세 가지 설(說)로 보자면 우제를 지낸 뒤 교대에 쓰는 포와 우제를 지낸 뒤의 관에 쓰는 포는 동일하게 칠승포로 만든 것입니다. 지금 이미 칠승포로 만든다고 하였으니, 소(疏)를 지은 사람의 "칠승포 이상은 본디 잿물을 쓴다."라는 설과 정확히 부합합니다.

이른바 '본디 잿물을 쓴다〔故灰〕'는 것은 마전한 포(布)의 종류가 아니고 무엇이겠습니까. 또 이른바 '대공칠승포(大功七升布)'는 참최장 소의 "칠승포 이상은 잿물을 사용한다."는 말과 대공장 주의 "대공포(大功布)는 다듬는다."는 말과 그 소의 "다듬을 때는 잿물을 사용할 수 있다."는 말과 《예기》 〈복문(服問)〉의 '이미 연제(練祭)를 지냈으면 공최(功衰)를 착용한다.'는 말과 장자(張子 장재(張載))의 "대공포를 다듬는다."는 말과 주자의 "대공포는 익혀서 사용한다."는 등의 설로 종합하여 살펴보면 대공칠승포가 마전한 포(布)라는 사실을 알 수 있습니다. 이미 '대공칠승'이라고 말하였으니, 마전하는 것〔練〕이 그 속에 포함되어 있습니다.

신이 또 문정공(文正公) 송준길(宋浚吉)이 경자년(1660, 현종1)에 헌의(獻議)한 내용을 보니, 교대(絞帶)의 포(布)는 마전한 것을 쓴다고 명백히 말하였습니다. 신의 스승인 문순공(文純公) 박세채(朴世采)도 마전한 포(布)를 사용해야 한다고 말한 적이 있으니, 벗들과의 문답(問答)에 보입니다. 두 선정(先正)의 말이 오늘날 따르기에 합당합니다.

대저 연제(練除)[109]의 복(服)은 점차 등급에 따라 줄여 가벼운 것을

109 연제(練除) : 마전하여 변제(變除)하는 일을 말하는데, '변제'란 '변복제상(變服

사용하고 수식을 더하는 뜻입니다. 그러므로 초상(初喪)에는 마질(麻絰)을 쓰고 연제(練祭)에 이르러서는 갈(葛)로 바꾸는 것인데, 그 갈에 이미 다듬은 갈을 사용하였으니 초상에 쓰던 마교(麻絞)는 연제에 이르러서는 포(布)로 바꾸되, 그 포에 마전한 포(布)를 사용하는 것은 불가할 것이 없을 듯합니다. 다만 마전한 포(布)를 사용한다는 설이 이미 십분 명백하지 못하고, 마전한 포로 하지 않는다는 설도 또 명백하게 근거할 만한 것이 없기 때문에 사람들이 각기 자기의 뜻대로 시행하고 기준이 없는 것입니다. 그러나 이른바 '마전한 포를 사용한다.'는 것은 경전 주소의 여러 설과 《상복도식》 및 선정의 설이 충분히 증거가 될 만하고, 이른바 '마전한 포를 사용하지 않는다.'는 것은 이번의 '최상(衰裳)을 다시 만들되, 마전한 포를 쓰지 않는다.'는 설을 바탕으로 교대(絞帶)에 미루어 적용한 것에 불과한 듯합니다. 이를 근거로 보면 마전한 포를 사용할지의 여부는 취사(取舍)의 구분이 없지 않을 듯합니다.

신은 노쇠하고 혼미함이 이미 심하고 견식이 어두워 미묘한 예의 취지를 이해하기 어려운 점이 있습니다. 하문하셨는데 어떻게 답변할지 몰라 이에 감히 주소 및 선정의 설로 대략 답변을 드리니, 황공한 심정으로 땅에 엎드려 스스로 죄를 기다릴 뿐입니다.

除喪)'의 준말로, 변복은 소상(小祥) 때에 전에 입던 상복을 연복으로 갈아입고 수질(首絰)과 요질(腰絰)을 벗으며, 담제(禫祭) 때에 연복과 상장(喪杖)을 버리고 길복(吉服)으로 갈아입고 상을 마치는 것을 말한다.

태묘를 수리하는 문제[110]로 각 실(室)을 옮겨 봉안할 때에 정미년(1667, 현종8)의 예[111]에 의거하여 하나의 신련(神輦)에 두 실(室)을 함께 봉안하는 방안과 조금 시각을 물려 두 차례에 걸쳐 봉안하는 방안 중 어느 것이 옳은지에 대한 논의[112] 을사년(1725, 영조1)

太廟修改移安時或依丁未例一輦奉兩室或稍退時刻二次移奉孰是議 乙巳

신은 노쇠하고 혼미함이 이미 심하고, 또 예학에 어두운데, 지금 이렇게 예법에 의심나는 부분을 하문하셨습니다. 또 고금의 예서에 하나도 근거할 만한 곳이 없으니, 일의 체모가 중대한데 어찌 감히 함부로 논의할 수 있겠습니까. 다만 정미년에 이미 시행한 예를 지금 따르는 것이 합당할 듯합니다. 만약 두 실(室)을 하나의 신련(神輦)

110 태묘(太廟)를 수리하는 문제 : 영조 1년 8월 22일 입시 기사에서 민진원(閔鎭遠)이 말하기를 "내년 국상 이후 부태묘의 예를 행해야 하는데, 태묘가 협착하여 더 이상 봉안할 곳이 없으므로 반드시 다시 추가로 축조한 연후에 신위를 봉안할 수 있습니다. ……그 지형을 상세히 보고서 세 칸을 추가하여 조성해서 신위를 봉안하려고 합니다."라고 하였다.《承政院日記 英祖 1年 8月 22日》

111 정미년의 예 : 현종 8년 3월 20일에 영녕전(永寧殿)에 신위(神位)를 이안(移安)할 때 신련(神輦)을 합하여 봉안할지 각각 봉안할지에 대한 논의가 있었다.《承政院日記 顯宗 8年 3月 20日》

112 태묘를……논의 : 1725년에 태묘를 개수하기 위해 신위를 옮길 때의 절차에 대해 의견을 피력하고 있는 수의(收議)이다. 2실(室)의 신위를 한 신연(神輦)으로 함께 옮겨 봉안할 것인지 1실(室)의 신위를 한 신연(神輦)으로 봉안하되 두 차례로 나누어 옮겨 봉안할 것인지에 대한 내용이다.

에 봉안하는 것이 편안하지 않다면, 조금 시각을 물려 두 차례에 걸쳐 옮겨 봉안하는 것 역시 변통하는 도리에 어긋나지 않습니다. 다만 신의 얕은 견해로는 한결같이 태묘에 있는 신위(神位)의 수에 따라 신련을 추가로 만들어 동시에 옮겨 봉안한다면 예의 취지에 대략 통하여 구애됨이 없을 듯합니다. 다만 일이 경전에 근거하지 않고 신의 억측에서 나온 것이라 하문하신 내용에 상세히 답변드릴 수가 없으니, 땅에 엎드려 황송한 마음에 그저 스스로 죄를 기다릴 뿐입니다.

고 평사 이목[113]을 진동(陳東)과 구양철(歐陽澈)의 사우(祠宇)[114]에 함께 제향할지 여부와 이밖에 함께 제향할 만한 사람이 있는지에 대한 논의[115]

故評事李穆合享於陳東歐陽澈祠可否及此外有何可合人議

신이 얼마 전 위중한 병에 걸려 침상에 쓰러져 누워 정신이 혼미하고 죽을 날이 멀지 않았습니다. 그런데 뜻밖에 이번에 고(故) 평사(評事) 이목(李穆)을 진동(陳東)과 구양철(歐陽澈)의 사우(祠宇)에 함께 제향하는 일과 이외에 함께 제향할 만한 사람에 대해 역시 의견을 묻는 일로 예조의 낭관이 명을 받들어 멀리까지 왔습니다. 신이 보고 들은 것이 적고 병들어 몹시 혼미하니, 이와 같은 큰일을 어찌 감히 함부로 논의하겠습니까.

다만 우리나라의 야사(野史)에 실린 내용으로 보자면 이목의 절의와

113 이목(李穆) : 1471~1498. 자는 중옹(仲雍), 본관은 전주(全州)이다.

114 진동(陳東)과 구양철(歐陽澈)의 사우(祠宇) : 사현사(四賢祠)를 말한다. 진동과 구양철은 모두 간신을 탄핵하다가 참형을 당한 남송(南宋) 때 사람들이다. 1683년(숙종9)에 진(晉)의 태학생 동양(董養), 당(唐)의 태학생 하번(何蕃), 송(宋)의 태학생 진동(陳東)·구양철(歐陽澈)을 향사하는 사우(祠宇)를 세울 것을 논의하여, 1725년(영조1)에 서울 문묘의 동쪽에 숭절사(崇節祠)를 세워 향사하였다. 숭절사는 1764년에 사현사(四賢祠)로 이름이 바뀌어 사액되었다.《承政院日記 英祖 1年 3月 3日》

115 고……논의 : 1725년에 성균관 옆에 세운 진동(陳東)과 구양철(歐陽澈)의 사당에 이목(李穆)을 배향하는 문제와 그밖에 배향할만한 사람을 추천하는 문제에 대한 의견 수렴에 응해 올린 수의(收議)이다. 이목과 함께 배향할만한 인물로 박광우(朴光佑, 1495~1545)를 추천하고 있다.

기개는 우뚝이 빛나니, 전후로 수립한 것이 아주 많습니다. 그 중에 벽송정(碧松亭)에 관한 한 가지 일[116]은 더욱 늠름한데, 결국 간신(奸臣)의 모함을 받아 죽기에 이르렀으니,[117] 진동과 구양철의 일과 오랜 세월을 뛰어넘어 같다고 하겠습니다. 성상께서 해당 조(曹)로 하여금 일체 함께 제향하도록 한 것은 사기(士氣)를 진작시키려는 데서 나온 것이니, 몹시 성대한 거조이고 훌륭하여 논의할 필요조차 없는 일입니다. 그러나 대신(大臣)의 의론 가운데 이른바 "예로부터 이름난 재상 중에 성균관 유생으로 있을 때 절개를 세운 자를 장차 일일이 함께 제향해야 하겠습니까."라는 말은 진실로 역시 소견이 없지 않으니, 오직 성상께서 어떻게 처리하시는가에 달려 있습니다.

이밖에 함께 제향할 만한 사람은 신의 소견으로는 또 박광우(朴光佑)[118] 한 사람이 있습니다. 지금 대략 《명신록(名臣錄)》[119]과 《사우록

116 벽송정(碧松亭)에……일 : 이목이 성종 때 진사시에 합격하여 성균관 유생으로 있을 때, 성종이 병들어 대비가 무녀(巫女)를 시켜 성균관의 벽송정(碧松亭)에서 기도하게 하자 동료들과 함께 이 무녀를 내쫓았다. 뒤에 성종이 성균관에 명하여 그 유생들의 명단을 적어 올리게 하자 다른 유생들은 다 달아났지만 이목만은 도망하지 않았다. 이에 성종이 도리어 가상히 여겨 근정전으로 불러 장려하였던 일을 말한다. 《增補文獻備考 卷206 學校考》

117 간신(奸臣)의……이르렀으니 : 이목은 무오사옥(戊午史獄)이 일어나자 윤필상(尹弼商)의 무함을 받고서 김일손(金馹孫), 권오복(權五福) 등과 함께 참혹한 화를 당했는데, 윤필상은 유감이 그래도 풀리지 않아 갑자사화(甲子士禍) 때에 이르러 다시 지하에 묻힌 이목의 시신에 모욕을 가했다. 중종 때 복관되었다. 《李評事集附錄 贈嘉善大夫……李公墓表陰記, 韓國文集叢刊 18輯》

118 박광우(朴光佑) : 1495~1545. 본관은 상주(尙州), 자는 국이(國耳), 호는 필재(蓽齋)·잠소당(潛昭堂)이다. 1536년 재령 군수로서 문장에 능하여 원접사(遠接使)를 수행하였고, 1545년 사간이 되었으나 을사사화로 하옥, 이어 동선역(洞仙驛)에 유배되

(師友錄)》 등의 책에 보이는 내용으로 말해보자면, 박광우는 기묘년(1519, 중종14)의 화란[120]이 일어났을 때 성균관 유생으로 대궐 뜰에 들어가 통곡하니, 성상이 하교하기를 "유생들이 궐에 들어와서 통곡하는 것은 천고에 없던 일이다."라고 하였습니다. 박광우가 큰소리로 외치기를 "옛날에 양진(楊震 후한(後漢)의 학자)이 처벌을 받을 때 태학생 삼천 명이 대궐을 지키면서 통곡한 적이 있었으니, 전하의 오늘날 처사야말로 참으로 천고에 없던 일입니다."라고 하니, 성상이 명을 내려 내쫓았습니다. 박광우는 상처를 입고 옷을 찢어 머리를 싸매었습니다. 당시에 도성 방리(坊里)의 무리들 중에 상소하여 신원(伸寃)하고자 그의 글을 구하려는 사람이 가득하였는데, 박광우가 왼쪽으로는 듣고 오른쪽으로는 불러주자 글이 샘솟듯이 나왔습니다.[121] 그 후에 과거에 급제하고, 을사년(1545, 명종1)의 화란[122]에 사간(司諫)으로 장을 맞

어 죽었다.

119 명신록(名臣錄) : 《해동명신록(海東名臣錄)》을 가리킨다. 김육(金堉, 1580~1658)이 통일신라부터 조선 인조대(仁祖代)까지 문무 명신(名臣)의 행적을 시대별로 기록한 책이다.

120 기묘년의 화란 : 조광조(趙光祖)를 비롯한 신진사림들이 남곤(南袞) 등 훈구 세력에 의해 척결당한 기묘사화(己卯士禍)를 가리킨다.

121 당시에……나왔습니다 : 본문에는 내용이 조금 생략되어 있으나 《기묘록보유(己卯錄補遺)》하권 〈박광우전(朴光佑傳)〉에는 "장안 방리(坊里)의 향도(鄕徒)들 중에 조광조(趙光祖) 등의 신원(伸冤)을 위해 글을 쓰기를 구하는 자가 앞에 죽 늘어섰다. 참판 이찬(李澯), 참지(參知) 김노(金魯)는 모두 나이가 젊고 글씨를 잘 쓰므로 두 사람에게 붓을 들고 종이를 앞에 놓게 하고는 공이 왼쪽으로는 듣고 오른쪽으로는 불러주니, 글이 샘솟듯 하여 김(金)과 이(李)가 미처 받아쓰지를 못하였다.〔都中坊里約徒, 之欲上箚伸冤, 求其文者, 簇立於前. 李參判澯金參知魯皆年妙善書, 使兩公把筆臨紙, 公左酬右言, 文詞湧出, 金李猶未及書.〕"라고 되어 있어 문맥을 정확히 파악할 수 있다.

아서 죽었다고 하였습니다.

신이 이 사람이 성균관 유생이었을 때의 일을 보건대, 이목에게 뒤지지 않고, 그 후에 조정에 들어와 목숨을 바친 일도 이목과 다를 바가 없습니다. 지금 이목을 함께 제향한다면 이목 이외에 함께 제향할 만한 인물은 이 사람일 듯합니다. 신이 병으로 칩거하여 죽음을 앞두고 있으니, 수의(收議)하는 반열에 참여하는 것이 부당하지만, 이미 하문을 받았기에 감히 참람됨을 잊고 대략 이렇게 답변을 드리니, 황공한 마음에 땅에 엎드려 그저 스스로 처벌을 기다립니다.

122 을사년의 화란 : 을사사화(乙巳士禍)를 말한다. 인종(仁宗)이 승하하고 명종(明宗)이 즉위하자 윤원형(尹元衡) 일파 소윤(小尹)이 윤임(尹任) 일파 대윤(大尹)을 숙청하면서 사림이 화를 입은 사건이다.

지은이 **김간(金幹)**

본관은 청풍(淸風), 자는 직경(直卿), 호는 후재(厚齋)이다. 송시열(宋時烈)과 박세채(朴世采)의 문인이다. 1646년(인조24)에 경기도 광주 사천촌(沙川村)에서 출생하였다. 생부는 김도(金濤)이며, 출생 직후 후사가 없었던 백부 김수(金洙)의 양자로 들어갔다. 1664년(현종5) 공도회(公都會) 초시(初試)에 급제하였고, 1668년에는 증광감시(增廣監試) 초시와 대과(大科) 초시에 급제했지만, 회시(會試)에는 합격하지 못했다. 이후 과거를 포기하고 평생을 학문 연구와 저술에 집중하였다. 1694년(숙종20)에 학행(學行)으로 천거되어 전설사 별검에 임명된 이후 계속해서 관직에 제수되었으나 1701년(숙종27) 예산 현감(禮山縣監)과 1708년(숙종34) 연산 현감(連山縣監) 두 차례 지방 수령 직에만 나아가고, 나머지 관직은 거의 다 사양하였다. 일생의 거의 전 시기를 재야의 학자로 살다 1732년(영조8) 7월 26일에 87세로 세상을 떠났다. 시호는 문경(文敬)이다.

옮긴이

이승용(李承容)

1981년 경북 의성 출생. 영남대학교 한문교육과를 졸업하고, 성균관대학교 한문학과에서 《조선후기 강화학파 한시연구》로 박사학위를 받았다. 한국고전번역원 고전번역교육원 연수과정과 전문과정을 마치고 단국대학교 동양학연구원 연구교수로 재직 중이다. 《완구유집》, 《정관정요》(공역), 《낙전당집》(공역), 《완역정본 택리지》(공역) 등을 번역하였다.

권역별거점연구소협동번역사업 연구진

연구책임자 **김문식**(단국대학교 사학과)
공동연구원 **윤재환**(단국대학교 국어국문학과)
김우정(단국대학교 한문교육과)
책임연구원 **허호구**(단국대학교 동양학연구원)
최예심(단국대학교 동양학연구원)
이라나(단국대학교 동양학연구원)
선임연구원 **이승용**(단국대학교 동양학연구원)
연구원 **김종하**(단국대학교 동양학연구원)
연구보조원 **유명석**(단국대학교 동양학연구원)

후재집 1

김간 지음 | 이승용 옮김

2023년 12월 31일 초판 1쇄 발행

편집 · 발행 학자원

등록 2011.4.6 제2011-14호

주소 (05355) 서울시 강동구 천호대로 1121

전화 02-6403-1000 | 팩스 02-6338-1001 | 이메일 hakjaone@daum.net

값 40,000원

ISBN 979-11-6247-317-7 94810
979-11-6247-316-0 (세트)